IPv6

Grundlagen • Funktionalität • Integration

IPv6

Grundlagen • Funktionalität • Integration

Silvia Hagen

Sunny Edition
CH-8124 Maur
www.sunny.ch

IPv6
Grundlagen – Funktionalität – Integration
Silvia Hagen
3. Auflage

Sunny Connection AG
Staubergasse 21
CH-8124 Maur, Schweiz
www.sunny.ch

Verlag: Sunny Edition
Druck: Books on Demand GmbH, Norderstedt
3. Auflage, Juni 2016
Print ISBN 978-3-9522942-3-9
eBook ISBN 978-3-9522942-8-4

Produktion:	Silvia Hagen
Covergestaltung:	Cristina D'Ignazio, Diem und Partner AG, Adliswil
Satz/Layout:	tnt-graphics AG, Bassersdorf
Grafiken:	Simeon Ott

Bibliografische Information der Deutschen Bibliothek: Die Deutsche Bibliothek verzeichnet diese Publikation in der Deutschen Nationalbibliografie; detaillierte bibliografische Daten sind im Internet über http://dnb.ddb.de abrufbar.

Teile dieses Buches wurden mit freundlicher Genehmigung von O'Reilly Media Inc. aus «IPv6 Essentials» aus dem Englischen übersetzt.

Inhalt

Vorwort

Wir freuen uns, dass Sie dieses Buch in den Händen halten. Aufgrund mehrjähriger Erfahrung mit IPv6 möchten wir Ihnen mit dieser Publikation den Einstieg ins Thema leicht machen. Es deckt alle wesentlichen Aspekte ab und führt Sie sanft und Schritt für Schritt ein. Für Sie haben wir uns durch Tausende von RFC-Seiten gearbeitet, die Essenz, das Wissenswerte herauskristallisiert und leicht verdaulich aufbereitet – auf dem Silbertablett. Für diese 3. Auflage haben wir alle Weiterentwicklungen seit 2009 bis Frühling 2016 integriert. Wir wünschen Ihnen viel Vergnügen beim Erforschen.

1.1 Für wen dieses Buch geschrieben wurde

Sie sind Firmeninhaber, Geschäftsleiter, IT-Leiter, Netzwerkverantwortlicher, Systembetreuer, Applikationsentwickler oder interessieren sich einfach generell für die wesentlichen Änderungen, die das neue Internet-Protokoll IPv6 bringt? Dieses Buch bespricht wirtschaftliche Zusammenhänge und strategische Aspekte genauso wie technische Neuerungen und Übergangsmechanismen, die eine sanfte Einführung gewährleisten.

Firmeninhaber und Geschäftsleiter finden die für sie wesentlichen Informationen in den Kapiteln 1 und 11. Wenn Sie Netzwerkplanung im strategischen Bereich ausüben, so werden Sie sich vor allem für die Kapitel 1, 5, 7, 10 und 11 interessieren. Wenn Sie ein Netzwerk-, Systembetreuer oder Applikationsentwickler sind, so sind alle Kapitel wesentlich. Wenn Sie vorwiegend die Infrastruktur betreuen, so interessieren Sie sich vor allem für die Kapitel 2 bis 7 und Kapitel 10 über die Integrationsmechanismen.

1.2 Die Struktur dieses Buches

Nach einer geschäftsorientierten Übersicht über die Bedeutung von IPv6 im Markt und für Organisationen, bespricht dieses Buch alle technischen Details und Neuheiten von IPv6. Die Grundlagen werden in den Kapiteln 2 bis 5 beschrieben. Kapitel 6 beschreibt den Einsatz von IPv6 über verschiedene Medien und allgemeine Netzwerkthemen. Kapitel 7 bespricht DHCPv6 und DNS. Kapitel 8 bis 10 besprechen auf IPv6 basierende Dienste wie Mobile IPv6, Übergangsmechanismen und Security. Kapitel 11 geht auf die Planung der Einführung von IPv6 ein und zeigt Best Practices auf. Integrationsaspekte wie Applikationsentwicklung und Einführungskosten werden ebenso betrachtet. Nachfolgend eine Kurzbeschreibung von jedem Kapitel:

- **Kapitel 1, «Wozu IPv6?»**
  Kapitel 1 bietet eine kurze Übersicht über die wichtigsten Neuerungen von IPv6 gegenüber IPv4. Die Entwicklungsgeschichte, sowie die Gründe, die für eine Einführung sprechen, werden aufgezeigt. Häufig gestellte Fragen wie: «Was ist IPv6?», «Wann ist es Zeit für IPv6?», «Welche Funktionen und Möglichkeiten bietet der neue Standard?», werden beantwortet.

- **Kapitel 2, «Der IPv6 Header»**
  Kapitel 2 befasst sich eingehend mit der Struktur des IPv6-Protokolls. Das neue Header-Format wird beschrieben und anhand von Trace Files gezeigt. Die verschiedenen Typen von Extension Headers werden besprochen und es wird erklärt, wie und wofür sie verwendet werden.

- **Kapitel 3, «IPv6-Adressierung»**
  Kapitel 3 erklärt detailliert die neue Adressarchitktur, das neue Adressformat, sowie die verschiedenen Adresstypen und die Schreibweise. Die Organisation der weltweiten Adressvergabe wird aufgezeigt, die internationalen Registrierungsstellen aufgeführt und die aktuellen Adress-Zuweisungsregeln erläutert.

- **Kapitel 4, «ICMPv6»**
  Kapitel 4 zeigt auf, wie sich ICMPv6 von ICMPv4 unterscheidet. Alle Nachrichtentypen werden übersichtlich beschrieben und in Trace Files gezeigt.

- **Kapitel 5, «ICMPv6-basierende Funktionen»**
  Kapitel 5 zeigt wie die neuen, auf ICMPv6 basierenden Funktionen, das Leben von Netzwerkadministratoren vereinfachen. Neighbor Discovery (ND), Stateless Autokonfiguration (SLAAC), Path MTU Discovery und Multicast Listener Discovery (MLD) werden beschrieben.

- **Kapitel 6, «Networking»**
  In Kapitel 6 werden die Schnittstellen zum Layer 2 (MAC-Layer), Routing- und Upper Layer Protokolle, Multicast und Quality of Service besprochen.

- **Kapitel 7, «DNS und DHCPv6»**
  Kapitel 7diskutiert die Netzwerkdienste DNS und DHCPv6 und was es im Zusammenhang mit deren Einsatz zu beachten gilt.

- **Kapitel 8, «Security»**
  Kapitel 8 beginnt mit einer Übersicht über grundlegende Sicherheitskonzepte und Anforderungen. Die Protokollelemente, die für Security mit IPv6 definiert sind, werden beschrieben.

- **Kapitel 9, «Mobile IPv6»**
  Kapitel 9 beschreibt die Funktionsweise von Mobile IPv6. Es erklärt, wie und warum diese Technologie die Grundlage für viele neuartige Dienste sein wird.

- **Kapitel 10, «Übergangsmechanismen»**
  Kapitel 10 diskutiert Übergangsmechanismen wie Tunneling, Dual-Stack-Betrieb und Übersetzungstechniken. Es erklärt, wie diese Mechanismen eingesetzt und kombiniert werden können, damit ein angenehmes Nebeneinander beider Protokolle sowie eine sanfte Ablösung sichergestellt werden kann.

- **Kapitel 11, «Planung der Einführung von IPv6»**
  Kapitel 11 beschreibt Vorgehensweisen und Best Practices für die Planung eines IPv6-Projektes in grossen Firmen und Netzwerken. Es zeigt strategische Wahlmöglichkeiten auf und diskutiert wichtige Aspekte im Parallelbetrieb, Richtlinien für Adressplanung, Sicherheit und Applikationsentwicklung. Kostenüberlegungen zur Einführung von IPv6 werden ebenfalls in diesem Kapitel besprochen.

- **Appendix – Standards und RFCs**
  Der Anhang führt in den RFC- und Standardisierungsprozess und die dafür zuständigen Stellen ein und enthält eine Literaturliste.

Die technischen Kapitel dieses Buches setzen ein gutes Grundverständnis von IP und Netzwerken voraus. Das Buch erklärt viele Konzepte aufgrund von Trace Files. Die Trace Files wurden mit verschiedenen Tools aufgezeichnet und dargestellt, vorwiegend mit Sniffer und Wireshark.

1.2.1 Was ist neu in der 3. Auflage?

Die 1. Ausgabe wurde im Juni 2004 veröffentlicht. Damals waren wir ungefähr bei RFC 3775 (Mobile IPv6), das gerade noch rechtzeitig vor Druck publiziert wurde. Bei Veröffentlichung der zweiten Auflage 2009 waren wir ungefähr bei RFC 5600. Einige Mechanismen, die 2004 noch gültig waren, haben sich nicht bewährt und wurden wieder gestrichen. Dafür wurden viele neue Mechanismen definiert und intensiv an Integrationsszenarien gearbeitet. Diese 3. Auflage ist per April 2016 vollständig aktualisiert, alle Referenzen auf nicht mehr gültige Spezifikationen sind entfernt und Weiterentwicklungen integriert. Heute (Frühling 2016) sind wir bei RFC 7777. Den Planungsteil in Kapitel 11 haben wir vollständig überarbeitet und die Erfahrungen in der Beratung von internationalen Firmen der letzten Jahre integriert.

1.2.2 Deutsche Grammatik

Mit der Einführung der neuen deutschen Schreibweise wurden viele starre Regeln gelockert. Ähnlich wie in der Mode, ist heute vieles möglich und im Ermessen des Anwenders.

Bei diesem Buch handelt es sich nicht um ein literarisches Kunstwerk, sondern um ein Buch, das eine Technologie beschreibt, die in englischsprachigen Dokumenten definiert ist. Viele Fehlermeldungen und Systemmeldungen erhalten wir ebenfalls auf Englisch und die Fehlersuche im Internet muss in der Regel mit den englischen Suchbegriffen durchgeführt werden, um eine hohe Anzahl von Treffern zu finden. Sie werden darum in diesem Buch viele englische Ausdrücke vorfinden. Wir haben versucht, uns sinnvoll erscheinende Regeln aufzustellen und diese wenn möglich konsequent anzuwenden. Wir verwenden in der Regel die amerikanische Schreibweise für englische Ausdrücke. Dies entspricht der Schreibweise in den RFCs.

Unsere Regeln sind die folgenden:

- Technische Ausdrücke werden auf Deutsch übersetzt, wenn es einen klaren, allgemeingültigen deutschen Ausdruck dafür gibt. Manchmal fügen wir den englischen Ausdruck der Klarheit zuliebe in Klammern an. Im Zweifelsfall benutzen wir der Eindeutigkeit zuliebe den englischen Ausdruck.

- Englische Ausdrücke, die von deutschsprachigen Menschen, die im technischen Bereich arbeiten, häufig verwendet werden, und schon fast «deutschen» Charakter haben, übersetzen wir nicht. Ein Router ist ein Router, ein Interface ist ein Interface und ein Logfile ist ein Logfile. Ausdrücke wie Weiterleitungsknoten und Nachverfolgungsdatei erschweren unserer Ansicht nach das Verständnis.

- Deutsche Wortverbindungen werden wenn immer möglich zusammengeschrieben (z.B. Empfängeradresse).

- Deutsch-englische oder deutsch-technische Wortverbindungen werden mit einem Bindestrich verbunden (z.B. IPv6-Adresse, Flags-Feld).

- Deutsch-englische oder deutsch-technische Wortverbindungen mit mehr als zwei Ausdrücken werden nicht durch Bindestriche verbunden (z.B. Data Length Feld).

- Englische Wortverbindungen werden nicht durch einen Bindestrich verbunden (z.B. Interface ID, Teredo Service, DNS Server, Routing Header).

Wir sind uns bewusst, dass jeder Leser je nach Kultur, Alter und Sprachhintergrund ein anderes Sprachgefühl hat. Wir sind uns auch bewusst, dass wir unser Buch nicht für alle Leser optimal gestalten können. Wir haben uns bemüht, einen guten Mittelweg zu finden. Unser Hauptanliegen ist Klarheit im Ausdruck.

1.2.3 Lesermeinungen

Viele Leser dieses Buches haben sich sehr positiv und dankbar geäussert, da sie die übersichtliche Art der Präsentation dieses komplexen Themas sehr geschätzt haben. Hier drei Kommentare, stellvertretend für die vielen Feedbacks, Emails und Online-Rezensionen die wir erhalten haben.

Ein Leser:

Dieses Buch ist ein Muss für alle die sich mit IPv6 auseinandersetzen wollen. Nach dem ich schon mehrere IPv6 Bücher gelesen habe kann ich dazu nur sagen: SUPER!!!

In deutscher Sprache geschrieben und trotzdem einfach zu verstehen. Das Buch ist frei von verdeutschten Ausdrücken die kein Mensch versteht. Ein Router bleibt in diesem Buch ein Router und wird nicht zu einem Vermittlungsknoten?!

Das Buch ist auf dem allerneusten Stand und gibt einen perfekten Überblick über das Thema. Ich kann mich nicht mehr daran erinnern wann ich das letzte IT-Buch gelesen habe, das ich nicht mehr weglegen wollte, bei diesem geschah dies auf jedenfall wieder einmal.

Das Fieber hat mich beim Lesen dieses Buches erwischt und mein Homenetzwerk läuft nun bereits grossteils über IPv6.

Mal sehen wie's weitergeht. Ich bin nach dem Lesen dieses Buches auf jeden Fall «IPv6 ready». Bitte mehr solche Bücher!!!

Ein zweiter Leser:

Dieses Buch beschreibt die Neuerungen, die IPv6 bringt, klar und leicht verständlich. Zu Beginn dachte ich, es kann nicht sonderlich spannend werden, sich die Funktionsweise und den Aufbau von IPv6 anzueignen. Doch da hab ich mich kräftig getäuscht und nicht mit Silvia Hagen gerechnet!

Sie hat es in ihrem Buch geschafft, eine an und für sich, für die meisten Leute, eher trockene Materie leicht lesbar und für jemand der vorher noch keine IPv6 Erfahrungen gesammelt hat gut verständlich zu erklären. Auch die Unterschiede zwischen IPv4 und IPv6, die Integrationsmöglichkeiten in bestehende Netze und die Installation und Konfiguration von IPv6 in bestehende Betriebssysteme werden klar dargelegt.

Es macht einfach einen Riesenspaß dieses Buch zu lesen und gleichzeitig Lust auf IPv6! Ich habe 10 Tage auf dieses Buch gewartet, und muss sagen, die Wartezeit hat sich wirklich gelohnt!

Dieses Buch ist absolut empfehlenswert! Denn IPv6 kommt, und spätestens dann müssen sich fast alle in der IT damit beschäftigen. Warum nicht diese Gelegenheit nützen und sich schon jetzt einen Vorteil schaffen? Vielen Dank für dieses Werk!

Ein dritter Leser:

Als selbständiger Unternehmer bin ich für einige Netzwerke von Kunden verantwortlich. Die Anforderungen bezüglich IP-Adressierung, Sicherheit, Mobilität und IPv6 bestimmen heute meinen Alltag. Fragen wie, was bringt IPv6? - welches sind die Unterschiede zum heutigen Internet Protocol? wie funktioniert IPv6? werden in diesem Buch diskutiert und beantwortet.

Das Buch beschreibt für mich nicht nur den aktuellen Stand der Technik, sondern auch die Grundlagen von IPv6 hinsichtlich bevorstehender erfolgreichen Einführungen von IPv6 in bestehenden Netzwerken.

Den Schreibstil bewerte ich als technisch orientierter Mensch einfach verständlich und einige der Formulierungen kann ich für die Argumentation mit IT-Verantwortlichen gut verwenden.

1.3 Danksagung

Dieses Buch ist allen Menschen gewidmet, die sich für das Erschaffen einer toleranten und friedlichen Welt engagieren.

Der Dank geht an die vielen Helfer, ohne die dieses Buch nie das Licht der Welt erblickt hätte:

Für die erste Auflage danke ich meinem damaligen Team, Jimmy Ott, Andrin Vocat, Pascal Seiler, Conradin Rüegg und Michèle Babini. Ein ganz spezieller Dank geht an Stefan Marzohl für das herrliche Kapitel über Routing-Protokolle, welches er für die 2. Auflage aktualisiert hat. Alex Gall von Switch hat sämtliche Kapitel für die 1. Auflage sorgfältig überarbeitet und viele nützliche und praxisbezogene Inputs gegeben. An Cristina D'Ignazio von der Agentur Diem & Partner für ihren höchst kreativen und engagierten Einsatz für die Covergestaltung beider Auflagen.

Viele weitere Menschen haben einzelne Kapitel überarbeitet und geduldig meine vielen Fragen beantwortet:

Jim Bound und Vijayabhaskar aus Bangalore, beide von Hewlett-Packard. Jim Bound ist leider im März 2009 verstorben und wir vermissen damit einen höchst engagierten und inspirierten Entwickler und Promoter von IPv6. Er hinterlässt eine grosse Lücke in der IPv6 Community. Andreas Schmid von Swisscom Innovations, Flavio Curti von Cyberlink AG, Matthias Cramer von Dolphins Network Systems AG, Roger Grandjean und Johnny Beat Walker von Sidarion AG, Wolfgang Fritsche von IABG in Deutschland. Ich danke auch allen Mitarbeitern im Cisco Team Schweiz, insbesondere René Räber, welche mich immer bereitwilligst in meiner Arbeit unterstützten. Für die 2. Auflage war vor allem Axel Clauberg eine grosse Hilfe in letzter Minute. Ich danke auch allen internationalen IETF-Engineers und Task Force Mitarbeitern, welche stets enthusiastisch und hilfsbereit sind. Ohne ihre visionäre Kraft, kombiniert mit unermüdlicher Hartnäckigkeit im Verfolgen ihrer Ziele, gäbe es weder das Internet noch IPv6.

Für die dritte Auflage danke ich allen Partnern, Kunden und Freunden, die mich immer wieder inspirieren und herausfordern und mich in meiner Arbeit unterstützen und meine Fragen beantworten. Die Organisation der jährlichen Swiss IPv6 Business Konferenz bringt mich immer wieder mit vielen bekannten und neuen Fachspezialisten aus der nationalen und internationalen Szene zusammen und erweitert so meine Perspektive. Dazu gehören einige Leute aus dem Team von Cisco, wie Eric Vyncke, Alain Fiocco, Steve Simlo, Andrew Yourtchenko Nathalie Kunneke-Trenaman von RIPE NCC, Enno Rey, Gert Döring, Tom Coffeen, Fernando Gont. Und ich danke Jimmy Ott, der sich wiederum hingesetzt hat um die neuen Zeichnungen für mich zu machen. Danke auch dem coolen Team bei tnt-graphics für das Layout und den flexiblen und professionellen Einsatz.

Der grösste Dank gilt meiner Tochter Marina für ihr Dasein. Als ich mein erstes Buch schrieb, war sie ein kleines Mädchen, heute ist sie eine wundervolle junge Frau und eine gute Freundin. Ohne ihre Unterstützung hätte ich keines meiner Bücher schreiben können.

1.4 Über die Autorin

Silvia Hagen interessiert sich seit sie denken kann für die vielseitigen Facetten von Kommunikation. Das natürliche Flair für die Vermittlung schwieriger Sachverhalte reicht weit zurück und kam schon ihren Mitschülern im Gymnasium gelegen. Einige Jahre später – sie hatte bei einem Unternehmen die Verantwortung für die Betreuung des Computernetzwerks übernommen – besuchte sie ihr erstes Netzwerkseminar. Die Erfahrung, genau wie andere Kursteilnehmer, nach drei Tagen weniger zu verstehen als vorher, weckte ihren Ehrgeiz und spornte sie dazu an, dem Thema wirklich auf den Grund zu gehen und Wege zu finden, dieses Wissen einfacher zu vermitteln. Ihre Neugier und die Begeisterung für Netzwerkthemen und Kommunikation generell führten schon bald zur Zertifizierung als Instruktorin für Netzwerkkurse und zur erfolgreichen Tätigkeit als Kursleiterin. Seither hat sie Tausenden von Teilnehmern ihr Wissen und ihre Begeisterung weitergegeben und sie zu Network Engineers und IPv6 Experten ausgebildet.

1995 gründete Silvia Hagen die IT-Beratungsfirma Sunny Connection AG. Mit ihrem Team unterstützt sie mittlere bis grosse Unternehmen bei der Planung und Umsetzung von IT-Projekten wie Netzwerk- und Performanceanalyse, IPv6 und Identity Management. In den letzten Jahren hat sie, aufgrund ihrer Erfahrung beim Troubleshooten von komplexen Performanceproblemen, eine neue Methode entwickelt. Es zeigt sich an vielen Beispielen sehr klar, dass das Netzwerk ein Spiegel der Organisation ist. Das Netzwerk zeigt sozusagen die Symptome, deren Ursachen häufig in der Organisation zu finden sind. Sie setzt dabei u.a. systemische Werkzeuge ein, welche ursprünglich für die Familientherapie entwickelt wurden heute jedoch verbreitet auch in der Organisationsentwicklung eingesetzt werden. Sie bietet auch die massgeschneiderte Vermittlung von Wissen in Form von praxisbezogenen Seminaren und Workshops an. Silvia Hagen's Herz schlägt für Technologien, die das Leben und die Zusammenarbeit von Menschen vereinfachen. Dazu gehören neben Identity Management auch TCP/IP und IPv6. Aktuell bildet sie sich als Agile Coach weiter und sucht nach Methoden, diese Ansätze in Infrastrukturprojekte aber auch auf Managementebene zu integrieren. Ihre Vorträge an internationalen Konferenzen sind bei Spezialisten und Führungskräften geschätzt. Weitere Informationen finden Sie unter *www.sunny.ch*.

1.5 Über den Verlag

Der Gedanke, qualitativ hochstehende Fachbücher mit dem gewissen Etwas im eigenen Verlag zu publizieren, fasziniert Silvia Hagen schon seit einiger Zeit. Sie hat stetig darauf hingearbeitet und Erfahrungen als Autorin gesammelt, beispielsweise mit Fachbüchern wie «IPv6 Essentials»», erschienen bei O'Reilly oder «Novell's Guide to Troubleshooting TCP/IP», das von Novell Press veröffentlicht wurde. Begeisterte Leserreaktionen aus aller Welt zeigen, dass sie mit ihrer Art, Wissen aufzubereiten und zu vermitteln auf dem richtigen Weg ist.

Sunny Edition ist ein Schweizer Kleinverlag und steht für technische und organisatorische Fachbücher. Diese zeichnen sich dadurch aus, dass sie komplexe Themen auf die wesentlichen Aspekte kondensieren und am Praxisnutzen orientiert, verständlich vermitteln. Die erste Auflage von «IPv6 Grundlagen – Funktionalität – Integration» machte als erstes Verlagsprodukt den Anfang in einer Reihe hochwertiger Publikationen nach diesen Vorgaben. Publikationen über die neuentwickelte Methode in ganzheitlicher Netzwerkanalyse, Agilität und Organisationsentwicklung werden folgen.

Kapitel 1

Wozu IPv6?

Pioniere entwickeln anfang 70er-Jahre IPv4

Die IP-Version, welche wir heute alle in unseren Netzwerken und im Internet einsetzen, ist IP Version 4, kurz IPv4 genannt. IPv4 wurde in den frühen 70er-Jahren von einer Gruppe von Pionieren entwickelt, deren Ziel es war, ein paar staatliche und universitäre Netzwerke in den USA miteinander zu verbinden. Zu jener Zeit war ein Internet, wie wir es heute kennen, jenseits jeder Vorstellung. Es ging damals darum, ein Protokoll zu entwickeln, welches Tausende von Hosts verbinden würde. Entsprechend war es auch kein Design-Ziel des Protokolles, ein globales Netzwerk mit Milliarden von Hosts zu unterstützen. Umso faszinierender ist es, dass es diesen Pionieren gelang, ein Protokoll zu entwickeln, welches so skalierbar und stabil ist, dass es heute – 30 Jahre später – als Grundlage fürs Internet dienen kann. Heute ist es jedoch eindeutig in die Jahre gekommen, es ist Zeit für eine neue Generation.

IPv6 ist eine Evolution von IPv4

IPv6 ist eine Evolution von IPv4 und wurde aufgrund der reichen Erfahrungen mit IPv4 entwickelt. Bewährtes wurde beibehalten, bekannte Einschränkungen wurden behoben, Skalierbarkeit und Flexibilität wurden erweitert. IPv6 ist das Protokoll, das in der Lage sein wird, der Wachstumsrate des Internets und den Anforderungen zukünftiger Dienste gewachsen zu sein.

Viele IPv4-Erweiterungen wurden im Lauf der Zeit entwickelt

Als im Jahre 1983 das damalige Internet über Nacht von NCP auf IP umgestellt wurde, war IP nur im Kern vergleichbar mit dem Protokollset, das wir heute kennen. Viele der heute eingesetzten Erweiterungen wurden erst im Laufe der Jahre mit den steigenden Anforderungen entwickelt.

Entwicklung von IPv6 läuft ähnlich

Analog läuft die Entwicklung bei IPv6. Seit 1998, als IPv6 in RFC 2460 zum Draft-Standard erhoben wurde, gibt es eine Vielzahl von Implementationen. Die meisten Hardware- und Router-Hersteller haben seit Jahren ihre IPv6-Implementationen getestet, optimiert und den laufenden Entwicklungen angepasst. Die Infrastruktur ist bereit.

Note

Hobbes Internet Timeline

Einen interessanten und humorvollen Überblick über die Geschichte des Internets findet man in RFC 2235, «Hobbes Internet Timeline – growth info on Internet». Er beginnt im Jahr 1957 mit dem Launch von Sputnik in Russland und der Gründung von ARPA (Advanced Research Projects Agency) durch das DoD (Department of Defense) in den USA. Das RFC enthält auch eine tabellarische Übersicht über die jährliche Zunahme von Hosts, Netzwerken und Domain-Registrierungen im Internet.

- 1969 Veröffentlichung des ersten RFCs von Steve Crocker.
- 1970 Arpanet Hosts setzen NCP als Netzwerkprotokoll ein.
- 1971 23 Hosts sind mit Arpanet verbunden.
- 1976 Elizabeth II, Queen of the United Kingdom, verschickt ein Email.
- 1981 France Telecom rollt Minitel aus.
- 1983 1. Januar, Umstellung des Internets von NCP auf IP.
- 1984 Anzahl der Internet Hosts übersteigt die 1000er-Grenze.
- 1987 Erster Email-Link zwischen Deutschland und China; das 1000ste RFC wird veröffentlich; die Zahl der Internet Hosts übersteigt die 10'000er-Grenze.
- 1988 Ein Internet-Wurm legt 10% der 60'000 Internet Hosts lahm.
- 1989 Anzahl der Internet Hosts übersteigt die 100'000er-Grenze; Clifford Stoll veröffentlicht «Cuckoo's Egg», die wahre und höchst spannende Kriminalstory über die Verfolgung einer deutschen Hackergruppe, welche in diverse amerikanische Sicherheitsnetze eingedrungen ist.
- 1991 CERN führt World Wide Web (www) ein.
- 1992 Anzahl Internet Hosts übersteigt die Millionengrenze; die Weltbank geht Online.
- 1994 Erste Shopping Centers Online; erstes Spam-Mail; Pizza Hut geht online.
- 1995 Vatikan geht online; erste kostenpflichtige Internet Domain Registrierung.

- 1996 9272 Organisationen werden von InterNIC aus DNS gestrichen, weil sie ihre Domain-Registrierungen nicht bezahlt haben.
- 1997 Das 2000ste RFC wird veröffentlicht.

1.1 Die Geschichte von IPv6

Entwicklung beginnt anfang 90er-Jahre

In den frühen 90er Jahren begann die Internet Engineering Task Force (IETF), einen Nachfolger für das Protokoll IPv4 zu entwickeln. Es wurden gleichzeitig mehrere unterschiedliche Ansätze gestartet; alle mit dem Ziel, die Einschränkungen durch den zu knappen Adressbereich zu beheben und neue Funktionen hinzuzufügen. 1993 richtete die IETF den IPng-Bereich ein, um die unterschiedlichen Ansätze zu untersuchen und Empfehlungen für das weitere Vorgehen abzugeben.

Entscheid Protokoll mit zusätzlichen Funktionen zu entwickeln

RFC 1752, «The Recommendation for the IP Next Generation Protocol», enthält den Vorschlag der IETF zur Entwicklung eines Nachfolgeprotokolles für IPv4. Eine Address Lifetime Expectation Arbeitsgruppe erhielt die Aufgabe abzuklären, ob der IPv4-Adressraum lange genug reichen würde, um ein neues Protokoll mit zusätzlichen Funktionen zu entwickeln, oder ob die Zeit so knapp war, dass man sich lediglich auf die Lösung des Adressproblems konzentrieren sollte. Aufgrund der damals verfügbaren Statistiken kam die Arbeitsgruppe 1994 zum Schluss, dass der IPv4-Adressraum voraussichtlich in den Jahren 2005 bis 2011 erschöpft sein werde und somit genügend Zeit verbliebe, das Protokoll mit erweiterten Funktionen auszustatten. Aus heutiger Sicht gesehen eine erstaunlich exakte Schätzung.

Standardisierung von IPv6 im Jahr 1998

Die Internet Engineering Steering Group anerkannte die Empfehlung für IPv6. 1994 wurde sie zum Proposed Standard ernannt. Das Core Set der IPv6-Protokolle wurde 1998 zum IETF Draft Standard. Seither sind bereits viele Zusatzfunktionen definiert worden. Eine Vielzahl von Übergangsmechanismen, welche die Koexistenz von IPv6 mit IPv4 ermöglichen, wurden definiert, so z.B. 6to4 im Jahre 2001. DHCPv6 (Dynamic Host Configuration Protocol) wurde 2003 als RFC veröffentlicht. Mobile IPv6, eine Technologie, welche für viele neue mobile Dienste eine wichtige Grundlage darstellt, wurde ebenfalls 2004 standardisiert und heute gibt es schon einige Erweiterungen (siehe Kapitel 9).

IPv6 bewährt sich im 6Bone

Das älteste IPv6-Netzwerk war der 6Bone. Er wurde 1996 gegründet und verband mehr als 1000 Hosts in über 50 Ländern der Welt. Ursprünglich wurde er als Testumgebung für die IETF-Arbeitsgruppen verwendet. Mit der Zeit wurde daraus ein internationales, gemeinschaftliches Projekt, an dem sich jeder beteiligen konnte. Damals war die Adresszuweisung für IPv6 nicht geregelt, darum erhielt der 6Bone das spezielle Präfix 3ffe, an welchem man 6Bone-Teilnehmer erkennen konnte. Als die weltweite Adresszuweisung geregelt war, wurde der 6Bone schrittweise in den normalen IPv6-Adressbereich übernommen und bis ins Jahr 2006 langsam abgelöst. Der 6Bone hat die Möglichkeit geboten zu zeigen, dass IPv6 stabil ist und bei globalem Einsatz funktioniert. Gleichzeitig wurde er verwendet, um Erfahrungen mit Routing und Netzwerkmanagement-Prozessen zu sammeln, wie auch, um Übergangsmechanismen und IPv6-Applikationen zu entwickeln und zu testen.

Abbildung 1.1 ist ein Screenshot der Google Statistik über den Anteil und die Entwicklung von Usern, die mit IPv6 auf Google Websiten zugreifen.

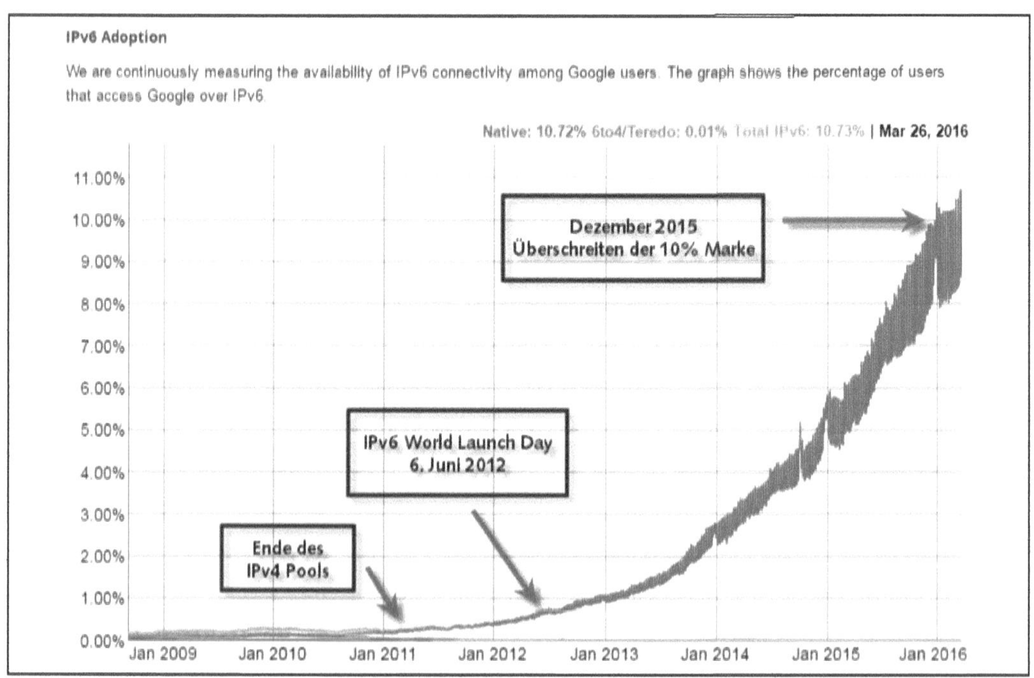

Abbildung 1.1 – Entwicklung globaler IPv6-User aus Google Perspektive

Diese Übersicht zeigt, wie schnell die globale IPv6-Gemeinschaft wächst. Die Kurve beginnt im Jahr 2011 anzusteigen. Das Ende des IPv4-Pools von IANA hat auf der Welt ein Zeichen gesetzt und die Verbreitung von IPv6 beschleunigt. Ein gutes Jahr später, am 6. Juni 2012 fand der IPv6 World Launch Day statt. Damals war der globale Anteil auf 0.6%. Wenn wir das weiter verfolgen sehen wir, dass sich der Anteil in der Regel in einem Jahr etwas mehr als verdoppelt. Ein Jahr später, im Juni 2013, befand sich der Anteil auf 1.5%, nochmals ein Jahr später, im Juni 2014 bereits auf 3.6% und im Juni 2015 auf 6.5%. Rechtzeitig zum Jahreswechsel 2015/2016 haben wir die 10% Marke geknackt und bewegen uns auf 11% zu.

Zunahme seit IPv6 World Launch Day

Note

Auf *www.google.com/intl/en/ipv6/statistics.html* findet man die aktuelle Statistik. Weitere interessante Statistiken finden Sie auf der Website von Eric Vyncke auf *https://www.vyncke.org/ipv6status/* und auf der Statistikseite von Cisco, *http://6lab.cisco.com*.

Wenn diese Entwicklung im gleichen Stil weitergeht, so werden wir in zweieinhalb bis drei Jahren die 50% Marke knacken. Einzelne Länder haben auch bereits schon deutlich höhere Anteile. Die Schweiz war 2013 das erste Land, das die 10% Marke erreichte. Das hat weltweit Aufmerksamkeit erregt. 2014 haben die Belgier den Lead übernommen. Heute (2016) sind die Belgier bei mehr als 40%, die Schweizer gut über 25%, die Deutschen bei 21% und die USA bei 24%. Es gibt Länder mit überraschenden Zahlen, so z.B. Portugal, Griechenland und Peru mit rund 15%. Die länderspezifischen Zahlen können auf dem zweiten Tag der Google Statistik (Per-Country IPv6 Adoption) eingesehen werden.

Im Jahr 2018 global über 50% IPv6-Useranteil

Die Aussichten stehen gut, dass wir per Ende 2016 global die 20% Marke überschreiten. Einige Provider in Europa, Kanada und USA haben angekündigt, 2016 grosse Zahlen von IPv6-Usern aufzuschalten.

Note

Warum heisst das neue Protokoll nicht IPv5? Die Versionsnummer 5 konnte nicht verwendet werden, da sie für ein experimentelles Stream-Protokoll reserviert war (ST2, RFC 1819).

Was ist mit IPv5?

1.2 Was ist neu bei IPv6?

In aktueller Hard- und Software weitgehend implementiert

IPv6 ist eine Weiterentwicklung von IPv4. Das Protokoll kann in den meisten Geräten und Betriebssystemen als Software Upgrade installiert werden. Kauft man aktuelle Hardware oder Betriebssysteme, so ist IPv6 in der Regel bereits implementiert und muss lediglich konfiguriert werden. Die verschiedenen Übergangsmechanismen dienen dazu, ein schrittweises Einführen von IPv6 zu ermöglichen, ohne die bestehende IPv4-Infrastruktur zu gefährden.

Die wesentlichen Neuerungen im Überblick:

Wesentliche Neuerungen

- **Erweiterter Adressraum**
  Das Adressformat wurde von 32 Bits auf 128 Bits erweitert. Dies stellt nicht nur genügend Adressen für jedes Sandkorn auf der Erde zur Verfügung, es erlaubt auch eine hierarchische Strukturierung des Adressraums zugunsten von optimiertem globalem Routing.

- **Autokonfiguration**
  Eines der wichtigsten neuen Features von IPv6 ist die Autokonfigurationsmöglichkeit. Ein IP-Gerät jeder Art kann sich damit ohne Vorkonfiguration oder Anwesenheit eines DHCP Servers und ohne manuelle Konfiguration selbst eine eindeutige Adresse zuweisen. Autokonfiguration wird das Leben von Netzwerkadministratoren wesentlich erleichtern, die Unterhaltskosten senken und gerade im Bereich von mobilen Anwendern, Überwachungs- und Heimgeräten unschätzbare Dienste leisten.

- **Vereinfachung des Header-Formats**
  Der IPv6 Header hat eine fest definierte Länge von 40 Bytes. Er beinhaltet effektiv zweimal 16 Bytes für zwei IPv6-Adressen und lediglich 8 Bytes für allgemeine Header-Informationen. Die fest definierte Länge und die Schlankheit des Headers erlauben eine schnellere Verarbeitung.

- **Bessere Unterstützung für Optionen und Erweiterungen**
  Bei IPv4 sind Optionen im IPv4 Header integriert. Bei IPv6 werden Optionen in sogenannten Extension Headern transportiert, welche nur dann eingefügt werden, wenn sie auch benötigt werden. Dies beschleunigt die Verarbeitung von Paketen. In der Basis-Spezifikation sind sechs Extension Header definiert. Dazu gehören Header für Routing, Mobile

IPv6, Quality of Service und Security. Neue Header können jederzeit definiert und eingefügt werden, ohne die Grundstruktur des IPv6-Headers verändern zu müssen.

1.3 Wozu braucht es IPv6?

Verteilung des IPv4-Adressbereichs

Aus historischen Gründen besassen Organisationen und Regierungsstellen in den USA lange Zeit mehr als 50% des freigegebenen IPv4-Adressraums. Die Top 15 Länder der Welt (ohne USA) hielten mehr als 35%, der Rest der Welt teilte sich die verbleibenden rund 11% (Zahlen per 2008: *www.bgpexpert.com/addrspace2008.php*).

Internet Penetration Rate

Von den gut 7.26 Mrd. Menschen auf unserem Planeten leben 357 Mio. in Nordamerika, 821 Mio in Europa und rund 4.03 Mrd. in Asien (Zahlen per 2016). Das bedeutet, mehr als die Hälfte der Menschheit lebt in Asien. Mit Internet Penetration Rate bezeichnet man den Prozentsatz der Bevölkerung einer Region, die Zugang zum Internet hat. Global besehen beträgt die Internet Penetration Rate heute rund 46%. Dieser Anteil war vor rund 5 Jahren noch im Bereich von 24%, ein deutlicher Indikator für Wachstum der Internet-Gemeinschaft (*www.internetworldstats.com/stats.htm*). Mittlerweile wissen wir, dass die Prognosen eingetroffen sind, der IPv4-Adressraum ging im Februar 2011 zur Neige, als IANA die letzten Adressblöcke gleichmässig auf die fünf globalen Registries verteilte. Diese Zahlen sprechen für sich und erklären auch die Tatsache, warum in Asien die Verbreitung von IPv6 bereits viel weiter fortgeschritten ist, als in anderen Teilen der Welt.

Neuverteilung von IPv4-Adressen nicht möglich

Auch wenn es bekannt ist, dass die zugewiesenen Adressen nicht alle verwendet werden, so lässt es das definierte Adressierungsverfahren nicht zu, dass Adressen zurückgefordert werden können. Heute weiss man aufgrund der Erfahrungen der letzten Jahre, dass Adresszuweisung auf globaler Ebene in erster Linie die Netzwerktopologie berücksichtigen muss. Als man jedoch anfing, den IPv4-Adressraum zuzuweisen, ahnte man nicht, zu welchen Grössenordnungen sich dieses Netz entwickeln würde. Könnte man den IPv4-Adressraum global neu verteilen, so wäre eine viel effizientere Nutzung möglich. Selbst wenn jedoch die Adressen zurückgefordert werden könnten, so wäre eine globale Neuverteilung in der Praxis nicht durchführbar und die obigen Statistiken zeigen, dass selbst wenn man jede einzelne der 4.3 Mrd. IPv4-Adressen einsetzen könnte, das nicht ausreichen würde, den Bedarf zu decken.

Kein IoT ohne IPv6

Um eine weltweite Verfügbarkeit des Internets sicherzustellen, brauchen wir den Adressraum von IPv6. Es werden immer mehr Dienste und Geräte entwickelt, die eine permanente IP-Verbindung brauchen. Hersteller aus allen Industrien entwickeln Überwachungs-, Kontroll- und Verwaltungssysteme, welche IP-basierend arbeiten. Somit brauchen wir nicht nur IP-Adressen für die Menschen auf unserem Planeten, sondern auch für all diese Geräte. Das Internet of Things (IoT) kann ohne IPv6 nicht stattfinden.

IPv6 ist mehr als nur Erweiterung des Adressraums

Die Arbeitsgruppe hat jedoch nicht nur den Adressraum erweitert. Gerade für die komplexen Netzwerke von heute und morgen, sowie für die Vielzahl von IP-basierten Geräten aller Art, sind die neuen Funktionen, insbesondere die Autokonfigurationsmöglichkeit von IPv6 ein Muss. Wenn wir uns der Zahl der Geräte bewusst werden, die in naher Zukunft eine IP-Adresse benötigen werden (mobile Telefone, Heimgeräte aller Art wie Heizungen, Kühlsysteme, Multimedia-Geräte, etc.), so wird offensichtlich, dass eine herkömmliche Adressverwaltung an ihre Grenzen stossen würde. In Organisationen wird die Autokonfiguration die Möglichkeit bieten, den Verwaltungsaufwand zu reduzieren.

Flexible Header-Struktur vereinfacht Entwicklung neuer Dienste

Durch die Einführung einer flexibleren Header-Struktur (Extension Header) wurde das Protokoll offen und ausbaubar gestaltet. Neue Dienste können eingeführt werden, ohne an der Grundlage im Protokoll etwas ändern zu müssen. Aufgrund der Tatsachen, dass sich IPv4 fast 30 Jahre lang bewährt hat, dass man bei der Entwicklung von IPv6 die positiven und zuverlässigen Eigenschaften von IPv4 beibehalten hat und dass IPv6 flexibel und ausbaufähig strukturiert ist, kann man davon ausgehen, dass sich auch dieses Protokoll lange halten wird.

IPv6 stellt Grundlage für Innovation zur Verfügung

Der letzte und wesentlichste Gedanke zur Frage, warum wir IPv6 einführen sollen, ist jedoch ein ganz anderer. Bisher haben wir nur Fragen besprochen, die sich damit befassen, ob IPv6 kann, was IPv4 kann, und ob in diesem Fall die Kosten für eine Einführung gerechtfertigt sind. Damit lässt man jedoch den wesentlichsten Vorteil von IPv6 ausser Acht. IPv6 stellt dank seiner neuen Struktur die Grundlage für völlig neuartige Dienste zur Verfügung. Es werden Geräte und Dienste auf den Markt kommen, welche mit IPv4 nicht eingesetzt werden können. Dies eröffnet einerseits den Herstellern und Anbietern die Möglichkeit, neue Märkte zu erschliessen. Andererseits bedeutet dies für Organisationen und Anwender, dass sie mittelfristig Bedarf für solche neuen Dienste haben werden. Darum ist es sinnvoll, die Infrastruktur frühzeitig schrittweise und geplant auf den neuen Standard umzustellen. So ist man davor geschützt, eine geschäftskritische Applikation gleichzeitig mit einer Infrastrukturumstellung einführen zu müssen, ein Unterfangen, welches unnötig hohen Aufwand und unnötige Risiken mit sich bringen würde.

IPv6 ist unumgänglich. Es wird in den nächsten Jahren in unsere Netzwerke hineinwachsen und für viele Jahre mit IPv4 koexistieren. Es gibt keinen Grund, IPv6 überstürzt einzuführen. Ein zu langes Hinauszögern der Integration, die irgendwann ohnehin unumgänglich sein wird, kann jedoch unnötige und hohe Kosten verursachen und Schwierigkeiten bereiten. Eine sorgfältige Analyse der bestehenden Infrastruktur, das Erarbeiten von IPv6-Knowhow und das Erstellen eines langfristigen Integrationsplanes sind der beste Schutz für Ihre Investitionen.

IPv6 ist unumgänglich

1.4 Häufige Missverständnisse

Im Gespräch mit Kunden treffen wir immer wieder auf eine Reihe falscher Vorstellungen, die verhindern, dass sie sich mit dem Thema IPv6 befassen. Diese wollen wir hier darum kurz aufnehmen.

- **«Unser Internet Service Provider (ISP) bietet keine IPv6-Dienste an. Darum bringt uns IPv6 nichts.»**
  Sie müssen nicht auf Ihren ISP warten, um intern IPv6 einsetzen zu können. Im internen Netzwerk sind Sie unabhängig. Möchten Sie sich mit dem globalen IPv6-Internet verbinden, so können Sie einen der definierten Übergangsmechanismen einsetzen und Ihre IPv6-Daten über die IPv4-Infrastruktur Ihres ISPs tunneln. Im Jahr 2016 und später kann man allerdings von einem modernen ISP erwarten, dass er IPv6-Unterstützung anbietet.

IPv6 kann eingeführt werden, auch wenn der ISP noch keine Unterstützung bietet

- **«Es wäre zu teuer und aufwendig, unseren Backbone umzustellen.»**
  Es ist nicht notwendig, als erstes den Backbone umzustellen
  Auch hier gilt, was für den ISP gilt. Es ist nicht notwendig, den Backbone zuerst umzustellen. Im Backbone ist es sinnvoll, den nächsten Lebenszyklus der Hardware abzuwarten, wenn die Geräte ohnehin ausgetauscht werden müssen. Das ist der geeignete Zeitpunkt, sicherzustellen, dass IPv6-fähige Hardware gekauft wird. Selbst dann bedeutet dies noch nicht, dass IPv6 sofort aktiviert werden muss. In Randsegmenten kann nun IPv6 eingeführt werden, allenfalls auch parallel zu IPv4 und der Backbone kann mit einem Tunnel überbrückt werden.

- **«Es wäre zu komplex und zu teuer, alle Applikationen auf IPv6 zu portieren.»**
  IPv4-Applikationen können auch in IPv6-Netzen unterstützt werden
  Viele Applikationen laufen ohne Änderung auch in einem IPv6-Netzwerk. Applikationen, wo Anpassungen nötig sind, haben in der aktuellen Version in vielen Fällen bereits produktive Implementationen. Für Applikationen, bei denen dies nicht zutrifft gibt es genug Übergangsszenarien, die es möglich machen, IPv4-Applikationen in IPv6-Netzwerken und ebenso IPv6-Applikationen in IPv4-Netzwerken zu unterstützen.

- **«Wir haben genug IPv4-Adressen, wir brauchen IPv6 nicht.»**
  Genügend IPv4-Adressen zu besitzen bedeutet nicht, IPv6 nicht einführen zu müssen
  Bestimmt besteht im Fall, wo genügend IPv4-Adressen vorhanden sind, kein dringender Grund, möglichst schnell umzustellen. Diese Aussage lässt jedoch ausser Acht, dass die Umstellung irgendwann unumgänglich wird und IPv6 mehr bringt, als nur grösseren Adressraum. Investiert man stets nur in den Ausbau der IPv4-Infrastruktur, investiert man in eine End-of-Life Technologie, und verpasst möglicherweise den geeigneten Zeitpunkt für die Integration von IPv6.

1.5 Wann ist es Zeit für IPv6?

Wenn wir nun also wissen, dass IPv6 unumgänglich auf uns zukommt, wann ist dann der richtige Zeitpunkt für eine Einführung?

Mit der Zeit setzt die Teilnahme an globaler Kommunikation IPv6 voraus

Wenn der Rest der Welt auf IPv6 umstellt, schliesst sich jeder, der auf IPv4 beharrt, von der globalen Kommunikation und Erreichbarkeit aus. Heute sind wir nicht so weit, aber der Tag wird wahrscheinlich früher kommen als erwartet. Die Risiken, die bei zu langem Zuwarten entstehen, sind, potentielle Kunden zu verlieren, keinen Zugang zu neuen Märkten zu haben oder neue IPv6-basierende Businessapplikationen nicht einsetzen zu können. Vor allem öffentliche Dienste wie Websites und eCommerce-Sites sollten über beide Protokolle (IPv4 und IPv6) angeboten werden. Verschiedene Messungen legen nahe, dass bereits heute (2016) bei professionell aufgesetzten und gut angebundenen Websites und in einer zunehmenden Zahl von Fällen der Zugriff über IPv6 messbar schneller ist als über IPv4. Facebook ist ein gutes Besipiel dafür.

Investition in IPv4 ist eine Investition in eine End-of-Life Technologie

Es gibt eine bewährte Goldregel für Netzwerke und die heisst: «Never touch a running system.» So lange Ihr internes Netzwerk seine Dienste und Ihre Anforderungen zuverlässig erfüllt, gibt es keinen Grund, daran etwas zu ändern. IPv6 in Betracht ziehen sollte man immer dann, wenn es um Investitionen geht. Jede Investition in das zukünftige Protokoll hat eine längere Lebensdauer. Dies gilt sowohl für Planungs-, Lern- und Einarbeitungsaufwand, als auch für Hard- und Software-Anschaffungen.

Folgende vorbereitenden Massnahmen können getroffen werden:

Massnahmen heute

- Aufbau von internem Knowhow
- Schutz des IPv4-Netzwerkes vor ungewolltem IPv6 Traffic (mögliche Attacken)
- Einbezug von IPv6 in die strategische Planung
- Erarbeiten von Integrationsszenarien
- IPv6-Support als Einkaufskriterium auf jeder IT-Einkaufsliste

Vorsicht bei hohen Investitionen

Mit diesen Massnahmen sind Sie bereit, den richtigen Zeitpunkt für die Einführung zu erkennen und wahrzunehmen. Sie sind so auch in der Lage, zu beurteilen, ob eine geplante Investition in die IPv4-Infrastruktur sinnvoll ist, oder ob IPv6 die bessere Alternative sein könnte. Insbesondere sollte man es nach Möglichkeit vermeiden, viel Geld in den Ausbau oder das Ausbessern der IPv4-Infrastruktur zu stecken. Dies gilt im Speziellen für den Aufbau von NATs (Network Address Translation), die eingeführt wurden, um die Probleme mit dem Adressmangel von IPv4 zu beheben. NATs lösen jedoch nicht das Grundproblem, sie sind nur ein Pflaster und führen zu Schwierigkeiten bei einer späteren Einführung von IPv6.

Kein Flag Day

Bester Ansatz ist schrittweise Einführung über einen längeren Zeitraum

Vorsicht bei Geschäftsbeziehungen in Asien

Es wird für IPv6 keinen Flag Day geben, wie damals 1983 bei IPv4. Es wird voraussichtlich auch keine Killerapplikation geben, die für alle ein Zeichen setzt. IPv6 wird sich in den nächsten Jahren schrittweise in unseren Netzwerken und im Internet ausbreiten. Wählen auch Sie den schrittweisen Ansatz aufgrund Ihrer Anforderungen und IPv6 wird sich auf natürliche Art und Weise ausbreiten. So werden Sie bereit sein, wenn es für Sie wirklich geschäftskritisch wird. Der schrittweise Ansatz ist gleichzeitig auch der kostengünstigste Ansatz. Er gefährdet die bestehende Infrastruktur nicht, zwingt Sie nicht, verfrüht Hard- oder Software auszutauschen und ermöglicht es, mit IPv6 zu experimentieren und zu lernen und das Gelernte in die weitere Strategie einzubeziehen. Organisationen mit Geschäftspartnern und Kunden in Asien haben müssen bedenken, dass dort die Einführung von IPv6 viel weiter fortgeschritten ist. Der IPv4-Adressmangel ist in Asien so prekär und die Wachstumsrate von Internetbenutzern so hoch, dass in diesen Ländern keine andere Wahl bestand, als IPv6 einzuführen. In Asien ist IPv6 Realität. Wenn Sie Geschäftsverbindungen mit Asien pflegen, dort Produkte absetzen möchten oder gar Firmen aufkaufen, könnte IPv6 schon morgen zu Ihrer Realität werden.

Die Strategie des Wellenreiters

Ein erfolgreicher Wellenreiter hat seine Muskeln gut trainiert und beobachtet wachsam und konzentriert die nahende Welle, um den besten Moment fürs Einsteigen zu erwischen. Sein Ziel ist es, möglichst hoch und weit mitreiten zu können. Eine gute Strategie!

1.6 IPv6-Status und Herstellersupport

IPv6 in aktueller Hard- und Software implementiert

IPv6 ist in den meisten aktuellen Netzwerkgeräten und Betriebssystemen implementiert. Bei vielen Standardapplikationen kann man ebenfalls davon ausgehen, dass die aktuellen Version IPv6-fähig sind. Um einen IPv6-Einführungsplan zu entwerfen muss der aktuelle Status und die Roadmap der Integration von spezifischen IPv6-Funktionen individuell abgeklärt werden. Dazu mehr im Kapitel 11. Viele Hersteller haben eine Website mit IPv6-Informationen unter *www.<vendor>.com/ipv6*.

Nachdem wir nun gesehen haben, wie schnell sich das IPv6 Internet ausbreitet steigen wir jetzt in den technischen Teil des Themas ein. Im Kapitel 2 beschreiben wir die Header-Struktur von IPv6 und zeigen auf, wie schlank und flexibel sie ist.

1.7 Referenzen

Dies ist eine Zusammenstellung der wichtigen, im Kapitel erwähnten RFCs und Drafts. Zusätzlich erwähnen wir einzelne RFCs und Drafts, die im Zusammenhang mit dem Thema stehen, falls Sie sich vertiefter damit befassen möchten. Informationen über den Standardisierungs-Prozess, RFCs und Drafts finden Sie im Appendix. Auf folgendem Link findet man eine gute, vollständige Übersicht über den aktuellen Status aller RFCs: *http://tools.ietf.org/rfc/index.*

RFCs

- RFC 1752 «The Recommendation for the IP Next Generation Protocol», 1995
- RFC 1819 «Internet Stream Protocol Version 2 (ST2) Protocol Specification – Version ST2+», 1995
- RFC 2235 «Hobbes' Internet Timeline», 1997

Kapitel 2

Der IPv6 Header

Dieses Kapitel beschreibt den Aufbau des IPv6 Headers und vergleicht diesen mit dem IPv4 Header. Es erklärt ausserdem die Extension Header, welche mit IPv6 neu eingeführt wurden.

Bedeutung des Headers

Verstehen wir die Header-Struktur eines Protokolls und die Informationen, die darin transportiert werden können, so haben wir die beste Grundlage, um mit diesem Protokoll arbeiten zu können. Dieses Verständnis hilft uns, das Protokoll zu konfigurieren und im Fall von Problemen die Fehlerquelle möglichst effizient identifizieren und korrigieren zu können.

Einfacher Aufbau

Der Aufbau des IPv6 Headers ist in RFC 2460 definiert. Der IPv6 Header hat eine fixe Grösse von 40 Bytes. Davon belegen die beiden Felder für Absender- und Empfänger-Adresse je 16 Bytes (128 Bits). Somit bleiben 8 Bytes für allgemeine Header-Informationen. Der IPv6 Header ist wesentlich einfacher aufgebaut als der IPv4 Header und kann deshalb effizienter verarbeitet werden.

2.1 Vergleich mit IPv4 Header

Im IPv6 Header werden fünf Felder des IPv4 Headers nicht mehr verwendet:

Nicht mehr notwendig

- **Header Length**
  Dieses Feld ist nicht mehr notwendig, da der IPv6 Header eine fixe Grösse von 40 Bytes hat. Bei IPv4 beträgt die minimale Länge 20 Bytes, kann aber bei Vorhandensein von speziellen Optionen bis auf 60 Bytes erweitert werden. Darum ist im IPv4 Header ein Header Length Feld notwendig. Mit IPv6 werden Optionen in sogenannten Extension Headers verarbeitet, welche in diesem Kapitel beschrieben werden.

Fragmentierungsfelder im Extension Header

- **Identification, Flags, Fragment Offset**
  Diese drei Felder werden bei IPv4 für das Fragmentieren von Paketen benützt. Fragmentierung wird dann benötigt, wenn die Grösse eines Paketes die maximal zulässige Paketgrösse des nachfolgenden Links übersteigt. In diesem Fall muss ein Paket in mehrere kleinere Einzelpakete zerlegt und dann am Zielort korrekt wieder zusammengefügt werden. Bei IPv6 wird Fragmentierung mit einem Extension Header realisiert, welcher nur dann eingefügt wird, wenn Fragmentierung notwendig ist.

Note

Fragmentierung und Path MTU Discovery werden in Kapitel 5 beschrieben.

Checksumme nicht mehr nötig

- **Header Checksum**
  Das Checksummen-Feld im IP Header wurde entfernt, um die Verarbeitungsgeschwindigkeit von IP zu erhöhen. Auf dem Media Access Level (Link Layer) wird bereits eine Checksumme gebildet und überprüft, sodass die Gefahr von nicht erkannten Fehlern und fehlgeleiteten Paketen minimal ist. Zurzeit als IPv4 entwickelt wurde, waren Link-Layer-Checksummen nicht üblich, daher war damals eine Checksumme auf IP Layer sinnvoll. Auf dem Transport Layer (TCP und UDP) gibt es ebenfalls eine Checksumme. Die UDP Checksumme ist bei IPv4 optional, bei IPv6 ist sie neu zwingend vorgeschrieben. IP ist ein best-effort Zustellungsprotokoll ohne Liefergarantie; es liegt in der Verantwortung der übergeordneten Protokolle, die Integrität zu überprüfen.

Weitere geänderte Felder

Das Type of Service Feld wurde durch das Traffic Class Feld ersetzt. Kapitel 6 beschreibt Quality of Service, dort finden Sie weitere Informationen dazu. Das Protocol Type Feld wurde zum Next Header Feld umbenannt und das Time-to-Live (TTL) Feld wurde zum Hop Limit Feld umbenannt. Ein Flow Label Feld wurde neu hinzugefügt.

2.2 Die Felder im IPv6 Header

Abbildung 2.1 zeigt eine Übersicht des IPv6 Headers, wie er in RFC 2460 definiert ist. Die einzelnen Felder werden anschliessend beschrieben.

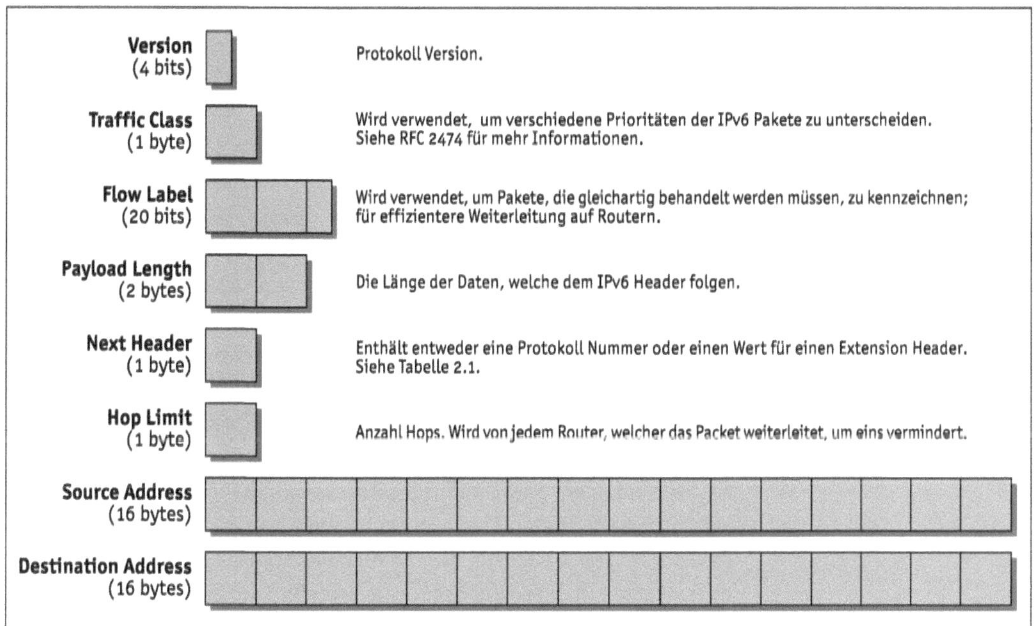

Abbildung 2.1 - Die Felder im IPv6 Header

Diese Abbildung zeigt anschaulich, dass der Header trotz der Grösse von 40 Bytes bereinigt wurde. Der grösste Teil des Headers wird für die beiden 128-Bit Adressen benötigt. Lediglich 8 Bytes werden für allgemeine Header-Information verwendet.

Warum Version 6?

- **Version (4 Bits)**
  Dieses Feld enthält die Versionsnummer des Protokolls; bei IPv6 demzufolge die Zahl 6. Die Versions-Nummer 5 konnte nicht benutzt werden, da sie bereits für ein experimentelles Stream Protokoll (ST2, RFC 1819) vergeben war.

Priorisierung von Daten

- **Traffic Class (1 Byte)**
  Dieses Feld entspricht dem Type of Service Feld bei IPv4. Es erleichtert das Weiterleiten von Real-Time Daten und anderen Daten, welche spezielle Behandlung benötigen. Das Feld wird von einem sendenden Knoten oder einem weiterleitenden Router verwendet, um unterschiedliche Klassen oder Prioritäten von IPv6-Paketen zu erkennen und zu unterscheiden.

  RFC 2474, «Definition of Differentiated Services Field (DS Field) in the IPv4 and IPv6 Headers» und RFC 2475 «An Architecture for Differentiated Services» (aktualisiert durch RFC 3260) erklärt, wie das Traffic Class Feld bei IPv6 genutzt werden kann. RFC 2474 verwendet den Begriff DS Field für das Type of Service Feld im IPv4 Header wie auch für das Traffic Class Feld im IPv6 Header.

Behandlung von Flows

- **Flow Label (20 Bits)**
  Dieses Feld kennzeichnet Pakete, welche gleichartig behandelt werden müssen, mit einem Label. Es wird zur Vereinfachung der Verarbeitung von Real-Time Paketen, z.B. Video- und Audiodaten, verwendet. Ein Sender kann eine Paketfolge mit identischen Optionen durch ein Flow Label kennzeichnen. Pakete, die zu einem Flow gehören, müssen identische Absender- und Empfänger-Adressen haben. Ein weiterleitender Router speichert den Flow und behandelt alle Pakete mit demselben Flow Label gleich. Router, welche die Funktionen des Flow Labels nicht unterstützen, müssen die Pakete unverändert weiterleiten oder das Feld ignorieren, wenn sie das Paket erhalten. Der Wert des Feldes ist 0, wenn keine spezielle Behandlung erwartet wird.

  Die Verwendung des Flow Labels befindet sich gegenwärtig noch im experimentellen Zustand. Mehr Informationen dazu in Kapitel 6.

- **Payload Length (2 Bytes)**
  Dieses Feld gibt die Grösse des Payloads des Paketes in Bytes an, oder anders gesagt, die Länge der Daten, welche dem IP Header folgen. Die Berechnung bei IPv6 unterscheidet sich von derjenigen bei IPv4. Das Length Field in IPv4 schliesst die Länge des IPv4 Headers in die Berechnung mit ein, da seine Länge variabel ist. Das Payload Length Feld bei IPv6 enthält nur die Länge der Daten, die dem IPv6 Header folgen. Extension Header werden als Payload betrachtet und sind somit in die Berechnung miteinbezogen.

  Berechnung des Payloads

  Das Payload Length Feld ist 2 Bytes gross. Dadurch ist die maximale Grösse des Payloads auf 64 KB beschränkt. Um Pakete über einen Link mit einer MTU-Grösse von mehr als 64 KB zu transportieren, kann ein Jumbogramm Extension Header verwendet werden. Jumbogramme sind in RFC 2675 definiert.

  Jumbogramme

- **Next Header (1 Byte)**
  Dieses Feld entspricht dem Protocol Type Feld in IPv4. Es wurde bei IPv6 umbenannt, um die neue Organisation des IP Paketes abzubilden. Der nachfolgende Header kann bei IPv6 entweder ein Protokoll Header oder ein Extension Header sein. Wenn der nächste Header ein Protokoll wie z.B. UDP oder TCP ist, enthält dieses Feld dieselben Werte wie das Protocol Type Feld im IPv4 Header – also in unserem Beispiel den Wert 6 für TCP oder den Wert 17 für UDP. Wenn der nächste Header ein Extension Header ist, steht in diesem Feld der Typ des nächsten Extension Headers. Die Extension Header befinden sich immer zwischen dem IPv6 Header und dem nachfolgenden Protokoll-Header.

  Inhalte

Tabelle 2.1 listet die wichtigsten Werte im Next Header Feld auf. Die IPv6-relevanten Werte sind in fetter Schrift markiert.

Tabelle 2.1 - Next Header Werte

Wert	Beschreibung
0	In IPv4 Header: Reserviert und nicht genutzt **In IPv6 Header: Hop-by-Hop Option Header**
1	Internet Control Message Protocol (ICMPv4) – IPv4 Support
2	Internet Group Management Protocol (IGMPv4) – IPv4 Support

Tabelle 2.1 – Next Header Werte (Fortsetzung)

Wert	Beschreibung
4	IP in IP (encapsulation)
6	TCP
8	Exterior Gateway Protocol (EGP)
9	Interior Gateway Protocol (IGP), wird von Cisco für IGRP benutzt
17	UDP
41	**IPv6**
43	**Routing Header**
44	**Fragmentation Header**
45	Interdomain Routing Protocol (IDRP)
46	Resource Reservation Protocol (RSVP)
47	General Routing Encapsulation (GRE)
50	**Encrypted Security Payload Header**
51	**Authentication Header**
58	**ICMPv6**
59	**No Next Header for IPv6**
60	**Destination Options Header**
88	EIGRPv4 and EIGRPv6
89	OSPF
108	IP Payload Compression Protocol
115	Layer 2 Tunneling Protocol (L2TP)
132	Stream Control Transmission Protocol (SCTP)
135	**Mobility Header** (Mobile IPv6)
140	Shim6 (RFC 5533)
143 – 252	Nicht zugewiesen
253 – 254	Für Experimente und Testzwecke
255	Reserviert

Header Type Werte werden in den Zahlenbereich der Protokoll-Nummern integriert. Kollisionen sind daher nicht möglich.

Note
Die aktuelle Liste aller Protokoll- und Headerwerte finden Sie auf der IANA Web Seite unter *www.iana.org/protocols*.

- **Hop Limit (1 Byte)**
  Dieses Feld entspricht dem TTL (Time to Live) Feld in IPv4. Das TTL Feld enthält gemäss Definition eine Anzahl von Sekunden, die das Paket im Netz verbleiben darf, bis es verworfen wird. Die meisten IPv4 Router vermindern beim Weiterleiten den Wert um eins. Das Feld wurde bei IPv6 entsprechend in Hop Limit umbenannt. Der Wert in diesem Feld steht jetzt für die Anzahl Hops, über die das Paket noch weitergeleitet werden kann. Jeder Router zieht beim Weiterleiten den Wert 1 ab. Erhält ein Router ein Paket mit dem Wert 1, reduziert er den Wert auf 0, verwirft das Paket und schickt dem Absender des Paketes eine ICMPv6-Meldung ‹Hop Limit exceeded in transit›.

  Unterschied zu TTL

- **Source Address (16 Bytes)**
  Dieses Feld enthält die IPv6-Adresse des Absenders.

  Adressen im Header

- **Destination Address (16 Bytes)**
  Dieses Feld enthält die IPv6-Adresse des Empfängers. Dies kann die Adresse des endgültigen Empfängers, oder zum Beispiel bei Vorhandensein eines Routing Headers, die Adresse des nächsten Hops sein.

Abbildung 2.2 zeigt den IPv6 Header in einem Trace File.

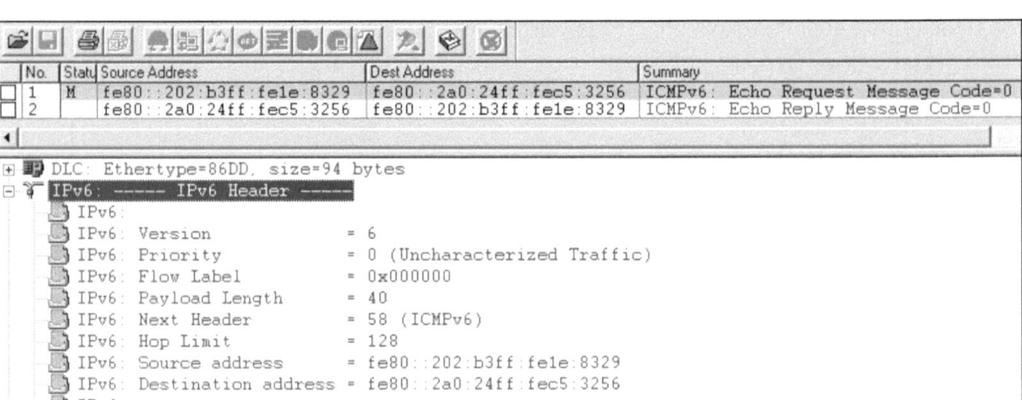

Abbildung 2.2. – Der IPv6 Header im Trace File

Beschreibung Trace File

Dieser Screenshot zeigt alle Felder des Headers, die wir besprochenen haben in einem Trace File. Das Feld Version ist auf 6 für IPv6 gesetzt. Das Priority und das Flow Label Feld werden nicht benutzt und sind auf 0 gesetzt. Das Payload Length Feld zeigt 40 Bytes und der Next Header Wert ist auf 58 für ICMPv6 gesetzt. Das Hop Limit ist auf 128 gesetzt und die Absender- und Empfänger-Adressen enthalten die Link-Local Adressen meiner IPv6-Knoten. Übrigens sieht man in der obersten Zeile des Detail-Fensters den Ethertype 0x86DD. Dieser Wert steht für IPv6. Wäre dies ein IPv4-Paket, so wäre der Ethertype auf 0x0800 gesetzt. Dieses Feld kann zum Setzen eines Filters verwendet werden, um alle IPv6-Pakete zu sehen.

Ethertype für IPv6

Vergleich mit IPv4-Header

Abbildung 2.3 zeigt ein Trace File, bei dem ein IPv6-Paket in ein IPv4-Paket eingepackt (encapsulated) wurde. Hier sieht man deutlich, wie viel schlanker ein IPv6 Header ist. Zu sehen ist auch der Ethertype 0x0800, da das Paket in einen IPv4 Header eingepackt ist. Im IPv4 Header ist der Protokollwert 41 für IPv6 zu sehen.

```
DLC: Ethertype=0800, size=114 bytes
IP: ----- IP Header -----
    IP:
    IP: Version = 4, header length = 20 bytes
    IP: Type of service = 00
    IP:       000. ....   = routine
    IP:       ...0 ....  = normal delay
    IP:       .... 0...  = normal throughput
    IP:       .... .0..  = normal reliability
    IP:       .... ..0.  = ECT bit - transport protocol will ignore the CE bit
    IP:       .... ...0  = CE bit - no congestion
    IP: Total length     = 100 bytes
    IP: Identification   = 26173
    IP: Flags            = 0X
    IP:       .0.. ....  = may fragment
    IP:       ..0. ....  = last fragment
    IP: Fragment offset = 0 bytes
    IP: Time to live    = 128 seconds/hops
    IP: Protocol        = 41 (IPv6)
    IP: Header checksum = 2633 (correct)
    IP: Source address      = [62.2.84.115]
    IP: Destination address = [131.107.152.32]
    IP: No options
    IP:
IPv6: ----- IPv6 Header -----
    IPv6:
    IPv6: Version             = 6
    IPv6: Priority            = 0 (Uncharacterized Traffic)
    IPv6: Flow Label          = 0x000000
    IPv6: Payload Length      = 40
    IPv6: Next Header         = 58 (ICMPv6)
    IPv6: Hop Limit           = 128
    IPv6: Source address      = 2002:3e02:5473::3e02:5473
    IPv6: Destination address = 2002:836b:9820::836b:9820
    IPv6:
ICMPv6: Echo Request Message Code=0
```

Abbildung 2.3 - IPv4 und IPv6 Header im Vergleich

2.3 Extension Header

Optionen in IPv4

Der IPv4 Header kann von einer minimalen Grösse von 20 Bytes bis auf 60 Bytes erweitert werden. Die Erweiterung kann Optionen enthalten, wie z.B. Security-Optionen, Source Routing oder Timestamp-Informationen. Diese Möglichkeit wurde selten benutzt, da sie die Performance beeinträchtigt. IPv4-Hardware-Forwarding-Geräte müssen z.B. alle Pakete mit Optionen an den Haupt-Prozessor übergeben und auf Software-Ebene verarbeiten, was bedeutend langsamer in der Verarbeitung ist.

Optionen in IPv6

Je einfacher ein Header strukturiert ist, desto schneller kann er verarbeitet werden. Darum werden bei IPv6 Optionen nicht mehr innerhalb des IP Headers verarbeitet. IPv6 transportiert Optionen in zusätzlichen Headers, den Extension Headers. Diese Extension Header enthalten Optionen und Informationen, die für die Netzwerkschicht (IP Layer) von Bedeutung sind. Extension Header werden nur eingefügt, wenn Optionen vorhanden sind.

Vorteile der Extension Header

Die aktuelle IPv6-Spezifikation definiert sechs Extension Header. Eine vollständige IPv6-Implementation muss alle sechs Extension Header beinhalten. Die Architektur mit Extension Headers stellt eine der wesentlichen Verbesserungen von IPv6 im Vergleich zu IPv4 dar. Sie ermöglicht es, in Zukunft auf einfache Art und Weise neue Extension Header zu definieren, um neue Anforderungen erfüllen zu können. Beispielsweise wird in der Mobile IPv6 Spezifikation ein Mobility Extension Header definiert, der für das Herstellen und Verwalten von Bindings zwischen Mobile Node, Correspondent Node und Home Agent eingesetzt wird. Mobile IPv6 wird in Kapitel 9 beschrieben.

Einfache Erweiterung möglich

Die sechs in der Basis-Spezifikation definierten Extension Header sind nachfolgend aufgelistet:

- Hop-by-Hop Options Header
- Routing Header
- Fragment Header
- Destination Options Header
- Authentication Header
- Encapsulating Security Payload Header

Verarbeitung der Extension Header

Zwischen dem IPv6 Header und dem Upper-Layer Protokoll Header kann ein Extension Header, mehrere Extension Header oder auch kein Extension Header stehen. Das Vorhandensein jedes Extension Headers wird über das Next Header Feld des vorangehenden Headers angezeigt. Die Extension Header werden nur von dem Knoten verarbeitet, der in der Empfänger-Adresse im IPv6 Header steht. Beim Vorhandensein eines Hop-by-Hop

Options Headers steht jeweils der nächste Hop im Empfänger-Adressfeld des IPv6 Headers. Wenn die Empfänger-Adresse eine Multicast Adresse ist, wird der Extension Header von jedem Interface, das zur Multicast Gruppe gehört, verarbeitet. Die Extension Header müssen in der Reihenfolge, wie sie im Paket erscheinen, verarbeitet werden.

Note
Die ersten vier Extension Header werden in RFC 2460 beschrieben. Der Authentication Header ist in RFC 4302 und der Encapsulating Security Payload Header in RFC 4303 beschrieben.

Abbildung 2.4 zeigt wie Extension Header verwendet werden.

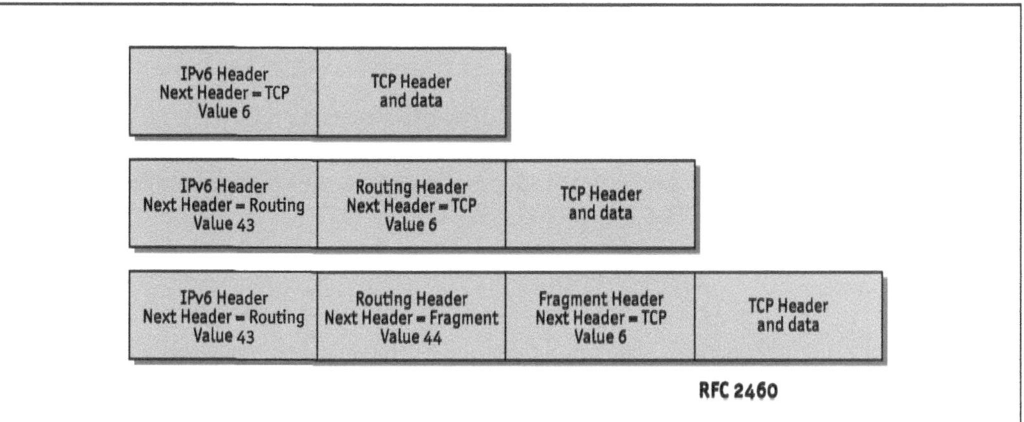

Abbildung 2.4. - Verwendung von Extension Headers

Jeder Extension Header muss ein Vielfaches von 8 Bytes lang sein. Dadurch können nachfolgende Header immer auf 8 Bytes ausgerichtet werden.

Unbekanntes Next Header Feld

Stösst ein Knoten bei der Verarbeitung von Extension Headern auf ein Next Header Feld, das er nicht kennt, muss er das Paket verwerfen und eine ICMPv6 ‹Parameter Problem› Nachricht an den Absender senden. Die Beschreibung von ICMPv6 finden Sie in den Kapiteln 4 und 5.

Wenn mehr als ein Extension Header in einem einzelnen Paket verwendet wird, sollte die folgende, in RFC 2460 definierte, Reihenfolge eingehalten werden:

Reihenfolge der Extension Header

1. IPv6 Header
2. Hop-by-Hop Options Header
3. Destination Options Header
   (für Optionen, welche von Routern auf dem Pfad zum endgültigen Empfänger verarbeitet werden müssen)
4. Routing Header
5. Fragment Header
6. Authentication Header
7. Encapsulating Security Payload Header
8. Destination Options Header
   (für Optionen, welche vom endgültigen Empfänger des Paketes Averarbeitet werden müssen)
9. Upper-Layer Header

Jeder Extension Header Typ darf in einem Paket höchstens einmal vorkommen, mit Ausnahme des Destination Options Headers. Dieser darf höchstens zweimal vorkommen, da er sowohl Optionen für den nächsten Router, als auch andere Optionen für den endgültigen Empfänger enthalten kann. Die Reihenfolge ist eine Empfehlung, keine zwingende Vorschift.

Extension Header bei Encapsulation

Wenn der nächste Header nach dem IPv6 Header erneut ein IPv6 Header ist (Encapsulation, Tunneling von IPv6 in IPv6), kann dieser wiederum von Extension Headers gefolgt sein. Diese Extension Header müssen sich ebenfalls an die obige Reihenfolge halten.

Nachfolgend werden die vier in RFC 2460 definierten Extension Header beschrieben. Der Authentication Header und der Encapsulating Security Payload Header werden in Kapitel 8, «Security» besprochen.

2.3.1 Hop-by-Hop Options Header

Verwendung

Der Hop-by-Hop Options Header enthält Informationen, die von jedem Router entlang des Weges des Paketes verarbeitet werden müssen. Er muss unmittelbar nach dem IPv6 Header stehen und wird durch den Wert 0 im Next Header Feld des IPv6 Headers angezeigt. Der Router Alert (RFC 2711) verwendet zum Beispiel den Hop-by-Hop Options Header für Protokolle wie Resource Reservation Protocol (RSVP) oder für Multicast Listener Discovery (MLD) Nachrichten. Ein IPv4 Router muss die Optionsfelder analysieren, um herauszufinden, ob spezielle Optionen für das Routing definiert sind. Dies verlangsamt den Routing Prozess stark. Bei IPv6 muss der Router lediglich herausfinden, ob ein Hop-by-Hop Extension Header vorhanden ist. Wenn nicht, kann er das Paket sofort weiterleiten. Findet er einen Hop-by-Hop Extension Header, so muss er nur diesen verarbeiten.

Das Format des Hop-by-Hop Options Header wird in Abbildung 2.5 gezeigt.

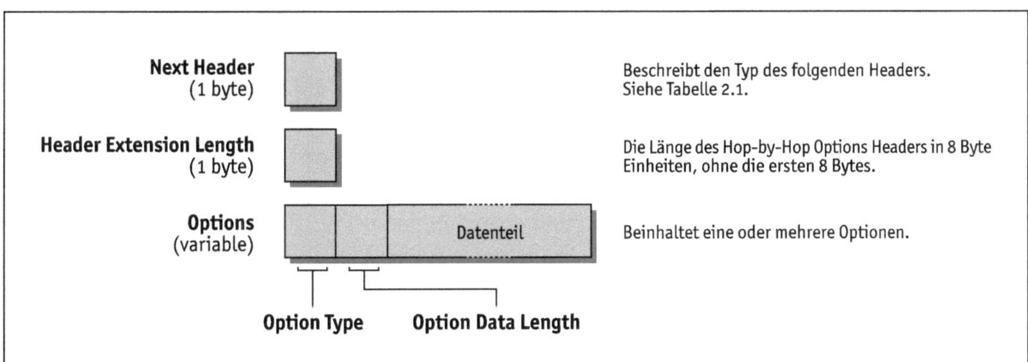

Abbildung 2.5. - Format des Hop-by-Hop Options Headers

Die folgende Liste beschreibt jedes Feld:

- **Next Header (1 Byte)**
  Das Next Header Feld identifiziert den Typ des Headers, der dem Hop-by-Hop Options Header folgt. Das Next Header Feld benutzt die Werte, welche in Tabelle 2.1 beschrieben sind.

- **Header Extension Length (1 Byte)**
  Dieses Feld enthält die Länge des Hop-by-Hop Options Headers in 8 Byte Einheiten. Die ersten 8 Bytes sind in der Berechnung nicht enthalten. Ist der Header kürzer als 8 Bytes, enthält dieses Feld demzufolge den Wert 0.

- **Options (variable Grösse)**
  Es können eine oder mehrere Optionen vorhanden sein. Die Länge des Feldes ist variabel und wird über das Header Extension Length Feld angegeben. Die ersten drei Bits dieses Feldes enthalten Informationen darüber, wie ein Knoten reagieren muss, wenn er eine Option nicht kennt.

Mögliche Optionen

Folgende Informationen sind in den ersten drei Bits des Options-Feldes enthalten. Der Wert der ersten zwei Bits definiert das zu wählende Vorgehen, wenn ein Knoten eine Option nicht erkennt.

Anweisung bei Nichterkennen von Optionen

- Wert 00: übergehen und Verarbeitung weiterführen
- Wert 01: das Paket verwerfen
- Wert 10: das Paket verwerfen und eine ICMPv6 ‹Parameter Problem› Nachricht (Code 2, Pointer auf unbekannte Option) an den Absender senden.
- Wert 11: das Paket verwerfen und eine ICMPv6 ‹Parameter Problem› Nachricht (Code 2, Pointer auf unbekannte Option) an den Absender senden, jedoch nur, wenn die Empfängeradresse keine Multicast-Adresse ist.

Das dritte Bit des Options-Feldes zeigt an, ob die Informationen in der Option unterwegs ändern (Wert 1) oder nicht ändern können (Wert 0). Mehr Informationen dazu in Kapitel 5.

Option Jumbogramm (RFC 2675)

Verwendung

Diese Hop-by-Hop Option ermöglicht das Versenden von IPv6 Jumbogrammen. Die vom IPv6 Payload Length Feld her mögliche maximale Paketgrösse ist 65'535 Bytes. Die Jumbo Payload Option (RFC 2675) ermöglicht das Transportieren von Paketen, welche diese Grösse überschreiten.

Inhalte der Felder

Im IPv6 Header eines Paketes mit der Jumbogramm Option ist das Payload Length Feld auf 0 gesetzt. Im Next Header Feld steht ebenfalls 0, was einen Hop-by-Hop Options Header anzeigt. Der Option Type Wert, der ein Jumbogramm kennzeichnet, ist 194. Das Jumbo Payload Length Feld hat eine Grösse von 32 Bits. Somit können Pakete in der Grösse von 65'536 bis 4'294'967'295 Bytes transportiert werden. RFC 2675 definiert auch Erweiterungen für UDP und TCP, damit diese in der Lage sind, Jumbogramme zu verarbeiten. Will man Jumbogramme einsetzen, so müssen UDP und TCP die entsprechenden Erweiterungen haben. Alle weiterleitenden Geräte auf dem Pfad eines Jumbogramms müssen diese Option unterstützen.

Option Router Alert (RFC 2711)

Verwendung

Dieser Hop-by-Hop Option Typ zeigt einem Router an, dass ein Paket, welches nicht an ihn adressiert ist, wichtige Informationen enthält, die er auswerten muss. Diese Option wird zurzeit vor allem für MLD (Multicast Listener Discovery) und RSVP (Resource Reservation Protocol) eingesetzt.

RSVP

RSVP versendet Kontroll-Pakete. Diese Kontroll-Pakete beinhalten Informationen, die von Routern auf der Wegstrecke interpretiert oder in manchen Fällen auch aktualisiert werden müssen. Damit der normale Datenfluss nicht beeinträchtigt wird, erhalten Pakete, welche für Router wichtige Informationen enthalten, einen Hop-by-Hop Extension Header. Dieser wird nun vom Router analysiert. Die normalen Datenpakete ohne Hop-by-Hop-Options Header werden ohne weitere Inspektion sofort weitergeleitet.

Inhalte der Felder

Die ersten drei Bits des Option Type Feldes sind auf 0 gesetzt. Dies bedeutet für einen Router, der die Option nicht kennt, dass er das Paket normal weiterleitet. In den verbleibenden fünf Bits des ersten Bytes ist der Option Type 5 definiert. Das Feld Option Data Length enthält den Wert 2, welcher anzeigt, dass das nachfolgende Value Feld 2 Bytes lang ist (Vergleiche Abbildung 2.5).

Note
Unter *www.iana.org/assignments/ipv6-routeralert-values* finden Sie die aktuelle Liste der Router Alert Werte.

2.3.2 Routing Header

Verwendung

Im Routing Header wird eine Liste von Routern angegeben, über welche das Paket auf seinem Weg zum Ziel weitergeleitet werden muss. Damit kann ein bestimmter Pfad vorgeschrieben werden. In der IPv4-Welt wird dies Loose Source Route genannt. Der Routing Header wird über den Wert 43 im Next Header Feld des vorangehenden Headers identifiziert. Der Routing Header muss von allen Routern verarbeitet werden, die in der Liste aufgeführt sind. Abbildung 2.6 zeigt das Format des Routing Headers.

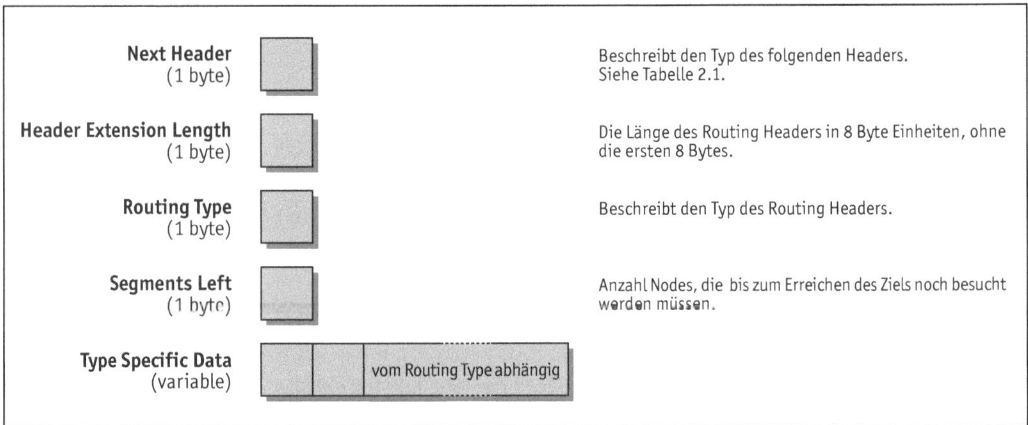

Abbildung 2.6. – Format des Routing Headers

Die folgende Liste beschreibt jedes Feld:

- **Next Header (1 Byte)**
  Das Next Header Feld identifiziert den Typ des Headers, der auf den Routing Header folgt. Das Next Header Feld benutzt die Werte, welche in Tabelle 2.1 beschrieben sind.

- **Header Extension Length (1 Byte)**
  Dieses Feld enthält die Länge des Routing Headers in 8 Byte Einheiten. Die ersten 8 Bytes sind in der Kalkulation nicht enthalten.

- **Routing Type (1 Byte)**
  Dieses Feld identifiziert den Typ des Routing Headers. In der Basis-Spezifikation wurde der Routing Typ 0 definiert (RFC 2460), welcher in

RFC 5095 aus Sicherheitsgründen wieder abgeschafft wurde. Die Mobile IPv6 Spezifikation definiert einen Routing Typ 2, welcher in Kapitel 9 näher beschrieben wird. Aktuell (2014) sind Drafts in der Entwicklung, welche eine neue Segment Routing Architektur, sowie einen neuen Routing Header Typ namens «Segment Routing Header» definieren. Die entsprechenden Links sind im Abschnitt der Drafts am Ende dieses Kapitels aufgeführt. Ob diese neue Spezifikation das Licht der Welt erblicken wird, wisst ihr möglicherweise, wenn ihr diese Zeilen lest.

- **Segments Left (1 Byte)**
  Dieses Feld zeigt an, wie viele Router noch besucht werden müssen, bis das Paket sein endgültiges Ziel erreicht.

- **Type-Specific Data (variable Grösse)**
  Der Aufbau dieses Feldes ist abhängig vom Routing Type. Die Grösse ist immer ein Vielfaches von 8 Bytes.

Verhalten bei Problemen

Wenn ein Router den Routing Typ im Routing Header nicht identifizieren kann, hängt das weitere Verhalten davon ab, welchen Inhalt das Segments Left Feld hat. Wenn das Segments Left Feld auf 0 steht, muss der Knoten den Routing Header ignorieren und mit dem nächsten Header, der im Next Header Feld identifiziert wird, weiterfahren. Wenn das Segments Left Feld nicht 0 ist, muss der Knoten das Paket verwerfen und eine ICMPv6 ‹Parameter Problem› Nachricht (Code 0) an den Absender senden. Dabei muss der Pointer auf das nicht erkannte Routing Type Feld zeigen.

2.3.3 Fragment Header

Verwendung

Ein IPv6-Knoten, der ein Paket versenden will, benutzt Path MTU Discovery, um die grösstmögliche Paketgrösse zu ermitteln, die auf dem Weg zum Empfänger verwendet werden kann. Wenn das Paket grösser ist als die Path MTU, fragmentiert der Host das Paket. Anders als bei IPv4, fragmentiert ein IPv6 Router keine Pakete, die er weiterleiten muss. Fragmentierung erfolgt ausschliesslich beim sendenden Host. Der Empfänger ist dafür zuständig, das Paket wieder zusammenzufügen. Muss ein Paket fragmentiert werden, wird ein Fragment Header eingefügt. Er wird über den Wert 44 im Next Header Feld des vorangehenden Headers angezeigt.

IPv6 Router fragmentieren nicht

Abbildung 2.7 zeigt das Format des Fragment Headers.

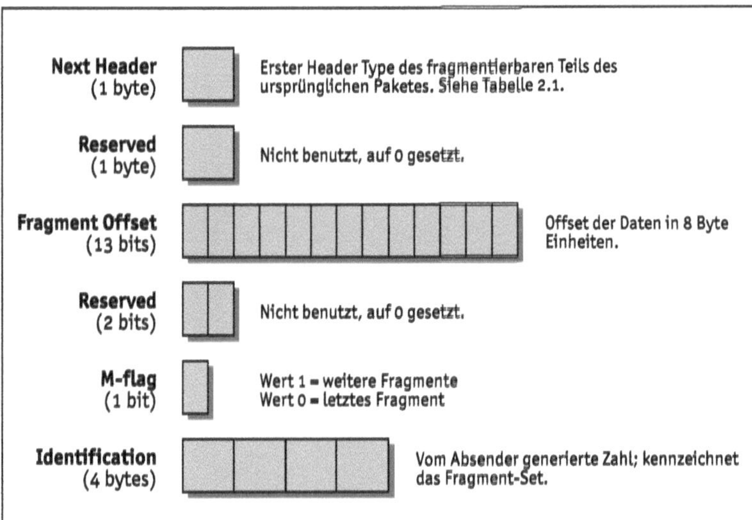

Abbildung 2.7. – Format des Fragment Header

Die folgende Liste beschreibt jedes Feld:

- **Next Header (1 Byte)**
  Das Next Header Feld identifiziert den Typ des Headers, der im ursprünglichen, unfragmentierten Paket folgt. Das Next Header Feld benutzt die Werte, die in Tabelle 2.1 beschrieben sind.

- **Reserved (1 Byte)**
  Nicht benutzt und auf 0 gesetzt.

- **Fragment Offset (13 Bits)**
  Enthält den Offset der Daten in 8 Byte Einheiten in Bezug zum Anfang der Daten des ursprünglichen Paketes.

- **Reserved (2 Bits)**
  Nicht benutzt und auf 0 gesetzt.

- **M-Flag (1 Bit)**
  Ein Wert von 1 zeigt an, dass noch mehr Fragmente folgen, ein Wert von 0 zeigt das letzte Fragment an.

- **Identification (4 Bytes)**
  Vom fragmentierenden Absender generierte Zahl. Bezeichnet alle Fragmente, die zum selben Original-Paket gehören, als zusammengehörig. Das heisst, dass alle Pakete, die zu einem sogenannten Fragment Set gehören, dieselbe Identification Nummer haben müssen. Dieses Feld ist in vielen Implementationen als Zähler realisiert, der für jedes Paket, das fragmentiert werden muss, um 1 erhöht wird.

Aufteilung des Originalpaketes

Das ursprüngliche, unfragmentierte Paket wird als Original-Paket bezeichnet. Es hat einen unfragmentierbaren Teil, der aus dem IPv6 Header plus allfällig vorhandenen Extension Headers, die von jedem Router entlang des Weges verarbeitet werden müssen, besteht (Hop-by-Hop Options Header, Destination Options Header mit Optionen für Router, Routing Header). Der fragmentierbare Teil des Original-Paketes besteht aus allfälligen Extension Headers, die nur vom endgültigen Empfänger verarbeitet werden müssen, plus Upper-Layer Header plus Daten.

Abbildung 2.8 illustriert den Fragmentierungs-Prozess.

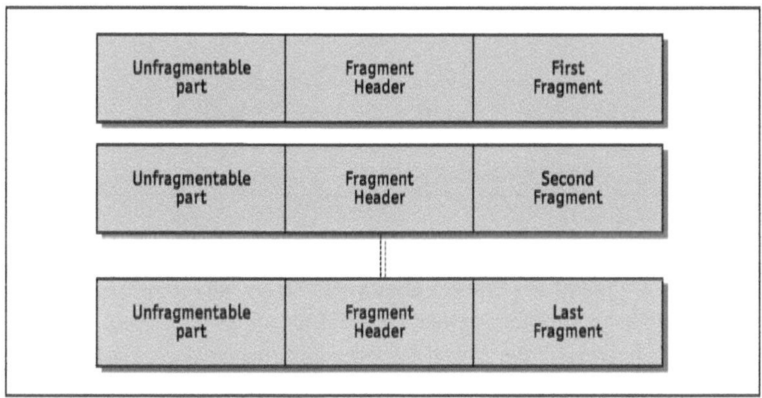

Abbildung 2.8. - Fragmentierung mit IPv6

Änderungen in Header-Feldern

Der unfragmentierbare Teil des Original-Paketes erscheint in jedem Fragment. Er wird vom Fragmentation Header und den fragmentierbaren Daten gefolgt. Der IPv6 Header des Original-Paketes muss leicht verändert werden. Das Length Feld weist den Wert des Fragments (ohne IPv6-Header) auf und nicht die Länge des Original-Paketes. Das Next Header Feld des letzten, zum unfragmentierbaren Teil gehörenden Headers, wird auf 44 gesetzt.

Zusammenfügen der Fragmente

Der Empfänger sammelt alle Fragmente und fügt sie zusammen. Die Fragmente müssen dieselbe Absender- und Empfänger-Adresse, sowie denselben Identification Wert haben, um zusammengefügt werden zu können.

Fehlende Fragmente

Wenn nicht alle Fragmente innerhalb von 60 Sekunden nach dem ersten Fragment beim Empfänger ankommen, werden sie verworfen. Hat der Empfänger das erste Fragment (mit Offset 0) erhalten, sendet er eine ICMPv6 ‹Fragment Reassembly Time Exceeded› Nachricht zurück zum Absender.

Abbildung 2.9 zeigt einen Fragment Header im Trace File.

```
No.  Source                     Destination                Protocol  Info
   1 fe80::202:b3ff:fe1e:8329  fe80::2a0:24ff:fec5:3256  IPv6      IPv6 fragment (off=0 more=y ident=0x00000001 nxt=58)
   2 fe80::202:b3ff:fe1e:8329  fe80::2a0:24ff:fec5:3256  ICMPv6    Echo (ping) request id=0x0000, seq=41, hop limit=128 (reply in 4)

Frame 1: 1510 bytes on wire (12080 bits), 1510 bytes captured (12080 bits)
Ethernet II, Src: IntelCor_1e:83:29 (00:02:b3:1e:83:29), Dst: 3comCorp_c5:32:56 (00:a0:24:c5:32:56)
Internet Protocol Version 6, Src: fe80::202:b3ff:fe1e:8329, Dst: fe80::2a0:24ff:fec5:3256
  0110 .... = Version: 6
  .... 0000 0000 .... .... .... .... .... = Traffic class: 0x00 (DSCP: CS0, ECN: Not-ECT)
  .... .... .... 0000 0000 0000 0000 0000 = Flowlabel: 0x00000000
  Payload length: 1456
  Next header: Fragment Header for IPv6 (44)
  Hop limit: 128
  Source: fe80::202:b3ff:fe1e:8329
  [Source SA MAC: IntelCor_1e:83:29 (00:02:b3:1e:83:29)]
  Destination: fe80::2a0:24ff:fec5:3256
  [Destination SA MAC: 3comCorp_c5:32:56 (00:a0:24:c5:32:56)]
  Fragment Header
    Next header: ICMPv6 (58)
    Reserved octet: 0x00
    0000 0000 0000 0... = Offset: 0 (0 bytes)
    .... .... .... .00. = Reserved bits: 0
    .... .... .... ...1 = More Fragments: Yes
    Identification: 0x00000001
  Reassembled IPv6 in frame: 2
Data (1448 bytes)
```

Abbildung 2.9. – Der Fragment Header in einem Trace File

Erstes Fragment

Das ganze Fragment Set besteht aus zwei Paketen, wovon Abbildung 2.10 das erste Paket zeigt. Das Payload Length Feld zeigt eine Grösse von 1456 Bytes. Dies entspricht der Länge des Fragment Headers plus der in diesem Fragment enthaltenen Daten. Das Next Header Feld zeigt den Wert 44 und weist damit auf den nachfolgenden Fragment-Header hin. Die nächsten Felder zeigen das Hop Limit Feld sowie Absender- und Empfänger-Adresse. Das erste Feld im Fragment Header ist das Next Header Feld. Da es sich bei diesem Paket um einen Ping (ICMPv6 Echo Request) handelt, hat es den Wert 58 für ICMPv6. Und da es sich bei diesem Fragment um das erste handelt, ist der Offset auf 0 und das M-Flag auf 1 gesetzt, was bedeutet, dass weitere Fragmente folgen. Das Identification Feld zeigt die vom Source Host generierte Identification ID an (1). Alle zu diesem Fragment Set gehörenden Fragmente müssen diese ID aufweisen.

Note

Kein Don't Fragment Bit mehr

Im Unterschied zu den Fragmentierungs-Feldern im IPv4 Header hat der IPv6 Header kein ‹Don't Fragment› Feld. Dieses Feld erübrigt sich, da IPv6 Router keine Fragmentierung vornehmen.

Abbildung 2.10 zeigt das letzte Fragment.

```
No.  Source                      Destination               Protocol  Info
   1 fe80::202:b3ff:fe1e:8329  fe80::2a0:24ff:fec5:3256  IPv6      IPv6 fragment (off=0 more=y ident=0x00000001 nxt=58)
   2 fe80::202:b3ff:fe1e:8329  fe80::2a0:24ff:fec5:3256  ICMPv6    Echo (ping) request id=0x0000, seq=41, hop limit=128 (reply in 4)

▷ Frame 2: 670 bytes on wire (5360 bits), 670 bytes captured (5360 bits)
▷ Ethernet II, Src: IntelCor_1e:83:29 (00:02:b3:1e:83:29), Dst: 3comCorp_c5:32:56 (00:a0:24:c5:32:56)
◢ Internet Protocol Version 6, Src: fe80::202:b3ff:fe1e:8329, Dst: fe80::2a0:24ff:fec5:3256
    0110 .... = Version: 6
  ▷ .... 0000 0000 .... .... .... .... .... = Traffic class: 0x00 (DSCP: CS0, ECN: Not-ECT)
    .... .... .... 0000 0000 0000 0000 0000 = Flowlabel: 0x00000000
    Payload length: 616
    Next header: Fragment Header for IPv6 (44)
    Hop limit: 128
    Source: fe80::202:b3ff:fe1e:8329
    [Source SA MAC: IntelCor_1e:83:29 (00:02:b3:1e:83:29)]
    Destination: fe80::2a0:24ff:fec5:3256
    [Destination SA MAC: 3comCorp_c5:32:56 (00:a0:24:c5:32:56)]
  ◢ Fragment Header
      Next header: ICMPv6 (58)
      Reserved octet: 0x00
      0000 0101 1010 1... = Offset: 181 (1448 bytes)
      .... .... .... .00. = Reserved bits: 0
      .... .... .... ...0 = More Fragments: No
      Identification: 0x00000001
  ▷ [2 IPv6 Fragments (2056 bytes): #1(1448), #2(608)]
▷ Internet Control Message Protocol v6
```

Abbildung 2.10. - Das letzte Paket des Fragment Sets

Letztes Fragment

Das zweite und in diesem Fall letzte Paket im Fragment Set hat einen Offset Wert von 0x00b5, welches sich in 181 dezimal umrechnet. Dies entspricht der Länge des Datenteils des ersten Fragments. Das M-Flag ist hier auf 0 gesetzt und zeigt dem Empfänger an, dass dies das letzte Fragment des Sets ist. Der Empfänger kann nun, sofern er lückenlos alle Pakete des Sets erhalten hat, die Fragmente zusammenfügen. Die Identification ID entspricht korrekterweise der des ersten Fragmentes in Abbildung 2.9.

Fragmentierung mit ND nicht erlaubt

Die Spezifikation in RFC 2460 erlaubt sich überschneidende Fragmente. Dies stellt ein Risiko für die Sicherheit dar. RFC 5722, «Handling of Overlapping Fragments» beschreibt dieses Risiko und verbietet Overlapping Fragments. Es ist ein Update zu RFC 2460. RFC 6980 beschreibt, wie Fragmentierung ein Sicherheitsrisiko darstellen kann, indem es Sicherheitsmechanismen wie RA Guard (Router Advertisement Guard) einschränkt und verbietet daher Fragmentierung im Zusammenhang mit Neighbor Discovery Nachrichten.

Note
Neighbor Discovery wird in Kapitel 5 beschrieben. Mehr Informationen über RA Guard und First Hop Security finden Sie in Kapitel 8.

2.3.4 Destination Options Header

Verwendung

Ein Destination Options Header beinhaltet Informationen, die nur vom Empfänger (Empfängeradresse im IPv6 Header) verarbeitet werden. Der Next Header Wert 60 bezeichnet den Destination Options Header. Wie vorgängig schon beschrieben, kann ein Destination Options Header zweimal in einem Paket vorkommen. Steht er vor einem Routing Header, so enthält er Optionen, die von den Routern auf dem Weg des Paketes verarbeitet werden müssen. Steht er vor den Upper Layer Protokoll Headern, so enthält er Optionen, die für den endgültigen Empfänger bestimmt sind.

Abbildung 2.11 zeigt das Format des Destination Options Headers.

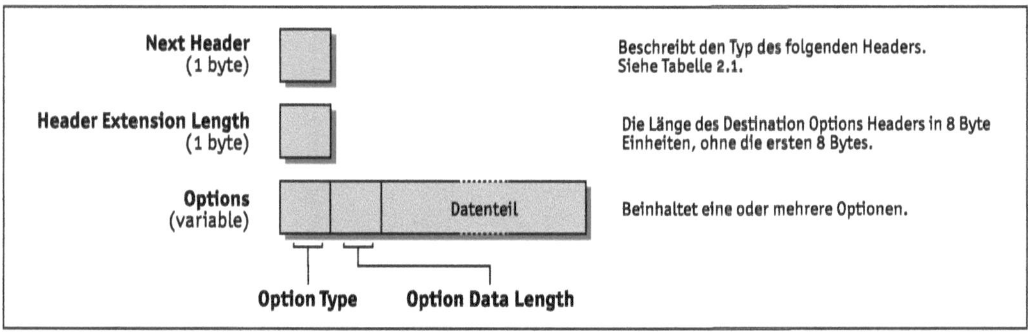

Abbildung 2.11. - Format des Destination Options Headers

Wie Sie sehen, gleicht er im Format dem Hop-by-Hop Options Header. Die folgende Liste beschreibt die einzelnen Felder:

- **Next Header (1 Byte)**
  Das Next Header Feld identifiziert den Typ des Headers, der auf den Destination Options Header folgt. Das Next Header Feld benutzt die Werte, die in Tabelle 2.1 beschrieben sind.

- **Header Extension Length (1 Byte)**
  Dieses Feld enthält die Grösse des Destination Options Header in 8 Byte Einheiten. Die Berechnung bezieht die ersten 8 Bytes nicht mit ein.

- **Options (variable Grösse)**
  Es können eine oder mehrere Optionen vorhanden sein. Die Länge des Feldes wird im Header Extension Length Feld festgelegt.

Das Options Feld wird gleich verwendet wie beim Hop-by-Hop Options Header. Dies wurde früher im Kapitel bereits besprochen.

Einsatz

Ein Beispiel für die Verwendung des Destination Options Headers ist Mobile IPv6. Mobile IPv6 und die entsprechenden Extension Header werden in Kapitel 9 besprochen. Eine andere Verwendung ist die Tunnel Encapsulation Limit Option (RFC 2473), welche die Zahl der wiederholten Encapsulations eines Paketes limitiert. Darauf wird in Kapitel 10, «IPv6 Übergangsmechanismen» eingegangen.

2.3.5 Neues Extension Header Format

Wie bereits erwähnt, werden Extension Header in der Regel von der endgültigen Destination eines Paketes verarbeitet. Ausnahme von dieser Regel sind der Hop-by-Hop Options Header und der Routing Header.

Vereinfachung für Middleboxes

In der Praxis gibt es Geräte wie z.B. Router oder Firewalls, welche ‹at wire speed› hinter Extension Header parsen oder diese ignorieren können. In Anbetracht dieser real-world Implementationen und um die Verarbeitung und Inspektion von Extension Headern zu vereinfachen und zu optimieren, wurde in RFC 6564, «A Uniform Format for IPv6 Extension Headers», ein neues, einheitliches Extension Header Format definiert.

Abbildung 2.12 zeigt das neue Format:

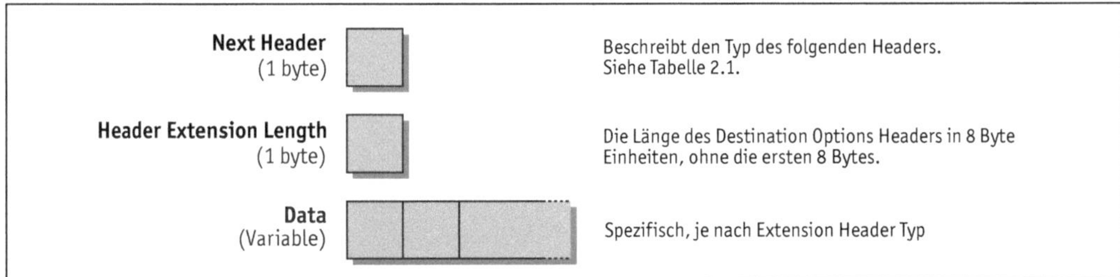

Abbildung 2.12 - Neues Extension Header Format

Die folgende Liste beschreibt die einzelnen Felder:

- **Next Header (1 Byte)**
  Das Next Header Feld identifiziert den Typ des Headers, der auf den Extension Header folgt. Das Next Header Feld benutzt die Werte, die in Tabelle 2.1 beschrieben sind.

- **Header Extension Length (1 Byte)**
  Dieses Feld enthält die Grösse des Extension Headers in 8 Byte Einheiten. Die Berechnung bezieht die ersten 8 Bytes nicht mit ein.

- **Options (variable Grösse)**
  Es können eine oder mehrere Optionen vorhanden sein. Die Länge des Feldes wird im Header Extension Length Feld festgelegt.

Das Format der vorgängig beschriebenen Extension Header wird sich nicht ändern. Aber neue, in Zukunft definierte Extension Header müssen sich an dieses neue Format halten. Das bedeutet, dass jedes Gerät, das mit Extension Headern zu tun hat (Endgeräte, Router, Firewalls, etc.) in der Lage sein muss, sowohl das ursprüngliche als auch das neue Format zu verarbeiten.

Um einen Wildwuchs von Extension Headern einzuschränken, definiert RFC 6564 die folgenden Regeln:

- Wenn möglich sollten keine neuen Extension Header definiert werden, sondern neue Optionen für den Destination Options Header. Nur wenn das nicht möglich ist, darf ein neuer Extension Header definiert werden.

- Es darf kein neuer Extension Header mit Hop-by-Hop Verhalten definiert werden. Neue Optionen für den bestehenden Hop-By-Hop Header dürfen nur unter eingeschränkten Bedingungen definiert werden.

2.3.6 Verarbeitung von Extension Header

Fallstricke mit Extension Headern

Die Basisspezifikation für Extension Header in RFC 2460 ging davon aus, dass Extension Header nur von Endgeräten verarbeitet werden. Das Ziel dieser Architektur war, dass wenn neue Extension Header definiert werden, nur Endknoten aktualisiert werden müssen. Die Praxis hat jedoch gezeigt, dass das nicht immer der Fall ist. Unterschiedliche Geräte auf dem Pfad eines Paketes, wie Firewalls, Loadbalancer oder Packet Classifiers (auch Middleware genannt) inspizieren Pakete manchmal weiter als nur bis zum IP Header. Wenn sie einen Extension Header nicht erkennen, verwerfen sie das Paket häufig, was zu Verbindungsproblemen führt. Auch den Hop-by-Hop Extension Header können high-speed Router entweder nicht oder nur in einem langsamen Prozess verarbeiten.

Unbekannte Extension Header

RFC 7045, «Transmission and Processing of Extension Headers», beschreibt diese Situationen. Während Endgeräte korrekterweise Pakete verwerfen sollten, die unbekannte Extension Header enthalten, gilt dies nicht für Middleboxes. Ansonsten verwerfen diese Middleboxes Pakete mit neu definierten Extension Headern, die sie noch nicht kennen. Das RFC empfiehlt, auf solchen Geräten eine Policy zu haben, mit der konfiguriert werden kann, wie mit unbekannten Extension Headern verfahren wird und dass nur Header verworfen werden, die in der Policy explizit entsprechend konfiguriert wurden.

Übersicht über alle Extension Header nötig

Ein weiteres Problem war, dass es keinen Ort gab, an dem es eine vollständige Übersicht über alle existierenden Extension Header gab. Dies machte es für Hersteller schwierig, sich zu informieren, welche Extension Header sie in ihren Implementationen berücksichtigen sollten. RFC 7045 definiert, dass es auf der Webseite der IANA (Internet Assigned Numbers Authority) unter den IPv6-Parametern einen Abschnitt gibt, der alle existierenden Extension Header auflistet.

Note
Die neue IANA Seite zeigt eine Übersicht über die Extension Header unter *www.iana.org/assignments/ipv6-parameters/ipv6-parameters.xhtml.*

Lange Headerkette

In Bezug auf die Kette von Headern (IP Header, alle Extension Header plus Upper Layer Protokollheader) ist folgendes zu bemerken: In IPv4 gibt es einen definierten maximalen Wert für die Grösse aller IPv4 Optionen in einem Paket. Die IPv6 Spezifikation kennt keine Grenze für die Zahl der Extension Header in einem Paket. Dies bedeutet, dass sich bei Fragmentierung die Headerkette über mehrere Fragmente erstrecken kann. Dies kann zu Problemen führen, vor allem z.B. für Firewalls, welche möglicherweise im Header des ersten Fragmentes nicht alle Informationen finden, die sie brauchen um ihre Regeln anzuwenden. RFC 7112, «Implications of oversized IPv6 Header Chains», beschreibt die Situation und aktualisiert RFC 2460 dahingehend, dass das erste Fragment die vollständige Header Chain enthalten muss.

Probleme mit Fragmentierung

Es ist aber auch zu bemerken, dass Pakete mit extrem langen Header Chains nicht üblich sind. Extension Header werden für meist appplikationsspezifische Verbindungen eingefügt. Das heisst, dass in den Paketen zwischen zwei Endknoten in der Regel nur dieser applikationsspezifische Header eingefügt wird. Wenn der gleiche Knoten eine zweite Verbindung zu einer anderen Applikation aufbaut, dann werden in diesen Paketen ebenfalls nur die Extension Header für dies Verbindung eingefügt. Pakete mit unzähligen Extension Header gehören damit wohl häufig eher in die Gruppe der Attacken.

Nachdem wir uns mit dem IPv6 Header und den Extension Headers befasst haben, wollen wir uns im nächsten Kapitel mit dem Format der IPv6-Adressen vertraut machen.

2.4 Referenzen

Dies ist eine Zusammenstellung der wichtigen, im Kapitel erwähnten RFCs und Drafts. Zusätzlich erwähnen wir einzelne RFCs und Drafts, die im Zusammenhang mit dem Thema stehen, falls Sie sich vertiefter damit befassen möchten. Informationen über den Standardisierungs-Prozess, RFCs und Drafts finden Sie im Appendix. Auf folgendem Link findet man eine gute, vollständige Übersicht über den aktuellen Status aller RFCs: *http://tools.ietf.org/rfc/index*.

RFCs

- RFC 791 «Internet Protocol», 1981
- RFC 1812 «Requirements for IP Version 4 Routers», 1995
- RFC 1819 «Internet Stream Protocol Version 2», 1995
- RFC 1981 «Path MTU Discovery for IP version 6», 1996
- RFC 2460 «Internet Protocol, Version 6 (IPv6) Specification», 1998
- RFC 2473 «Generic Packet Tunneling in IPv6 Specification», 1998
- RFC 2474 «Definition of the Differentiated Services Field (DS Field)», 1998
- RFC 2475 «An Architecture for Differentiated Services», 1998
- RFC 2507 «IP Header Compression», 1999
- RFC 2675 «IPv6 Jumbograms», 1999
- RFC 2711 «IPv6 Router Alert Option», 1999
- RFC 3168 «The Addition of Explicit Congestion Notification (ECN) to IP», 2001
- RFC 3175 «Aggregation of RSVP for IPv4 and IPv6 Reservations», 2001
- RFC 3260 «New Terminology and Clarifications for Diffserv», 2002
- RFC 3514 «The Security Flag in IPv4», April 1, 2003
- RFC 4294 «IPv6 Node Requirements», 2006
- RFC 4301 «Security Architecture for the Internet Protocol», 2005
- RFC 4302 «IP Authentication Header», 2005
- RFC 4303 «IP Encapsulating Security Payload (ESP)», 2005
- RFC 5095 «Deprecation of Type 0 Routing Headers in IPv6», 2007
- RFC 5350 «IANA Considerations for the IPv4 and IPv6 Router Alert Options», 2008
- RFC 5722 «Handling of Overlapping IPv6 Fragments», 2009
- RFC 5871 «IANA Allocation Guidelines for the IPv6 Routing Header», 2010

- RFC 6105 «IPv6 Router Advertisement Guard», 2011
- RFC 6275 «Mobility Support in IPv6», 2011
- RFC 6398 «IP Router Alert Considerations and Usage», 2011
- RFC 6434 «IPv6 Node Requirements», 2011
- RFC 6437 «IPv6 Flow Label Specification», 2011
- RFC 6553 «The Routing Protocol for Low-Power and Lossy Networks (RPL) Option for Carrying RPL Information in Data-Plane Datagrams», 2012
- RFC 6554 «An IPv6 Routing Header for Source Routes with the Routing Protocol for Low-Power and Lossy Networks (RPL)», 2012
- RFC 6564 «A Uniform Format for IPv6 Extension Headers», 2012
- RFC 6621 «Simplified Multicast Forwarding», 2012
- RFC 6946 «Processing of IPv6 ‹Atomic› Fragments», 2013
- RFC 6980 «Security Implications of IPv6 Fragmentation with IPv6 Neighbor Discovery», 2013
- RFC 7045 «Transmission and Processing of IPv6 Extension Headers», 2014
- RFC 7112 «Implications of Oversized IPv6 Header Chains», 2014
- RFC 7113 «Implementation Advice for IPv6 Router Advertisement Guard (RA-Guard)», 2014
- RFC 7136 «Significance of IPv6 Interface Identifiers», 2014

Kapitel 3

IPv6-Adressierung

Eine IPv4-Adresse hat 32 Bits. Die dezimale, durch Punkte getrennte Schreibweise ist uns vertraut (z.B. 192.168.0.2). Eine IPv6-Adresse hat 128 Bits. Die Erweiterung des Adressraums und die Optimierung der Routing-Tabellen waren zwei der ausschlaggebenden Beweggründe für die Entwicklung von IPv6.

Gründe für Entwicklung von IPv6

Dieses Kapitel wird Sie mit dem erweiterten Adressraum vertraut machen. Es erklärt, wie die IPv6-Adressierung funktioniert und warum sie so konzipiert wurde. Mit der Einführung von IPv6 wurde weit mehr erneuert als nur die Erweiterung auf 128 Bit Adressen. Daher ist es wichtig, die Neuerungen der Adressarchitektur gut zu verstehen, bevor man sich an die Erarbeitung eines IPv6 Adressplanes macht. Die IPv6-Adressarchitektur ist in RFC 4291 beschrieben.

Definition in RFC 4291

3.1 IPv6-Adressraum

Der IPv4-Adressraum mit seinem 32-Bit Format umfasst 2^{32} Adressen. Anders ausgedrückt sind das 4,29 Mrd. (genau 4'294'967'296) Adressen. Als Vergleich sei erwähnt, dass die Weltbevölkerung heute gut 7,3 Mrd. Menschen beträgt. Der IPv4-Adressraum würde also selbst bei optimalster Ausnützung nicht ausreichen, um für jeden Menschen auf der Welt eine IP-Adresse zur Verfügung zu stellen. Dazu kommt, dass es in der Praxis gar nicht möglich ist, diesen Adressbereich voll auszuschöpfen. Vor allem in

IPv4-Adressen

Weltbevölkerung

den Anfangszeiten, als die Entwicklung des Internets noch nicht vorhersehbar war, wurden grosse Adressblöcke verschwenderisch und unorganisiert zugewiesen. Diese Adressen können nicht mehr zurückgefordert werden. Dies hat zur Folge, dass es viele IPv4-Adressen gibt, die zwar unbenutzt, aber nicht verfügbar sind.

Zukünftige Entwicklungen

Die Entwicklung unserer Netzwerke und Dienste läuft jedoch darauf hinaus, dass immer häufiger nicht nur Benutzer und einzelne Computer eine IP-Adresse benötigen, um ins Internet zu gelangen. Vielmehr gibt es eine ständig wachsende Zahl von Geräten, die eine permanente IP-Verbindung und damit auch eine permanente IP-Adresse benötigen. In naher Zukunft werden unsere Smartphones, Tablets, Digitalkameras, TV-Geräte, Webkameras, Kühlschränke, Heiz- und Kühlsysteme, Sprinkleranlagen, Autos u.v.a.m. mindestens eine permanente IP-Adresse haben. Namhafte Automobilhersteller zum Beispiel, die das Auto der Zukunft entwickeln, benötigen für ein Auto eine Vielzahl von IP-Adressen. Über diese Adressen können Wetter-, Verkehrs- und Strassenzustandsinformationen abgerufen werden und viele Überwachungs- und Wartungsfunktionen werden über IP laufen. Unter dem Stichwort «Smart Cities» enstehen neue Technologien, die für viele neuen Dienste, u.a. für Wasser- und Stromzähler IP-Adressen benötigen. Klar, dass der IPv4-Adressraum diesem rapiden Anstieg des Adressbedarfs nicht gewachsen sein kann.

Mehrere IPv6-Adressen für jedes Sandkorn auf der Erde

Der IPv6-Adressraum basiert auf einer 128-Bit Adresse. Wenn wir dieselbe Rechnung aufstellen, wie vorhin für IPv4, so sind das gesamthaft 2^{128} mögliche Adressen, oder anders geschrieben, $3{,}4 \times 10^{38}$, oder nochmals anders dargestellt, 340'282'366'920'938'463'463'374'607'431'768'211'456 Adressen. Falls Sie wissen, wie man diese Zahl nennt, so schicken Sie mir eine Email. Diese Zahl ist unvorstellbar gross. Man sagt, dass dieser Adresraum ausreicht, um jedem Sandkorn auf der Erde mehrere IP-Adressen zuzuweisen, oder dass er für jeden Quadratmeter Fläche der Erde 6.65×10^{23} Adressen zur Verfügung stellt.

Etwas später in diesem Kapitel, bei der Besprechung des IPv6-Adressformats, werden wir sehen, wie unglaublich gross dieser Adressraum ist. Das müssen wir beim Design eines IPv6-Adressplans unbedingt berücksichtigen, sonst definieren wir ein viel zu enges Korsett für die Zukunft.

Mit dem IPv4-Adressraum und den ursprünglich definierten Adressklassen (A, B, C, D, E) können 2'113'389 Netzwerk-IDs vergeben werden. Durch die Einführung von CIDR (Classless Interdomain Routing) konnte diese Zahl leicht erhöht werden. Im Vergleich dazu können im IPv6-Adressraum mit dem Präfix für Globale Unicast-Adressen (binär 001) allein, 2^{45} Netzwerk-IDs vergeben werden. Das sind 35'184'372'088'832 Netzwerke mit einem /48 Präfix. Jedes dieser Netzwerke hat weitere 16 Bits zur Verfügung, um in weitere 65'536 Subnetze unterteilt zu werden.

Vergleich Anzahl möglicher Netzwerk-IDs

3.2 Adresstypen

In IPv4 gibt es Unicast-, Broadcast-, Multicast- und Anycast-Adressen. Mit IPv6 werden Broadcast-Adressen nicht mehr verwendet, sie werden zum Teil durch Multicast-Adressen ersetzt. Die Anycast-Adresse, ein mit RFC 1546 eingeführter Adresstyp, wird bei IPv6 vermehrt verwendet.

Keine Broadcast-Adressen mehr

3.2.1 Unicast-, Multicast- und Anycast-Adressen

IPv6-Adressen können in drei Kategorien eingeteilt werden:

- **Unicast**
  Eine Unicast-Adresse identifiziert ein Interface eines IPv6-Knotens eindeutig. Ein an eine Unicast-Adresse gesandtes Paket wird an das Interface ausgeliefert, welches mit dieser Adresse konfiguriert ist.

- **Multicast**
  Eine Multicast-Adresse identifiziert eine Gruppe von IPv6 Interfaces. Ein an eine Multicast-Adresse gesandtes Paket wird von allen Mitgliedern der Multicast-Gruppe verarbeitet.

- **Anycast**
  Eine Anycast-Adresse ist mehreren Interfaces (normalerweise auf verschiedenen Knoten) zugewiesen. Ein an eine Anycast-Adresse gesandtes Paket wird nur an eines dieser Interfaces (üblicherweise an das nächste) gesandt.

3.2.2 Generelle Regeln

Jedes Interface kann mehrere Adressen haben

Wie bei IPv4 werden auch IPv6-Adressen Interfaces und nicht Knoten zugewiesen. Jedes Interface muss mindestens eine Unicast-Adresse haben. Ein einzelnes Interface kann auch mehrere IPv6-Adressen besitzen, wobei auch Kombinationen von Unicast-, Multicast- oder Anycast-Adressen möglich sind. Ein Knoten kann über jede seiner Unicast-Adressen angesprochen werden, die einem seiner Interfaces zugewiesen sind. Es ist auch möglich, eine Unicast-Adresse mehreren Interfaces zuzuweisen, um Lastverteilung (Load-Sharing) über die zwei Interfaces zu machen. Damit dies funktioniert, muss sichergestellt werden, dass die Hardware und die Treiber Load-Sharing auch unterstützen.

Aktuell wird an einem Draft mit dem Titel «Host Address Availability Recommendations» gearbeitet, das die Vorteile der Möglichkeit einem Interface mehrere Adressen zuzuweisen ausführlich beschreibt und aufzeigt, was die Risiken sind, wenn man diese Möglichkeit begrenzt.

Note
Anders als bei IPv4, sind bei IPv6 Adressen mit allen Bits auf 0 oder 1 gültig.

3.3 Schreibweise von IPv6-Adressen

Die 128 Bits der Adresse werden in acht hexadezimale, 16-Bit lange Blöcke unterteilt, die durch Doppelpunkte getrennt werden. Zum Beispiel:
`2001:0db8:0000:0000:0208:c7ff:fec5:5e7a`

Führende Nullen auslassen

Um den Umgang mit Adressen zu vereinfachen, sind einige Abkürzungen möglich. Führende Nullen in einem 16-Bit Block können weggelassen werden. Die Beispieladresse sieht dann wie folgt aus:
`2001:db8:0:0:208:c7ff:fec5:5e7a`

Null-Blöcke ersetzen

Aufeinanderfolgende Null-Blöcke können durch zwei Doppelpunkte ersetzt werden. Wenn wir diese Regel verwenden, sieht unsere Adresse wie folgt aus:
`2001:db8::208:c7ff:fec5:5e7a`

Beachten Sie, dass die zwei Doppelpunkte pro Adresse nur einmal vorkommen dürfen. Der Grund dafür ist, dass der Computer für die Verarbeitung immer die ganze 128-Bit Adresse verwendet, auch wenn die Darstellung vereinfacht ist. Wenn nun der Computer einmal den doppelten Doppelpunkt findet, fügt er dort so viele Nullen ein, bis die ganzen 128-Bits belegt sind. Wenn nun aber zwei doppelte Doppelpunkte in einer Adresse vorkommen, kann er nicht herausfinden, wo er wie viele Nullen einfügen muss.

Doppelter Doppelpunkt nur einmal pro Adresse

Um die Möglichkeiten des doppelten Doppelpunktes zu veranschaulichen, hier die verschiedenen Schreibweisen für die IPv6-Adresse:
`2001:db8:0000:0000:0056:0000:0000:6789`

Verschiedene Schreibweisen

Beachten Sie die unterschiedliche Position der zwei Doppelpunkte:
`2001:db8:0:0:56:0:0:6789`
`2001:db8::56:0:0:6789`
`2001:db8:0:0:56::6789`

Wie Sie sehen, gibt es verschiedene Möglichkeiten, IPv6-Adressen darzustellen. Dies kann zu Schwierigkeiten im Betrieb führen. Benützt man eine Datenbank oder Spreadsheets um IPv6-Adressen für Lookups zu speichern, so muss man sich auf eine Schreibweise einigen, sonst findet man die Adressen nicht. In diesem Fall ist es wohl ratsam, die ausgeschriebene IPv6-Adresse im 128 Bit Format zu speichern, da dies das einzige eindeutige Format ist. Darüber hinaus muss noch geregelt werden, ob die Hexwerte in Gross- oder Kleinbuchstaben geschrieben werden.

In Datenbanken und Spreadsheets einheitliche Schreibweise verwenden

Um die Administration von IPv6-Adressen zu vereinfachen, wurde RFC 5952, «A Recommendation for IPv6 Address Text Representation» geschrieben. Es enthält u.a. folgende Vorschriften, wie IPv6-Adressen darzustellen sind:

Regeln für Darstellung

- Führende Nullen müssen weggelassen werden.
- Ein 16-bit Feld bestehend aus lauter Nullen muss als 0 repräsentiert werden und darf nicht mit zwei Doppelpunkten abgekürzt werden.
- Die Adresse soll so stark wie möglich gekürzt werden. Wo immer möglich sind Doppelpunkte einzusetzen.
- Es soll immer die längste Folge von Nullerblöcken mit zwei Doppelpunkten gekürzt werden.
- Wenn zwei Nullerblöcke gleich lang sind, soll der erste gekürzt werden.
- Für die Hexwerte sollen Kleinbuchstaben verwendet werden.

Darstellung Ports

Für die Darstellung von IPv6-Adressen mit Portnummern muss in der Regel die Adresse in Square Brackets, gefolgt von einem Doppelpunkt und der Portnummer geschrieben werden. Dies könnte wie folgt aussehen: `[2001:db8::1]:80`

Einbetten von IPv4-Adressen

In Umgebungen, in denen IPv4- und IPv6-Knoten gemischt vorkommen, kann eine weitere praktische Schreibweise verwendet werden. In die letzten 4 Bytes der IPv6-Adresse kann einfach die IPv4-Adresse in Dezimalformat geschrieben werden. Eine IPv4-Adresse von `192.168.0.1` kann als `x:x:x:x:x:x:192.168.0.1` geschrieben werden. Weiter kann die Adresse `0:0:0:0:0:0:192.168.0.1` mit `::192.168.0.1` abgekürzt werden. Wenn Sie die hexadezimale Schreibweise bevorzugen, können sie die IPv4-Adresse auch als `::c0a8:1` schreiben.

Note

Warum hexadezimale Adressen?

Wundern Sie sich, warum man für die Schreibweise von IPv6-Adressen das hexadezimale Format gewählt hat? Der Grund liegt darin, dass eine Konvertierung von binär zu hexadezimal für einen Computer einfacher ist als die Konvertierung von binär zu dezimal. Bei IPv4 macht die dezimale Schreibweise Sinn, weil sie es uns ermöglicht, sich eine Adresse zu merken. Bei IPv6 hat man darauf keinen Wert gelegt, da sich kaum jemand eine 16-Byte IPv6-Adresse zu merken versucht. Die IPv6-Adresse wurde demzufolge für ein schnelles Verarbeiten durch den Computer optimiert.

3.4 Präfix-Schreibweise

Die Schreibweise für Präfixe wird ebenfalls in RFC 4291 festgelegt. Die Präfix-Schreibweise ist mit der Schreibweise von IPv4-Adressen mit CIDR (Classless Interdomain Routing) vergleichbar. Die allgemeine Schreibweise hat das Format *IPv6-Adresse/Präfixlänge*.

Die Präfixlänge zeigt an, wie viele der hochwertigen (high-order) Bits der Adresse das Präfix ausmachen. Das Präfix ist wichtig, um Routes oder Adressbereiche zu definieren. Wie wir später im Kapitel sehen werden, ist die Interface ID für eine IPv6-Adresse immer 64 Bit.

Aufteilung Präfix

Der IPv4-Adressraum wurde ursprünglich in fixe Klassen eingeteilt (A, B, C, D und E). Diese starre Aufteilung wurde später durch die Einführung von variablen Subnetzmasken gelockert. Seither ist es bei IPv4 nicht mehr möglich, den ersten Bytes die Anzahl der Subnetze abzulesen. Bei einer IPv4-Adresse kann der Host ID Teil der Adresse nur bestimmt werden, wenn die Subnetzmaske bekannt ist. Bei IPv6 wurde von Anfang an auf eine starre Präfixaufteilung verzichtet und die Länge der Interface ID klar definiert: Die ersten 64 Bits einer Adresse können variabel aufgeteilt werden während die letzten 64 Bits immer die Interface ID enthalten.

Interpretation Präfix

Das folgende Beispiel erklärt wie ein Präfix interpretiert wird. Als Beispiel nehmen wir das IPv6-Präfix `2001:db8:1200::/40`. Um diese Adresse besser zu verstehen, wandeln wir sie von hexadezimal in binär um. Dies wird in Tabelle 3.1 gezeigt.

Tabelle 3.1 - Präfix Schreibweise

Hexadezimal	Binär	Anzahl Bits
20 01	0010 0000 0000 0001	16 Bits
0d b8	0000 1101 1011 1000	16 Bits
12	0001 0010	8 Bits
Total		40 Bits

Eindeutige Abkürzung wichtig

Die komprimierte Schreibweise (eine Folge von Nullen mit zwei Doppelpunkten zu ersetzen), ist auch für Präfixe anwendbar. Diese Schreibweise sollte jedoch vorsichtig genutzt werden, da mehrere Null-Folgen in einer Adresse vorkommen können, aber nur eine komprimiert werden darf. RFC 5952 gibt die Regeln vor, aber ein IPv6-Interface muss in der Lage sein, jede Schreibweise einer IPv6-Adresse zu verarbeiten, die der Spezifikation in RFC 4291 entspricht. Globale Routing-Präfixe

Ursprüngliche Zuweisung

RFC 4291 listet die definierten globalen Routing-Präfixe Tabelle 3.2 gibt einen Überblick über die ursprüngliche Zuweisung von reservierten Präfixen. Der grösste Teil des Adressbereiches – rund 85% – ist noch nicht zugewiesen und bietet genügend Raum für die Zukunft.

Tabelle 3.2 – Liste der zugewiesenen Präfixe

Zuweisung	Präfix Binär	Präfix Hex
Global Unicast-Adressen	001	2000::/3
Link-Local Unicast-Adressen	1111 1110 10	fe80::/10
Unique Local IPv6-Adressen	1111 1101	fcc00::/7
Multicast-Adressen	1111 1111	ff00::/8

Alle nicht aufgeführten Adressbereiche sind zurzeit reserviert für zukünftige Verwendungen. Die IANA vergibt vorläufig nur Adressen aus dem Bereich, der mit binär 001 beginnt. Dies entspricht lediglich 1/8 des gesamten IPv6-Adressraums.

Note
Unter *www.iana.org/assignments/ipv6-address-space* finden Sie die aktuelle Liste dieser Allokationen.

Spezielle Adressen

Einige spezielle Adressen aus dem reservierten Adressbereich mit dem binären Präfix 0000 0000 wurden vergeben. Dazu gehören die Unspecified-Adresse, die Loopback-Adresse und IPv6-Adressen mit eingebetteten IPv4-Adressen, welche später in diesem Kapitel besprochen werden.

Präfix für Multicast-Adressen

Unicast-Adressen unterscheiden sich von Multicast-Adressen durch ihr Präfix. Globale Unicast-Adressen beginnen mit dem binären Präfix 001. Eine IPv6-Adresse, die mit `1111 1111` (`0xff`) beginnt, ist eine Multicast-Adresse.

Kein spezielles Präfix für Anycast-Adressen

Anycast-Adressen werden dem Unicast-Adressbereich entnommen. Sie lassen sich also nicht aufgrund ihres Präfixes identifizieren. Wenn eine Unicast-Adresse mehreren Interfaces zugeordnet wird, wird sie zu einer Anycast-Adresse. Mehr dazu im Abschnitt über Anycast-Adressen später in diesem Kapitel.

3.5 Globale Unicast-Adressen

Die heute von der IANA vergebenen globalen Unicast-Adressen können, wie aus Tabelle 3.2 ersichtlich, über das Präfix, das binär mit `001` beginnt, erkannt werden. In Zukunft können bei Bedarf zusätzliche Adressbereiche für globale Unicast-Adressen freigegeben werden.

Eine IPv6-Adresse besteht aus drei Teilen: dem globalen Routing-Präfix, der Subnetz-ID und der Interface ID. Dies ist in RFC 4291 definiert. Format Unicast-Adresse

Abbildung 3.1 zeigt das Adressformat für Unicast-Adressen.

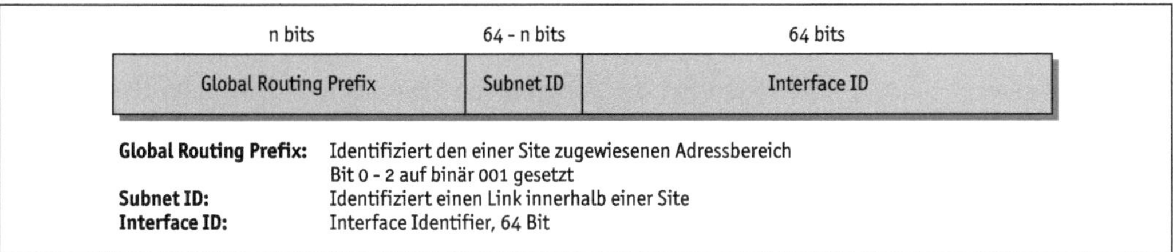

Abbildung 3.1 – IPv6-Adressformat

Das globale Routing-Präfix identifiziert den einer Site zugewiesenen Adressbereich. Dieser Adressbereich wird durch die internationalen Registrierungsstellen und die ISPs (Provider) hierarchisch strukturiert. Hierarchische Strukturierung

Die Subnetz-ID identifiziert einen Link innerhalb einer Site und wird auch Subnetzpräfix oder einfach Subnetz genannt. Einem Link können auch mehrere Subnetz-IDs zugewiesen werden. Dieser Adressbereich wird durch den Administrator der Site strukturiert. Subnetz-ID

Die Interface ID identifiziert ein Interface in einem Subnetz, welches innerhalb dieses Subnetzes einmalig sein muss. Die Interface ID ist immer 64 Bit, das heisst, ein IPv6-Subnetz ist immer ein /64 Subnetz. Interface ID

3.5.1 Internationale Registry Services und aktuelle Adresszuteilungen

Regionale Registrierungsstellen

Die internationale Zuweisung von IPv6-Adressen wurde an verschiedene regionale Registrierungsstellen (RIRs für Regional Internet Registry) delegiert. Zurzeit sind dies ARIN (American Registry for Internet Numbers) in Nordamerika, RIPE NCC (Réseau IP Européens Network Coordination Centre) in Europa, APNIC (Asia Pacific Network Information Centre) in Asien, LACNIC (Latin American and Caribbean Internet Addresses Registry) in Latein Amerika und AfriNIC (African Network Information Centre) in Afrika. Der Hauptfokus bei der Präfixvergabe liegt auf der Optimierung der Routingtabellen von Internet Core Routern.

IPv6-Adressen werden geliehen

Die Vergabe von IPv6-Adressen ist nicht zwingend für immer. Aufgrund der Erfahrungen bei der Vergabe von IPv4-Adressen, können IPv6-Adressblöcke zurückgerufen werden, falls dies aus technischen Gründen notwendig sein sollte.

Zugewiesene Adressbereiche

Verschiedene Adressbereiche wurden bereits zugewiesen. Tabelle 3.3 zeigt den heutigen Stand der Zuweisungen.

Tabelle 3.3 – Aktuelle Zuweisungen

Präfix	Zugewiesen an	RFC
0100::/64	Discard-Only Address Block	RFC 6666
64:ff9b::/96	IPv4-IPv6 Translator	RFC 6052
2000::/3	Globaler IPv6 Adressraum Allokationen aus diesem Bereich finden Sie unter *www.iana.org/assignments/ipv6-unicast-address-assignments*	RFC 4291
2001::/32	Teredo	RFC 4380
2001:db8::/32	Für Dokumentationszwecke, nicht routbar	RFC 3849
2002::/16	6to4	RFC 3056
fc00::/7	Unique-local (ULA)	RFC 4193
fe80::/10	Link-local	RFC 4291

Note

www.iana.org/numbers ist ein guter Einstiegspunkt um Informationen über globale IP-Dienste, aktuelle Adresszuteilungen für IPv4 und IPv6, sowie über den Registrierungsvorgang von IPv6-Adressen zu erhalten. Die aktualisierte Liste von zugewiesenen Präfixen findet sich unter *http://www.iana.org/assignments/iana-ipv6-special-registry/iana-ipv6-special-registry.xml*

Adressinformation im Internet

Ablösung 6Bone

Der 6Bone (Adressbereich `3ffe::/16`) wurde per Juni 2006 abgelöst. Er wurde zu einer Zeit aufgebaut, als die Adressaufteilung noch nicht definiert war. Darum hat man damals eigens für diesen Zweck einen separaten Adressbereich zur Verfügung gestellt. Heute, da die Aufteilung definiert ist, wurden die 6Bone-Adressen durch normale Unicast-Adressen abgelöst und der 6Bone damit in den normalen IPv6-Internetadressbereich integriert.

IPv6-Adressinformation für ISPs

Für Organisationen und Endbenutzer wird die IPv6-Adresszuteilung durch den ISP (Internet Service Provider) geregelt. ISPs informieren sich bei ihrer regionalen Registrierungsstelle (RIR) über IPv6-Adressregistrierung. Die Adresszuteilung ist ein laufender Prozess.

- ARIN Registration Services: *www.arin.net*
- RIPE-NCC Registration Services: *www.ripe.net*
- APNIC Registration Services: *www.apnic.net*
- LACNIC Registration Services: *www.lacnic.net*
- AFRINIC Registration Services: *www.afrinic.net*

3.5.2 Wie viele IPv6-Adressen gibt es nun?

Ich habe anfangs dieses Kapitels versprochen, noch einen weiteren Vergleich zu beschreiben, der uns einigermassen nachvollziehbar macht, wie unendlich gross der IPv6-Adressraum ist (damit wir ein für alle Mal aufhören, IP-Adressen zu sparen). Ihr kennt jetzt das Format einer IPv6-Adresse, das macht es einfacher.

In IPv6 zählen wir /32

Auch für IPv6 gibt es den globalen IANA (Internet Assigned Numbers Authority) Adresspool. Und genau wie bei IPv4 gibt es Statistiken und Websites, die aufzeigen, wie viele IPv6-Adressen die Welt bereits konsumiert hat. Bei IPv4 haben wir /8 gezählt, also Class A Adressblöcke. Bei IPv6 zählen wir /32 Adressblöcke. Das ist ein Standardpräfix welches in der Regel ein ISP von seiner RIR (in unserem Fall in Europa von RIPE) erhält. In Kenntnis des IPv6 Adressformats (siehe Abbildung 3.1) wissen wir folgendes: Eine IPv6-Adresse hat 64 Präfixbits und 64 Interface ID Bits. Das Präfix hat also 64 Bits, wovon bei einem /32 eben 32 Bits bereits vorgegeben sind, was dem ISP oder Kunden noch weitere 32 Präfixbits gibt, um eigene Subnetze zu definieren.

Ein einzelnes /32 ist mehr als der gesamte IPv4 Adressraum

Mit 32 Präfixbits können wir 2^{32} Subnetze definieren, das entspricht knapp 4.3 Milliarden Subnetzen. Erinnert euch die Zahl an etwas? Genau, das ist der IPv4-Adressraum. Eine IPv4-Adresse hat 32 Bits und somit hat der IPv4-Adressraum knapp 4.3 Milliarden IPv4-Adressen. Das bedeutet, dass ein einziges /32 mehr IPv6-Adressen hat, als der gesamte IPv4-Adressraum. Mehr darum, weil in den 32 Bits einer IPv4-Adresse die Interface ID mit enthalten ist. Bei den 32 Bits, über die ich bei einem /32 Präfix frei verfügen kann, sind das 32 Präfixbits. Jedes dieser Subnetze hat 64 Interface ID Bits.

Nun können wir im IANA Adresspool nachschauen, wie viele /32 bereits vergeben wurden.

Note

183'282 /32 bereits vergeben (April 2016)

Per April 2016 waren weltweit 183'282 /32 vergeben. Also über 180'000 Mal mehr als der gesamte IPv4-Adressraum. Wenn wir berechnen, wie viel Prozent dies vom gesamten verfügbaren IPv6-Adressraum ist (vom 2000::/3), dann entspricht dies 0.034%!

---

12 Mrd. Kunden erhalten damit ein /48

Mit 183'282 /32 Präfixen können gut 12 Milliarden Kunden ein /48 erhalten. Jeder dieser Kunden hat dann noch weitere 16 frei verfügbare Bits für seine Subnetze. Damit kann er 65'536 Subnetze bilden. Das genügt für die meisten Kunden.

2000::/3 ist nur 1/8 des IPv6-Adressraums

Das 2000::/3 ist lediglich 1/8 des gesamten IPv6-Adressraums. Es ist der Bereich, der heute freigegeben ist. Wenn er aufgebraucht ist, haben wir noch sieben weitere gleich grosse Bereiche zur Verfügung.

Note
Die aktuelle Übersicht der IPv6-Adressvergabe findet man unter *http://www.bgpexpert.com/addrspace-ipv6.php*.

3.5.3 Regeln für die Adressvergabe

RFC 6177 mit dem Titel «IPv6 Address Assignment to End Sites» gibt Empfehlungen ab, wie der Adressraum weiter aufgeteilt werden sollte. Es revidiert die früheren Regeln in RFC 3177, weil sich gezeigt hat, dass zu strikte Vorschriften für Präfixe nicht praxisgerecht sind und weil es nicht Aufgabe der IETF ist, der Community operationelle Vorschriften zu machen.

Für Organisationen sind /48 Präfixe die Regel

Die ISPs können ihren Adressraum entsprechend ihren Bedürfnissen nach eigenem Gutdünken aufteilen. Ein /48 für Organisationen und Sites hat sich als häufige Praxis bewährt.

Es gibt einige gute Gründe, die dafür sprechen, dass das /48 Präfix übergreifend eingehalten werden sollte:

Einheitliches Präfix von Vorteil

1. Indem die Grenze zum Subnetzpräfix einer globalen Best Practice folgt, kann eine teure und aufwendige Restrukturierung und Konsolidierung von Subnetzen bei einem allfälligen Providerwechsel in der Regel verhindert werden. Allerdings liegt es im Ermessen der Provider, andere Präfixe zu vergeben.
2. Wird eine Site neu nummeriert, was einen parallelen Betrieb des alten und des neuen Präfixes für eine limitierte Zeit einschliessen kann, so wäre dieser Prozess bei verschieden langen Präfixen viel aufwendiger.
3. Es sind verschiedene Ansätze in Diskussion, wie Multihoming mit IPv6 optimal gelöst werden kann. Als Multihoming bezeichnet man die Verbindung eines Hosts mit mehr als einem Netzwerk. Es wird erwartet, dass letztendlich verschiedene Vorgehensweisen in die Praxis umgesetzt werden, jede mit verschiedenen Vor- und Nachteilen. In jedem Fall werden solche Szenarien durch einheitliche Subnetzgrenzen vereinfacht.
4. Eine Site kann mit nur einer DNS Reverse Zone alle Präfixe verwalten.

Organisationen erhalten in der Regel 16 Bits für Subnetze

In der Regel erhält eine Organisation also ein /48 Präfix und hat somit 16 Bits für ihre Subnetze zur Verfügung. Damit können 65'536 Subnetze gebildet werden. In Spezialfällen gibt es für grosse Organisationen Ausnahmeregeln.

Präfixe für Grossorganisationen

In der ursprünglichen Regelung war es nicht vorgesehen, dass globale Grossorganisationen direkt einen IPv6-Adressraum von der Registry erhalten. Auch sie hätten ihre Adressen nur via den ISP beziehen können. Der Grund dafür war, dass man die Routing-Tabellen aufgrund der Erfahrungen mit IPv4 so klein wie möglich halten wollte. Es zeigte sich jedoch im Laufe der Zeit, dass diese Regel nicht durchsetzbar ist. Nach langen und hitzigen Diskussionen wurde beschlossen, in speziellen Fällen eine Ausnahme von dieser Regel zu machen. Eine grosse Organisation kann Mitglied der Registry mit LIR-Status (Local Internet Registry) werden und erhält dann ihr Präfix direkt von der Registry. Die Regeln sind je nach Region leicht unterschiedlich. In Europa erhält eine Organisation mit LIR-Status in der Regel ohne viele Diskussionen ein /29. Benötigt die Organisation mehr als ein /29, so ist das möglich, sofern der Bedarf nachgewiesen werden kann. Die Adressvergabe Policy von RIPE wurde angepasst, um den Kriterien für Adressbedarf von Grossorganisationen und Staaten gerecht zu werden.

RIPE Policy angepasst

3.5.4 Interface Identifier

64-Bit Interface ID

Alle IPv6-Adressen, deren Präfix nicht mit 000 beginnt, sollten eine 64-Bit Interface ID haben, die dem EUI-64- Format (Extended Unique Identifier) folgt. Davon ausgenommen sind Multicast-Adressen. EUI-64 wurde durch IEEE (Institute of Electrical and Electronics Engineers) definiert.

Note

Weiterführende Informationen zu EUI-64 finden Sie unter *http://standards.ieee.org/regauth/oui/tutorials/EUI64.html* (Englisch). Der Appendix A von RFC 4291 beschreibt, wie ein EUI-64 Identifier generiert wird.

Informationen zu EUI-64

Für die Generierung der Interface ID wird ein dem EUI-64-Format folgender Identifier vorgeschrieben. Wenn ein IPv6-Knoten Autokonfiguration macht, muss aus der 48-Bit Interface MAC-Adresse ein 64-Bit Identifier generiert werden.

Berechnung Interface Identifier

Als erstes werden die Ziffern `0xFFFE` zwischen dem dritten und vierten Byte der MAC-Adresse eingefügt. Dann wird das Universal/Local Bit, das zweite der niederwertigen (low-order) Bits des ersten Bytes der MAC-Adresse gesetzt. Das erste Byte ist meist 0x00 und wird dadurch zu `0x02`. So wird aus der Ethernet MAC-Adresse `00-08-C7-C5-5E-7A` der IPv6 Interface Identifier `02-08-C7-FF-FE-C5-5E-7A`.

Dieses Beispiel beschreibt nur die Generierung des EUI-64 Identifiers.

Note

Autokonfiguration ist detailliert in Kapitel 5 beschrieben.

Kombination Präfix und Interface ID

Die Link-Local Adresse eines Interfaces ist die Kombination des Präfixes fe80::/64 und einem 64-Bit Interface Identifier, der in IPv6 Hex/Doppelpunkt-Schreibweise ausgedrückt wird. Folglich ist die Link-Local Adresse für das Interface aus dem vorangehenden Beispiel eine Kombination aus `fe80::/64` und `02-08-C7-FF-FE-C5-5E-7A`, was dann `fe80::208:c7ff:fec5:5e7a` ergibt. Dieser Prozess ist in RFC 2464, «Transmission of IPv6 Packets over Ethernet Networks», beschrieben.

Abbildung 3.2 zeigt, wie aus der MAC-Adresse eine EUI-64 Interface ID gebildet wird.

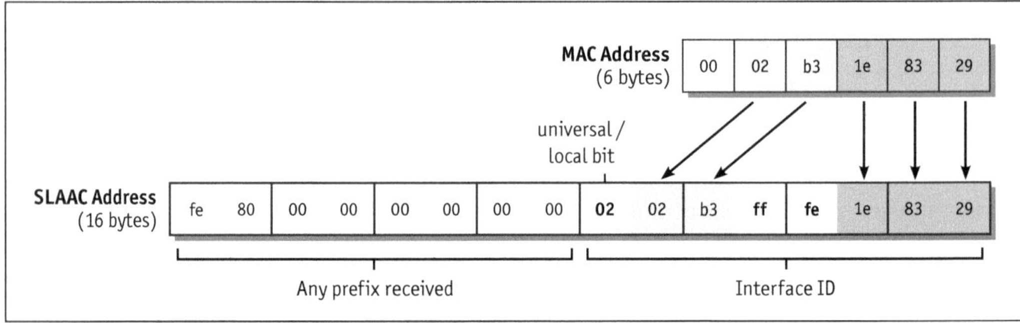

Abbildung 3.2 – Bildung der EUI-64 Interface ID

Die Abbildung zeigt den vorgängig beschriebenen Prozess. Das Universal/ Local Bit muss invertiert werden und hat in der Regel in der Interface ID den Wert 1 um anzuzeigen, dass es sich um eine lokal administrierte Adresse handelt. Aktuell wird in den IPv6-Arbeitsgruppen diskutiert, ob es sinnvoll wäre, die Hardware-basierte Adressierung abzuschaffen, wie im nächsten Absatz noch erklärt wird.

3.5.5 Adress-Privacy

Schutz der Privatsphäre

Als bekannt wurde, dass sich eine autokonfigurierte IPv6-Adresse von der MAC-Adresse eines Interfaces ableiten lässt, entstand eine rege Diskussion in der Öffentlichkeit und in der IETF. Man sorgte sich um den Schutz der Privatsphäre, da sich ein Benutzer, mit einer vom MAC Identifier abgeleiteten Adresse, einfacher nachverfolgen lässt. Eine so generierte IPv6-Adresse hat eine eindeutige Identifikation (die MAC-Adresse), welche unabhängig ist vom Netz, aus dem sich der Host anmeldet. Ein Teil der Besorgnis gründet aber in einem Missverständnis. Ein IPv6-Knoten kann zwar eine Adresse besitzen, die auf dem Interface Identifier beruht, aber dies ist keine Anforderung.

Als Alternative kann ein IPv6-Knoten – gleich wie heute bei IPv4 – eine statische und manuell konfigurierte, oder eine von DHCP zugewiesene Adresse haben. Aufgrund der Besorgnis wurde zusätzlich mit RFC 4941 «Privacy Extensions for Stateless Address Autoconfiguration in IPv6» ein neuer Mechanismus zur automatischen Generierung von IPv6 Interface Identifiern definiert. Dabei basiert die IPv6-Adresse nicht auf dem MAC-basierten Interface Identifier, sondern auf einer Zufallszahl, welche periodisch neu generiert wird. Dieser Mechanismus ist in den meisten Betriebssystemen implementiert. Ein Internet Host, der Ziel einer IP-Kommunikation ist – zum Beispiel ein FTP oder ein Web Server – benötigt eine permanente, eindeutige Adresse. Für solche Hosts sollte die Privacy-Adresse nicht benutzt werden. Aber für einen Client, auf dem z.B. ein Browser oder ein FTP Client läuft, kann dies eine Wahl sein.

Alternative zum MAC-basierenden Identifier

Verwendung von Zufallszahl

Mit dieser IPv6-Adressarchitektur können Sie zwischen zwei Typen von Adressen wählen:

Zwei Typen von Adressen

- **Stabile IP-Adressen**
  Werden über manuelle Konfiguration, einen DHCP Server oder Autokonfiguration unter Verwendung des Interface Identifiers zugewiesen.

- **Befristete, vorübergehende IP-Adressen (temporary, transient)**
  Zugewiesen mit einer Zufallszahl basierend auf RFC 4941.

Temporäre Privacy Adressen mit regelmässig ändernden Interface IDs bieten einigen Schutz. Sie komplizieren die Aufgabe, ein Netz mit Tools auszuhorchen, welche Informationen über Adressen sammeln oder loggen. In anderen Bereichen können Privacy Adressen aber eine Herausforderung darstellen. Aus der Perspektive der Netzwerkadministration erhöhen sie die Komplexität von Eventlogging, Troubleshooting, Zugriffskontrolle (Access Control) und Quality of Service. Aus diesem Grund haben einige Organisationen den Einsatz von Privacy Adressen deaktiviert, obwohl dies aus Security Sicht einen Kompromiss darstellt. Um diesem Bedürfnis nachzukommen, wurden in RFC 7217, «A Method for Generating Semantically Opaque Interface Identifiers with IPv6 Stateless Address Autoconfiguration (SLAAC)», stabile Interface IDs definiert, die auf einer zufallsgenerierten Zahl beruhen. Diese sind innerhalb eines Subnetzes stabil, ändern sich aber, wenn der Host von einem Netzwerk in ein anderes wechselt. Diese Regel gilt dann für alle Präfixe, welche das Interface kennt.

Privacy Adressen bieten Schutz und erschweren Administration

Definition von stabilen Adressen ohne Hardware Identifier

Diskussion neuer Methoden

Zurzeit sind einige Diskussionen in Gang: einerseits über das Abschaffen der hardware-basierten Interface ID und andererseits über die Definition von stabilen Interface IDs für Stateless Address Autoconfiguration (SLAAC) ohne Hardware Information. Eine Liste der Drafts findet sich am Ende des Kapitels. In RFC 7721 «Privacy Considerations for IPv6 Address Generation Mechanisms» findet man eine Gegenüberstellung aller Vor- und Nachteile jeder Interface Generierungs-Methode.

Note
Man muss sich bei all der Sorge um Nachvollziehbarkeit aufgrund der Interface ID bewusst sein, dass die Interface ID nicht die einzige Möglichkeit ist, einen User nachzuverfolgen. DNS Namen, Cookies, Browser Fingerprints und Usernamen auf Applikationsebene können allesamt sehr gut benutzt werden, um die Aktivitäten eines Users nachzuvollziehen.

3.6 Spezielle Adressen

Aus dem ansonsten reservierten Präfixbereich `0000 0000` wurden zwei spezielle Adressen definiert:

All-Zero Adresse

- **Die unspezifizierte Adresse (unspecified address)**
  Die unspezifizierte Adresse hat einen Wert von `0:0:0:0:0:0:0:0` und wird deshalb auch die ALL-ZERO Adresse genannt. Sie ist vergleichbar mit der IPv4-Adresse `0.0.0.0`. Sie zeigt an, dass keine gültige Adresse vorhanden ist. So wird sie zum Beispiel während des Boot-Vorgangs als Absenderadresse verwendet, wenn ein Knoten einen Request für Adresskonfiguration sendet. Diese Adresse kann unter Anwendung der Abkürzungsregeln auch als `::` dargestellt werden. Diese Adresse sollte nie einem Interface zugewiesen werden und nie als Empfängeradresse oder in einem Routing Header zu sehen sein.

Wird beim Bootvorgang verwendet

Loopback-Adresse für Fehlersuche

- **Die Loopback-Adresse**
  Mit der IPv4 Loopback-Adresse `127.0.0.1` sind Sie bestimmt vertraut. Sie ist hilfreich bei der Fehlersuche und bei Tests des IP Stacks. Sie kann benutzt werden um den lokalen IP Stack zu testen, ohne dass

ein Paket ins Netz geschickt wird. Eine solche Adresse gibt es auch bei IPv6. Sie heisst 0:0:0:0:0:0:0:1, oder abgekürzt ::1. Sie sollte nie einem Interface zugewiesen werden.

Die nächsten Abschnitte beschreiben weitere Adresstypen. Adresstypen, die speziell für Übergangsmechanismen definiert wurden sind in Kapitel 10 beschrieben. Diese virtuellen Interfaces werden auch Pseudo-Interfaces genannt.

Virtuelle Interfaces für Übergangs-mechanismen

3.6.1 IPv6-Adressen mit eingebetteten IPv4-Adressen

Da die Umstellung zu IPv6 schrittweise erfolgen wird, wurden zwei Adres-stypen für die Rückwärtskompatibilität definiert. Beide sind in RFC 4291 beschrieben:

Eingebettete IPv4-Adressen

- **IPv4-compatible IPv6-Adresse (deprecated)**
  Dieser Adresstyp wurde benutzt um IPv6-Pakete dynamisch über IPv4 Routinginfrastrukturen zu transportieren. IPv6-Knoten, welche diese Technik nutzen, haben eine spezielle IPv6 Unicast-Adresse, die in den letzten 32 Bits eine offizielle IPv4-Adresse enthält. Dieser Adresstyp wurde mit RFC 4291 abgeschafft und neuere Implementationen unterstützen diesen nicht mehr.

- **IPv4-mapped IPv6-Adresse**
  Dieser Adresstyp wird eingesetzt, um Adressen von IPv4-only Knoten als IPv6-Adressen zu repräsentieren. Diese Adresse enthält ebenfalls in den letzten 32 Bits die IPv4-Adresse, denen ffff vorangestellt wird, wie Abbildung 3.3 zeigt.

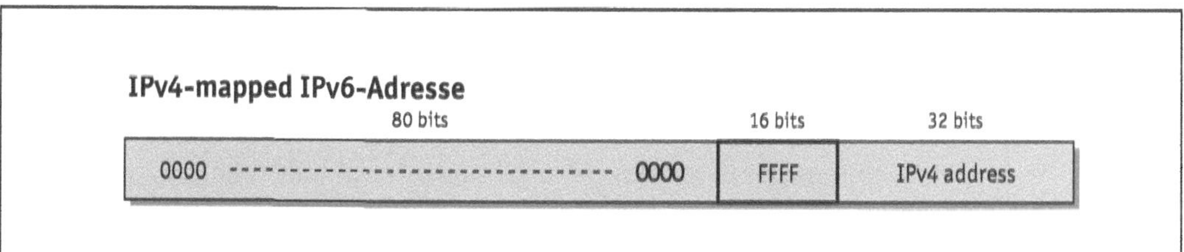

Abbildung 3.3 – IPv6-Adressen mit eingebetteten IPv4-Adressen

3.6.2 Cryptographically Generated Addresses (CGA)

Erhöhte Sicherheit für Neighbor Discovery

Zur Verbesserung der Sicherheit von Neighbor Discovery (ND, Kapitel 5), definiert RFC 3972 kryptografisch generierte Adressen (CGA). CGAs sind Adressen, bei denen in der Interface ID eine kryptografisch generierte one-way Hash Funktion mit zusätzlichen Parametern berechnet und integriert wird. Damit kann ND gesichert werden, auch wenn keine Security Infrastruktur vorhanden ist.

3.7 Link-Local und Unique-Local IPv6 Adressen

Private IPv4-Adressen und NAT

Für IPv4-Netzwerke benutzen Firmen oft die in RFC 1918 beschriebenen IP-Adressen aus dem privaten Bereich (z.B. 192.168.1.1). Diese für private Benutzung reservierten Adressen sollten nie von einem Router ins Internet weitergeleitet werden. Innerhalb eines Firmennetzwerkes können sie problemlos geroutet werden. Für die Verbindung ins Internet wird Network Address Translation (NAT) verwendet. Mit NAT können eine Vielzahl von IP-Adressen aus dem privaten Bereich über eine oder einzelne offizielle IP-Adressen Zugang ins Internet erhalten.

Private Adressen bei IPv6

Link-Local und Unique-Local IPv6-Adressen (meist ULA genannt), sind der IPv6-Ersatz für die privaten Adressen, wie wir sie mit IPv4 einsetzen. Man erkennt sie an ihrem Präfix (`fe80`, `fd00`, siehe Tabelle 3.2). Link-Local Adressen werden automatisch konfiguriert, jedes IPv6 Interface muss eine Link-Local Adresse haben.

ULAs haben folgende Charakteristiken:

Charakteristiken ULA IPv6-Adressen

- Global eindeutiges Präfix erleichtert das Filtern an Site-Grenzen.
- Ermöglichen das private Verbinden von Sites, ohne Gefahr von Adresskonflikten oder dem Zwang, ein Netzwerk neu zu nummerieren.
- Sind unabhängig vom ISP und können für interne Kommunikation benutzt werden, auch wenn keine Internetverbindung besteht.
- Sind routbar und können wie normale, globale Unicast-Adressen benutzt werden.

Private Zuweisung

Die momentane Spezifikation sieht die private Zuweisung von Adressen vor. Hierfür wurde das Präfix `fd00::/8` definiert. Innerhalb dieses Präfixes können sich Organisationen selbst IDs zuweisen. Natürlich besteht in diesem Fall die Gefahr, dass andere Organisationen, mit denen man später Verbindung aufbauen möchte, dieselbe Global ID benutzen, genau wie beim Einsatz von privaten Adressen mit IPv4. Allerdings ist die Chance für eine Kollision der Adressräume dank dem grossen Adressraum von IPv6 bedeutend geringer.

Registrierung privater Adressen

Unter *www.sixxs.net/tools/grh/ula* können Sie nachschauen, ob schon jemand dasselbe Präfix benützt und können Ihre Lokalen IPv6 Adressen registrieren. Es wurde in der Spezifikation vorgesehen, dass es in Zukunft eventuell die Möglichkeit gibt, Lokale IPv6 Adressbereiche zentral registrieren zu lassen, damit keine Überlappung mit Adressbereichen anderer Firmen möglich ist. Hierfür wurde das Präfix `fc00::/8` reserviert.

ULAs dürfen nicht extern geroutet werden

Border Router zwischen Sites und ins Internet dürfen diese Adressen nicht routen, das heisst, sie müssen mit entsprechenden Filtern konfiguriert werden. DNS-Einträge mit lokalen IPv6-Adressen dürfen nicht in globale DNS Server eingetragen werden. Sie können auf dem internen, privaten DNS Server verwendet werden.

Konfiguration

Link-Local IPv6-Adressen werden by default durch Autokonfiguration zugewiesen. ULAs müssen entweder durch das Konfigurieren des lokalen Präfixes auf dem Router (Router Advertisement) oder durch DHCPv6 zugewiesen werden.

Verwendung Link-Local Adresse

Eine Link-Local Adresse wird nur am lokalen Link verwendet und darf nie geroutet werden. Sie wird bei Autokonfiguration und Neighbor Discovery verwendet und kann in Netzwerken ohne Router benutzt werden, z.B. um ein temporäres Netzwerk zu bilden. Wenn Sie sich z.B. mit einem Freund an einer Konferenz treffen und Files austauschen möchten, können Sie ihren Notebook über ein Wireless Netzwerk verbinden und ohne weitere Konfiguration über die Link-Local Adressen Daten auf das andere Gerät kopieren. Sie wird auch von Routern für die Kommunikation mit ihren Nachbar-Routern verwendet. Diese sind damit in ihrer Kommunikation von einem allfälligen Präfixwechsel nicht beinträchtigt.

Das Format dieser Adressen zeigt Abbildung 3.4.

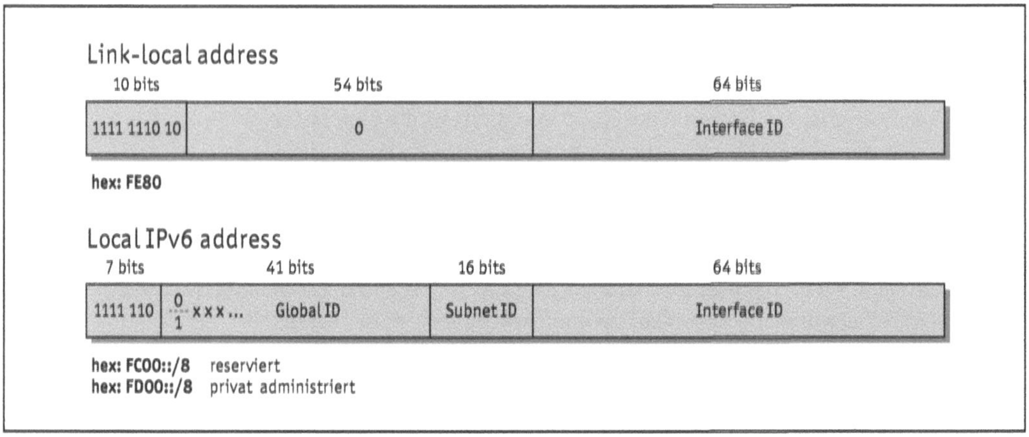

Link-local address

10 bits	54 bits	64 bits
1111 1110 10	0	Interface ID

hex: FE80

Local IPv6 address

7 bits	41 bits	16 bits	64 bits
1111 110	0/1 x x x ... Global ID	Subnet ID	Interface ID

hex: FC00::/8 reserviert
hex: FD00::/8 privat administriert

Abbildung 3.4 – Format der Link-local und Unique-Local IPv6-Adressen

3.8 Anycast-Adressen

Der Einsatz von Anycast ist für die Situation vorgesehen, wo mehrere Server oder Router denselben Dienst zur Verfügung stellen und Redundanz und Load-Balancing gewünscht sind.

Definition für IPv4 in RFC 1546

Anycast wurde nicht mit IPv6 erfunden. Anycast wurde 1993 für den Einsatz mit IPv4 als experimentelle Spezifikation in RFC 1546 definiert. Das RFC sieht ein spezielles Präfix für Anycast vor. Damit wäre die Anycast-Adresse theoretisch aufgrund ihres Präfixes von einer Unicast-Adresse unterscheidbar. Anycast sollte vor allem für Dienste wie DNS und HTTP eingesetzt werden. Das RFC diskutiert auch, wie TCP modifiziert werden muss, um mit diesen global nicht eindeutigen Adressen umgehen zu können.

Unterschiedliche Praxis

In der Praxis wurde dieses Verfahren jedoch nicht implementiert. Stattdessen wurde eine Variante verwendet, die manchmal auch als Shared Unicast Address bezeichnet wird. Dabei wird eine normale Unicast-Adresse mehreren Interfaces zugewiesen und mehrfach in der Routingtabelle eingetragen (Host Route), sodass ein Knoten jeweils dasjenige Interface erreicht, das ihm gemäss der Routingmetrik am nächsten liegt.

Weil dabei aber sowohl die Netzwerk-, als auch die Transportschicht, nach wie vor von global eindeutigen Adressen ausgehen, muss in der Regel die Applikation, die diese Form von Anycast benutzen will, selbst Massnahmen treffen, um Probleme durch mehrdeutige Adressen zu umgehen. Eine Ausnahme bilden Applikationen, die auf einfachen und voneinander unabhängigen (stateless) Request/Response-Transaktionen beruhen. Ein typisches Beispiel ist DNS über UDP, welche heute immer noch praktisch die einzige Applikation ist, die diese Variante von Anycast benutzt. Sogar die Root DNS Server im Internet sind über Shared Unicast-Adressen erreichbar. Da dieses Verfahren keine Unterstützung der Netzwerkschicht benötigt, kann es auch unverändert mit IPv6 benutzt werden.

Kein spezielles Präfix für IPv6

Bei der Entwicklung von IPv6 hatte man die Möglichkeit, Anycast im Sinne von RFC 1546 von Anfang an in der Netzwerkschicht zu berücksichtigen. Im Gegensatz zu RFC 1546 wurde dabei kein spezielles Präfix definiert, die Anycast-Adressen sind im selben Adressbereich angesiedelt, wie die globalen Unicast-Adressen. Jedem dazugehörenden Interface sollte gemäss Spezifikation in der Konfiguration angegeben werden, dass es eine Anycast-Adresse ist. In der Region, wo es mehrere Interfaces mit derselben Anycast-Adresse gibt, muss jeder Host als separater Eintrag in der Routingtabelle eingetragen werden. Wenn die Anycast Interfaces keine definierbare Region haben, muss jedes Interface (im schlechtesten Fall) ins Internet propagiert werden. Dies skaliert offensichtlich nicht. Es wird erwartet, dass der Support für globale Anycast-Adressen nicht oder nur sehr eingeschränkt verfügbar sein wird.

Einsatz

Innerhalb eines Netzwerks kann einer Gruppe von Routern, welche Zugang zu einer gemeinsamen Routing Domain bieten, eine einzige Adresse zugewiesen werden. Schickt ein Client ein Paket an diese Anycast-Adresse, wird es zum nächsten erreichbaren Router weitergeleitet. Auch die Mobile IPv6 Spezifikation setzt Anycast ein (siehe Kapitel 9).

Keine Kontrolle über Empfänger

Bei der Verwendung von Anycast ist zu beachten, dass der Absender keine Kontrolle darüber hat, an welches der Interfaces das Paket ausgeliefert wird. Diese Entscheidung wird auf der Ebene des Routingprotokolles getroffen. Schickt ein Sender mehrere Pakete an eine Anycast-Adresse, so kommen sie möglicherweise bei verschiedenen Empfängern an. Gibt es zwischen Sender und Empfänger eine Serie von Requests/Replies oder muss der Sender das Paket fragmentieren, so kann dies zu Schwierigkeiten führen.

Subnet-Router Anycast-Adresse

Eine vorgeschriebene Anycast-Adresse ist die Subnet-Router Anycast-Adresse. Abbildung 3.5 zeigt das Format.

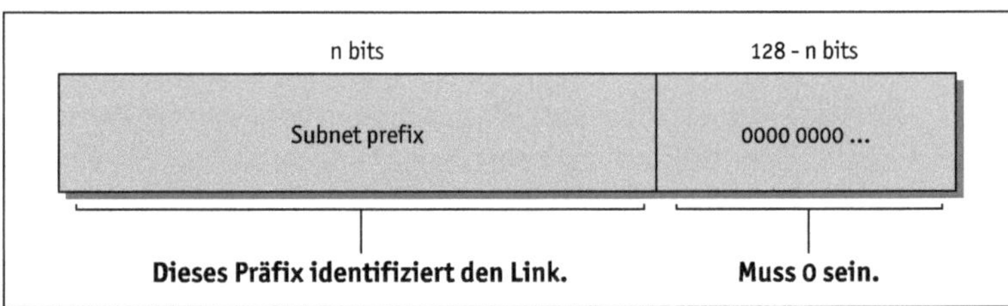

Abbildung 3.5 – Format der Subnet-Router Anycast-Adresse

Grundsätzlich handelt es sich bei dieser Adresse um eine reguläre Unicast-Adresse mit einem Subnetzpräfix und einem Interface Identifier, bei dem alle Bits auf 0 gesetzt sind. Ein an diese Adresse gesandtes Paket wird an einen beliebigen Router in diesem Subnetz ausgeliefert. Alle Router müssen die Subnet-Router Anycast-Adresse auf allen Subnetzen, in denen sie Interfaces haben, unterstützen.

Format Anycast-Adresse

RFC 2526 enthält weitere Informationen über das Anycast-Adressformat und spezifiziert reservierte Anycast-Adressen und IDs. Für eine reservierte Subnetz Anycast-Adresse sind zwei Formate möglich, wie in Abbildung 3.6 gezeigt wird.

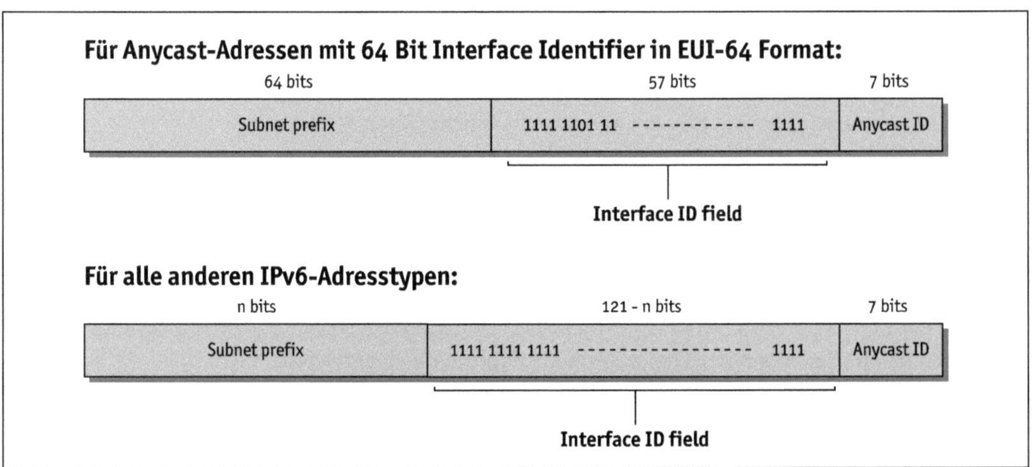

Abbildung 3.6 – Format von Anycast-Adressen

Zur Zeit sind die in Tabelle 3.4 aufgelisteten Anycast IDs reserviert.

Tabelle Kapitel 3.4 - Reservierte Anycast IDs

Dezimal	Hexadezimal	Beschreibung
127	7F	Reserviert
126	7E	Mobile IPv6 Home Agent Anycast
0-125	00-7D	Reserviert

Auswirkung auf Applikationen

Der Hauptunterschied zwischen dieser Form von Anycast und der Variante Shared Unicast Address besteht darin, dass in letzterer die Applikation Anycast unterstützen muss, während es das Ziel der ersteren ist, dies möglichst zu vermeiden. Dazu sind aber noch Richtlinien zum Gebrauch und vor allem Modifikationen von stateful Transportprotokollen nötig. Ansonsten haben beide Systeme ihre Anwendungsbereiche und können durchaus koexistieren.

Note
Falls Sie weiterführende Informationen zum Thema Anycast wünschen, so empfehle ich RFC 7094, «Architectural Considerations of IP Anycast». Es bietet einen Überblick über die Geschichte von Anycast, beschreibt mögliche Architekturen und Designregeln und diskutiert Anycast im Zusammenhang mit IPv6.

3.9 Multicast-Adressen

Multicast Präfix

Eine Multicast-Adresse identifiziert eine Gruppe von IPv6 Interfaces. Ein an eine Multicast-Adresse gesandtes Paket wird von allen Mitgliedern der Multicast-Gruppe verarbeitet.. Diese Adresse erkennt man am hochwertigen (high-order) Byte `0xFF` oder `1111 1111` in binärer Schreibweise (siehe Tabelle 3.2). Ein Interface kann zu mehreren Multicast-Gruppen gehören. Multicast gibt es auch bei IPv4, es wurde für IPv6 aber überarbeitet und erweitert.

Das Format von Multicast-Adressen ist in Abbildung 3.7 gezeigt.

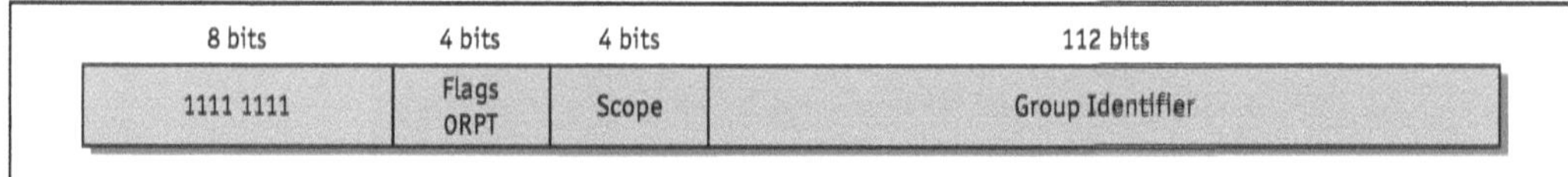

Abbildung 3.7 – Format von Multicast-Adressen

Format Multicast-Adresse

Das erste Byte mit dem Wert ff zeigt an, dass es sich um eine Multicast-Adresse handelt. Die folgenden vier Bits werden für Flags verwendet. Diese sind wie folgt definiert:

- Das erste high-order Flag ist reserviert und muss auf 0 gesetzt sein.
- Das R-Flag wird für den Rendez-vous Point gemäss RFC 3956 benützt.
- Das P-Flag wird gemäss RFC 3306 für dynamisch zugewiesene Präfixinformation verwendet.
- Das T-Flag zeigt an, ob es sich um eine festdefinierte, von IANA zugewiesene Adresse mit bekannter Funktion (0), oder um eine temporäre (1) Multicast-Adresse handelt.

Scope definiert Reichweite

Das Scope-Feld wird benutzt, um die Reichweite einer Multicast-Adresse zu limitieren. Die möglichen Scope-Werte sind in Tabelle 3.5 aufgelistet.

Tabelle 3.5 – Werte für das Scope-Feld

Wert	Beschreibung
0	Reserviert
1	Interface-local Scope
2	Link-local Scope
3	Realm-local Scope
4	Admin-local Scope
5	Site-local Scope
6, 7	Nicht zugewiesen
8	Organization-local Scope
9, A, B, C, D	Nicht zugewiesen
E	Global Scope
F	Reserviert

Die reservierten Scopes dürfen nicht verwendet werden. Die nicht zugewiesenen Scopes können von Administratoren verwendet werden, um individuelle Scopes zu definieren. Am häufigsten eingesetzt werden Scope 02 (link-local) und 05 (site-local).

Neue Scope Definition

Die Multicast Scope Definition in RFC 4291 wurde durch RFC 7346 aktualisiert, das den Begriff Realm-Local Scope einführt. Ein Admin-Local Scope muss konfiguriert werden. Interface-Local, Link-Local und Realm-Local Scope werden automatisch von der physikalischen Verbindung oder anderen, nicht multicastbezogenen Konfigurationen abgeleitet. Die Definition eines Realm-Local Scopes wird in RFCs publiziert werden. Auch der Realm-Local Scope wird automatisch konfiguriert, abhängig von der Netzwerktechnologie, für die er verwendet wird.

3.9.1 Bekannte Multicast-Adressen

Gruppen-IDs

Die letzten 112 Bits der Adresse enthalten die Multicast Gruppen-ID. RFC 3306, «Unicast-Prefix-based IPv6 Multicast Addresses» und RFC 3307, «IPv6 Multicast Addresses Guidelines» beinhalten Definitionen und Empfehlungen für die Zuweisung von Multicast-Adressen und Group IDs.

Bekannte Multicast-Adressen

Tabelle 3.6 gibt einen Überblick über bisher zugewiesene, permanente Multicast-Adressen mit definiertem Scope. Die in Tabelle 3.5 beschriebenen Scope-Werte folgen direkt nach dem Multicast Identifier `0xFF`.

Tabelle 3.6 – Bekannte Multicast-Adressen

Adresse	Beschreibung
Interface-Local Scope	
ff01::1	All Nodes Adresse
ff01::2	All Router Adresse
ff01::fb	mDNSv6

Tabelle 3.6 – Bekannte Multicast-Adressen (Fortsetzung)

Adresse	Beschreibung
Link-Local Scope	
ff02::1	All Nodes Adresse
ff02::2	All Router Adresse
ff02::3	Nicht zugewiesen
ff02::4	DVMRP Router
ff02::5	OSPFIGP
ff02::6	OSPFIGP Designated Router
ff02::7	ST Router
ff02::8	ST Hosts
ff02::9	RIP Router
ff02::a	EIGRP Router
ff02::b	Mobile-Agents
ff02::c	SSDP
ff02::d	All PIM Router
ff02::e	RSVP-Encapsulation
ff02::f	Universal Plug and Play
ff02::16	Alle MLDv2-fähigen Router
ff02::fb	mDNSv6
ff02::1:1	Link Name
ff02::1:2	All DHCP Agents
ff02::1:3	Link-local Multicast Name Resolution
ff02::6a	All Snoopers (MRD)
ff02::1:ffXX:XXXX	Solicited Node Address
ff02:0:0:0:0:2:ff00::/104	Node Information Queries
Site-Local Scope	
ff05::2	All Router Adresse
ff05::fb	mDNSv6
ff05::1:3	All DHCP Servers
ff05::1:4	Deprecated
ff0X::1:1000 to ff0X::1:13ff	Service Location v2

Die Liste der permanent zugewiesenen Multicast-Adressen, die unabhängig vom Scope sind, ist lang. Alle diese Adressen beginnen mit `ff0X`, wobei X ein Platzhalter für den variablen Scope-Wert ist.

Die Link-Local IPv4 Broadcast-Adresse wird bei IPv6 durch die Link-Local All-Nodes Multicast-Adresse `ff02::1` ersetzt. Ein direktes Äquivalent zu den Subnetz-Broadcast-Adressen von IPv4 gibt es bei IPv6 nicht.

Ersatz für IPv4 Broadcast-Adresse

Note
Unter *www.iana.org/assignments/ipv6-multicast-addresses* finden Sie die aktuelle Liste von Multicast Zuweisungen.

Nachstehend ein Beispiel für die Verwendung des Scope-Feldes. Für NTP Server ist die Multicast-Gruppen-ID `0x101` definiert. Diese Gruppen-ID kann nun mit verschiedenen Scope-Werten verwendet werden:

Einsatz des Scope-Feldes

- **ff01:0:0:0:0:0:0:101, resp. ff01::101**
  Alle NTP Server auf demselben Interface wie der Sender.

- **ff02:0:0:0:0:0:0:101, resp. ff02::101**
  Alle NTP Server auf demselben Link wie der Sender.

- **ff05:0:0:0:0:0:0:101, resp. ff05::101**
  Alle NTP Server in derselben Site wie der Sender.

- **ff0e:0:0:0:0:0:0:101, resp. ff0e::101**
  Alle NTP Server im Internet.

Temporär zugewiesene Multicast-Adressen machen nur innerhalb eines definierten Scopes Sinn. Multicast-Adressen dürfen weder als Absenderadresse im IPv6 Header noch in einem Routing Header erscheinen.

Für das Multicast Management setzt IPv6 ICMPv6 ein. Multicast Listener Discovery (MLD) ist in Kapitel 5 beschrieben.

Multicast Management mit ICMPv6

3.9.2 Solicited-Node Multicast-Adresse

Verwendung

Die Solicited-Node Multicast-Adresse ist eine Multicast-Adresse, für die sich jeder Knoten für jede seiner Unicast- und Anycast-Adressen registrieren muss. Diese Multicast-Gruppe wird vor allem verwendet, um MAC-Adressen aufzulösen (Neighbor Solitication), und um festzustellen, ob bereits ein anderer Knoten diese IPv6-Adresse benutzt (Duplicate Address Detection). In der Regel ist in dieser Multicast-Gruppe dementsprechend nur ein Mitglied registriert. Die Solicited-Node Multicast-Adresse ist in RFC 4291 spezifiziert.

Note
Neighbor Solicitation und Duplicate Address Detection (DAD) sind in Kapitel 5 beschrieben.

Vorteil der Solicited-Node Multicast-Adresse

Im Vergleich zum ARP Request, der bei IPv4 an die MAC-Layer Broadcast-Adresse geschickt wird, und damit jeden einzelnen Host im Segment beschäftigt, erleichtert die Solicited-Node Multicast-Adresse die Auflösung der MAC-Adresse. Muss bei IPv6 eine MAC-Adresse aufgelöst werden, so wird die dafür benutzte Neighbor Solicitation Nachricht nicht an die Link-Local All-Nodes Multicast-Adresse, sondern an die Solicited-Node Multicast-Adresse geschickt.

Adressformat

Diese Adresse wird aus den niederwertigen (low-order) 24 Bits einer IPv6-Adresse (dem letzten Teil der Interface ID) und dem bekannten Präfix `ff02:0:0:0:0:1:ff00::/104` gebildet. Der Bereich für die Solicited-Node Multicast-Adressen ist also `ff02::1:ff00:0000` bis `ff02::1:ffff:ffff`. Die Solicited Node Multicast Adresse hat immer einen Link-Local Scope.

Ein Beispiel: Ein Interface hat die IPv6-Adresse `fe80::0208:c7ff:fec5:5e7a`. Somit ist die entsprechende Solicited-Node Multicast-Adresse `ff02::1:ffc5:5e7a`. Hat das Interface zusätzliche IPv6 Unicast- oder Anycast-Adressen, so registriert es sich für die Solicited-Node Multicast-Adresse für jede einzelne dieser Adressen. Beispiel

Das Format der Solicited Node Multicast Adresse ist in Abbildung 3.8 zu sehen.

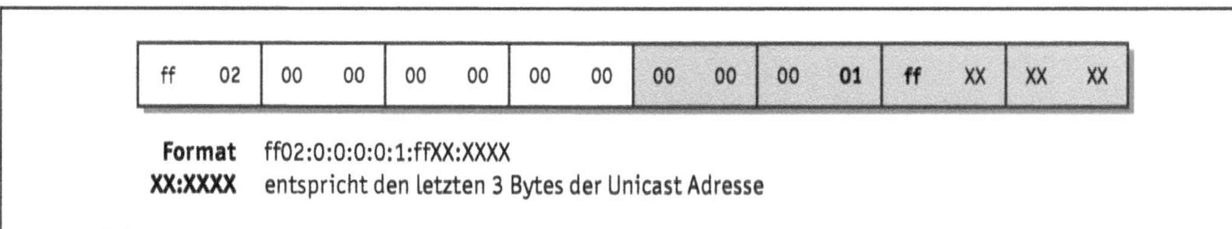

Abbildung 3.8 - Format der Solicited Node Multicast Adresse

3.9.3 Mapping von Multicast-Adressen auf MAC-Adressen

Wird ein Paket an eine IPv6 Multicast-Adresse gesandt, so muss die Multicast-Adresse auf dem Link Layer in eine MAC-Adresse umgewandelt werden. Das Format der Ethernet MAC Multicast-Adresse ist in RFC 2464 beschrieben. Die ersten zwei Bytes einer IPv6 MAC Multicast-Adresse haben den Wert `0x3333`. Die folgenden vier Bytes enthalten die letzten vier Bytes der Multicast-Adresse. Dies ist auch der Grund, weshalb eine Einschränkung der Multicast-Gruppen-ID auf 32 Bit sinnvoll sein kann. Damit kann ausgeschlossen werden, dass zwei Multicast-Gruppen durch ein- und dieselbe MAC Multicast-Adresse repräsentiert werden. Format

Ein Beispiel: die Link-Local All Routers Multicast-Adresse `ff02::2` entspricht der MAC-Adresse `33-33-00-00-00-02`. Beispiel

Abbildung 3.9 zeigt die Abbildung einer IPv6 Multicast-Adresse auf eine MAC-Adresse.

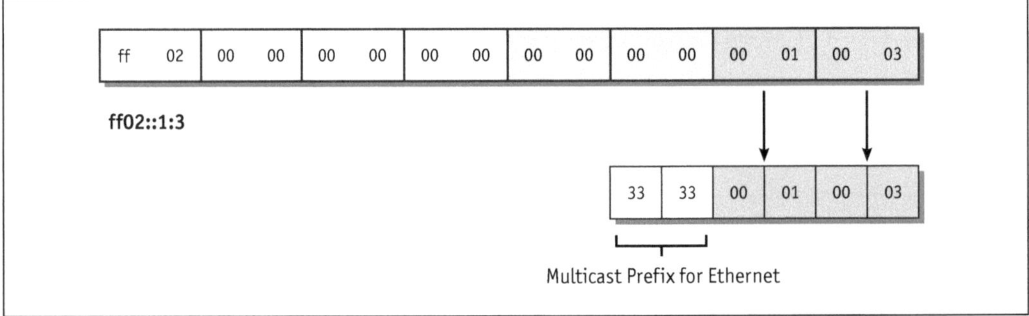

Abbildung 3.9 – Abbildung IPv6 Multicast-Adresse auf MAC-Adresse

---

Note
Mehr Informationen über Layer 2 Aspekte finden Sie in Kapitel 6.

3.9.4 Dynamische Zuweisung von Multicast-Adressen

Erweiterung Multicast-Adressarchitektur

Mit RFC 3306 wurde die Multicast-Adressarchitektur erweitert. Es enthält Definitionen, welche die Zuweisung von dynamisch generierten Adressen verbessert und Source-Specific Multicast-Adressen ermöglicht. Es basiert auf einem modifizierten Multicast-Adressformat, welches u.a. Präfixinformation beinhaltet. Ziel der Spezifikation ist es, die Zahl der Protokolle, welche für die dynamische Zuweisung von Multicast-Adressen erforderlich sind, zu vermindern.

Abbildung 3.10 zeigt das erweiterte Adressformat:

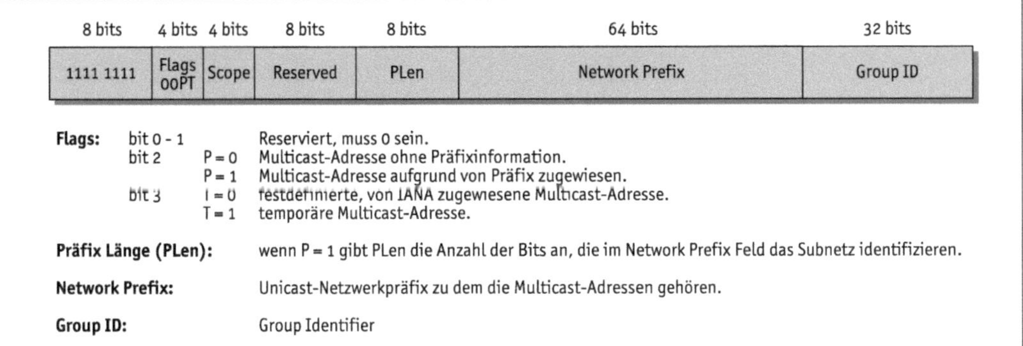

Abbildung 3.10 - Erweitertes Multicast-Adressformat

Das erweiterte Format

Vom 4-bit Flags-Feld wurde bisher nur das letzte Bit T verwendet. Für diese Erweiterung wird nun auch das zweitletzte Bit (P) verwendet.

Ist das P-Bit auf 0 gesetzt, zeigt es an, dass diese Multicast-Adresse keine Präfixinformation hat, was bedeutet, dass es eine Standard Multicast-Adresse gemäss Abbildung 3.11 ist. Ist das P-Flag auf 1 gesetzt, so handelt es sich um eine erweiterte Multicast-Adresse. Für die Bedeutung des Scope-Feldes hat sich nichts geändert. Ist das P-Flag auf 1 gesetzt, so folgen nun acht reservierte Bits, die auf 0 gesetzt sind und dann acht Bits, welche die Präfixlänge angeben. Sie zeigen, wie viele der Bits im Network Prefix Feld das Subnetz bezeichnen. Im Network Prefix Feld steht das Netzwerkpräfix, zu dem diese Multicast-Adresse gehört.

Der Group Identifier ist 32 Bit lang. Beachten Sie, dass wenn P auf 1 gesetzt ist (erweiterte Multicast-Adresse), das T-Flag ebenfalls auf 1 (temporäre Multicast-Adresse) gesetzt sein muss.

Source Specific Multicast

RFC 3569 ist ein Informational RFC, welches eine Übersicht über Source-Specific Multicast (SSM) gibt. Im traditionellen, heute als Any-Source-Multicast (ASM) bezeichneten Betriebsmodell, kann ein Multicast-Empfänger nicht bestimmen, von welchen Quellen er Daten erhalten möchte. Mit SSM kann sich ein Interface für eine Multicast-Adresse registrieren und zusätzlich die Quellen angeben, von denen er Pakete empfangen möchte, respektive, von denen er keine Multicasts empfangen will. Source-Specific Multicast wird durch das erweiterte Multicast-Adressformat unterstützt. Bei einer Source-Specific Multicast-Adresse ist das T-Flag auf 1 gesetzt, das P-Flag ebenfalls auf 1. Das Feld für Präfixlänge und für das Netzwerkpräfix sind beide auf 0 gesetzt. Das ergibt ein Multicast-Präfix von `ff3x::/32`, wobei x ein gültiger Scope-Wert ist. Die Absenderadresse im IPv6 Header identifiziert den Besitzer (owner) der Multicast-Adresse. Alle IPv6 SSM-Adressen haben das Format `ff3x::/96`.

RFC 3307, «Allocation Guidelines for IPv6 Multicast Addresses», gibt allgemeingültige Richtlinien für die Zuweisung von Multicast-Adressen heraus.

3.10 Vorgeschriebene Adressen

Der Standard definiert, dass jeder Knoten die folgenden Adressen für jedes seiner Interfaces erkennen muss:

Für alle Knoten

- Seine Link-Local Adresse für jedes Interface
- Alle zusätzlich zugewiesenen Unicast- und Anycast-Adressen
- Die Loopback-Adresse
- Die All-Nodes Multicast-Adresse
- Die Solicited-Node Multicast-Adressen für jede ihm zugewiesene Unicast- oder Anycast-Adresse
- Multicast-Adressen von allen anderen Gruppen, zu denen der Host gehört

Ein Router muss zusätzlich zu den oben genannten Adressen die folgenden Adressen erkennen:

Für Router zusätzlich

- Die Subnet-Router Anycast-Adresse für alle Interfaces, für die er als Router konfiguriert ist.
- Alle konfigurierten Anycast-Adressen
- Die All-Router Multicast-Adressen

3.11 Default Address Selection

Umgang mit mehreren IP-Adressen pro Interface

Die IPv6 Adressarchitektur sieht vor, dass ein IPv6 Interface mehrere Adressen hat. Diese Adressen können sich in folgenden Bereichen voneinander unterscheiden: sie können einen unterschiedlichen Scope haben (link-local, global); einen unterschiedlichen Status (preferred, deprecated); sie können Teil einer Mobility Konfiguration (home-address, care-of-address) oder einer Multi-Homing Situation sein; sie können permanente offizielle IP Adressen oder virtuelle Tunnel-Interfaces sein. Dualstack Knoten haben eine IPv4- und eine, respektive mehrere IPv6-Adressen. Dies bedeutet, dass eine Applikation, welche eine Verbindung starten will, zwischen verschiedenen möglichen Adressen wählen muss.

Szenarien für Adresswahl

Nehmen wir als Beispiel einen Client, der für einen externen Dienst von der DNS eine globale IPv6-Adresse und eine offizielle IPv4-Adresse erhält. Wenn dieser Client selbst eine private IPv4-Adresse und eine globale IPv6-Adresse besitzt, so macht es Sinn, wenn er die Verbindung über die IPv6-Adresse aufbaut. Wenn der Client jedoch eine link-local IPv6-Adresse und ein offizielle IPv4-Adresse hat, so muss er die Verbindung über die IPv4-Adresse aufbauen. Mit solchen Situationen und Wahlmöglichkeiten sind die Clients und Applikationen in unseren zukünftigen gemischten Netzwerken konfrontiert. Wie mit solchen Situationen umgegangen wird, hängt von den Implementationen ab. Applikationsentwickler sollten sich dieser Herausforderung bewusst sein und ihre Applikationen so entwickeln, dass sie sich in jeder vorstellbaren Umgebung möglichst optimal verhalten.

Regeln für Adresswahl

RFC 6724, «Default Address Selection for IPv6» definiert zwei Algorithmen, einen für Source Address Selection und einen für Destination Address Selection. Alle IPv6-Knoten, Hosts und Router, müssen RFC 6724 implementieren. Die Algorithmen definieren das Default Verhalten für IPv6-Knoten. Dieses Default Verhalten kann von Applikationen oder höherliegenden Protokollen übersteuert werden. Die Default Policy Tabelle hat zur Folge, dass wo immer möglich native Source Adressen mit native Destination Adressen kommunizieren. 6to4 Source Adressen kommunizieren mit 6to4 Destination Adressen und generell wird die Kommunikation über IPv6 der Kommunikation über IPv4 vorgezogen. Steht privates IPv4 (NAT) und nur getunneltes IPv6 zur Verfügung, wird IPv4 priorisiert.

Hier eine Zusammenfassung der wichtigsten Default Regeln:

- Adresspaare mit demselben Scope oder Typ (link-local, global) sind bevorzugt.
- Der kleinere Scope für eine Destination Adresse wird einem grösseren Scope vorgezogen. Es soll der jeweils kleinstmögliche Scope gewählt werden.
- Eine bevorzugte (preferred) Adresse ist bevorzugt zu benützen.
- Adressen für Übergangsmechanismen (wie z.B ISATAP- oder 6to4-Adressen) werden nicht benützt, wenn native IPv6-Adressen zur Verfügung stehen.
- Wenn alle Kriterien ähnlich sind, sollen Adresspaare mit den längsten übereinstimmenden Präfixen verwendet werden.
- Für die Source Adresse sind temporäre Adressen globalen Adressen vorzuziehen.
- Für die Source Adresse ist die Adresse des outgoing Interfaces zu benützen.
- Für die Kombination von Source und Destination Adresse soll das längste übereinstimmende Präfix verwendet werden.
- Für die Destination Adresse ist die höhere Präferenz (precendence) zu wählen.
- Adressen, die in einem Präfix sind, das vom next-hop angekündigt wird, sind als Source Adresse zu bevorzugen.
- In Mobile IP Situationen sind Home Adressen den Care-of-Adressen vorzuziehen.

Wer für die eigene Umgebung eine Policy erstellen will oder Address Selection troubleshooten muss, tut gut daran, die ausführliche Beschreibung im RFC zu lesen. Sie ist unterteilt in die Regeln für Source Address und Destination Address Selection.

Gültigkeit der Regeln

Diese Regeln kommen immer dann zum Zug, wenn nichts anderes definiert ist. Die Spezifikation sieht auch die Konfiguration einer Policy vor, welche diese Default Regeln mit bevorzugten Kombinationen von Source und Destination Adressen übersteuert. Dies ist vor allem innerhalb von Firmennetzen empfehlenswert. RFC 6724 ist verbreitet implementiert. Es gibt aber immer wieder spezifische Umgebungen, in denen diese Regeln zu Kommunikationsproblemen führen können

RFC 7078 definiert eine DHCPv6 Option, mit der eine Default Address Selection Policy verteilt werden kann, welche die Default Policy überschreibt.

DHCPv6 Option für Policy

Die beiden nächsten Kapitel beschreiben die erweiterten Funktionen von ICMPv6. Viele der neuen Funktionalitäten von IPv6 basieren auf ICMPv6.

3.12 Referenzen

Dies ist eine Zusammenstellung der wichtigen, im Kapitel erwähnten RFCs und Drafts. Zusätzlich erwähnen wir einzelne RFCs und Drafts, die im Zusammenhang mit dem Thema stehen, falls Sie sich vertiefter damit befassen möchten. Informationen über den Standardisierungs-Prozess, RFCs und Drafts finden Sie im Appendix. Auf folgendem Link findet man eine gute, vollständige Übersicht über den aktuellen Status aller RFCs: *http://tools.ietf.org/rfc/index.*

RFCs

- RFC 1546 «Host Anycasting Service», 1993
- RFC 1918 «Address Allocation for Private Internets», 1996
- RFC 2101 «IPv4 Address Behaviour Today», 1997
- RFC 2365 «Administratively Scoped IP Multicast», 1998
- RFC 2464 «Transmission of IPv6 Packets over Ethernet Networks», 1998
- RFC 2471 «IPv6 Testing Address Allocation» (6Bone), 1998
- RFC 2526 «Reserved IPv6 Subnet Anycast Addresses», 1999
- RFC 2710 «Multicast Listener Discovery (MLD) for IPv6», 1999
- RFC 2908 «The Internet Multicast Address Allocation Architecture», 2000
- RFC 3056 «Connection of IPv6 Domains via IPv4 Clouds» (6to4), 2001
- RFC 3068 «An Anycast Prefix for 6to4 Relay Routers», 2001
- RFC 3177 «IAB/IESG Recommendations on IPv6 Address Allocations to Sites», 2001

- RFC 3306 «Unicast-Prefix-based IPv6 Multicast», 2002
- RFC 3307 «Allocation Guidelines for IPv6 Multicast Addresses», 2002
- RFC 3484 «Default Address Selection for Internet Protocol version 6 (IPv6)», 2003
- RFC 3569 «An Overview of Source-Specific Multicast (SSM)», 2003
- RFC 3587 «IPv6 Global Unicast Address Format», 2003
- RFC 3849 «IPv6 Address Prefix Reserved for Documentation». 2004
- RFC 3956 «Embedding the Rendezvous Point (RP) Address in an IPv6 Multicast Address», 2004
- RFC 3972 «Cryptographically Generated Addresses (CGA)», 2005
- RFC 4192 «Procedures for Renumbering an IPv6 Network without a Flag Day», 2005
- RFC 4193 «Unique Local IPv6 Unicast Addresses», 2005
- RFC 4291 «Internet Protocol Version 6 (IPv6) Addressing Architecture», 2006
- RFC 4380 «Teredo: Tunneling IPv6 over UDP through Network Address Translations (NATs)», 2006
- RFC 4489 «A Method for Generating Link-Scoped IPv6 Multicast Addresses», 2006
- RFC 4941 «Privacy Extensions for Stateless Address Autoconfiguration in IPv6», 2007
- RFC 5156 «Special-Use IPv6 Addresses», 2008
- RFC 5214 «Intra-Site Automatic Tunnel Addressing Protocol (ISATAP)», 2008
- RFC 5220 « Problem Statement for Default Address Selection in Multi-Prefix Environments: Operational Issues of RFC 3484 Default Rules», 2008
- RFC 5221 «Requirements for Address Selection Mechanisms», 2008
- RFC 5375 «IPv6 Unicast Address Assignment Considerations», 2008
- RFC 5453 «Reserved IPv6 Interface Identifiers», 2009
- RFC 5569 «IPv6 Rapid Deployment on IPv4 Infrastructures (6rd)», 2010
- RFC 5952 «A Recommendation for IPv6 Address Text Representation», 2010
- RFC 5991 «Teredo Security Updates», 2010
- RFC 6052 «IPv6 Addressing of IPv4/IPv6 Translators», 2010
- RFC 6081 «Teredo Extensions», 2011
- RFC 6085 «Address Mapping of IPv6 Multicast Packets on Ethernet», 2011

- RFC 6164 «Using 127-Bit IPv6 Prefixes on Inter-Router Links», 2011
- RFC 6177 «IPv6 Address Assignment to End Sites,» 2011
- RFC 6724 «Default Address Selection for Internet Protocol version 6 (IPv6),» 2012
- RFC 7078 «Distributing Address Selection Policy Using DHCPv6», 2014
- RFC 7094 «Architectural Considerations of IP Anycast», 2014
- RFC 7721 «Security and Privacy Considerations for IPv6 Address Generation Mechanisms», 2016
- RFC 7108 «A Summary of Various Mechanisms Deployed at L-Root for the Identification of Anycast Nodes», 2014
- RFC 7136 «Significance of IPv6 Interface Identifiers», 2014
- RFC 7217 «A Method for Generating Semantically Opaque Interface Identifiers with IPv6 Stateless Address Autoconfiguration (SLAAC)», 2014
- RFC 7335 «IPv4 Service Continuity Prefix», 2014
- RFC 7346 «IPv6 Multicast Address Scopes», 2014
- RFC 7371 «Updates to the IPv6 Multicast Addressing Architecture», 2014
- RFC 7404 «Using Only Link-Local Addressing inside an IPv6 Network», 2014
- RFC 7721 «Security and Privacy Considerations for IPv6 Address Generation Mechanisms», 2016

Drafts

- Recommendation on Stable IPv6 Interface Identifiers, draft-ietf-6man-default-iids-10
- Host Address Availability Recommendations draft-ietf-v6ops-host-addr-availability-06

Kapitel 4

ICMPv6

Wenn Sie mit IPv4 vertraut sind, so kennen Sie ICMP (Internet Control Message Protocol) wahrscheinlich als guten Troubleshooting-Freund. ICMP gibt uns wichtige Informationen über den Zustand unseres Netzwerkes und meldet zum Beispiel, wenn Pakete nicht korrekt weitergeleitet werden können.

Ping basiert auf ICMP

Der wohl bekannteste Test, der auf ICMP basiert, ist der Ping, den wir benutzen, um die Erreichbarkeit eines IP-Knotens zu testen. Ping benutzt ICMP Echo Request und Echo Reply Nachrichten für diesen Test. Für IPv6 wurde ICMP weiterentwickelt und heisst nun ICMPv6. Neue Nachrichtentypen wurden definiert, um die Funktionalität von ICMPv6 zu erweitern.

Zusammengefasst die wesentlichen Neuerungen von ICMPv6:

Neue Einsatzbereiche für ICMP

- **Neighbor Discovery**
  Neighbor Discovery (ND) setzt sich aus fünf ICMPv6-Nachrichten zusammen, die das Auflösen von Adressen und die Kommunikation von Knoten am selben Link (Nachbarn/Neighbors) handhaben. ND ersetzt u.a. ARP/RARP (Adress Resolution Protocol/Reverse Address Resolution Protocol), das der Auflösung von IP-Adressen zu Layer 2 (MAC) Adressen und umgekehrt dient. ND benutzt ICMPv6 aber auch, um Router zu finden, um zu überwachen welche Nachbarn erreichbar sind und um Änderungen der Link Layer Adressen zu erkennen. Neighbor Discovery wird in Kapitel 5, «ICMPv6-basierende Funktionen», beschrieben.

- **Multicast Listener Discovery**
  Multicast Listener Discovery (MLD) setzt sich aus drei ICMPv6-Nachrichten zusammen, welche die Multicast-Gruppenzugehörigkeit verwalten. Damit ersetzt MLD das bei IPv4 dafür eingesetzte IGMP (Internet Group Management Protocol). Multicast Listener Discovery wird in Kapitel 5 beschrieben.

- **Multicast Router Discovery**
  Es wurden drei neue Nachrichtentypen definiert, die das Auffinden von Multicast Routern ermöglichen.

- **Mobile IPv6 Unterstützung**
  Für den Einsatz von Mobile IPv6 wurden vier neue Nachrichtentypen definiert. Mobile IPv6 wird in Kapitel 9 beschrieben.

ICMPv6 ist fester Bestandteil von IPv6 und muss vollständig in jedem IPv6 Stack implementiert werden. ICMPv6 ist in RFC 4443 definiert.

4.1 Aufbau eines ICMPv6-Paketes

Es gibt zwei Gruppen von ICMP-Nachrichten:

ICMP Nachrichtentypen

- **ICMP-Fehlermeldungen**
  Bei diesen Nachrichten ist das höchste Bit im Message Type Feld auf 0 gesetzt. Das Message Type Feld hat deshalb für Fehlermeldungen einen Wert zwischen 0 und 127.

- **ICMP-Informationsnachrichten**
  Nachrichten dieser Gruppe haben das höchste Bit im Message Type Feld auf 1 gesetzt. Das Message Type Feld hat deshalb für Informationsnachrichten einen Wert zwischen 128 und 255.

Dem ICMPv6 Header geht ein IPv6 Header voraus. Es können auch ein oder mehrere Extension Header voranstehen. Der Header vor dem ICMPv6 Header hat im Next Header Feld den Wert 58. Dies ist nicht derselbe Wert wie für ICMPv4 (ICMPv4 hat den Next Header Wert 1, siehe Tabelle 2.1 in Kapitel 2).

Next Header Wert für ICMPv6

Folgende Nachrichtentypen sind in RFC 4443 beschrieben:

- **ICMPv6-Fehlermeldungen**
  - Destination Unreachable (Message Type 1)
  - Packet Too Big (Message Type 2)
  - Time Exceeded (Message Type 3)
  - Parameter Problem (Message Type 4)

- **ICMPv6-Informationsnachrichten**
  - Echo Request (Message Type 128)
  - Echo Reply (Message Type, 129)

Alle ICMPv6-Nachrichten haben dieselbe generelle Header-Struktur. Diese ist in Abbildung 4.1 dargestellt. Beachten Sie, dass beim Aufbau des Headers die Felder für Type, Code und Checksumme gleich sind wie bei ICMPv4.

Allgemeine Header-Struktur

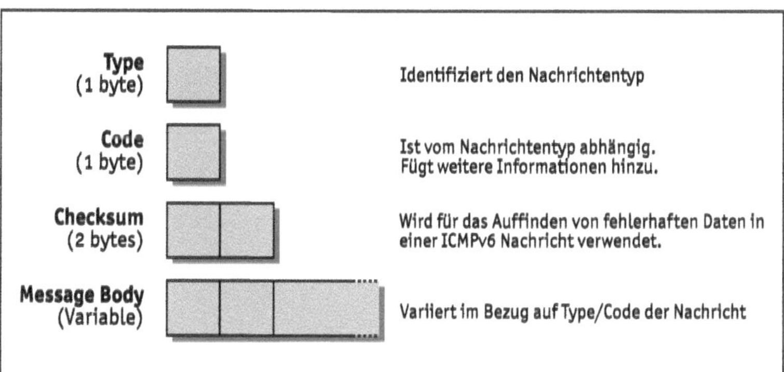

Abbildung 4.1 - Format des ICMPv6 Headers

- **Type (1 Byte)**
  Das Type-Feld bezeichnet den Nachrichtentyp, welcher das Format der restlichen Nachricht bestimmt. Tabelle 4.1 und 4.2 zeigen die möglichen ICMPv6-Nachrichtentypen und -nummern.

- **Code (1 Byte)**
  Der Inhalt des Code-Feldes hängt vom Type-Feld ab und gibt detailliertere Informationen. Die Tabellen 4.1 und 4.2 zeigen die möglichen Code-Werte pro Nachrichtentyp.

- **Checksum (2 Bytes)**
  Das Checksummenfeld dient dazu, eine allfällige Verfälschung der Daten im ICMPv6 Header und in Teilen des IPv6 Headers festzustellen. Zur Berechnung der Checksumme wird der Pseudo-Header verwendet. Dieser ist in Kapitel 6 beschrieben. Der Pseudo-Header enthält die Absender- und Empfängeradressen, die Grösse der Daten und das Next Header Feld.

- **Message Body (variabel)**
  Je nach Typ und Code enthält der Message Body unterschiedliche Daten. Bei einer Fehlermeldung enthält der Datenteil zur Vereinfachung des Troubleshootings einen möglichst grossen Teil des ursprünglichen Paketes, das den Fehler verursacht hat. Die Grösse eines ICMPv6-Paketes darf die minimale IPv6 MTU (Maximum Transfer Unit) von 1280 Bytes nicht überschreiten.

Tabelle 4.1 zeigt eine Übersicht der verschiedenen Nachrichtentypen und Codes für die Fehlermeldungen.

Tabelle 4.1 – ICMPv6-Fehlermeldungen und Code-Werte

Nachrichten-nummer	Nachrichtentyp	Code-Feld
1	Destination Unreachable	0 = no route to destination 1 = communication with destination administratively prohibited 2 = beyond scope of source address 3 = address unreachable 4 = port unreachable 5 = source address failed ingress/egress policy 6 = reject route to destination 7 = error in source routing header
2	Packet Too Big	Code-Feld wird vom Sender auf 0 gesetzt und vom Empfänger ignoriert
3	Time Exceeded	0 = hop limit exceeded in transit 1 = fragment reassembly time exceeded
4	Parameter Problem	0 = erroneous header field encountered 1 = unrecognized next header type encountered 2 = unrecognized IPv6 option encountered
100 und 101	Private experimentation	RFC 4443
127	Reserviert für die Erweiterung von ICMPv6-Fehler-meldungen	RFC 4443

Beachten Sie, dass die Nachrichtentypen und -nummern bei ICMPv6 nicht dieselben sind wie bei ICMPv4. ICMP für IPv6 ist ein anderes Protokoll. Die beiden Versionen sind nicht kompatibel. Ihr Netzwerk Analyzer sollte diese Informationen jedoch korrekt dekodieren, Sie müssen sie also nicht alle auswendig lernen.

Tabelle 4.2 zeigt eine Übersicht über die verschiedenen Nachrichtentypen für die Informationsnachrichten.

Tabelle 4.2 - ICMPv6-Informationsnachrichten

Nachrichten-nummer	Nachrichtentyp	Beschreibung
128 129	Echo request Echo reply	RFC 4443 Beide werden für Ping verwendet.
130 131 132	Multicast Listener Query Multicast Listener Report Multicast Listener Done	RFC 2710 Für Multicast Group Management (IPv4 verwendet dafür IGMP).
133 134 135 136 137	Router Solicitation Router Advertisement Neighbor Solicitation Neighbor Advertisement Redirect Message	RFC 4861 Werden für Neighbor Discovery und Autokonfiguration benutzt.
138	Router Renumbering	RFC 2894 Mögliche Codes: 0 = Router Renumbering Command 1 = Router Renumbering Result 255 = Sequence Number Reset
139 140	Node Information Query Node Information Reply	RFC 4620 Mögliche Codes Query: 0 = Zeigt an, dass das Datenfeld eine IPv6-Adresse enthält, welche das Subjekt dieser Query ist. 1 = Zeigt an, dass das Datenfeld einen Namen enthält, der das Subjekt dieser Query ist, oder leer ist. 2 = Zeigt an, dass das Datenfeld eine IPv4-Adresse enthält, welche das Subjekt dieser Query ist. Mögliche Codes Reply: 0 = Zeigt einen erfolgreichen Reply an. Das Reply Data Feld kann leer sein. 1 = Zeigt an, dass der Antwortende die Antwort verweigert. Das Reply Data Feld ist leer. 2 = Zeigt an, dass dem Antwortenden der Qtype der Query unbekannt ist. Das Reply Data Feld ist leer.
141 142	Inverse ND Solicitation Inverse ND Advertisement	RFC 3122

Tabelle 4.2 - ICMPv6-Informationsnachrichten (Fortsetzung)

Nachrichten-nummer	Nachrichtentyp	Beschreibung
143	Version 2 Multicast Listener Report	RFC 3810
144	Home Agent Address Discovery Request	RFC 6275 Mobile IPv6
145	Home Agent Address Discovery Reply	
146	Mobile Prefix Solicitation	
147	Mobile Prefix Advertisement	
148	Certification Path Solicitation	RFC 3971
149	Certification Path Advertisement	Secure Neighbor Discovery
151	Multicast Router Advertisement	RFC 4286
152	Multicast Router Solicitation	
153	Multicast Router Termination	
154	Fast Mobile IPv6 Nachrichten	RFC 5568
155	Routing Protocol for Low-Power Network Nachrichten	RFC 6550
156	ILNPv6 Locator Update	RFC 6743
157	Duplicate Address Requenst	RFC 6775
158	Duplicate Address Confirmation	6LoWPANs
200 und 201	Private experimentation	RFC 4443
255	Reserviert für Erweiterung von ICMPv6-Informationsnachrichten	RFC 4443

Mit Ausnahme der Router Renumbering Nachricht ist bei allen ICMPv6-Informationsnachrichten das Code-Feld nicht benutzt, d.h. auf 0 gesetzt.

Note
Bei IANA, unter *www.iana.org/assignments/icmpv6-parameters* ist die aktuelle Liste der ICMPv6-Nachrichtentypen und entsprechenden Code-Werte zu finden. Unter *www.iana.org/assignments/icmp-parameters* sind alle ICMPv4 Parameter aufgelistet.

4.2 ICMP-Fehlermeldungen

Jede ICMP-Nachricht kann je nach Fehlermeldung einen leicht veränderten Header haben. Die folgenden Abschnitte zeigen die Struktur für die einzelnen Fehlermeldungen.

4.2.1 Destination Unreachable

Eine Destination Unreachable Nachricht wird generiert, wenn ein IP-Paket nicht zugestellt werden kann. Die ICMP-Nachricht wird dem Absender des Paketes geschickt.

Abbildung 4.2 zeigt das Format der Destination Unreachable Nachricht.

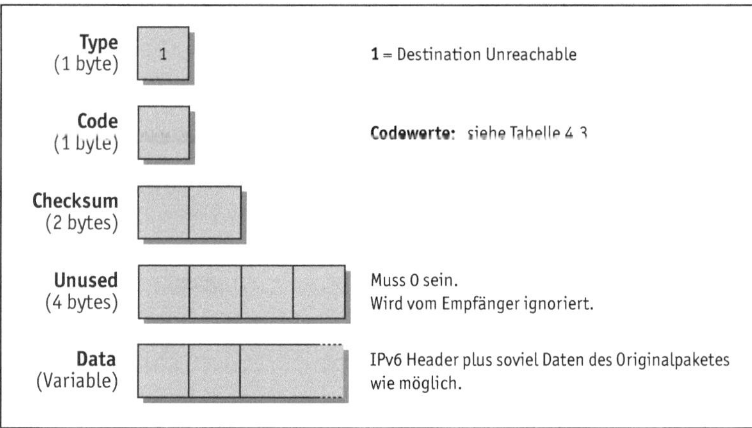

Abbildung 4.2 - Format der Destination Unreachable Nachricht

Beschreibung Header-Felder

Das Type-Feld zeigt den Wert 1, was die Destination Unreachable Nachricht bezeichnet. Das Code-Feld gibt uns weitere Informationen, warum das Paket nicht zugestellt werden konnte. Die möglichen Codes sind in Tabelle 4.3 beschrieben. Dem Checksummenfeld folgen vier Bytes, die nicht benutzt werden, sie müssen auf 0 gesetzt sein. Der Datenteil der Nachricht enthält einen möglichst grossen Teil des Originalpaketes, jedoch maximal soviel, dass die minimale IPv6 MTU-Grösse von 1280 Bytes nicht überschritten wird.

Tabelle 4.3 - Code-Werte der Destination Unreachable Nachricht

Code	Beschreibung
0	**No route to destination** Dieser Code wird gesetzt, wenn ein Router ein Paket nicht weiterleiten kann, weil er keine Route zum Zielnetzwerk in seiner Routingtabelle findet. Dieser Fall tritt nur auf, wenn der Router keinen Eintrag für eine Default Route hat.
1	**Communication with destination administratively prohibited** Dieser Code kann zum Beispiel von einer Firewall gesetzt werden, welche ein Paket wegen eines Paketfilters nicht weiterleiten kann, oder von einem Host, der unautorisierte Echo Requests nicht akzeptieren darf.
2	**Beyond scope of source address** Dieser Code wird gesetzt, wenn der Scope der Source Adresse kleiner ist als der Scope der Destination Adresse, das heisst z.B. wenn ein Paket eine link-local Source Adresse und eine global-scope Destination Adresse hat.
3	**Address unreachable** Dieser Code wird grundsätzlich gesetzt, wenn der Grund nicht eindeutig einem der anderen Codes zugewiesen kann, z.B. wenn die Link Layer Adresse des Empfängers nicht aufgelöst werden kann oder ein anderes linkspezifisches Problem besteht.
4	**Port unreachable** Dieser Code wird gesetzt, wenn das Transportprotokoll keinen Listener (port) hat. Wenn zum Beispiel eine DNS- Anfrage (Domain Name System) an einen Host geschickt wird, auf dem kein DNS Server läuft, wird eine solche Nachricht generiert.
5	**Source address failed ingress/egress policy** Dieser Code wird gesetzt, wenn das Paket aufgrund einer Ingress- oder Egress Filter Policy nicht ausgeliefert werden kann.
6	**Reject route to destination** Dieser Code wird gesetzt, wenn die Route zur Destination eine Reject Route ist. Das kann z.B. vorkommen, wenn ein Router konfiguriert wird, allen Traffic für ein bestimmtes Präfix abzuweisen.

Wenn eine Zieladresse nicht erreichbar ist, weil der Router überlastet ist (Congestion) und dieser das Paket aus diesem Grund verwirft, wird keine ICMPv6-Nachricht generiert. Das RFC empfiehlt aus Sicherheitsgründen, dass Implementationen die Option ermöglichen, das Senden von ICMP Destination Unreachable Nachrichten pro Interface auszuschalten. Ein Host, der eine ICMPv6 Destination Unreachable Nachricht erhält, muss die Information an die Upper-Layer Prozesse weiterleiten.

4.2.2 Packet Too Big

Wenn ein Router ein Paket nicht weiterleiten kann, weil es grösser ist als die MTU-Grösse des weiterführenden Links, muss er eine Packet Too Big Nachricht an den Absender schicken.

Wird für Path MTU Discovery verwendet

Der Aufbau der Nachricht wird in Abbildung 4.3 gezeigt. Dieser ICMPv6-Nachrichtentyp ist Teil der Path MTU Discovery, welche in Kapitel 5 besprochen wird.

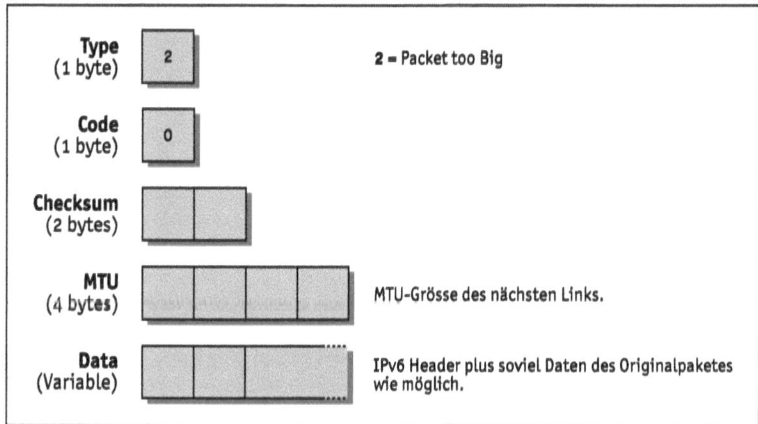

Abbildung 4.3 – Format der Packet Too Big Nachricht

Beschreibung Header-Felder

Das Type-Feld hat den Wert 2, was die Nachricht als Packet Too Big Nachricht identifiziert. Bei dieser Nachricht wird das Code-Feld nicht benutzt. Der Sender setzt es auf 0 und der Empfänger ignoriert es. Die wichtigste Information in dieser Nachricht ist im MTU-Feld enthalten. Dieser Wert informiert den Absender über die MTU-Grösse des nächsten Links, die dieser nun für die weitere Kommunikation verwenden wird.

Auch bei Multicast-Adressen

Gemäss RFC 4443 sollte im Normalfall keine ICMPv6-Nachricht generiert werden, wenn die Empfängeradresse des ursprünglichen Paketes eine IPv6 Multicast-Adresse, eine Link Layer Multicast-Adresse oder eine Link Layer Broadcast-Adresse ist. Die Packet Too Big Nachricht ist die Ausnahme dieser Regel, da Path MTU Discovery für Multicast ansonsten nicht funktionieren würde. Wenn ein Host eine Packet Too Big Nachricht erhält, muss er die Information an seine Upper-Layer Prozesse weiterleiten.

4.2.3 Time Exceeded

Router verwirft Paket mit Hop Limit 1

Wenn ein Router ein Paket weiterleitet, vermindert er das Hop Limit um 1. Das Hop Limit stellt sicher, dass ein Paket nicht endlos durch das Netzwerk wandert. Wenn ein Router ein Paket mit einem Hop Limit von 1 erhält, dann verkleinert er es um 1 und das Hop Limit wird 0. Ein Paket mit Hop Limit 0 wird vom Router verworfen und er sendet eine Time Exceeded Nachricht mit Code 0 zurück an den Absender. Diese Fehlermeldung kann auf einen Routing Loop hinweisen oder zeigt an, dass das Hop Limit des Absenders zu klein ist. Es kann aber auch sein, dass jemand das Traceroute Tool benutzt, wie weiter unten beschrieben wird.

Abbildung 4.4 zeigt das Format der Time Exceeded Nachricht.

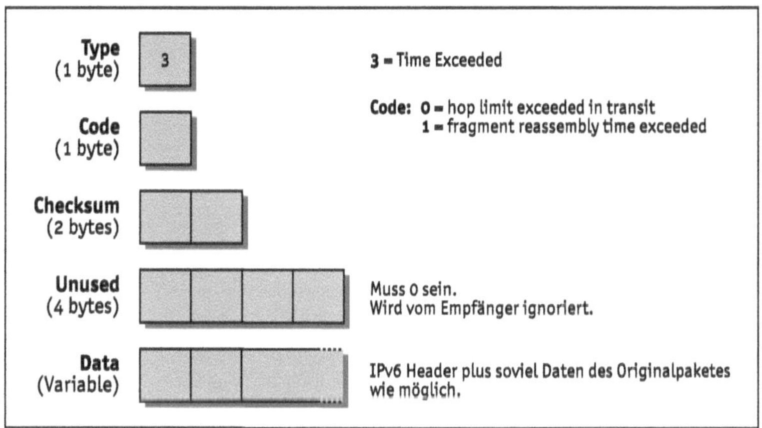

Abbildung 4.4 – Format der Time Exceeded Nachricht

Beschreibung Header-Felder

Das Type-Feld hat den Wert 3, was die Nachricht als Time Exceeded Nachricht identifiziert. Ist das Code-Feld auf 0 gesetzt, so wurde das Hop Limit bei der Übertragung überschritten. Ist das Code-Feld auf 1 gesetzt, so ist die Fragment Reassembly Time abgelaufen. Dem Checksummenfeld folgen vier nicht benutzte Bytes, die auf 0 gesetzt sein müssen. Der Datenteil der Nachricht enthält einen möglichst grossen Teil des Originalpaketes, jedoch maximal soviel, dass die minimale IPv6 MTU-Grösse von 1280 Bytes nicht überschritten wird. Wenn ein Host eine Packet Too Big Nachricht erhält, muss er die Information an seine Upper-Layer Prozesse weiterleiten.

Tabelle 4.4 listet die Code-Werte für die Time Exceeded Nachricht.

Tabelle 4.4 – Code-Werte der Time Exceeded Nachricht

Code	Beschreibung
0	**Hop limit exceeded in transit** Mögliche Ursachen: Das anfänglich gesetzte Hop Limit war zu klein oder es besteht ein Routing Loop. Wird auch bei Verwendung von Traceroute erzeugt.
1	**Fragment reassembly time exceeded** Wenn ein Paket fragmentiert versendet wird und der Empfänger die Fragmente nicht innerhalb einer gewissen Zeit (Default 60 Sekunden) zusammenfügen kann, informiert er den Absender mit einer Time Exceeded, Code 1 Nachricht. Dies kann der Fall sein, wenn nicht alle Fragmente ankommen oder wenn das letzte Fragment nach Ablauf der konfigurierten Zeit eintrifft.

Wie Traceroute ICMP verwendet

Beim Einsatz von Traceroute werden absichtlich ‹Hop limit exceeded in transit› Nachrichten ausgelöst, um den Pfad eines Paketes zu seinem Ziel verfolgen zu können. Dazu wird vom Host, auf welchem Traceroute ausgeführt wird, ein Paket mit Hop Limit 1 an jenen Empfänger geschickt, zu dem man den Pfad ermitteln möchte. Der erste Router vermindert das Hop Limit auf 0, verwirft das Paket und sendet eine ICMPv6-Nachricht Typ 3, Code 0 zurück. Nun kennt der Absender die Adresse des ersten Routers auf dem Weg. Als nächstes schickt er ein Paket mit Hop Limit 2. Der erste Router vermindert das Hop Limit um 1 auf 1. Der zweite Router vermindert das Hop Limit um 1 auf 0, verwirft das Paket und sendet eine ICMPv6-Nachricht Typ 3, Code 0 zurück. Nun kennt der Sender auch die Adresse des zweiten Routers auf dem Weg. Das Erhöhen des Hop Limits um jeweils 1 geht solange weiter, bis der Empfänger erreicht wird. Dabei sendet jeder Router auf dem Pfad eine ICMPv6-Nachricht zurück zum Absender und gibt dabei seine Adresse preis.

Pfad nicht immer eindeutig

Note

Vorsicht, wenn redundante Pfade zum Empfänger bestehen gehen die einzelnen Traceroute Pakete nicht zwingend jedesmal denselben Weg. Der angezeigte Pfad ist darum nicht in jedem Fall aussagekräftig.

4.2.4 Parameter Problem

Nicht erkennbares Header-Feld

Kann ein IPv6-Knoten ein Paket nicht verarbeiten, weil er ein Feld im IPv6 Header oder in einem Extension Header nicht erkennen kann, so muss er das Paket verwerfen und sollte eine ICMPv6 Parameter Problem Nachricht zurück zum Absender des problematischen Paketes schicken. Dieser Nachrichtentyp wird oft auch für Fehler benutzt, die nicht in eine der anderen Kategorien passen.

Abbildung 4.5 zeigt das Format der Parameter Problem Nachricht.

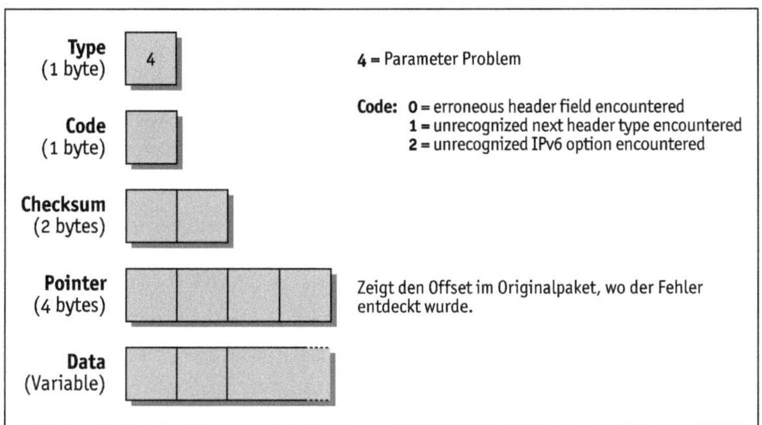

Abbildung 4.5 - Format der Parameter Problem Nachricht

Beschreibung Header-Felder

Das Type-Feld hat den Wert 4, was die Nachricht als Parameter Problem Nachricht identifiziert. Das Code-Feld kann einen der drei, in Tabelle 4.5 beschriebenen Werte haben. Das Pointer-Feld zeigt den Offset des Bytes im Originalpaket an, welches das Problem hervorgerufen hat. Der Datenteil der Nachricht enthält einen möglichst grossen Teil des Originalpaketes, jedoch maximal soviel, dass die minimale IPv6 MTU-Grösse von 1280 Bytes nicht überschritten wird. Es kann vorkommen, dass der Pointer auf ein Byte ausserhalb des ICMPv6-Paketes zeigt. Dies ist der Fall, wenn der Fehler in einem Byte des Originalpaketes liegt, das nicht in den Datenteil passt, ohne die ICMPv6-Paketgrösse zu überschreiten.

Tabelle 4.5 - Code-Werte der Parameter Problem Nachricht

Code	Description
0	Fehlerhaftes Header-Feld (erroneous header field)
1	Nicht identifizierbarer Next Header Type (unrecognized Next Header type encountered)
2	Nicht identifizierbare IPv6-Option (unrecognized IPv6 option encountered)

Das Pointer-Feld zeigt den Offset des Bytes im Originalpaket an, welches das Problem hervorgerufen hat. Der Datenteil der Nachricht enthält einen möglichst grossen Teil des Originalpaketes, jedoch maximal soviel, dass die minimale IPv6 MTU-Grösse von 1280 Bytes nicht überschritten wird. Es kann vorkommen, dass der Pointer auf ein Byte ausserhalb des ICMPv6-Paketes zeigt. Dies ist der Fall, wenn der Fehler in einem Byte des Originalpaketes liegt, das nicht in den Datenteil passt, ohne die IMCPv6-Paketgrösse zu überschreiten.

Wenn Sie zum Beispiel eine ICMPv6-Nachricht mit dem Type-Feld 4, einem Code-Feld 1 und einem Pointer auf 40 sehen, so wissen Sie, dass der Next Header Type im Extension Header nach dem IPv6 Header nicht erkannt wurde. Bingo? Ein Knoten, der eine ICMPv6 Parameter Problem Nachricht erhält, muss die Information an seine Upper-Layer Prozesse weiterleiten.

4.3 ICMP-Informationsnachrichten

RFC 4443 beschreibt zwei Typen von Informationsnachrichten: den Echo Request und den Echo Reply. Weitere ICMP-Informationsnachrichten werden für Multicast Group Management und Neighbor Discovery benutzt. Diese weiteren Nachrichten werden in Kapitel 5 detaillierter besprochen.

Wie Ping ICMP verwendet

Die Echo Request und die Echo Reply Nachricht werden für eines der meist verwendeten TCP/IP Tools benutzt: Packet InterNet Groper, kurz und liebevoll Ping genannt. Ping wird eingesetzt, um herauszufinden, ob ein Host erreichbar ist. Der Sender schickt eine Echo Request Nachricht zum Empfänger. Der Empfänger antwortet mit einer Echo Reply Nachricht, wenn er erreichbar ist.

4.3.1 Echo Request

Abbildung 4.6 zeigt das Format der Echo Request Nachricht.

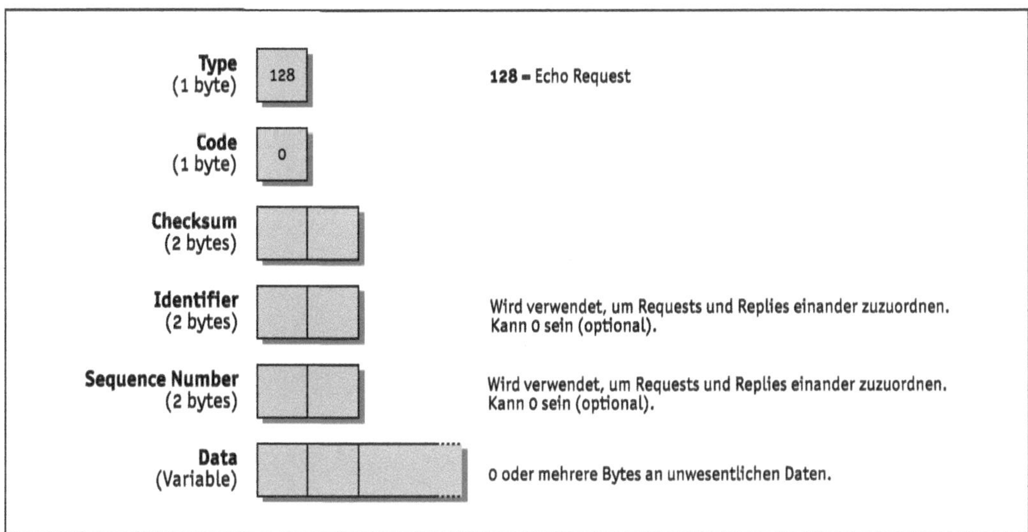

Abbildung 4.6 - Format der Echo Request Nachricht

Beschreibung Header-Felder

Das Type-Feld hat den Wert 128 für die Echo Request Nachricht. Das Code-Feld wird nicht verwendet und ist auf 0 gesetzt. Das Identifier- und das Sequence-Nummernfeld werden verwendet, um Requests und Replies einander zuzuordnen. Der Reply muss immer dieselben Identifier- und Sequence-Nummern enthalten wie der Request. Die Verwendung dieser Felder ist jedoch optional, sie können auch auf 0 gesetzt sein. Der Inhalt der Datenfelder ist eigentlich unwesentlich (arbitrary) und hängt vom Ping Tool ab, mit welchem die Nachricht geschickt wird. Wenn man Trace Files mit Echo Request und Echo Reply Nachrichten anschaut und die Tools verschiedener TCP/IP Stacks kennt, kann man manchmal aufgrund der angehängten Daten erraten, welches Ping Tool benützt wurde. Ein Beispiel dafür wird in Abbildung 4.8 gezeigt.

4.3.2 Echo Reply

Das Format der Echo Reply Nachricht ist demjenigen des Echo Requests sehr ähnlich, wie Abbildung 4.7 zeigt.

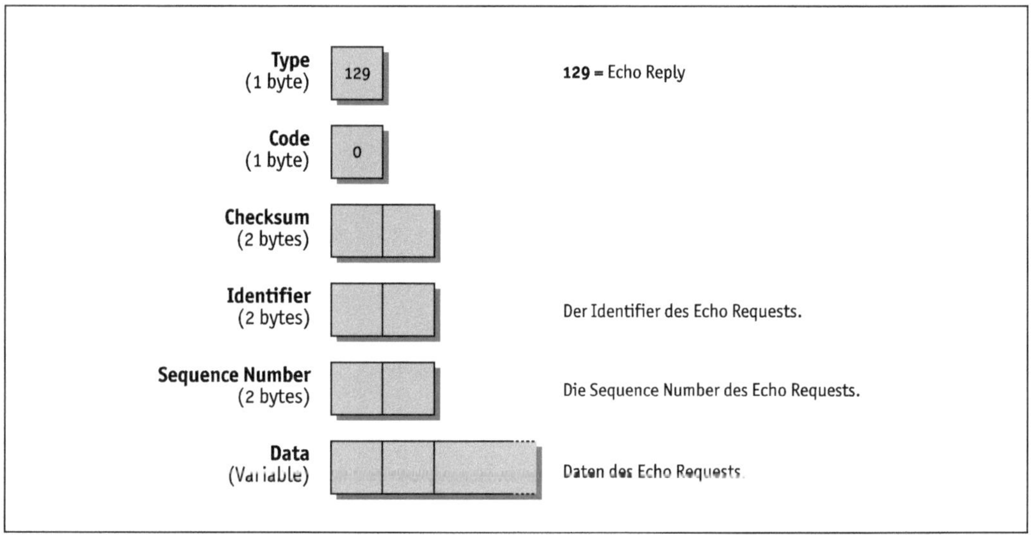

Abbildung 4.7 – Format der Echo Reply Nachricht

Beschreibung Header-Felder

Das Type-Feld enthält den Wert 129 für Echo Reply Nachrichten. Auch hier ist das Code-Feld unbenutzt und wird auf 0 gesetzt. Die Identifier- und Sequence-Nummern müssen mit den Feldern des Requests übereinstimmen. Die Daten im Datenfeld müssen vollständig und unverändert vom Request übernommen werden. Wenn der Request von einem Upper-Layer Prozess ausgelöst wurde, so muss der Reply wieder an diesen Prozess übergeben werden. Wenn die Echo Request Nachricht an eine Unicast-Adresse gesandt wurde, so muss die Absenderadresse des Replies mit der Empfängeradresse des Requests identisch sein. Wenn die Echo Request Nachricht an eine Multicast- oder Anycast-Adresse gesandt wurde, muss die Absenderadresse des Replies eine Unicast-Adresse des Interfaces sein, auf welchem der Echo Request empfangen wurde.

ICMPv6 Echo Request und Reply Nachrichten können mit einem IPv6 Authentication Header oder einem IP Encapsulating Security Payload Header authentifiziert und geschützt werden. Ein Knoten kann so konfiguriert werden, dass er nicht authentifizierte ICMPv6 Pings ignoriert.

Schutz vor Attacken

RFC 4884, «Extended ICMP to Support Multi-Part Messages» definiert eine erweiterte ICMP-Struktur. Die Erweiterung ist am Ende der ICMP-Nachricht platziert und beinhaltet einen Extension Header, sowie Extension Objekte. Dies setzt eine Modifikation am ICMP-Header voraus, welcher nun eine Längenfeld benötigt. Diese Erweiterung kann bei folgenden ICMP-Nachrichten eingesetzt werden:

Erweiterte ICMP-Struktur

- ICMPv4 Destination Unreachable
- ICMPv4 Time Exceeded
- ICMPv4 Parameter Problem
- ICMPv6 Destination Unreachable
- ICMPv6 Time Exceeded

4.4 Verarbeitungsregeln

Mehrere Regeln steuern die Verarbeitung von ICMPv6-Paketen. Diese Regeln sind in RFC 4443 definiert und nachfolgend zusammengefasst:

Regeln für ICMPv6

- Wenn ein Knoten eine ICMPv6-Fehlermeldung mit unbekanntem Typ erhält, muss er sie an den Upper-Layer Prozess weitergeben.
- Wenn ein Knoten eine ICMPv6-Informationsnachricht mit unbekanntem Typ erhält, muss er sie verwerfen.
- Wie bei ICMPv4 enthält jede ICMPv6-Fehlermeldung soviel Daten des problematischen Paketes wie möglich. Dabei darf die minimale IPv6 MTU-Grösse nicht überschritten werden (1280 Bytes).
- Muss die ICMPv6-Nachricht an ein Upper Layer Protokoll weitergegeben werden, wird der Upper-Layer Protokolltyp aus dem Originalpaket im Datenteil der ICMPv6-Nachricht ausgelesen. Kann der Upper-Layer Protokolltyp im Datenteil nicht gefunden werden, wird das Paket verworfen. Dies kann passieren, wenn das Originalpaket soviele Extension Headers hat, dass der Teil des Headers, der den Protokolltyp enthielt aufgrund der beschränkten Paketgrösse abgeschnitten wurde.

In folgenden Fällen darf keine ICMPv6-Fehlermeldung ausgelöst werden:

In diesen Fällen darf keine ICMP-Nachricht versandt werden

- Als Resultat einer ICMPv6-Fehlermeldung.
- Als Resultat einer ICMPv6 Redirect Nachricht.
- Als Resultat eines Paketes, das an eine IPv6 Multicast-Adresse gesandt wurde. Hier gibt es zwei Ausnahmen: Es handelt sich um eine Packet Too Big Nachricht, die für Path MTU Discovery benutzt wird, oder um eine Parameter Problem Nachricht Code 2, die eine unerkannte IPv6-Option meldet, bei der die beiden höchsten Option Type Bits auf 10 gesetzt sind.
- Als Resultat eines Paketes, das als Link Layer Multicast versandt wurde. Dabei gelten dieselben Ausnahmen wie oben beschrieben.
- Als Resultat eines Paketes, das als Link Layer Broadcast versandt wurde. Dabei gelten dieselben Ausnahmen wie oben beschrieben.
- Als Resultat eines Paketes, dessen Absenderadresse nicht eindeutig ein einzelnes Interface identifiziert. Dies könnte z.B. die IPv6 Unspecified Address oder eine IPv6 Multicast-Adresse sein.

Konfiguration Grenzwerte

Jeder IPv6-Knoten muss eine Funktion haben, mit der die Menge an ICMPv6-Nachrichten, die er verschickt, begrenzt werden kann. Damit besteht ein gewisser Schutz vor Denial-of-Service Attacken.

4.5 Der ICMPv6 Header im Trace File

Nachdem Sie sich durch die Theorie gekämpft haben, verdienen Sie etwas Abwechslung. Der Screenshot in Abbildung 4.8 zeigt, wie ein Ping im Trace File aussieht.

```
No. | Source Address                      | Dest Address                        | Summary
7   | 2001:8e0:abcd:e2:b05b:3a7f:5ec7:bb4c | 2001:8a8:20::23                     | ICMPv6: Echo Request Message Code=0
8   | 2001:8a8:20::23                     | 2001:8e0:abcd:e2:b05b:3a7f:5ec7:bb4c | ICMPv6: Echo Reply Message Code=0

DLC: Ethertype=86DD, size=94 bytes
IPv6: ----- IPv6 Header -----
  IPv6:
  IPv6: Version             = 6
  IPv6: Priority            = 0 (Uncharacterized Traffic)
  IPv6: Flow Label          = 0x000000
  IPv6: Payload Length      = 40
  IPv6: Next Header         = 58 (ICMPv6)
  IPv6: Hop Limit           = 64
  IPv6: Source address      = 2001:8e0:abcd:e2:b05b:3a7f:5ec7:bb4c
  IPv6: Destination address = 2001:8a8:20::23
  IPv6:
ICMPv6: ----- ICMPv6 Header -----
  ICMPv6:
  ICMPv6: Type                 = 128 (Echo Request Message)
  ICMPv6: Code                 = 0
  ICMPv6: Checksum             = 0xD18B
  ICMPv6: Identifier           = 0
  ICMPv6: Sequence Number      = 2
  ICMPv6: [32 Bytes of data]
  ICMPv6:

00000000: 00 10 7b 0b 75 a0 00 02 b3 1e 83 29 86 dd 60 00
00000010: 00 00 00 28 3a 40 20 01 08 e0 ab cd 00 e2 b0 5b
00000020: 3a 7f 5e c7 bb 4c 20 01 08 a8 00 20 00 00 00 00
00000030: 00 00 00 00 00 23 80 00 d1 8b 00 00 00 02 61 62   ab
00000040: 63 64 65 66 67 68 69 6a 6b 6c 6d 6e 6f 70 71 72   cdefghijklmnopqr
00000050: 73 74 75 76 77 61 62 63 64 65 66 67 68 69         stuvwabcdefghi
```

Abbildung 4.8 – Echo Request im Trace File

Die zwei Pakete in diesem Trace File wurden aufgezeichnet, während ich von meinem Windows PC einen Ping auf einen Server im Internet gemacht habe. Die Absenderadresse des zweiten Paketes (Echo Reply) entspricht der Empfängeradresse des ersten Paketes (Echo Request). Der IPv6 Header zeigt weitere Informationen. Das Version-Feld (Version = 6) identifiziert dieses Paket als IPv6-Paket. Das Next Header Feld hat den Wert 58, welches der Wert für ICMPv6 ist. Das Hop Limit ist auf 64 gesetzt.

Betrachten Sie die ersten drei Felder des ICMPv6 Headers. Diese Felder finden Sie in jedem ICMPv6 Header: Type, Code und Checksumme. Das Type-Feld enthält den Wert 128, der für eine Echo Request Nachricht steht.

Die Identifier- und Sequence-Nummernfelder sind nur bei Echo Request und Echo Reply Nachrichten anzutreffen. Das Identifier-Feld wird in diesem Fall nicht benutzt und ist auf 0 gesetzt. Die Sequence-Nummer steht auf 2. Diese Werte müssen im Echo Reply identisch sein, wie sie im folgenden Screenshot sehen. Das Datenfeld enthält zufällige Daten, die keine weitere Bedeutung haben.

Wie bereits erwähnt, kann man über die Daten im Datenfeld einer ICMP Echo Nachricht manchmal den Hersteller des Stacks, resp. des benützten Ping Tools identifizieren. Die Datensequenz, die Sie in diesem Echo Request sehen, ist Microsoft zuzuordnen (markierter Teil im untersten Fenster). Microsoft benutzt das Alphabet bis zum Buchstaben W.

Abbildung 4.9 zeigt den Echo Reply.

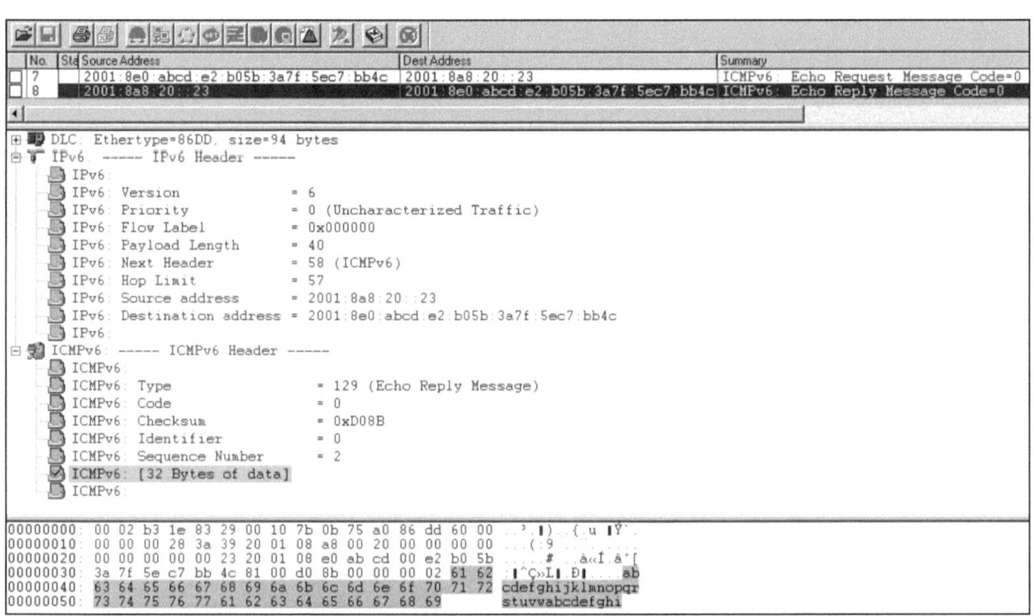

Abbildung 4.9 – Echo Reply im Trace File

Wiederum zeigt der IPv6 Header Version 6 für IPv6 und einen Next Header Wert von 58 für ICMPv6. Das Hop Limit steht auf 57. Die Empfängeradresse des vorangegangen Paketes ist nun die Absenderadresse. Das Type-Feld im ICMPv6 Header hat den Wert 129, welcher für die ICMPv6 Echo Reply Nachricht steht. Der Identifier, die Sequence-Nummer und das Datenfeld wurden vom Echo Request übernommen.

Im nächsten Kapitel besprechen wir ICMPv6-basierende Funktionen. Dazu gehören Neighbor Discovery, Autokonfiguration, Path MTU Discovery und Multicast Listener Discovery.

4.6 Referenzen

Dies ist eine Zusammenstellung der wichtigen, im Kapitel erwähnten RFCs und Drafts. Zusätzlich erwähnen wir einzelne RFCs und Drafts, die im Zusammenhang mit dem Thema stehen, falls Sie sich vertiefter damit befassen möchten. Informationen über den Standardisierungs-Prozess, RFCs und Drafts finden Sie im Appendix. Auf folgendem Link findet man eine gute, vollständige Übersicht über den aktuellen Status aller RFCs: *http://tools.ietf.org/rfc/index*.

RFCs

- RFC 1191 «Path MTU Discovery», 1991
- RFC 1981 «Path MTU Discovery for IP version 6», 1996
- RFC 2710 «Multicast Listener Discovery (MLD) for IPv6», 1999
- RFC 2894 «Router Renumbering for IPv6», 2000
- RFC 3122 «Extensions to IPv6 Neighbor Discovery for Inverse Discovery Specification», 2001
- RFC 3590 «Source Address Selection for the Multicast Listener Discovery (MLD) Protocol», 2003
- RFC 3810 «Multicast Listener Discovery Version 2 (MLDv2) for IPv6», 2004
- RFC 3971 «SEcure Neighbor Discovery (SEND)», 2005
- RFC 4286 «Multicast Router Discovery», 2005
- RFC 4311 «IPv6 Host-to-Router Load Sharing». 2005
- RFC 4443 «Internet Control Message Protocol (ICMPv6)», 2006
- RFC 4620 «IPv6 Node Information Queries», 2006
- RFC 4861 «Neighbor Discovery for IP Version 6», 2007

- RFC 4862 «IPv6 Stateless Address Autoconfiguration», 2007
- RFC 4884 «Extended ICMP to Support Multi-Part Messages», 2007
- RFC 4890 «Recommendations for Filtering ICMPv6 Messages in Firewalls», 2007
- RFC 6275 «Mobility Support in IPv6», 2004
- RFC 6791 «Stateless Source Address Mapping for ICMPv6 Packets», 2012
- RFC 7690 «Close Encounters of the ICMP Type 2 Kind (Near Misses with ICMPv6 Packet Too Big (PTB)», 2016

Kapitel 5

ICMPv6-basierende Funktionen

Nachdem wir die ICMPv6-Nachrichten besprochen haben, welche wir von IPv4 her bereits kennen, betrachten wir in diesem Kapitel die neuen Funktionen und Prozesse, die auf neu definierten ICMPv6-Nachrichten basieren.

5.1 Neighbor Discovery

Neighbor Discovery (ND) ist in RFC 4861 definiert. Die Spezifikation bezieht sich auf verschiedene Protokolle und Prozesse, die wir von IPv4 kennen. Sie wurden modifiziert und verbessert, um den gestiegenen Anforderungen heutiger und zukünftiger Netzwerke gewachsen zu sein.

Neue Funktionen

Neue Funktionen sind dazugekommen. Neighbor Discovery kombiniert ARP (Address Resolution Protocol) sowie ICMP Router Discovery und Redirect. Mit IPv4 gibt es keine Möglichkeit herauszufinden, ob ein Nachbar erreichbar ist oder nicht. Mit dem Neighbor Discovery Protokoll wurde ein Neighbor Unreachability Detection Mechanismus definiert. Duplicate Address Detection wurde ebenfalls integriert. Sie verhindert, dass zwei Knoten dieselbe IP-Adresse benutzen.

IPv6-Knoten benutzen Neighbor Discovery für folgende Zwecke:

Einsatzbereiche

- Zur Autokonfiguration von IPv6-Adressen
- Zur Ermittlung von Netzwerkpräfixen, Routes und anderen Konfigurationsinformationen
- Zur Ermittlung doppelter IP-Adressen (Duplicate Address Detection)
- Zur Ermittlung von MAC-Adressen von Knoten am selben Link
- Zur Auffindung von Routern am selben Link
- Zur Überwachung der erreichbaren und nicht erreichbaren Nachbarn
- Zur Feststellung von Link Layer Adressänderungen

Gegenüber den IPv4-Protokollen und -Prozessen sind folgende Verbesserungen zu erwähnen:

Verbesserungen gegenüber IPv4-Protokollen

- Router Discovery ist jetzt Bestandteil des Basis-Protokollsets. Bei IPv4 muss der Mechanismus Informationen aus der Routingtabelle lesen.

- Router Advertisement Pakete enthalten die Link Layer Adresse des Routers. So muss ein Knoten, der ein Router Advertisement erhält, keinen zusätzlichen Request absetzen, um die Link Layer Adresse des Router-Interfaces zu erhalten. Ein IPv4-Knoten muss die Link Layer Adresse des Router Interfaces durch einen zusätzlichen ARP Request ermitteln. Dasselbe gilt für ICMPv6 Redirect Nachrichten. Diese enthalten ebenfalls die Link Layer Adresse des neuen Next-Hop Router-Interfaces.

- Router Advertisement Pakete enthalten das Präfix bzw. die Präfixe für den Link. Es müssen keine Subnetzmasken konfiguriert werden, da die gesamte Information im Router Advertisement enthalten ist.

Einfachere Neunummerierung von Netzwerken

- Mit ND können Netzwerke einfacher neu adressiert werden. Neue Präfixe und Adressen können parallel eingeführt und die alten schrittweise ausgeschaltet und entfernt werden.

Autokonfiguration

- Router Advertisements ermöglichen Stateless Adress Autokonfiguration (ohne DHCP). Router Advertisements informieren Hosts, ob sie Stateful Adresskonfiguration (DHCP) benutzen sollen.

- Router können eine MTU (Maximum Transmission Unit) bekannt geben, die für den Link benutzt werden soll.

- Einem Link können mehrere Präfixe zugewiesen werden. Per Default lernt ein Host alle Präfixe über Router Advertisements. Der Router kann jedoch so konfiguriert werden, dass er kein Präfix oder nur eine Auswahl von Präfixen bekannt gibt. In diesem Fall nehmen die Hosts an, dass ein Ziel mit einem nicht bekanntgegebenen Präfix nicht am selben Link ist, und senden das Paket zum Router. Gibt es eine bessere Route, wird dies über eine ICMPv6 Redirect Nachricht mitgeteilt.

- Neighbor Unreachability Detection ist Teil des Basisprotokolls. Sie entdeckt, wenn Interfaces ihre Link Layer Adresse ändern, oder wenn Router ausfallen, und wechselt auf alternative Router – sofern verfügbar. Sie löst auch das Problem mit nicht-aktuellen ARP Caches. ND erkennt, wenn eine Kommunikation fehlschlägt und verhindert, dass Pakete zu einem nicht erreichbaren Nachbarn gesandt werden.

- Router Advertisements und ICMPv6 Redirects benutzen Link-Local Adressen um Router zu identifizieren. Dadurch kann ein Host seine Router-Verbindungen aufrecht erhalten, auch wenn eine Umnummerierung gemacht wird oder neue globale Präfixe eingeführt werden.

- ND-Nachrichten haben ein Hop Limit von 255. Requests mit einem tieferen Wert werden nicht beantwortet. Diese Regel macht ND immun gegen Remote Hosts, die versuchen ins Netzwerk einzudringen. Ihre Pakete haben ein vermindertes Hop Limit und werden daher ignoriert.

- ND verwendet Standard IP Authentication- und Security-Mechanismen. Security

In den nächsten Abschnitten besprechen wir die einzelnen Nachrichten und Prozesse detaillierter.

Das ND Protokoll besteht aus den folgenden fünf ICMPv6-Nachrichten:

- Router Solicitation (ICMPv6 Message Type 133)
- Router Advertisement (ICMPv6 Message Type 134)
- Neighbor Solicitation (ICMPv6 Message Type 135)
- Neighbor Advertisement (ICMPv6 Message Type 136)
- Redirect Message (ICMPv6 Message Type 137)

5.1.1 Router Solicitation und Router Advertisement

Router senden in regelmässigen Intervallen Router Advertisement Nachrichten. Hosts können ein Router Advertisement anfordern, indem sie eine Router Solicitation Nachricht senden. Dadurch werden die Router angewiesen, sofort eine Router Advertisement Nachricht zu verschicken, ohne auf das nächste Intervall zu warten.

Nachrichtenformat

Abbildung 5.1 zeigt das Format der Router Solicitation Nachricht.

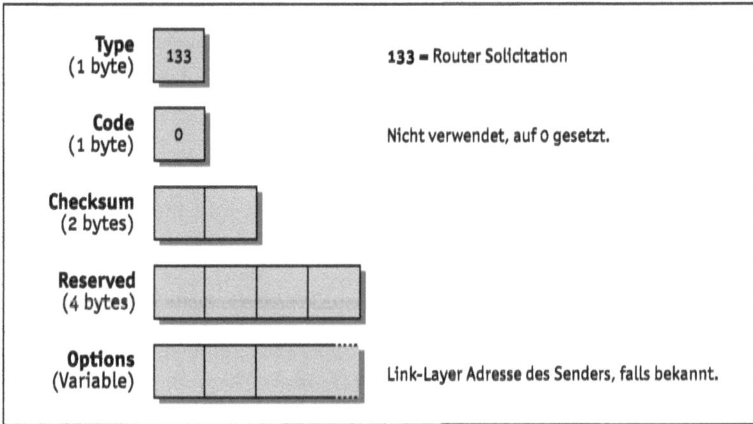

Abbildung 5.1 – Format der Router Solicitation Nachricht

Felder im IPv6 Header

Im Empfängeradressfeld des IPv6 Headers der Router Solicitation Nachricht werden Sie üblicherweise die All-Routers Multicast-Adresse `ff02::2` sehen. Wenn die Router Solicitation Nachricht im Rahmen der Autokonfiguration benutzt wird, so steht im Absenderadressfeld die Unspecified Adresse (::), da der Knoten noch keine gültige IPv6-Adresse hat. Das Hop Limit ist auf 255 gesetzt.

Felder im ICMPv6 Header

Das ICMPv6 Type-Feld hat den Wert 133 für die Router Solicitation Nachricht. Das Code-Feld wird nicht benutzt und ist auf 0 gesetzt. Die nächsten zwei Bytes werden für die Checksumme verwendet. Die nächsten vier Bytes sind nicht benutzt, werden vom Sender auf 0 gesetzt und vom Empfänger ignoriert.

Anschliessend folgen die Felder für Optionen, deren Länge je nach Option variabel ist. Eine Router Solicitation Nachricht sollte im Optionsfeld die Link Layer Adresse des Absenders enthalten, sofern diese bekannt ist. Diese Option wird jedoch nicht gesetzt, wenn der Absender die Nachricht von der Unspecified Adresse schickt (bei Autokonfiguration). Zukünftige Versionen von ND werden voraussichtlich zusätzliche Optionen definieren. Kann ein Empfänger eine Option nicht erkennen, sollte er sie ignorieren, und das Paket weiterverarbeiten. Optionen

Abbildung 5.2 zeigt das Format der Router Advertisement Nachricht. Nachrichtenformat

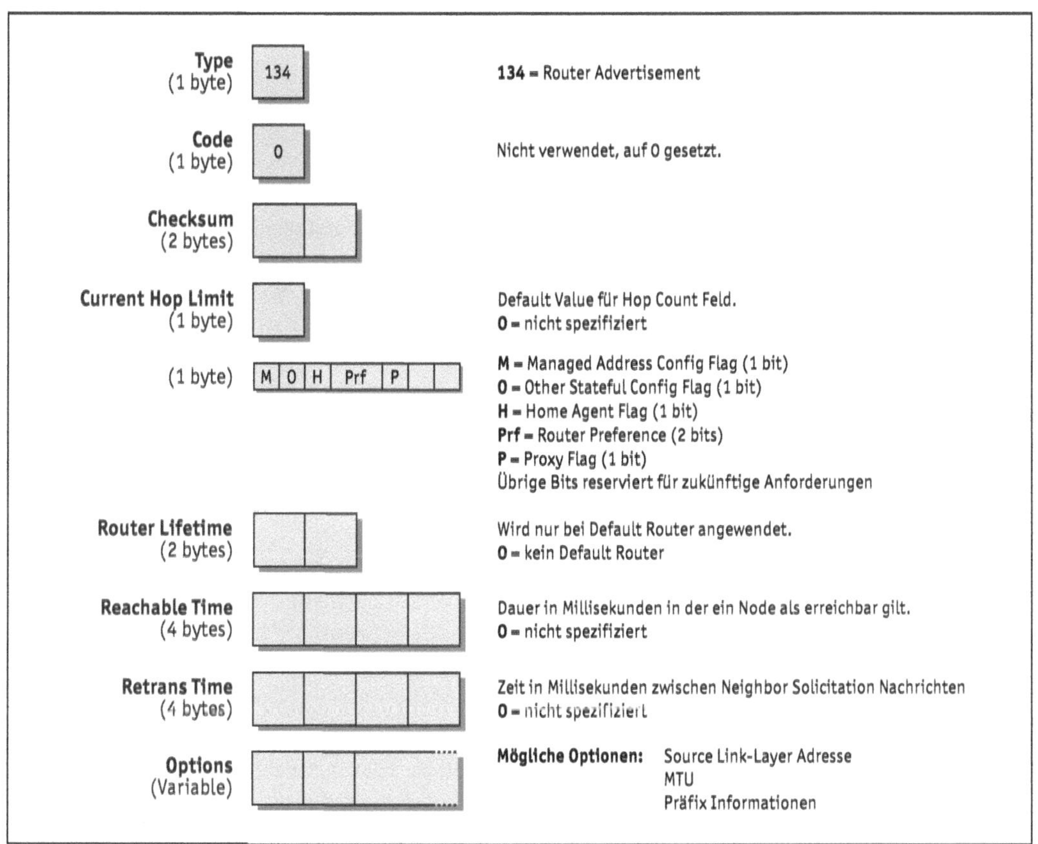

Abbildung 5.2 - Format der Router Advertisement Nachricht

Felder im IPv6 Header

Steht im Empfängeradressfeld des Router Advertisements die All-Nodes Multicast-Adresse `ff02::1`, so handelt es sich entweder um eine periodisch verschicktes Advertisement, oder um die Antwort auf eine Router Solicitation im Rahmen einer Autokonfiguration (wenn der autokonfigurierende Knoten noch keine IP-Adresse hat). In allen anderen Fällen werden die Router Advertisements direkt an die Unicast-Adresse geschickt, von der die Solicitation kam. Das Hop Limit ist auf 255 gesetzt.

Felder im ICMPv6 Header

Das ICMPv6 Type-Feld hat den Wert 134. Das Code-Feld ist nicht benutzt und auf 0 gesetzt. Das Current Hop Limit Feld kann benutzt werden, um allen Knoten am Link ein Default Hop Limit zu setzen, welches sie für alle ausgehenden Pakete verwenden. Ein Wert 0 in diesem Feld bedeutet, dass die Option vom Router nicht spezifiziert ist. In diesem Fall wird das übliche Default Hop Limit der Hosts verwendet (Wert hängt vom Betriebssystem ab).

M- und O-Flags

Das nächste Byte wird für Flags verwendet. Zur Zeit sind nur die ersten fünf Bits definiert. Das erste 1-Bit Feld wird M-Flag (Managed Address Configuration) genannt und gibt an ob DHCP benutzt werden soll (in früheren Spezifikationen Stateful Autoconfiguration genannt). Wenn dieses Bit 0 ist, wird Stateless Autokonfiguration verwendet. Wenn das Bit auf 1 gesetzt ist, wird DHCP benutzt. Das zweite Bit wird O-Flag (Other Stateful Configuration) genannt und gibt an, ob Knoten am Link DHCP für nicht-adressbezogene Informationen verwenden sollen. Ein Wert von 0 bedeutet: keine weitere Konfiguration durch DHCP. Ein Wert von 1 bedeutet: zusätzliche Konfiguration durch DHCP.

Note
Die Spezifikation der verschiedenen DHCPv6-bezogenen Flags im RA ist ungenau. Das führt dazu, dass verschiedene Betriebssysteme unterschiedliche auf diese Flags reagieren. Die gewünschte Kombination muss darum mit dem gewählten Betriebssystem sorgfältig gestestet werden.

H-Flag

In der Mobile IPv6 Spezifikation wird das dritte Bit, das sogenannte H-Flag (Home Address Flag) definiert. Setzt ein Router dieses Flag, so bedeutet dies, dass er an diesem Link auch die Funktion eines Home Agents (siehe Kapitel 9) hat.

Das vierte Bit wird in RFC 4191, «Default Router Preferences and More-Specific Routes» definiert. Dies ist in Situationen nützlich, wo ein Knoten Advertisements von mehreren Routern erhält. Mit diesem Flag können Präferenzen für Default Router konfiguriert werden, sowie eine Route Information Option für die Ankündigung spezifischerer Routes.

Router Preference Flag

Das fünfte Bit ist das Neighbor Discovery Proxy Flag und wird in RFC 4389 definiert. Die letzten zwei Bit Bits sind zur Zeit reserviert und müssen auf 0 gesetzt sein.

ND Proxy Flag

RFC 5175, «IPv6 Router Advertisement Flags Option», gibt eine Überblick über die bestehenden Flags und definiert eine Option, um das Flags-Feld in Router Advertisements zu erweitern.

Das Router Lifetime Feld ist nur dann wichtig, wenn der Router als Default Router für die Knoten am Link fungiert. Ein Wert von 0 gibt an, dass der Router kein Default Router ist. In diesem Fall sollte er nicht in der Default Router Liste der Knoten erscheinen. Ist ein non-zero Wert in diesem Feld eingetragen, so bedeutet dies, dass es sich um das Default Gateway handelt. Der Wert gibt die Gültigkeitsdauer (Lifetime) in Sekunden an, für welche dieser Router als Default Router eingetragen werden soll. Die maximal mögliche Lifetime liegt bei 2.5 Stunden (9000 Sekunden).

Router Lifetime und Default Gateway

Note
In IPv4 gibt es eine DHCP Option für das Default Gateway. Diese gibt es in DHCPv6 nicht mehr. Die einzige Art wie ein Knoten für sein Default Gateway konfiguriert werden kann ist über das Router Advertisement.

Keine Default Gateway Option in DHCPv6

Das Reachable Time Feld gibt an, für wie lange ein Host annehmen soll, dass ein Nachbar erreichbar ist, nachdem er von ihm eine Erreichbarkeitsbestätigung erhalten hat. Ein Wert 0 zeigt an, dass dieser Router keine entsprechende Konfiguration hat. Dieses Feld wird vom Neighbor Unreachability Detection Mechanismus verwendet. Das Retrans Timer Feld wird von der Adress-Resolution und der Neighbor Unreachability Detection benutzt. Es gibt an, wieviele Millisekunden zwischen Neighbor Solicitation Nachrichten verstreichen müssen. Ein Wert 0 zeigt an, dass dieser Router keine entsprechende Konfiguration hat.

Reachable Time

Retransmission Timer

Für das Optionsfeld gibt es im Moment drei mögliche Werte:

Optionen

1. Die Link Layer Adresse des Interfaces, von welchem das Advertisement gesandt wurde. Diese Option kann ausgelassen werden, wenn Load-Balancing über verschiedene Interfaces des Routers konfiguriert ist.

2. Die MTU-Grösse für den Link. Diese Option sollte vor allem auf Links mit variabler MTU oder um Fragmentierung bei Tunneling in IPv4 zu verhindern gesetzt sein.

3. Präfixinformationen. Dieses Feld wird für Autokonfiguration benutzt und kann ein oder mehrere Präfixe enthalten.

Erweiterbar

Auch hier werden in Zukunft voraussichtlich weitere Optionen definiert werden. RFC 6106 zum Beispiel definiert eine RA-Option für DNS Server Konfiguration. Etwas später im Kapitel werden wir uns die Router Advertisement Nachricht in einem Trace File anschauen.

Spoofing von RAs

Note
Das Spoofing von Router Advertisements ist eine bekannte Attacke, vor der man sich schützen muss. First Hop Security und Router Advertisement Guard (RA Guard) werden in Kapitel 8 besprochen.

5.1.2 Neighbor Solicitation und Neighbor Advertisement

Funktionen

Diese zwei Nachrichten werden für zwei Funktionen eingesetzt: für die Link Layer Adressauflösung, die bei IPv4 mit ARP gemacht wird, und für den Neighbor Unreachability Detection Mechanismus. Ist die Empfängeradresse eine Multicast-Adresse, so versucht der Absender, eine Link Layer Adresse aufzulösen. Versucht der Absender die Erreichbarkeit eines Nachbarn zu überprüfen (Unreachability Detection), ist die Empfängeradresse eine Unicast-Adresse. Dieser Nachrichtentyp wird auch für Duplicate Address Detection (DAD) verwendet.

Das Format der Neighbor Solicitation Nachricht wird in Abbildung 5.3 gezeigt.

Nachrichtenformat

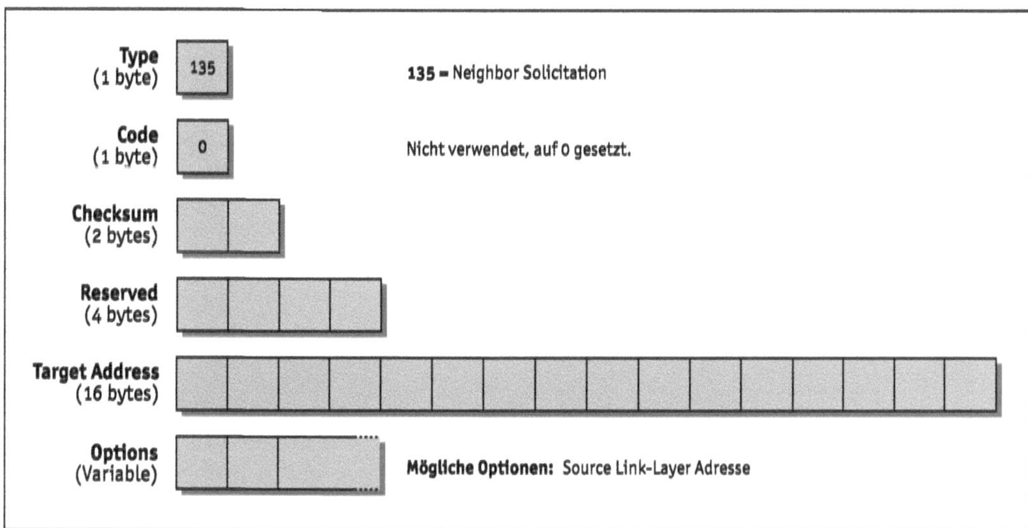

Abbildung 5.3 – Format der Neighbor Solicitation Nachricht

Im IPv6 Header dieser Nachricht, kann die Absenderadresse entweder die Interface-Adresse des Absenders sein, oder – im Fall von DAD – die Unspecified-Adresse (All-Zero Address, ::). Im Empfängeradressfeld steht entweder eine Solicited Node Multicast-Adresse, oder die Empfängeradresse. Das Hop Limit ist auf 255 gesetzt.

Felder im IPv6 Header

Das Type-Feld im ICMPv6 Header ist auf 135 gesetzt. Das Code-Feld ist nicht benutzt und auf 0 gesetzt. Auf die zwei Checksummen-Bytes folgen vier reservierte und auf 0 gesetzte Bytes. Das Target Address Feld wird nur in Unreachability Detection und DAD-Nachrichten verwendet und darf keine Multicast-Adresse sein.

Felder im ICMPv6 Header

Das Optionsfeld kann die Link Layer Absenderadresse enthalten. Diese wird jedoch nicht gesetzt, wenn der Sender die Nachricht von der Unspecified-Adresse schickt (Autokonfiguration, DAD). Die Link Layer Option muss in Multicast Solicitation Nachrichten gesetzt sein. In Unicast Solicitations kann sie gesetzt sein, es ist jedoch nicht zwingend vorgeschrieben.

Optionen

Neighbor Advertisement Nachrichten werden entweder als Antwort auf Neighbor Solicitations, oder um neue Informationen zu verbreiten, versandt.

Nachrichtenformat

Das Format der Neighbor Advertisement Nachricht wird in Abbildung 5.4 gezeigt.

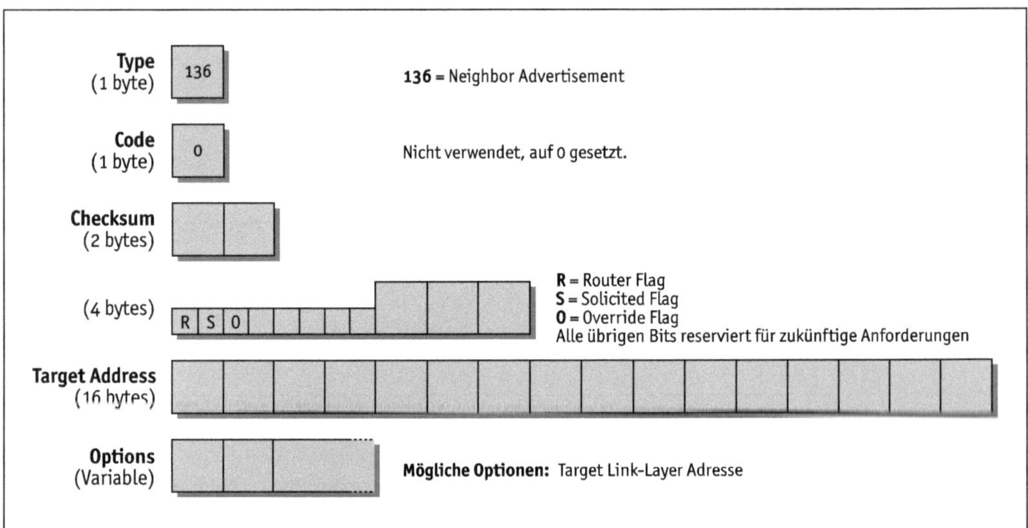

Abbildung 5.4 – Format der Neighbor Advertisement Nachricht

Felder im IPv6 Header

Aufgrund des Adresstyps im IPv6 Header kann man bestimmen, ob es sich um eine Antwort auf eine Neighbor Solicitation, oder um ein unaufgefordertes Advertisement handelt. Ist es die Antwort auf eine Solicitation, so ist die Empfängeradresse die Adresse des Absenders der Solicitation. Ist das Advertisement eine Antwort auf eine DAD-Nachricht von einer Unspecified Absenderadresse, oder ist es einfach ein unaufgefordertes Advertisement, so wird die Nachricht an die All-Nodes Multicast-Adresse `ff02::1` gesandt.

Felder im ICMPv6 Header

Das Type-Feld im ICMPv6 Header ist auf 136 für Neighbor Advertisements gesetzt. Das Code-Feld wird nicht verwendet und ist auf 0 gesetzt. Darauf folgen die zwei Checksummen-Bytes und 4 Bytes für Flags. Zur Zeit sind nur die ersten drei Bits definiert, alle übrigen Bits sind reserviert und müssen auf 0 gesetzt sein.

Flags

Das erste Bit ist das Router Flag (R-Flag). Es wird gesetzt, wenn der Absender ein Router ist. Das zweite Bit ist das Solicited Flag (S-Flag). Ein gesetztes S-Flag zeigt an, dass es sich um eine Erreichbarkeitsbestätigung im Zusammenhang mit einer Unreachability Detection Anfrage handelt. Das S-Flag darf in Multicast Advertisements oder unaufgeforderten Unicast Advertisements nie gesetzt sein. Das Override Flag (O-Flag) weist den Empfänger an, bestehende Einträge im Neighbor Cache mit den Informationen im Advertisement zu überschreiben und die Link Layer Adresse im Cache zu aktualisieren. Wenn das O-Flag nicht gesetzt ist, werden im Cache bestehende Link Layer Adressen nicht aktualisiert. Wenn jedoch keine Link Layer Adresse für einen Neighbor Cache Eintrag existiert, so wird diese aktualisiert. Das O-Flag sollte für angeforderte Advertisements an Anycast-Adressen nicht gesetzt sein. In allen übrigen Advertisements sollte das O-Flag gesetzt sein. Die Cache-Einträge werden später im Kapitel genauer besprochen.

Target Address Feld

Das Target Address Feld enthält in angeforderten Advertisements die Target Adresse aus der Solicitation. In einem unangeforderten Advertisement wird hier die IPv6-Adresse des Interfaces, dessen Link Layer Adresse geändert hat, eingesetzt. Die Target-Adresse darf keine Multicast-Adresse sein.

Option Target Link Layer Adresse

Eine mögliche Option im Neighbor Advertisement ist die Target Link Layer Adresse, d.h. die Link Layer Adresse des Absenders des Advertisements. Ist das Advertisement eine Antwort auf eine Multicast Solicitation, muss diese Option gesetzt sein. In einer Antwort auf eine Unicast Solicitation sollte diese Option ebenfalls gesetzt sein.

Um welche Neighbor Discovery Funktion es sich handelt erkennt man im Trace File am einfachsten aufgrund der Kombination von Source und Destination Adresse. Tabelle 5.1 zeigt dies in der Übersicht.

Tabelle 5.1 - Bestimmung ND Nachrichten

Source Adresse	Destination Adresse	Nachrichtentyp
All-zero (::)	All Routers Multicast	SLAAC
All zero (::)	Solicited Node Multicast	DAD
Unicast	Solicited Node Multicast	Auflösung MAC-Adresse
Unicast	Unicast	NUD

5.1.3 Die ICMP Redirect Nachricht

Funktion

Router versenden eine ICMP Redirect Nachricht, um Hosts über einen geeigneteren First-Hop Router auf dem Weg zu einem Empfänger zu informieren. Eine Redirect-Nachricht kann einen Knoten auch darauf aufmerksam machen, dass sich sein Empfänger am selben Link befindet und nicht in einem entfernten Netzwerk.

Nachrichtenformat

Das Format der ICMP Redirect Nachricht wird in Abbildung 5.5 gezeigt.

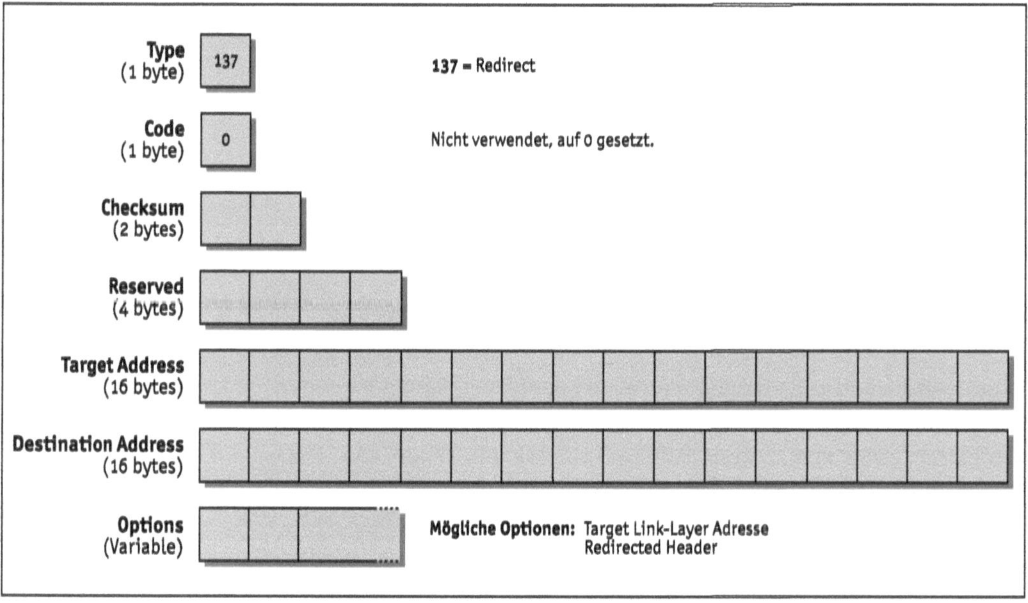

Abbildung 5.5 – Format der ICMP Redirect Nachricht

Felder im IPv6 Header

Die Absenderadresse im IPv6 Header muss die Link-Local Adresse des Interfaces sein, von dem aus die Nachricht versandt wurde. Die Empfängeradresse ist die Absenderadresse aus dem Paket, welches die ICMP Redirect Nachricht ausgelöst hat. Das Hop Limit ist wie bei allen ND-Nachrichten auf 255 gesetzt.

Felder im ICMPv6 Header

Das Type-Feld im ICMPv6 Header enthält den Wert 137, der für die Redirect-Nachricht steht. Das Code-Feld ist nicht benutzt und ist auf 0 gesetzt. Darauf folgen zwei Bytes für die Checksumme und vier Bytes, die reserviert und auf 0 gesetzt sind.

Target Address Feld

Das Target Address Feld enthält die Link-Local IPv6-Adresse des Interfaces, welches der geeignetere First-Hop Router zum gegebenen Empfänger ist. Im Empfängeraddressfeld steht die ursprüngliche IPv6-Empfängeradresse. Wenn die Target-Adresse und die Empfängeradresse identisch sind, bedeutet dies, dass der Empfänger ein Nachbar ist, der sich am selben Link befindet.

Es gibt zwei mögliche Optionen für die Redirect Nachricht:

Optionen

1. Die Link Layer Adresse des Targets (dem besten First-Hop Router). Sie muss angefügt werden, sofern sie bekannt ist.

2. Der verbleibende Platz wird mit dem Originalpaket (Redirected Header) aufgefüllt. Dabei darf die Redirect-Nachricht nicht grösser sein als die minimale IPv6 MTU (1280 Bytes).

5.1.4 Neighbor Discovery Optionen

Format Optionen

Wie bereits erwähnt können alle ND-Nachrichten ein Optionsfeld mit variabler Grösse enthalten. Diese Optionen folgen dem sogenannten TLV-Format (Type, Length, Value), welches in Abbildung 5.6 gezeigt wird.

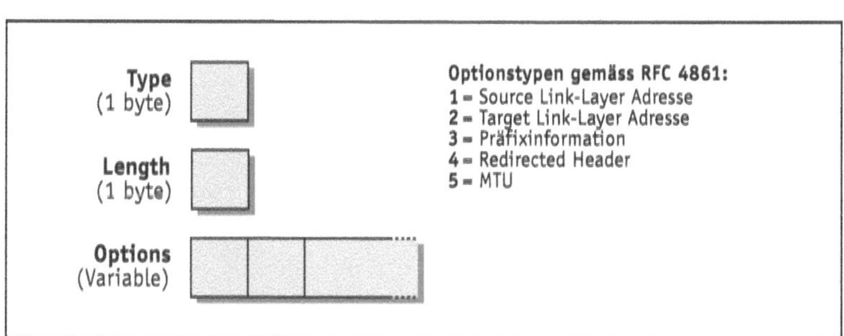

Abbildung 5.6 - Format des Optionsfeldes

Das Type-Feld zeigt den Optionstyp an, definiert in RFC 4861:

ND-Optionen

- Typ 1: Link Layer Adresse des Absenders
- Typ 2: Link Layer Adresse des Empfängers
- Typ 3: Präfixinformation
- Typ 4: Redirected Header
- Typ 5: MTU

Length-Feld

Das Length-Feld gibt die Grösse der Option in Einheiten von 8 Bytes an. Wert 0 ist nicht zulässig; Pakete mit Wert 0 werden verworfen. Die Berechnung der Länge schliesst das Type- und Length-Feld mit ein.

Tabelle 5.2 zeigt die Optionen für ND-Nachrichten gemäss RFC 4861. Die Optionstypen 7 und 8 fügen wir hier der Vollständigkeit halber an. Sie sind in der Mobile IPv6 Spezifikation definiert (Kapitel 8). Die Optionen für Inverse Neighbor Discovery (IND) werden nachfolgend erklärt. Typ 3 für Präfixinformation beschreiben wir nach der Tabelle detaillierter.

Tabelle 5.2 - Übersicht über ND/IND-Optionen

Optionstyp	RFC	Verwendet in
Type 1 – Source Link Layer Address	RFC 4861	Neighbor Solicitation, Router Solicitation, Router Advertisement, IND Solicitation/Advertisement
Type 2 – Target Link Layer Address	RFC 4861	Neighbor Advertisement, Redirect-Nachricht, IND Solicitation/Advertisement
Type 3 – Präfix	RFC 4861	Router Advertisement
Type 4 – Redirected Header	RFC 4861	Redirect-Nachricht
Type 5 – MTU	RFC 4861	Router Advertisement, IND Solicitation/Advertisement
Type 7 – Advertisement Interval	RFC 6275	Router Advertisement (Mobile IPv6)
Type 8 – Home Agent Information	RFC 6275	Router Advertisement (Mobile IPv6)
Type 9 – Source Address List	RFC 3122	IND Solicitation
Type 10 – Target Address List	RFC 3122	IND Advertisement

Die vollständige und nachgeführte Liste von Optionen finden Sie auf *www.iana.org/assignments/icmpv6-parameters*.

Abbildung 5.7 zeigt den Optionstyp 3 im Detail:

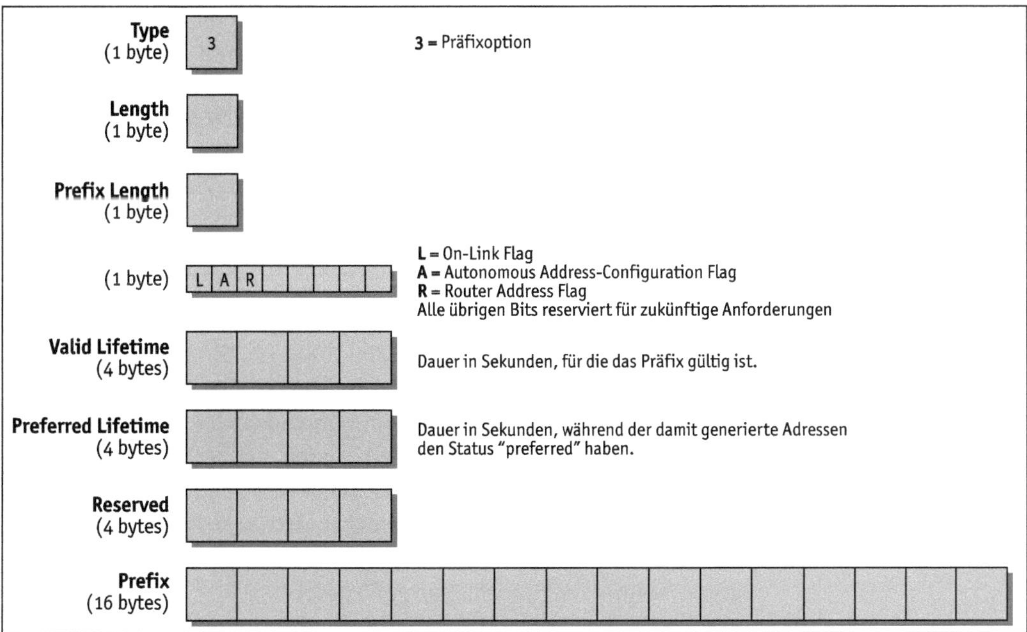

Abbildung 5.7 - Die Präfixoption in ND-Nachrichten

Das Type-Feld zeigt den Wert 3 für die Präfixoption. Das Length-Feld und das Präfix Length Feld sind beide 1 Byte gross. Das Präfix Length Feld zeigt die Zahl der führenden (leading) Bits, die für das Präfix gelten. Der Wert kann eine Zahl zwischen 0 und 128 sein.

Flags

Darauf folgt das L-Flag (On-Link Flag). Wenn es gesetzt ist, so bedeutet dies, dass es sich um ein On-Link Präfix handelt. Ist es nicht gesetzt, so bedeutet das, dass keine Aussage darüber gemacht wird, ob es ein On- oder Off-Link Präfix ist. Der Knoten unterhält eine Liste und merkt sich, welche Präfixe lokal (on-link), und welche remote (off-link) sind. Ein gesetztes A-Flag (Autonomous Address Configuration Flag) zeigt an, dass das Präfix für Autokonfiguration verwendet werden kann. Die Mobile IPv6 Spezifikation definiert das dritte Flag, das R-Flag (Router Address Flag). Ist das R-Flag gesetzt, so bedeutet dies, dass das Präfixfeld eine vollständige IPv6-Adresse des Routers enthält. Die restlichen 5 Bits dieses Bytes sind vorläufig reserviert und müssen auf 0 gesetzt sein.

IPv6 Subnet Model

Note
Eine wichtige Lektüre im Zusammenhang mit der Definition von On-Link in IPv6 ist RFC 5942, «IPv6 Subnet Model: The Relationship between Links and Subnet Prefixes». Die Tatsache, dass eine IPv6-Adresse nicht automatisch mit einem On-Link Präfix assoziiert ist und das anfänglich fehlende Verstehen dieser Tatsache hat zu Inkonsistenzen in verschiedenen Implementationen und zu Kommunikationsproblemen geführt. Dieses RFC erklärt die Zusammenhänge und updated die On-Link Definition in RFC 4861.

Lifetime Felder

Darauf folgen 4 Bytes für Valid Lifetime. Dieses Feld bezeichnet die Dauer in Sekunden, während der das Präfix gültig ist. Sind alle Bits gesetzt (`0xFFFF FFFF`), so bedeutet das ‹unendlich›. Das Preferred Lifetime Feld zeigt die Dauer (in Sekunden) an, während der die Adressen, die aufgrund dieses Präfixes autokonfiguriert wurden, den Status ‹preferred› verwenden können. Die verschiedenen Zustände, die eine IPv6-Adresse haben kann, werden später im Kapitel besprochen. Ist das Preferred Lifetime Feld auf `0xFFFF FFFF` gesetzt, bedeutet das ‹unendlich›. Die nächsten vier Bytes sind reserviert und müssen auf 0 gesetzt sein.

Präfix-Feld

Zuletzt folgen 16 Bytes für das Präfix. Die Länge des Präfixes wurde im Feld Prefix Length definiert. Hat das Präfix z.B. eine Länge von 64 Bits, so dürfen im Präfixfeld nur die ersten 64 Bits belegt sein. Alle nachstehenden Bits müssen auf 0 gesetzt sein.

5.1.5 Inverse Neighbor Discovery

Inverse Neighbor Discovery (IND) ist eine Erweiterung der vorgängig beschriebenen Neighbor Discovery. Sie wurde ursprünglich für Frame Relay Netzwerke entwickelt, kann aber in anderen Netzwerken mit ähnlichem Verhalten ebenfalls eingesetzt werden. IND ist in RFC 3122 definiert.

Funktion

IND besteht aus zwei neuen ICMPv6-Nachrichten, der Inverse Neighbor Discovery Solicitation Nachricht und der Inverse Neighbor Discovery Advertisement Nachricht. Mit diesen zwei Nachrichten kann ein Knoten die IPv6-Adresse(n), die mit einer bestimmten Link Layer Adresse verbunden sind, ermitteln (solicit), oder ankündigen (advertise). Diese Erweiterungen entsprechen dem bei IPv4 verwendeten RARP (Reverse Address Resolution Protocol).

Abbildung 5.8 zeigt das Format dieser beiden Nachrichten.

Nachrichtenformat

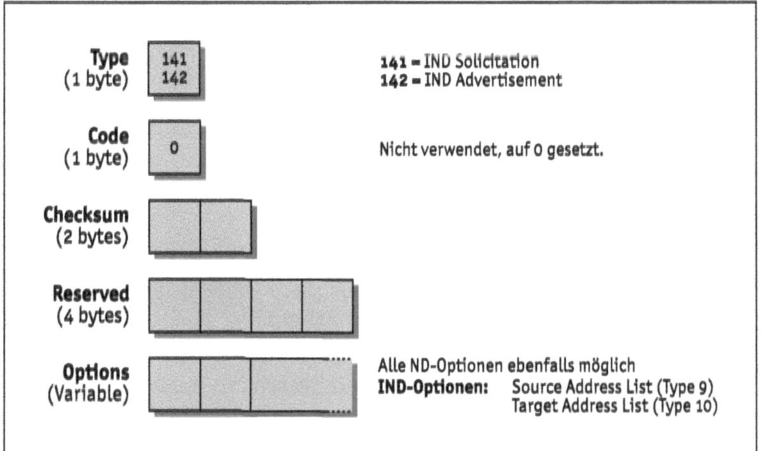

Abbildung 5.8 – Format der IND-Nachrichten

Wie Sie sehen, haben diese Nachrichten dasselbe Format wie die ND-Nachrichten. Der Typ 141 bezeichnet die IND Solicitation, der Typ 142 das IND Advertisement. Das Code-Feld ist immer auf 0 gesetzt. Nach den zwei Checksummen-Bytes folgen vier reservierte Bytes, die auf 0 gesetzt sind und vom Empfänger ignoriert werden.

Optionen

Auch das Optionsfeld hat dasselbe Format wie bei den ND-Nachrichten. Alle im Abschnitt ND beschriebenen Optionen können auch hier vorkommen. Zusätzlich wurden zwei neue Optionen für IND definiert: Optionstyp 9 bezeichnet die Source Address List und Optionstyp 10 die Target Address List.

IND Solicitation

Will nun ein Knoten die IPv6-Adresse eines benachbarten Interfaces ermitteln, dessen Link Layer Adresse er kennt, so schickt er eine IND Solicitation. Im IP Header steht als Empfängeradresse die All-Nodes Multicast-Adresse `ff02::1`. Auf Link Layer wird die Solicitation direkt an das Interface geschickt.

In der IND Solicitation müssen folgende Optionen enthalten sein:

- Link Layer Adresse des Senders (Optionstyp 1)
- Link Layer Adresse des Empfängers (Optionstyp 2)

Zusätzlich können folgende Optionen enthalten sein:

- Source Address Liste. Die Liste einer oder mehrerer IPv6-Adressen des Interfaces, welches in der Source Link Layer Address Option bezeichnet ist (Optionstyp 9).
- MTU: MTU für den Link (Optionstyp 5)

Der Empfänger schickt als Antwort ein IND Advertisement. Folgende Optionen müssen im Advertisement enthalten sein:

IND Advertisement

- Link Layer Adresse des Senders (Optionstyp 1)
- Link Layer Adresse des Empfängers (Optionstyp 2)
- Target Address Liste: Liste aller IPv6-Adressen des Interfaces, welches in der Target Link Layer Address Option bezeichnet ist (Optionstyp 10).
- Zusätzlich kann die MTU-Option (Type 5) enthalten sein.

Source- und Target-Adressliste

Die zwei neuen Optionen, Source und Target Address List, haben eine variable Länge. In der Source Address List Option können eine oder mehrere IPv6-Adressen des durch die Source Link Layer Adresse bezeichneten Interfaces stehen. Diese Liste muss in einer IND-Nachricht Platz haben. Gibt es mehr IPv6-Adressen für das Interface, als in einer IND-Nachricht Platz haben, so ist die Liste nicht vollständig. Anders ist dies bei der Target Address Liste. Diese sollte vollständig sein, sodass sämtliche IPv6-Adressen aufgeführt sind, die dem im Target Link Layer Address Feld bezeichneten Interface zugehören. Passen diese IPv6-Adressen nicht in ein IND Advertisement, so müssen mehrere Advertisements geschickt werden.

Hop Limit 255

Wie alle ND-Nachrichten, haben auch die IND-Nachrichten im IP Header das Hop Limit auf 255 gesetzt. Somit ist es einem entfernten Knoten nicht möglich, eine ND-Nachricht einzuschleusen, um sich über die Interfaces am Link zu informieren. Jede über einen Router eingeschleuste Nachricht hätte ein vermindertes Hop Limit und würde darum ignoriert.

5.1.6 Secure Neighbor Discovery

Neighbor Discovery kann für zahlreiche Attacken missbraucht werden. Darum gibt es Sicherheitsmechanismen für ND. Ein Beispiel für eine Denial of Service Attacke ist, wenn ein Gerät sich an einem Link als Default Router ausgibt und Router Advertisements verschickt, welche alle anderen Default Routes und Präfixe ungültig macht.

Sicherheits-
mechanismen

Der erste Schutz besteht darin, dass alle ND-Pakete, welche von off-link kommen ein reduziertes Hop Limit von maximal 254 haben. Da gemäss Spezifikation alle ND-Nachrichten mit einem Hop Limit ungleich 255 ignoriert werden müssen, ist es nicht möglich, ND-Pakete über einen Router einzuschleusen. Weiter sieht die ursprüngliche ND-Spezifikation vor, ND-Nachrichten mit IPsec zu schützen. Dazu müssen jedoch manuell Security Associations konfiguriert, oder ein Key Management Protokoll eingeführt werden. Die Zahl der Security Associations, welche konfiguriert werden müssten, um ND zu schützen sind zahlreich, darum ist dies häufig ein unpraktischer Ansatz.

Angriffspunkte

RFC 3756 analysiert die verschiedenen Angriffspunkte von ND und definiert die Anforderungen für Secure Neighbor Discovery. RFC 3971 spezifiziert «SEcure Neighbor Discovery» (SEND). RFC 3971 wurde durch folgende RFCs updated: RFC 6494, RFC 6495 und RFC 6980. SEND kann auf Links eingesetzt werden, wo physische Sicherheit nicht gegeben ist, wie zum Beispiel bei drahtloser Übermittlung (wireless Links). RFC 3971 definiert folgende Komponenten:

SEND Komponenten

- Auf vertrauenswürdigen Drittparteien basierende Zertifikationspfade garantieren die Autorisierung der Router. Jedes teilnehmende Endsystem muss mit einem vertrauenswürdigen Element (trust anchor) versehen sein, zu dem ein Router einen gültigen Zertifikationspfad hat, bevor es den Router als Default-Router einsetzen kann. Es werden Certification Path Solicitation und Advertisement Nachrichten für die Suche nach Zertifikationspfaden und deren Bekanntgabe verwendet, um den Zertifikationspfad zu einem «trust anchor» festzustellen.

- Kryptografisch generierte Adressen (Cryptographically Generated Addresses, CGA) werden eingesetzt, um sicherzustellen, dass der Sender einer Neighbor Discovery Nachricht wirklich der Besitzer der beanspruchten Adresse ist. Ein privates/öffentliches Schlüsselpaar muss von allen Knoten erzeugt werden, bevor sie eine Adresse beanspruchen können. Eine neue ND-Option «CGA» wird verwendet, um den öffentlichen Schlüssel und die damit verbundenen Parameter zu übermitteln.

- Eine neue ND-Option, «RSA Signature», wird verwendet, um alle Nachrichten für Neighbor und Router Discovery zu schützen

- Um Angriffe durch das Wiedereinspielen von Nachrichten (replay attacks) zu verhindern, werden zwei neue Neighbor Discovery Optionen, «Timestamp» und «Nonce», eingeführt.

Nur mit kryptografischen Adressen möglich

Das SEND Protokoll verwendet kryptografisch generierte Adressen. SEND unterstützt jedoch derzeit nicht den Schutz von ND-Nachrichten für Knoten, welche mit einer statischen IP-Adresse konfiguriert wurden oder deren IP-Adresse durch stateless Autokonfiguration erzeugt wurde. Alle neuen Optionstypen und Nachrichten sind in RFC 3971 definiert.

Definition CGAs

Kryptografisch generierte Adressen (CGA) sind in RFC 3972 spezifiziert. Dieses RFC definiert ebenfalls die Methode für das Binden eines öffentlichen Signaturschlüssels an eine innerhalb des SEND-Protokolls verwendete IPv6-Adresse. CGA sind IPv6-Adressen, für die der Interface Identifier durch die Berechnung einer Einweg-Hashfunktion aus einem öffentlichen Schlüssel und den zugeordneten Parametern erzeugt wurde.

Aufgrund mangelnder SEND Implementationen gehen wir davon aus, dass SEND nicht gross eingesetzt wird. SEND macht auch keinen Sinn in einer dual-stack Umgebung, da IPv4 auch nicht entsprechend gesichert ist. SEND würde nur in einem IPv6-only Netzwerk Sinn machen. Aus diesem Grund hat u.a. auch Microsoft SEND nicht implementiert.

5.1.7 Router Advertisement im Trace File

Jetzt haben wir alle eine Erfrischung verdient. Hier kommt ein Trace File, welches die Theorie etwas veranschaulichen soll.

Abbildung 5.9 zeigt die Details eines Router Advertisements mit zwei Optionen. Wir haben auf dem Router den IPv6 Stack initialisiert, sowie das Präfix und ein Default Hop Limit für alle Knoten am Link konfiguriert. Die im Trace ersichtlichen Optionen sind Typ 1 (Absender Link Layer Adresse), Typ 5 (MTU) und Typ 3 (Präfix Information).

No.	Source	Destination	Protocol	Info
4	fe80::212:80ff:fe31:d680	ff02::1	ICMPv6	Router Advertisement from 00:12:80:31:d6:80
5	fe80::21d:9ff:feb2:60d3	ff02::16	ICMPv6	Multicast Listener Report Message v2
6	::	ff02::1:ffb2:60d3	ICMPv6	Neighbor Solicitation for 2001:4da0:0:3:21d:9ff:feb2:60d3

```
▷ Ethernet II, Src: CiscoInc_31:d6:80 (00:12:80:31:d6:80), Dst: IPv6mcast_01 (33:33:00:00:00:01)
◢ Internet Protocol Version 6, Src: fe80::212:80ff:fe31:d680, Dst: ff02::1
    0110 .... = Version: 6
  ▷ .... 1110 0000 .... .... .... .... .... = Traffic class: 0xe0 (DSCP: CS7, ECN: Not-ECT)
    .... .... .... 0000 0000 0000 0000 0000 = Flowlabel: 0x00000000
    Payload length: 64
    Next header: ICMPv6 (58)
    Hop limit: 255
    Source: fe80::212:80ff:fe31:d680
    [Source SA MAC: CiscoInc_31:d6:80 (00:12:80:31:d6:80)]
    Destination: ff02::1
◢ Internet Control Message Protocol v6
    Type: Router Advertisement (134)
    Code: 0
    Checksum: 0xc1e0 [correct]
    Cur hop limit: 64
  ◢ Flags: 0x40
      0... .... = Managed address configuration: Not set
      .1.. .... = Other configuration: Set
      ..0. .... = Home Agent: Not set
      ...0 0... = Prf (Default Router Preference): Medium (0)
      .... .0.. = Proxy: Not set
      .... ..0. = Reserved: 0
    Router lifetime (s): 1800
    Reachable time (ms): 0
    Retrans timer (ms): 0
  ▷ ICMPv6 Option (Source link-layer address : 00:12:80:31:d6:80)
  ▷ ICMPv6 Option (MTU : 1500)
  ◢ ICMPv6 Option (Prefix information : 2001:4da0:0:3::/64)
      Type: Prefix information (3)
      Length: 4 (32 bytes)
      Prefix Length: 64
    ◢ Flag: 0xc0
        1... .... = On-link flag(L): Set
        .1.. .... = Autonomous address-configuration flag(A): Set
        ..0. .... = Router address flag(R): Not set
        ...0 0000 = Reserved: 0
      Valid Lifetime: 900
      Preferred Lifetime: 900
      Reserved
      Prefix: 2001:4da0:0:3::
```

Abbildung 5.9 – Router Advertisement im Trace File

Felder im IPv6 Header

Der IPv6-Header ist hier nicht im Detail angezeigt. Wenn wir im Analysetool reinschauen, sehen wir folgendes: der Next Header hat den Wert 58 für ICMPv6 und das Hop Limit ist, wie es sich für eine ND-Nachricht gehört, auf 255 gesetzt. Im Empfängeradressfeld sehen wir die All-Nodes Multicast-Adresse `ff02::1`. Es handelt sich entweder um ein unaufgefordertes Advertisement, oder um eine Antwort auf eine Solicitation von einer Unspecified IPv6-Adresse (::). Wir sehen in der Zusammenfassungszeile des Ethernet II Headers wie die Multicast-Adresse `ff02::1` auf die MAC-Adresse `33:33:00:00:00:01` umgesetzt wird.

Felder im IPCMPv6 Header

Das Type-Feld im ICMPv6 Header ist auf 134 gesetzt, was für Router Advertisement steht. Das Current Hop Limit ist auf 64 gesetzt. Das bedeutet, dass alle Knoten an diesem Link ein Hop-Limit von 64 benutzen werden, um IP-Pakete zu verschicken. Das M-Flag (Managed Address Configuration) ist nicht gesetzt. Dies bedeutet für die Knoten an diesem Link, dass sie für ihre Addresskonfiguration kein DHCP benützen müssen. Das O-Flag (Other Stateful Configuration) ist ebenfalls auf 0 gesetzt. Dies bedeutet für die Knoten an diesem Link, dass auch sonst keine DHCP-Konfigurationen verfügbar sind. Wäre dieses Flag gesetzt, würde es die Knoten am Link veranlassen, nach erfolgter Adresskonfiguration eine DHCP Inform-Nachricht zu versenden. Das H-Flag (Home Agent Bit) ist auf 0 gesetzt, das bedeutet, dieser Router figuriert nicht als Home Agent. Die Router Lifetime ist auf 1800 Sekunden gesetzt. Dies bedeutet, dass dieser Router Default Router für die Knoten an diesem Link ist. Den Reachable Timer und den Retrans Timer haben wir auf dem Router nicht konfiguriert, weshalb diese beiden Felder auf 0 gesetzt sind. Sind diese hier auf null gesetzt, so werden die in der ND-Spezifikation definierten Default-Werte benützt.

Optionen

Jetzt folgt der Teil des ICMPv6 Headers, der die Optionen beinhaltet. Die erste Option ist Typ 1, welche die Link Layer Adresse des Absenders enthält. Das Length-Feld enthält den Wert 1 (eine Einheit à 8 Bytes). Im nächsten Feld folgt die Link Layer Adresse. Darauf folgt die zweite Option, Typ 5, für MTU. Das Length-Feld enthält wiederum den Wert 1 für 8 Bytes. Dem reservierten Feld mit Wert 0 folgt die MTU-Grösse (1500 Bytes). Anschliessend folgt die dritte Option, Typ 3, für Präfixinformation. Das Length-Feld zeigt eine Optionslänge von 4 Einheiten an. Die Präfixlänge ist mit 64 Bit angegeben. Das L-Flag und das A-Flag sind beide gesetzt. Das heisst, dass dieses Präfix on-link ist und für Autokonfiguration verwendet werden kann. Valid Lifetime und Preferred Lifetime sind beide auf 900 Sekunden gesetzt. Im letzten Feld sehen wir das Präfix `2001:db8:cafe:bo::`.

Für die zwei DHCPv6 bezogenen Flags und das Autonomous Configuration Flag ist es wichtig zu wissen, dass die DHCPv6-Spezifikation Raum für Interpretation lässt. Das führt dazu, dass verschiedene Betriebssysteme die Flags unterschiedlich interpretieren und entsprechend unterschiedlich reagieren. Es gibt ein Draft «DHCPv6/SLAAC Address Configuration Interaction Problem Statement». Es beschreibt die Situation und beschreibt die Resultate von Tests mit verschiedenen Betriebssystemen.

Note
In einer Umgebung, wo man weiss, dass IPv6-Pakete über einen IPv4-Tunnel transportiert werden kann es sich lohnen, die Option MTU zu benützen, um die MTU für das IPv6-Paket um die Grösse des IPv4-Headers zu reduzieren. Somit kann verhindert werden, dass die Pakete im IPv4-Tunnel fragmentiert werden müssen.

Bei Tunnel MTU Size anpassen

5.1.8 Link-Layer Address Resolution

Address Resolution nennt man den Prozess, wenn ein Knoten die Link Layer Adresse eines Interfaces auflösen möchte, von dem er nur die IP-Adresse kennt. Bei IPv4 erfüllt ARP diese Funktion. Address Resolution wird nur für Empfänger gemacht, die als on-link bekannt sind. Address Resolution wird nie für Multicast-Adressen ausgeführt.

ND ersetzt IPv4 ARP

Bei IPv6 wird diese Funktion mit ND-Nachrichten ausgeführt. Will ein Knoten eine Link Layer Adresse eines lokalen Empfängers (Nachbar) auflösen, so schickt er eine Neighbor Solicitation an die Solicited Node Multicast-Adresse, die dem gewünschten Empfänger entspricht. Diese Neighbor Solicitation muss die Link Layer Adresse des Absenders als Option enthalten, wenn sie an die Solicited Node Multicast-Adresse geschickt wird.

Erhält der Knoten nach einer vorkonfigurierten Anzahl Versuchen keine Antwort, so hat die Address Resolution fehlgeschlagen. Für den umgekehrten Fall, die Auflösung von bekannten Link Layer Adressen zu IPv6-Adressen, wird die vorgängig beschriebene Inverse Neighbor Discovery (IND) verwendet.

5.1.9 Neighbor Unreachability Detection

Ein Nachbarknoten gilt dann als erreichbar (reachable), wenn vor kurzem eine Bestätigung erfolgte, dass an ihn versandte Pakete empfangen und verarbeitet wurden. Als Nachbarn gelten alle Hosts und Router, die am selben Link sind; die Unreachability Detection gilt also nicht für remote Empfänger.

Erreichbarkeitsbestätigung

Als Bestätigung gilt, wenn eine Unicast Neighbor Solicitation mit einem Neighbor Advertisement beantwortet wurde. Ebenfalls als Erreichbarkeitsbestätigung taxiert wird z.B. eine aktive TCP-Verbindung. Werden TCP Acknowledgements erhalten, so impliziert dies auch die Erreichbarkeit des Next Hop Routers.

Zur laufenden Überwachung müssen IPv6-Knoten verschiedene Tabellen mit Informationen führen. Unter diesen sind die Neighbor Cache und Destination Cache Tabellen besonders wichtig. Abhängig vom IPv6 Stack mit dem Sie arbeiten, sind die Implementation und die verfügbaren Troubleshooting Tools unterschiedlich. Die Information muss jedoch grundsätzlich auf jedem IPv6-Knoten vorhanden sein.

Nachbarliste

- **Neighbor Cache**
  Der Neighbor Cache führt eine Liste der Nachbarn, mit denen kürzlich kommuniziert wurde. Die Nachbarn sind mit ihrer Unicast IP-Adresse aufgelistet. Jeder Eintrag enthält Informationen über die Link Layer Adresse des Nachbarn, sowie ein Flag, welches anzeigt, ob es sich um einen Router oder einen Host handelt. Dieser Cache ist vergleichbar mit dem ARP Cache eines IPv4-Knotens. Die Einträge enthalten auch Informationen, ob sich Pakete für einen Nachbarn in der Warteschlange befinden, ob der Nachbar erreichbar ist, und wann der nächste Neighbor Unreachability Detection Event fällig ist.

- **Destination Cache**
  In dieser Liste sind Empfänger aufgeführt, mit denen kürzlich kommuniziert wurde. Die Liste beinhaltet lokale und remote Empfänger. Der Neighbor Cache kann als Teilmenge des Destination Caches angeschaut werden, listet er doch nur die lokalen Empfänger auf. Für Einträge von remote Empfängern, ist im Destination Cache die Link Layer Adresse des Next Hop Routers eingetragen. Der Destination Cache wird durch ICMPv6 Redirect Nachrichten aktualisiert. Er enthält zusätzliche Informationen über MTU-Grössen und Roundtrip Timer.

Empfängerliste

Der Neighbor und Destination Cache wurden im Zusammenhang mit dem Override Flag, das bei Neighbor Advertisements gesetzt werden kann, bereits erwähnt. Wenn das O-Flag gesetzt ist, sollte die Information in der Advertisement-Nachricht bestehende Informationen im Neighbor Cache überschreiben und alle gespeicherten Link Layer Adressen aktualisieren. Wenn das O-Flag nicht gesetzt ist, werden gespeicherte Link Layer Adressen nicht überschrieben. Wenn ein Neighbor Cache Eintrag keine Link Layer Adresse enthält, wird diese aber eingetragen.

Einfluss der Flags

Abbildung 5.10 zeigt die Einträge im Neighbor Cache unseres Routers.

```
ASW1#show ipv6 neighbors
IPv6 Address                              Age Link-layer Addr State Interface
2001:DB8:CAFE:B0:701:B16C:D114:7697         0 0800.27dd.edd3  REACH V110
FD85:87:69:2:C803:10FF:FED8:1C             17 ca03.10d8.001c  STALE Fa0/1
FD85:87:69:1:C802:10FF:FED8:1C             23 ca02.10d8.001c  STALE Fa0/0
FE80::6140:586:901D:6335                   21 0800.2777.0369  STALE V120
FE80::D4E4:D1E6:C310:AEF                   31 0800.27dd.edd3  STALE V110
2001:DB8:CAFE:B1:5EAB:F2A2:1ADF:1C8D        0 0800.2777.0369  REACH V120
FE80::C803:10FF:FED8:1C                    16 ca03.10d8.001c  STALE Fa0/1
FE80::C802:10FF:FED8:1C                    23 ca02.10d8.001c  STALE Fa0/0
```

Abbildung 5.10 – Neighbor Cache auf einem Router

Ein Neighbor Cache Eintrag kann sich gemäss RFC 4861 in einem von fünf verschiedenen Zuständen befinden. Die Zustände werden in Tabelle 5.3 beschrieben.

Tabelle 5.3 – Zustände der Neighbor Cache Einträge

Cache-Einträge können verschiedene Zustände haben

Zustand	Beschreibung
Incomplete	Die Adressauflösung wurde gestartet und wartet auf eine Antwort oder ein Timeout. Das heisst, dass die Link Layer Adresse noch nicht bekannt ist. Beispiel: es wurde eine Neighbor Solicitation gesandt, aber noch kein entsprechendes Neighbor Advertisement empfangen.
Reachable	Dieser Nachbar ist momentan erreichbar, d.h. es wurde innerhalb einer erwarteten Anzahl Millisekunden (ReachableTime) ein Neighbor Advertisement empfangen.
Stale	Bei diesem Nachbarn ist zur Zeit nicht bekannt, ob er erreichbar ist. Mehr als die durch ReachableTime angegebene Anzahl Millisekunden sind seit der letzten positiven Rückmeldung verstrichen. Keine weitere Aktion wird unternommen, bis das nächste Paket gesandt wird.
Delay	Die ReachableTime (Millisekunden) ist verstrichen und ein Paket wurde innerhalb von Delay First Probe Time (Sekunden) versandt. Wird innerhalb von Delay First Probe Time keine Bestätigung erhalten, wird eine Neighbor Solicitation gesandt und der Zustand auf Probe gesetzt. Die Benutzung von Delay gibt Upper-Layer Protokollen Zeit, um Erreichbarkeitsinformation zu geben, bevor Neighbor Solicitations geschickt werden.
Probe	Eine Erreichbarkeitsbestätigung wird forciert, indem alle <Retrans Timer> Millisekunden eine Neighbor Solicitation gesendet wird, bis die Erreichbarkeit bestätigt wird. Kommt nach einer konfigurierbaren Anzahl von Versuchen (MAX_UNICAST_SOLICIT, Default 3) keine Antwort, wird der Eintrag aus dem Cache entfernt.

Wer sich im Detail für die möglichen Timer und ihre Default Werte interessiert, findet diese Information in RFC 4861.

RA Guard

Wie in Kapitel 8 ausführlicher beschrieben wird, können ND-basierte Angriffe mit RA Guard (RFC 6105) verhindert werden. Mit RA Guard können ND-Nachrichten basierend auf Layer 2 Source Adressen und Regeln gefiltert werden. Man hat jedoch festgestellt, dass Fragmentation dazu führen kann, dass die RA Guard Filterregeln nicht mehr korrekt angewendet werden können. RFC 6980, «Security Implications of IPv6 Fragmentation with IPv6 Neighbor Discovery» erläutert das Problem und definiert, dass alle ND- und SEND-Nachrichten nicht fragmentiert werden dürfen.

Note
In Kapitel 8 wird RA Guard und First Hop Security näher beschrieben.

5.2 Autokonfiguration

DHCP nicht notwendig

Die Autokonfigurationsmöglichkeiten von IPv6 können Netzwerkadministratoren viel Arbeit ersparen. Sie wurden so ausgelegt, dass eine manuelle Konfiguration nicht notwendig ist, um einen Host mit einem Netzwerk zu verbinden. Selbst grössere Umgebungen mit mehreren Netzwerken und Routern können auf den Einsatz eines DHCP Servers verzichten.

Vorteile für Konfiguration von Geräten aller Art

Die Möglichkeiten der Autokonfiguration von IPv6 werden auch einer der wesentlichen Vorteile im Hinblick auf unsere zukünftigen Anwendungen sein. Wenn wir bald die verschiedensten Geräte, wie z.B. Fernseher, Kühlschränke, Heizungen, DVD Player, Smart Phones und alle möglichen Sensorsysteme über IP benutzen, steuern und überwachen, so werden sie alle IP-Adressen benötigen. Müssten wir alle diese Geräte mit herkömmlichen Methoden adressieren, wäre das ziemlich aussichtslos. Oder wünschen Sie sich einen DHCP Server in Ihrem Heimnetzwerk und im Auto?

Stateless und Stateful

IPv6 kennt beides, Stateless und Stateful Autokonfiguration. Unter Stateless Autokonfiguration versteht man die Konfiguration ohne Einsatz eines DHCP Servers. Stateful Autokonfiguration entspricht DHCP.

Adressbildung mit Präfix vom Router

Was wirklich neu ist bei IPv6, ist, dass sich Hosts selbst eine IP-Adresse automatisch und selbständig konfigurieren können. Dies ist die Stateless Autokonfiguration. Um eine IP-Adresse zu generieren, kombinieren die Hosts lokale Informationen, wie ihre MAC-Adresse oder eine zufallsgenerierte ID, mit den Präfixinformationen, die sie von Routern in Router Advertisements (RA) erhalten. Dies ermöglicht zusätzlich auch eine einfachere Neuadressierung eines Netzwerkes, da nur die Präfixe auf den Routern geändert werden müssen. Wenn Sie z.B. den ISP wechseln und ein neues Präfix erhalten, können Sie die Konfiguration des Präfixes auf Ihren Routern ändern und alle Hosts werden das neue Präfix automatisch von den Routern lernen.

Kombination möglich

Stateless und Stateful Konfiguration sind auch kombinierbar. Zum Beispiel können die IP-Adressen mit Stateless Autokonfiguration generiert werden, während DHCP zusätzlich für weitere Parameter eingesetzt werden kann.

Note
Dieses Kapitel bespricht Stateless Address Autokonfiguration (SLAAC). DHCPv6 wird in Kapitel 7 besprochen.

Gültigkeit der Adressen

Eine IPv6-Adresse ist für eine bestimmte Zeit (Lifetime) einem Interface zugeteilt. Die Lifetime kann auch unendlich sein. Wenn die Lifetime abläuft, wird die Adresse ungültig.

Duplicate Address Detection

Um sicherzustellen, dass eine Adresse eindeutig ist, führt ein Knoten den DAD-Prozess (Duplicate Address Detection) durch. Mehr dazu später im Kapitel.

Eine IPv6-Adresse kann verschiedene Zustände haben (RFC 4862):

Adressen können verschiedene Zustände haben

- **Tentative (vorläufig)**
  In diesem Zustand wurde die Adresse dem Interface noch nicht definitiv zugewiesen. Das Interface befindet sich im Zustand, in dem die Eindeutigkeit der IP-Adresse getestet wird (DAD). Ein Interface kann über eine tentative Adresse nicht im Netz kommunizieren. Die einzigen Nachrichten, die es erhalten und verarbeiten kann, sind die ND-Nachrichten für den DAD-Prozess.

- **Preferred (bevorzugt)**
  Die Eindeutigkeit der Adresse wurde bestätigt, die Adresse dem Interface zugewiesen und sie kann ohne Einschränkungen genutzt werden. Die Lifetime für die Adresse wird vom Router Advertisement gelernt.

- **Deprecated (abgelehnt)**
  Diese Adresse ist noch gültig, aber ihre Lifetime wird bald ablaufen. Sie kann für bestehende Kommunikation weiter verwendet werden. Eine neue Kommunikation sollte nicht mit einer deprecated Adresse aufgebaut werden.

- **Valid (gültig)**
  Übergeordneter Begriff für die Zustände Preferred und Deprecated.

- **Invalid (ungültig)**
  Adressen in diesem Zustand sind keinem Interface zugewiesen. Eine gültige Adresse wird ungültig, wenn ihre zulässige Lifetime abläuft.

- **Optimistic**
  Mit RFC 4429 wurde Optimistic DAD als Erweiterung von RFC 4862 eingeführt. Damit kann eine IPv6-Adresse den Zustand Optimistic haben. Eine Adresse in diesem Zustand kann für Kommunikation benützt werden, hat den DAD-Prozess jedoch noch nicht abgeschlossen.

Note
Autokonfiguration, wie sie in RFC 4862 beschrieben ist, gilt nur für Hosts, nicht für Router. Da Hosts für die Autokonfiguration Informationen von Routern verwenden, sollten Router anderweitig konfiguriert werden. Ein Router kann jedoch seine Link-Local Adressen mittels Stateless Autokonfiguration generieren. Er muss auch für jede Adresse den DAD-Prozess wie vorgeschrieben durchführen.

Bei Stateless Autokonfiguration werden folgende Schritte ausgeführt:

Ablauf SLAAC

1. Eine Link-Local Adresse wird generiert. Dafür wird das Präfix `fe80` dem Interface Identifier vorangestellt. Die Adresse befindet sich jetzt im tentativen Zustand.

2. Das Interface tritt den folgenden Multicast-Gruppen bei: der All-Nodes Multicast-Gruppe (`ff02::1`) und der Solicited-Node Multicast-Adresse für die in Schritt 1 generierte tentative Adresse.

Duplicate Address Detection (DAD)

3. Es wird eine Neighbor Solicitation mit der tentativen Adresse als Target-Adresse versandt. Die IP-Absenderadresse der Nachricht ist die Unspecified Adresse. Die Empfängerdresse ist die Solicited-Node Multicast-Adresse. Mit diesem Schritt wird getestet, ob ein anderer Knoten am Link die Adresse bereits verwendet; dies ist der Duplicate Address Detec-

tion Test (DAD). Wenn bereits ein anderer Knoten am Link diese Adresse verwendet, sendet er ein Neighbor Advertisement zurück und der Autokonfigurationsprozess wird gestoppt. In diesem Fall muss das Interface manuell konfiguriert werden. Kommt keine Antwort auf die Neighbor Solicitation, ist die Adresse eindeutig und kann verwendet werden. Die Adresse wird dem Interface zugewiesen und der Zustand auf Preferred gesetzt. Mit diesem Schritt, der bis hierher für Hosts und Router gleich abläuft, ist die IP-Verbindung am Link hergestellt.

4. Um herauszufinden, welche Router am Link vorhanden sind und welche Präfixe gelten, sendet der Host eine Router Solicitation Nachricht an die All-Router Multicast-Adresse `ff02::2`. Dieser Schritt wird nur von Hosts durchgeführt.

5. Alle IPv6 Router am Link antworten mit einem Router Advertisement. Für jedes Präfix im Router Advertisement, für welches das A-Flag (Autonomous Flag) gesetzt ist, wird aus dem Präfix und dem Interface Identifier eine IP-Adresse generiert. Diese Adressen werden in die Liste der zugewiesenen Adressen des Interfaces eingetragen.

DAD Prozess nur einmal pro Interface ID

Für alle Adressen muss der DAD-Prozess durchlaufen werden, bevor sie definitiv zugewiesen werden können. Wenn die Link-Local Adresse durch Autokonfiguration generiert und getestet wurde, ist die Eindeutigkeit des Interface Identifiers in Schritt 3 verifiziert worden. In diesem Fall ist es nicht nötig, den DAD-Prozess für jedes Präfix, welches denselben Interface Identifier benutzt, zu wiederholen. In Trace Files sehen wir, dass viele Betriebssysteme den DAD-Test jedoch auch für zusätzliche Präfixe durchführen. Alle anderen Adressen, die entweder manuell oder durch DHCP konfiguriert wurden, müssen individuell verifiziert werden. Multihomed Hosts führen für jedes Interface Autokonfiguration separat durch.

Abbildung 5.11 zeigt den Stateless Autokonfigurationsprozess im Trace File. Wir beschreiben nachstehend die Details der einzelnen Pakete.

No.	Source	Destination	Protocol	Info
1	::	ff02::1:ffb2:60d3	ICMPv6	Neighbor solicitation
2	fe80::21d:9ff:feb2:60d3	ff02::2	ICMPv6	Router solicitation
3	fe80::21d:9ff:feb2:60d3	ff02::16	ICMPv6	Multicast Listener Report Message v2
4	fe80::212:80ff:fe31:d680	ff02::1	ICMPv6	Router advertisement
5	fe80::21d:9ff:feb2:60d3	ff02::16	ICMPv6	Multicast Listener Report Message v2
6	::	ff02::1:ffb2:60d3	ICMPv6	Neighbor solicitation
7	::	ff02::1:ff7b:18f1	ICMPv6	Neighbor solicitation
8	fe80::21d:9ff:feb2:60d3	ff02::16	ICMPv6	Multicast Listener Report Message v2

Abbildung 5.11 – Stateless Autokonfiguration im Trace File

DAD

In Paket 1 schickt das bootende Interface ein Paket von seiner Unspecified Adresse, welche mit zwei Doppelpunkten dargestellt wird (::), an die Solicited Node Multicast Adresse. Mit diesem Paket wird gecheckt, ob die selbstgenerierte Interface ID an diesem Link eindeutig ist (DAD). Das Hop Limit für dieses Paket ist, wie für ND Nachrichten vorgeschrieben, auf 255 gesetzt. Der ICMP Nachrichtentyp ist 135 (Neighbor Solicitation). Im Target Address Feld steht `fe80:d4e4:d1e6:c310:aef`. Dies entspricht der link-local Adresse des Interfaces.

Router Solicitation

In Paket 2 schickt das Interface eine Router Solicitation (Nachrichtentyp 133) an die All-Routers Multicast Adresse ff02::2. Der gesetzte Optionstyp ist Typ 1 (Source Link Layer Address, s. Tabelle 5.2) und beinhaltet als Wert die MAC-Adresse des Interfaces. Auch in diesem Paket ist das Hop Limit auf 255 gesetzt.

MLD-Registration

Paket 3 ist eine MLD-Registration für die Solicited Node Multicast Adresse `ff02::1:ff10:aef`. Als Source-Adresse wird die link-local Adresse und als Destination-Adresse die Multicast-Adresse für die MLDv2-fähigen Router (`ff02::16`) verwendet. Dem IPv6 Header folgt ein Hop-by-Hop Options Header (Next Header Wert 0 im IPv6 Header) mit Optionstyp 5 Router Alert. Im ICMPv6 Header steht der Nachrichtentyp 143 für einen MLDv2 Multicast Listener Report. In diesem Paket ist das Hop Limit, wie für MLD-Nachrichten üblich, auf 1 gesetzt. Beachten Sie, dass für die All-Nodes Multicast Adresse (`ff02::1`) keine MLD-Registration erfolgt.

Router Advertisement

In Paket 4 schickt der Router von seiner link-local Adresse ein Router Advertisement an die All-Nodes Multicast Adresse. Mit diesem RA kündigt sich der Router als Default Gateway an diesem Link an (Router Lifetime auf 1800 gesetzt). In diesem RA sind das M- und O-Flag auf 0 gesetzt (kein DHCPv6). Das A-Flag (autonomous bit) ist auf 1 gesetzt, somit kann das Interface dieses Präfix für Stateless Autokonfiguration benützen. Dieses Router Advertisement ist in Abbildung 5.9 dargestellt und beschrieben.

MLD Registration

In Paket 5 registriert sich das Interface für die Solicited Node Multicast Adresse `ff02::1:ff1c:4c99`. Das Paket hat einen Hop-by-Hop Options Header und das Hop Limit ist auf 1 gesetzt.

DAD

Paket 6 und 7 sind zwei Neighbor Solicitations mit denen das Interface die zwei Interface IDs, kombiniert mit dem globalen Präfix auf Eindeutigkeit testet. Sie werden von der all-zero Adresse an die entsprechende Solicited Node Multicast Adresse geschickt. Paket 6 testet die Adresse `2001:db8:cafe:b0:d4e4:d1e6:c310:aef` und Paket 7 `2001:db8:cafe:b0:a43d:d55b:d1c:4c99`. Die Adresse, die in `aef` endet, ist die permanente Adresse. Die Adresse, die in `4c99` endet, ist die Adresse, die die Privacy Option gemäss RFC 4941 verwendet. Microsoft nennt diese Adresse auch «temporäre Adresse».

MLD-Registration

In Paket 8 schickt der Knoten erneut eine MLDv2 Listener Report Nachricht an die ff02::16 Multicast-Adresse und registriert sich nun für seine zwei Solicited Node Multicast-Adressen.

Mit Paket 9, 10 und 11 kündigt sich das Interface am Link mit all seinen Adressen an, der link-local Adresse und den zwei globalen Adressen. Das Override-Flag ist in allen drei Paketen gesetzt, somit aktualisieren die Empfänger ihren Neighbor Cache mit diesen Informationen. Für die externe Kommunikation mit dem Internet sollte dieses Interface die temporäre Adresse (endend in `4c99`) verwenden. Für die Kommunikation am Link wird die link-local Adresse benützt. Damit ist die IP-Konfiguration dieses Interfaces abgeschlossen.

Gründe für unterschiedliche Bootprozesse

Wir haben den Boot-Prozess von verschiedenen Betriebssystemen angeschaut, und dabei festgestellt, dass Unterschiede bestehen. Das vorgängig beschriebene Trace File zeigt den Bootprozess eines Windows 7 Clients. Die Unterschiede kommen daher, dass einerseits eine Spezifikation gewisse

Freiräume für die Implementation lässt, welche von jedem Hersteller anders benutzt werden. Andererseits hängt es davon ab, auf welchem Stand der Spezifikation die Implementation beruht. Microsoft z.B. hat die Privacy Option (RFC 4941) implementiert. Somit verhält sich ein Windows Stack anders, als ein Stack der RFC 4941 nicht berücksichtigt. Wenn Sie also Bootprozesse von anderen Betriebssystemen analysieren wollen, erkundigen Sie sich beim Hersteller, welche RFCs implementiert sind. Umgekehrt können Sie die Aussagen bezüglich RFC-Unterstützung von Herstellern in einem Trace File verifizieren.

Microsofts Implementation

Die aktuelle Microsoft Implementation, als Beispiel, führt keinen DAD-Prozess für temporäre Adressen durch. Das Interface benützt die Adresse sogleich und führt zu einem späteren Zeitpunkt einen sogenannten «Optimistic DAD» (RFC 4429) durch. Es ist auch zu bemerken, dass das Verhalten eines Windows Clients anders ist, als das Verhalten eines Windows Servers. Windows Server aktivieren by Default keine temporären Adressen. Konsultieren Sie die ausführliche Microsoft Dokumentation zum «Next Generation TCP/IP Stack».

Note
Für Leser, die Microsoft Betriebssysteme konfigurieren, empfehle ich das Buch von Ed Horley mit dem Titel «Practical IPv6 for Windows Administrators». Es ist kompakt und praxisbezogen geschrieben.

Neue Methode für stabile, nicht hardware-basierte IIDs

Für lange Zeit bestand die Wahl für die Interface ID mit SLAAC zwischen hardware-basierend (EUI-64) oder zufallsgeneriert und temporär (Privacy Option). RFC 7217, «A Method for Generating Semantically Opaque Interface Identifiers with IPv6 Stateless Address Autoconfiguration (SLAAC)», definiert eine neue Art von Adressen, die stabil sind, deren ID jedoch zufallsgeneriert wird und nicht auf einem Hardware-Identifier beruht.

Stateless DHCP Server

Note
Um Knoten, die SLAAC durchführen mit Zusatzinformationen (z.B. DNS Server) zu konfigurieren, ohne dafür einen DHCP Server einsetzen zu müssen, wurde ein Stateless DHCP Server definiert. Dieser ist in Kapitel 7 beschrieben. Alternativ beschreibt RFC 6106 einen neuen Optionstyp für Router Advertisements für DNS-Information. Diese RA-Option wurde allerdings bisher von Microsoft nicht implementiert.

5.3 Netzwerk Präfixänderung

Mit den Mechanismen, die ICMPv6 zur Verfügung stellt, wird eine Präfixänderung in einem IPv6 Netzwerk vereinfacht. RFC 4192, «Procedures for Renumbering an IPv6 Network without a Flag Day», beschreibt das Vorgehen im Detail. Die Möglichkeit, einem Interface mehrere Präfixe zuzuweisen erlaubt es, das neue Präfix einzuführen, während die Kommunikation über das alte Präfix noch läuft. Wenn sichergestellt ist, dass das neue Präfix einwandfrei funktioniert kann das alte Präfix ausgeschalten werden.

Eine Zusammenfassung der wichtigsten Schritte gemäss RFC 4192:

Vorgehen bei Präfixänderung

1. Jeder Link im Netzwerk erhält ein Link Präfix aus dem neuen Bereich.
2. Alle relevanten Dienste und Geräte werden entsprechend konfiguriert (Router, Switches, Interfaces, Filter, ACL's, DNS, DHCP, etc). Dabei wird das neue Präfix parallel zum alten Präfix eingeführt.
3. Host Interfaces erhalten ihre neuen Adressen entweder über Stateless Autoconfiguration (Router Advertisements) oder über DHCPv6. Die alten Adressen bleiben noch gültig.
4. Neue AAAA und PTR Records werden in DNS definiert. Die DNS Records mit dem alten Präfix werden gelöscht, sobald das neue Präfix aktiv und getestet ist. Mit Parametern wie TTL (Time to live) und dem Update Interval zwischen Primary und Secondary DNS Servern wird der Prozess gesteuert.
5. Wenn das neue Präfix vollständig und überall eingeführt worden ist und die Funktionalität getestet und stabil ist, kann das alte Präfix in allen Bereichen abgeschalten werden.
6. Vorsicht ist geboten bei allen Applikationen oder Geräten, welche IP Adressinformation nicht von DNS oder DHCP erhalten, sondern manuell konfiguriert sind, oder IP Adressinformation lokal cachen.

Dies ist eine high-level Beschreibung des Prozesses. Eine Präfixänderung ist auch in einem IPv6 Netzwerk kein Kinderspiel und will sorgfältig geplant und durchgeführt werden. Aber IPv6 bietet einige Möglichkeiten, welche einen solchen Prozess vereinfachen.

RFC 7010, «IPv6 Site Renumbering Gap Analysis» ist ein Update zu RFC 4192 und beschreibt die verfügbaren Mechanismen, welche eine Präfixänderung vereinfachen, sowie noch fehlende Mechanismen, die einen solchen Prozess weiter vereinfachen würden und noch entwickelt werden sollten.

Es gibt eine Spezifikation für IPv6-to-IPv6 Network Prefix Translation (NPTv6, RFC 6296), die eine mögliche Alternative darstellt für allfällige Präfixänderungen, z.B. beim Wechsel des ISPs. Das ist NAT für IPv6, allerdings nicht mit den bekannten Schwierigkeiten Port Translation, da NPTv6 aus Sicht der IP-Adressen ein 1:1 Mapping darstellt.

Network Prefix Translation (NPTv6)

Note
Network Prefix Translation (NPTv6) wird in Kapitel 10 beschrieben.

5.4 Path MTU Discovery

Bei IPv4 kann jeder Router Pakete fragmentieren, wenn dies notwendig ist. Muss ein IPv4 Router ein Paket weiterleiten, das grösser ist, als die MTU des nächsten Links, so fragmentiert er es, indem er das Originalpaket in kleinere Einzelpakete (Fragmente) aufteilt und diese weiterleitet. Die Fragmente werden vom Empfänger wieder zusammengefügt. Je nach Netzwerkdesign kann es vorkommen, dass ein Paket mehrfach fragmentiert wird.

Fragmentierung mit IPv4

Bei IPv6 fragmentieren Router keine Pakete. Ist Fragmentierung notwendig, muss dies vom Absender des Originalpaketes gemacht werden. Path MTU Discovery (PMTUD) versucht sicherzustellen, dass die grösstmögliche Paketgrösse für eine Route benutzt wird. Die Path MTU ist die MTU des Links mit der kleinsten MTU zwischen einem Absender und einem Empfänger. Die Discovery der Path MTU ist in RFC 1981 beschrieben.

IPv6 Router fragmentieren nicht

Der Discovery-Prozess läuft wie folgt ab:

1. Der Absender nimmt die MTU seines lokalen Links und verwendet diese für das erste Paket zum Empfänger.
2. Ist das Paket zu gross für einen Link, und ein Router auf dem Weg zum Empfänger kann es nicht weiterleiten, verwirft dieser das Paket und sendet eine ICMPv6 ‹Packet Too Big› Nachricht zurück. Die ‹Packet Too Big› Nachricht enthält als Option die MTU des Next Hop Links.
3. Der Host benutzt nun diese MTU für die weiteren Pakete zum selben Empfänger.

Absender muss MTU ermitteln und fragmentieren

Es kann sein, dass ein Host die obigen Schritte mehr als einmal wiederholen muss, bis seine Pakete den Empfänger erreichen. Er wird bei diesem Prozess jedoch nie die minimale IPv6 MTU von 1280 Bytes unterschreiten.

Änderung von MTU bei neuem Pfad

Der Pfad von einem Sender zu einem Empfänger kann sich ändern – und damit auch die Path MTU. Eine kleinere MTU ist dank den ‹Packet Too Big› Nachrichten einfach zu identifizieren. Für eine gute Performance im Netz ist es jedoch wichtig, dass auch erkannt wird, wenn eine grössere MTU möglich wäre. Zu diesem Zweck wird ein IPv6 Host die MTU zwischendurch erhöhen, solange bis er wieder eine ‹Packet too Big› Nachricht erhält.

Multicast-Unterstützung

Path MTU Discovery unterstützt auch Multicast-Empfänger. Wird ein Paket an eine Multicast-Adresse gesandt, gibt es viele verschiedene Pfade zu den einzelnen Multicast-Gruppenmitgliedern und dadurch möglicherweise auch verschiedene MTU-Grössen. ‹Packet Too Big› Nachrichten werden in diesem Fall genauso zurückgeschickt. Die resultierende Path MTU, die der Absender verwendet, ist die kleinste Path MTU aller Empfänger.

Die Implementation von Path MTU Discovery ist nicht zwingend vorgeschrieben. Ob Ihr Host PMTUD macht, hängt von der Implementation ab. Hosts, die PMTUD nicht implementiert haben, müssen trotzdem korrekt auf ‹Packet Too Big› Nachrichten reagieren, machen aber keine aktive Discovery.

Note
‹Packet Too Big› Nachrichten sollten nicht gefiltert werden, da sonst PMTUD nicht mehr funktioniert.

ICMPv6-Filter auf Firewalls

Ein vollständiges Blockieren von ICMPv6-Nachrichten ist mit IPv6 nicht empfehlenswert. RFC 4890 beschreibt Regeln für das Filtern von ICMPv6-Nachrichten auf Firewalls.

5.5 Multicast Listener Discovery

Multicast Gruppenmanagement

In Kapitel 3 haben wir das Format von Multicast-Adressen besprochen. Multicast-Gruppenadressen werden als Identifier für eine Gruppe von Knoten benutzt. Man erkennt Multicast-Adressen am hochwertigen (high-order) Byte ff. Damit Pakete an eine Multicast-Gruppenadresse effizient geroutet werden können, ist ein Protokoll für das Multicast Group Management notwendig. Dieses Protokoll sorgt dafür, dass Multicasts von Routern nur dann über Interfaces weitergeleitet werden, wenn auf dem folgenden Link Mitglieder dieser Multicast-Gruppe registriert sind.

5.5.1 MLD Version 1

ICMPv6 ersetzt IGMP

Multicast Group Management erfolgt bei IPv4 mit IGMP (Internet Group Management Protokoll) Version 2 (RFC 2236). Bei IPv6 sorgt ICMPv6 für das Multicast Group Management. Die Entwicklung basiert auf der IGMPv2-Spezifikation. RFC 2710 definiert diese ICMPv6-Nachrichten und nennt es Multicast Listener Discovery (MLD) Version 1.

MLD ist ein asymmetrisches Protokoll. Das Verhalten von sogenannten Listeners, d.h. Knoten, welche Nachrichten für eine bestimmte Multicast-Gruppe erhalten wollen, unterscheidet sich vom Verhalten eines Routers. Für die Adressen, für welche ein Router selbst Listener ist, führt er beide Teile des Protokolls aus. Ein Listener verschickt Member Reports für seine Multicast-Adressen. Damit registriert er sich bei den Routern am Link für diese Adresse. Die Router tragen diese Adresse, sofern nicht schon vorhanden, in ihre Liste für diesen Link ein und werden, solange diese Multicast-Gruppe in der Liste steht, über dieses Interface Multicast-Nachrichten an die entsprechende Gruppe auf diesen Link weiterleiten. Mit einer Done-Nachricht trägt sich ein Listener wieder aus, wenn er nicht mehr an dieser Multicast-Gruppe interessiert ist.

Note
Anders als bei IPv4 ist Multicast Support integrierter Bestandteil von IPv6 und auf jedem IPv6-Knoten vorhanden.

Hop Limit in MLD-Nachrichten

Alle MLD-Nachrichten werden von einer Link-Local Absenderadresse und mit einem Hop Limit von 1 versandt. Damit wird sichergestellt, dass sie im lokalen Netz bleiben. Die MLD-Nachrichten haben einen Hop-by-Hop Options Header mit einem Router Alert. Dadurch wird ein lokaler Router das Paket auch dann anschauen, wenn er nicht zur Multicast-Gruppe gehört.

Zu MLD gehören die folgenden drei ICMPv6-Nachrichtentypen:

MLDv1 Nachrichtentypen

- **Multicast Listener Query (Type 130)**
  Wird von einem IPv6 Router benutzt, um die Multicast Listener (Empfänger) auf einem Link abzufragen. Es gibt zwei Arten von Queries:
  - Die allgemeine Query wird benutzt, um herauszufinden, für welche Multicast-Gruppenadressen Empfänger an einem Link vorhanden sind. In der allgemeinen Query ist das Multicast-Adressfeld auf 0 gesetzt.
  - Die adress-spezifische Query wird benutzt, um herauszufinden, ob Empfänger für eine spezifische Multicast-Adresse an einem Link vorhanden sind. In der adress-spezifischen Query steht im Multicast-Adressfeld die Multicast-Adresse, für welche die Query durchgeführt wird.

- **Multicast Listener Report (Type 131)**
  Wird von einem Empfänger benutzt, um sich für eine Multicast-Gruppe zu registrieren. Dies kann unaufgefordert, oder als Antwort auf eine MLD Query eines Routers geschehen.

- **Multicast Listener Done (Type 132)**
  Wird von einem Empfänger geschickt, um sich aus einer Multicast-Gruppe auszutragen. Erhält ein Router eine MLD Done Nachricht vom letzten Empfänger einer Gruppe an einem Link, so trägt er die Gruppe aus der Multicast-Liste für diesen Link aus.

Alle drei Nachrichtentypen haben dasselbe Format, welches in Abbildung 5.12 gezeigt wird.

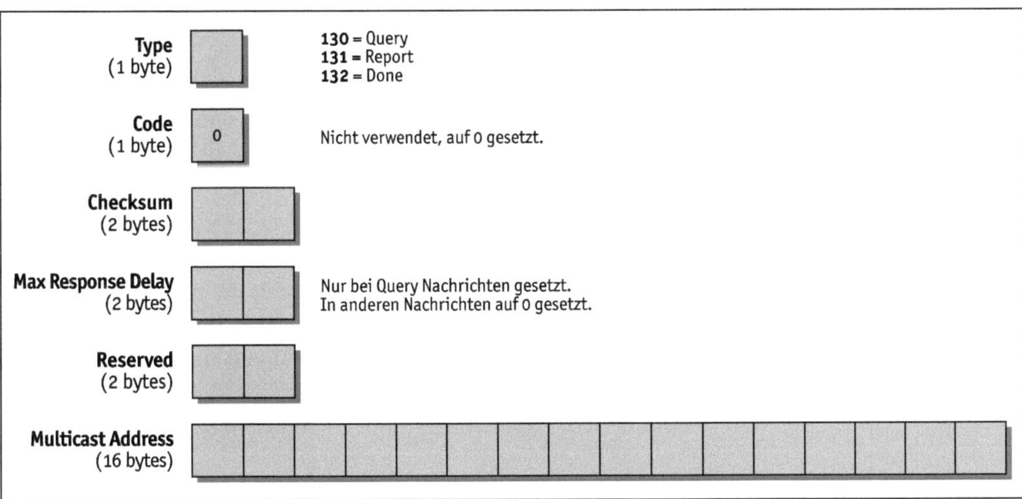

Abbildung 5.12 - Format der MLD-Nachrichten

Das Type-Feld ist für Multicast Listener Queries auf 130, für Multicast Listener Reports auf 131 und für Multicast Listener Done auf 132 gesetzt.

Beschreibung der Felder

Das Maximum Response Delay Feld wird nur bei Queries benutzt. Es enthält das maximale Delay in Millisekunden, in dem ein Knoten den Listener Report senden muss, um anzuzeigen, dass er für diese Adresse einen Listener hat. In allen anderen Nachrichten ist dieses Feld auf 0 gesetzt. Das Multicast-Adressfeld ist für allgemeine Queries auf 0 gesetzt und enthält die Multicast-Adresse für adress-spezifische Queries. Für Report- und Done-Nachrichten enthält dieses Feld die Multicast-Gruppe, auf die der Absender hört (Report), oder die Multicast-Gruppe, aus der er austritt (Done).

Router führt Liste von Multicast-Empfängern

Router benutzen MLD, um herauszufinden, auf welche Multicast-Adressen auf dem Link gehört wird. Für jeden Link führt ein Router eine Liste der Empfänger-Gruppenadressen. Er weiss jedoch nicht, wieviele Empfänger pro Adresse am Link sind. Er führt eine Gruppenadresse solange in seiner Liste, als es mindestens einen Empfänger am Link gibt.

Allgemeine Queries

Allgemeine Queries werden an die Link-Local All-Nodes Multicast-Adresse ff02::1 gesandt. Jeder Knoten, der einen Report als Antwort auf die Query senden will, startet einen Timer und wartet ein zufälliges Delay ab, bevor er antwortet. Das maximale Delay ist dabei durch den Wert im Maximum Response Delay Feld der Query definiert. Wenn während des Delays der Knoten einen Report einer anderen Station sieht, stoppt er den Prozess. Dadurch werden mehrfache Reports derselben Adresse verhindert. Group Membership Registrierungen und Deregistrierungen werden an die jeweilige Multicast-Gruppenadresse gesandt.

Keine MLD-Registrierung für ff02::1

Die Link-Local All-Nodes Multicast-Adresse (ff02::1) ist eine spezielle Multicast-Adresse. Für sie wird nie ein Membership Report oder eine Done-Nachricht versandt. Wenn eine Adresse den Multicast Scope 1 hat (Interface-Local), wird nie eine MLD-Nachricht versandt.

Tabelle 5.4 fasst die Nachrichtentypen und ihre Empfänger zusammen.

Tabelle 5.4 - MLD-Nachrichtentypen

Nachrichtentyp	IPv6 Empfängeradresse
General Query	Link-Scope All-Nodes (ff02::1)
Multicast Address Specific Query	Multicast-Adresse, welche abgefragt werden soll.
Report	Multicast-Adresse, für die ein Report gesandt wird.
Done	Link-Scope All-Routers (ff02::2)

RFC 2710 enthält viele interessante und detaillierte Informationen; unter anderem über die verschiedenen Zustände, durch die ein Knoten geht, sowie über Benutzung, Defaultwerte und Konfiguration von Timern. Ausserdem sind im RFC Übergangsdiagramme enthalten.

Bessere Kontrolle durch Scopes

Neue Möglichkeiten für die Konfiguration von Multicast eröffnet das Scope-Feld. Eine Multicast-Adresse kann nun z.B. in einem Link-Local Scope (ff02), in einem Site-Local Scope (ff05) oder in einem globalen Scope (ff0e) sein (siehe Kapitel 3).

MLD ist das Protokoll, welches es Multicast-Empfängern ermöglicht, sich bei den Routern für Multicast-Gruppen zu registrieren. Darüber hinaus braucht es einen Routing-Mechanismus, der das Weiterleiten von Multicast-Nachrichten verwaltet. PIM (Protocol Independent Multicast, RFC 4601) kann auch mit IPv6 eingesetzt werden.

Routing Mechanismus

5.5.2 MLD Version 2

Version 2 von MLD ist in RFC 3810 und RFC 4604 definiert und basiert auf Version 3 von IGMP (RFC 3376). Mit IGMPv3 und MLDv2 wird vor allem der sogenannte Source-Specific Multicast (SSM) eingeführt. Dieser erlaubt es, sich für eine Multicast-Gruppe als Empfänger einzutragen, mit der Möglichkeit, den Empfang auf Pakete einzuschränken, die von einer oder mehreren spezifischen, konfigurierbaren Quellen kommen oder bestimmte Quellen auszuschliessen.

MLDv2 kennt zwei Nachrichtentypen:

Neue Nachrichtentypen

- Multicast Listener Query – Type 130
- Version 2 Multicast Listener Report – Type 143

Um mit MLDv1 rückwärtskompatibel zu sein, muss MLDv2 auch die Nachrichtentypen von MLDv1 unterstützen (Type 131 und 132).

Multicast-Adresse für MLDv2-Router

MLDv2 Multicast Listener Reports werden generell an die Multicast-Adresse `ff02::16` geschickt. Alle MLDv2-fähigen Router hören auf diese Multicast-Adresse.

Erweiterung MLDv2 Header

Für MLDv2-Nachrichten wurde der MLD-Header um die folgenden Felder erweitert, die dem Multicast Adressfeld in Abbildung 5.12 angehängt werden:

- **Reserved – 4 bits**
  Muss auf Null gesetzt sein

- **S-Flag (Suppress Router-Side Processing) – 1 bit**
  Das S-Flag zeigt, wenn auf 1 gesetzt, dem Multicast-Router an, dass er die Timer, die er üblicherweise bei Erhalt einer Query aktualisiert, in diesem Fall nicht aktualisieren soll.

- **QRV (Querier's Robustness Variable) – 3 bits**
  Wenn ungleich Null, enthält das QRV Feld die Robustness Variable, Sie beeinflusst Timer und Anzahl von Retries. Wird von den Queriern gebraucht, um alle MLDv2 Router an einem Link zu synchronisieren.

- **QQIC (Querier's Query Interval Code) – 8 bits**
  Das QQIC definiert das Query Interval, das vom Querier gebraucht wird, um alle MLDv2 Routern an einem Link zu synchronisieren

- **Number of Sources (N) – 16 bits**
  Das N Feld definiert, wieviele Source Adressen in dieser Query vorhanden sind. Dieser Wert ist Null in einer General Query oder einer Multicast Address Specific Query und ungleich Null in einer Multicast Address and Source Specific Query.

- **Source Address – variable Länge**
  Enthält die Source Adressen. Die Länge ist definiert durch die Zahl der Adressen gemäss dem N-Feld.

Es gibt drei verschiedene Arten von Queries:

MLDv2 Query Typen

- **General Query**
  Wird vom Querier versandt um zu erfahren für welche Multicast Adressen es Listener gibt an einem Link. In einer General Query sind beide, das Multicast Adressfeld und das N-Feld auf Null gesetzt.

- **Multicast Address Specific Query**
  Wird vom Querier versandt um für eine spezifische Multicast Adresse zu erfahren, ob es Listener am Link gibt. In einer Multicast Address Specific Query enthält das Multicast Adressfeld die Adresse für die die Query durchgeführt wird, das N-Feld ist auf Null gesetzt.

- **Multicast Address and Source Specific Query**
  Wird vom Querier versandt um zu erfahren, ob eine der Quellen in der spezifischen Liste für eine gegebene Multicast Adresse Listener am Link hat. In einer Multicast Address and Source Specific Query enthält das Multicast Adressfeld die spezifische Multicast Adresse, die abgeklärt werden soll und das Source Adressfeld die Source Adresse(n).

Abbildung 5.13 zeigt, wie diese Felder im Tracefile aussehen:

```
No.  Source        Destination     Protocol     Info
  19 fe80::4       ff02::1:3       ICMPv6       Multicast Listener Query
⊞ Frame 19: 90 bytes on wire (720 bits), 90 bytes captured (720 bits) on interface 0
⊞ Ethernet II, Src: c2:00:0b:d4:00:00 (c2:00:0b:d4:00:00), Dst: IPv6mcast_01:00:03 (33:33:00:01:00:03)
⊞ Internet Protocol Version 6, Src: fe80::4, Dst: ff02::1:3
⊟ Internet Control Message Protocol v6
    Type: Multicast Listener Query (130)
    Code: 0
    Checksum: 0x7ab1 [correct]
    Maximum Response Code: 1000
    Reserved: 0000
    Multicast Address: ff02::1:3
  ⊟ Flags: 0x02
      .... 0... = Suppress Router-Side Processing: False
      .... .010 = QRV (Querier's Robustness Variable): 2
      0000 .... = Reserved: 0
    QQIC (Querier's Query Interval Code): 125
    Number of Sources: 0
```

Abbildung 5.13 - MLDv2 Query

Dies ist eine Multicast Address Specific Query. Im Feld Multicast Address sieht man die Adresse `ff02::1:3`. Das N-Feld (Number of Sources) ist auf Null gesetzt. Was man in diesem Ausschnitt nicht sieht ist der Hop-by-Hop Options Header mit einer Router Alert Option.

Format MLDv2 Listener Report

- Type Feld – 1 Byte, Type 143
- Reserved – 1 Byte
- Checksum – 2 Bytes
- Reserved – 2 Bytes
- M-Feld (Number of Multicast Address Records) – 2 Bytes
- Multicast Address Records – variable Länge, je nach Anzahl Adressen

Abbildung 5.14 zeigt die MLDv2 Listener Report Nachricht im Tracefile.

```
No.  Source                      Destination   Protocol   Info
  20 fe80::d4e4:d1e6:c310:aef    ff02::16      ICMPv6     Multicast Listener Report Message v2

⊞ Frame 20: 90 bytes on wire (720 bits), 90 bytes captured (720 bits) on interface 0
⊞ Ethernet II, Src: CadmusCo_dd:ed:d3 (08:00:27:dd:ed:d3), Dst: IPv6mcast_16 (33:33:00:00:00:16)
⊞ Internet Protocol Version 6, Src: fe80::d4e4:d1e6:c310:aef, Dst: ff02::16
⊟ Internet Control Message Protocol v6
    Type: Multicast Listener Report Message v2 (143)
    Code: 0
    Checksum: 0xfb3b [correct]
    Reserved: 0000
    Number of Multicast Address Records: 1
  ⊟ Multicast Address Record Changed to exclude: ff02::1:3
      Record Type: Changed to exclude (4)
      Aux Data Len: 0
      Number of Sources: 0
      Multicast Address: ff02::1:3
```

Abbildung 5.14 - MLDv2 Listener Report

In diesem Beispiel wird nur eine Multicast Adresse registriert, darum ist das M-Feld auf 1 gesetzt. Jeder Multicast Adresseintrag hat das gezeigte Format. Das Record Type Feld zeigt an, um was für einen Eintrag es sich handelt. Dabei unterscheidet das RFC zwischen drei verschiedenen Typen.

Current State Record

Wenn ein Interface eine Query erhält wird mit einem **Current State Record** geantwortet. Dieser gibt den aktuellen Listening Status des Interfaces in Bezug auf die spezifische Multicast Adresse an. Der Current State Record kann einen von zwei Werten haben:

- **Wert 1 – MODE_IS_INCLUDE**
  Zeigt an, dass das Interface für diese Multicastadresse den Filtermodus «include» hat.

- **Wert 2 – MODE_IS_EXCLUDE**
  Zeigt an, dass das Interface für diese Multicastadresse den Filtermodus «exclude» hat.

Filter Mode Change Record

Wenn es im Filtermodus eine Aenderung gibt, schickt das Interface einen **Filter Mode Change Record.** Der Filter Mode Change Record kann einen von zwei möglichen Werten haben:

- **Wert 3 – CHANGE_TO_INCLUDE_MODE**
  Zeigt an, dass das Interface für diese Multicast-Adresse zum INCLUDE Filtermodus gewechselt hat.

- **Wert 4 – CHANGE_TO_EXCLUDE_MODE**
  Zeigt an, dass das Interface für diese Multicast-Adresse zum EXCLUDE Filtermodus gewechselt hat.

Source List Change Record

Wenn es eine Aenderung in der Source Liste gibt, so schickt das Interface einen **Source List Change Record.** Der Source List Change Record kann einen von zwei Werten haben:

- **Wert 5 – ALLOW_NEW_SOURCES**
  Zeigt an, dass das Source Adressfeld eine Liste von zusätzlichen Quellen enthält für den betreffenden Multicast Stream. Je nachdem ob es eine INCLUDE oder EXCLUDE Liste ist, werden die Adressen als Source zugefügt oder blockiert.

- **Wert 6 – BLOCK_OLD_SOURCES**
  Zeigt an, dass das Source Adressfeld eine Liste von Quellen enthält, von denen das Interface keinen Multicast Stream mehr erhalten möchte. Je nachdem ob es eine INCLUDE oder EXCLUDE Liste ist, werden die Adressen als Source zugefügt oder blockiert.

5.5.3 Multicast Router Discovery

Multicast Router Discovery (MRD) ist ein genereller Mechanismus der das Auffinden von Multicast Routern ermöglicht. MRD ist in RFC 4286 spezifiziert und definiert drei neue Nachrichtentypen.

Neue Nachrichtentypen

- **Multicast Router Advertisement (Nachrichtentyp 151)**
  Diese Nachricht wird von Routern versandt, um anzukündigen, dass sie IP Multicast Forwarding eingeschalten haben. Die Nachricht wird von der link-local Adresse an die All-Snoopers Multicast-Adresse `ff02::6a` versandt.

- **Multicast Router Solicitation (Nachrichtentyp 152)**
  Diese Nachricht wird von Geräten verschickt, um Multicast Router Advertisements einzuholen. Die Nachricht wird von der link-local Adresse an die All-Routers Multicast-Adresse `ff02::2` versandt.

- **Multicast Router Termination (Nachrichtentyp 153)**
  Diese Nachricht wird von Routern verschickt um anzukündigen, dass sie die Multicast Routing Funktion auf einem bestimmten Interface beenden. Diese Nachricht wird von der link-local Adresse an die All-Snoopers Multicast-Adresse `ff02::6a` versandt.

Alle MRD-Nachrichten werden mit einem Hop Limit von 1 und einer Router Alert Option versandt.

Im nächsten Kapitel werden allgemeine Netzwerkthemen wie IP over Everything, Routing und Quality of Service besprochen. Zum Thema Multicast gibt es eine Übersicht.

5.6 Referenzen

Dies ist eine Zusammenstellung der wichtigen, im Kapitel erwähnten RFCs und Drafts. Zusätzlich erwähnen wir einzelne RFCs und Drafts, die im Zusammenhang mit dem Thema stehen, falls Sie sich vertiefter damit befassen möchten. Informationen über den Standardisierungs-Prozess, RFCs und Drafts finden Sie im Appendix. Auf folgendem Link findet man eine gute, vollständige Übersicht über den aktuellen Status aller RFCs: *http://tools.ietf.org/rfc/index*.

RFCs

- RFC 1981 «Path MTU Discovery for IP version 6», 1996
- RFC 2236 «Internet Group Management Protocol, Version 2», 1997
- RFC 2365 «Administratively Scoped IP Multicast», 1998
- RFC 2710 «Multicast Listener Discovery (MLD) for IPv6», 1999
- RFC 2715 «Interoperability Rules for Multicast Routing Protocols», 1999

- RFC 2894 «Router Renumbering for IPv6», 2000
- RFC 3041 «Privacy Extensions for Stateless Address Autoconfiguration in IPv6», 2001
- RFC 3122 «Extensions to IPv6 Neighbor Discovery for Inverse Discovery Specification», 2001
- RFC 3306 «Unicast-Prefix-based IPv6 Multicast Addresses», 2002
- RFC 3353 «Overview of IP Multicast in a Multi-Protocol Label Switching (MPLS) Environment», 2002
- RFC 3376 «Internet Group Management Protocol, Version 3», 2002
- RFC 3569 «An Overview of Source-Specific Multicast (SSM)», 2003
- RFC 3590 « Source Address Selection for the Multicast Listener Discovery (MLD) Protocol», 2003
- RFC 3756 «IPv6 Neighbor Discovery (ND) Trust Models and Threats», 2004
- RFC 3810 «Multicast Listener Discovery Version 2 (MLDv2) for IPv6», 2004
- RFC 3971 «SEcure Neighbor Discovery (SEND)», 2005
- RFC 3972 «Cryptographically Generated Addresses (CGA)», 2005
- RFC 3973 «Protocol Independent Multicast – Dense Mode (PIM-DM): Protocol Specification», 2005
- RFC 4191 «Default Router Preferences and More-Specific Routes», 2005
- RFC 4192 «Procedures for Renumbering an IPv6 Network without a Flag Day», 2005
- RFC 4286 «Multicast Router Discovery», 2005
- RFC 4311 «IPv6 Host-to-Router Load Sharing», 2005
- RFC 4389 «Neighbor Discovery Proxies (ND Proxy)», 2006
- RFC 4429 «Optimistic Duplicate Address Detection (DAD) for IPv6», 2006
- RFC 4443 «Internet Control Message Protocol (ICMPv6)», 2006
- RFC 4489 «A Method for Generating Link-Scoped IPv6 Multicast Addresses», 2006
- RFC 4581 «Cryptographically Generated Addresses (CGA) Extension Field Format», 2006
- RFC 4601 «Protocol Independent Multicast-Sparse Mode (PIM-SM): Protocol Specification», 2006
- RFC 4604 «Using Internet Group Management Protocol Version 3 (IGMPv3) and Multicast Listener Discovery Protocol Version 2 (MLDv2) for Source-Specific Multicast», 2006

- RFC 4607 «Source-Specific Multicast for IP», 2006
- RFC 4610 «Anycast-RP Using Protocol Independent Multicast (PIM)», 2006
- RFC 4861 «Neighbor Discovery for IP Version 6», 2007
- RFC 4862 «IPv6 Stateless Address Autoconfiguration», 2007
- RFC 4884 «Extended ICMP to Support Multi-Part Messages», 2007
- RFC 4890 «Recommendations for Filtering ICMPv6 Messages in Firewalls», 2007
- RFC 4982 «Support for Multiple Hash Algorithms in Cryptographically Generated Addresses (CGAs)», 2007
- RFC 5175 «IPv6 Router Advertisement Flags Option», 2008
- RFC 5722 «Handling of Overlapping IPv6 Fragments», 2009
- RFC 5871 «IANA Allocation Guidelines for the IPv6 Routing Header», 2010
- RFC 5887 «Renumbering Still Needs Work», 2010
- RFC 5942 «IPv6 Subnet Model: The Relationship between Links and Subnet Prefixes», 2010
- RFC 6104 «Rogue IPv6 Router Advertisement Problem Statement», 2011
- RFC 6105 «IPv6 Router Advertisement Guard», 2011
- RFC 6106 «IPv6 Router Advertisement Option for DNS Configuration», 2010
- RFC 6434 «IPv6 Node Requirements», 2011
- RFC 6553, «The Routing Protocol for Low-Power and Lossy Networks (RPL) Option for Carrying RPL Information in Data-Plane Datagrams», 2012
- RFC 6554 «An IPv6 Routing Header for Source Routes with the Routing Protocol for Low-Power and Lossy Networks (RPL)», 2012
- RFC 6564 «A Uniform Format for IPv6 Extension Headers», 2012
- RFC 6583 «Operational Neighbor Discovery Problems», 2012
- RFC 6603 «Prefix Exclude Option for DHCPv6-based Prefix Delegation», 2012
- RFC 6724 «Default Address Selection for Internet Protocol version 6 (IPv6)», 2012
- RFC 6775 «Neighbor Discovery Optimization for IPv6 over Low-Power Wireless Personal Area Networks (6LoWPANs)», 2012
- RFC 6791 «Stateless Source Address Mapping for ICMPv6 Packets», 2012

- RFC 6866 «Problem Statement for Renumbering IPv6 Hosts with Static Addresses in Enterprise Networks», 2013
- RFC 6946 «Processing of IPv6 ‹Atomic›Fragments», 2013
- RFC 6980 «Security Implications of IPv6 Fragmentation with IPv6 Neighbor Discovery», 2013
- RFC 7048 «Neighbor Unreachability Detection Is Too Impatient», 2014
- RFC 7010 «IPv6 Site Renumbering Gap Analysis», 2013
- RFC 7113 «Implementation Advice for IPv6 Router Advertisement Guard (RA-Guard)», 2014
- RFC 7217 «A Method for Generating Semantically Opaque Interface Identifiers with IPv6 Stateless Address Autoconfiguration (SLAAC)», 2014
- RFC 7136 «Significance of IPv6 Interface Identifiers», 2014
- RFC 7342 «Practices for Scaling ARP and Neighbor Discovery (ND) in Large Data Centers», 2014
- RFC 7346 «IPv6 Multicast Address Scopes», 2014
- RFC 7371 «Updates to the IPv6 Multicast Addressing Architecture», 2014
- RFC 7690 «Close Encounters of the ICMP Type 2 Kind (Near Misses with ICMPv6 Packet Too Big (PTB)», 2016

Drafts

Drafts sind im Verzeichnis *www.ietf.org/id-info* zu finden. Um schnell die aktuellste Version eines Draftes zu finden, geht man am besten auf *https://datatracker.ietf.org/doc*. Dort kann man den Filenamen ohne Versionsnummer eingeben und erhält automatisch die aktuellste Version angezeigt. Wird ein Draft nicht mehr aufgeführt, wurde es entweder gelöscht, ist temporär inaktiv oder ist als RFC erschienen.

- DHCPv6/SLAAC Address Configuration Interaction Problem Statement, draft-ietf-v6ops-dhcpv6-slaac-problem-06

Kapitel 6

Networking

Die bisherigen Kapitel haben eine gute Übersicht über die Grundlagen von IPv6 gegeben, über die neue Adress-Architektur, das Header-Format, die Extension Header Architektur, sowie über die neuen ICMPv6-basierten Prozesse wie Neighbor Discovery (ND), Stateless Address Autoconfiguration (SLAAC), Path MTU Discovery (PMTUD) und Multicast Listener Discovery (MLD).Bevor wir in die Themen Übergangsmechanismen und Integration von IPv6 in IPv4-Netzwerken eintauchen, bespricht dieses Kapitel allgemeine Netzwerkthemen wie Layer 2 Support für IPv6, Checksummen und Multicasting. Kapitel 7 beschreibt allgemeine Netzwerkdienste wie DHCPv6 und DNS.

6.1 Layer 2 Support für IPv6

Unabhängigkeit vom Übertragungsmedium

IP sitzt im Kommunikationsmodell zwischen dem Data Link Layer und dem Transport Layer. Ein Ziel in der Entwicklung von IPv6 war es, so viele unterschiedliche Übertragungsmedien wie möglich zu unterstützen, ohne dafür Änderungen am Transport Layer machen zu müssen. Dieser Ansatz wird auch «IP over Everything» genannt.

Setzt Schnittstelle zum Data Link Layer voraus

IP befindet sich zwischen dem Data Link Layer und dem Transport Layer. Um IP vom Data Link Layer so unabhängig wie möglich zu machen, braucht es eine Schnittstelle zu diesem Layer. Der Data Link Layer kann Ethernet, ATM, Frame Relay oder ein anderes Medium sein. Die Schnittstelle muss flexibel und fähig sein, sich an die verschiedenen Anforderungen anzupassen.

Zu diesem Zweck wurden Funktionen wie Path MTU Discovery und Fragmentierung optimiert. Für UDP und TCP (Transport Layer), welche auf IP aufsetzen, sollte es keinen Unterschied machen, ob IPv4 oder IPv6 benutzt wird. Wegen des unterschiedlichen Adressformats sind Anpassungen aber immer dann notwendig, wenn IP-Adressen benutzt werden. All diese Anforderungen führen zu Änderungen, die im IP Layer selbst eingebaut wurden. Multicast wurde erweitert, und Broadcasts werden bei IPv6 nicht mehr verwendet.

Definition Layer 2

Bei der Definition des Data Link Layers werden unterschiedliche Begriffe verwendet. Das TCP/IP-Modell kennt vier Layer, wobei der erste Link Layer genannt wird. Das OSI-Modell kennt sieben Layer. Es teilt den Link Layer des TCP/IP-Modells in zwei Layer auf, den Physical Layer und den Data Link Layer. Mit dem Begriff Layer 2 meinen wir den zweiten Layer des OSI-Modells.

Warum die Unabhängigkeit vom physikalischen Netzwerk wichtig ist

Die Unabhängigkeit vom physikalischen Netzwerk ist für IP wichtig. Wird ein Paket von einem Netzwerk in ein anderes gesandt, wissen wir normalerweise nicht, über welche Medien das Paket transportiert wird. IP kümmert sich um die Empfängeradresse und muss einen Weg finden, um dorthin zu gelangen – unabhängig von der Netzwerk-Hardware. Für die Übertragung übergibt IP das Paket dem Data Link Layer. Bei 802-Netzwerken (IEEE-Standard) fügt der Interface-Treiber des Data Link Layers einen MAC-Header (Media Access Control) an und schickt das Paket über das Netzwerk. Der Interface-Treiber kennt die physikalischen Anforderungen für die Übertragung. Jede Netzwerk-Hardwaretechnologie definiert spezifische Adressierungsmechanismen. Neighbor Discovery (ND) und Inverse Neighbor Discovery (IND), welche in Kapitel 5 beschrieben sind, werden benutzt, um zwischen IPv6-Adressen und Layer 2 Adressen eine Assoziation herzustellen.

Die Regeln und Paketgrössen für den Transport von IPv6-Datagrammen variieren je nach Übertragungsmedium. Entsprechend gibt es für jedes Medium ein spezielles RFC. In diesem Abschnitt wollen wir die wichtigsten zusammenfassen.

6.1.1 Ethernet (RFC 2464)

Ethernet ist eine weit verbreitete LAN-Technologie, welche in den frühen 70er Jahren von Xerox entwickelt wurde. Heute gibt es Standards für Datenraten von 10, 100, 1000, 10'000 Mbs und mehr, die als Ethernet, Fast Ethernet, Gigabit Ethernet und 10 Gigabit Ethernet bezeichnet werden. Heute spricht man auch schon von 40 Gigabit und 100 Gigabit Ethernet.

Ethernet for the First Mile

Das Institute of Electrical and Electronic Engineers (IEEE) arbeitet mit IT- und Telecom-Firmen zusammen an einem neuen Vorschlag, der Ethernet for the First Mile (EFM) oder Long Reach Ethernet (LRE) genannt wird. Sie suchen Wege, wie der Ethernet Standard für First Mile Verbindungen zu Haushalten und Firmen genutzt werden könnte.RFC 2464 beschreibt das Format von IPv6-Datagrammen, die über Ethernet transportiert werden. Es beschreibt auch die Bildung des Interface Identifiers aus der MAC-Adresse für Autokonfiguration.

Ethernet-Adressen

Ethernet-Adressen haben ein 48-Bit Adressierungsschema. Hersteller von Ethernet Hardware erhalten Blöcke von Ethernet-Adressen zugewiesen, OUI (Organizationally Unique Identifier) oder Company ID genannt. Es kann nicht vorkommen, dass zwei Ethernet Hardware Interfaces dieselbe Adresse haben, weil jeder Hersteller die Adressen aus seinem eigenen Adressbereich fortlaufend vergibt. Es ist jedoch bei vielen Interfaces möglich, die MAC-Adresse in der Konfiguration zu überschreiben. MAC-Adresskollisionen sind daher nicht immer auszuschliessen.

Ethernet-Pakete

Gemäss der ursprünglichen Spezifikation kann ein Ethernet Frame unterschiedliche Grössen haben, darf aber nicht kleiner als 64 Bytes und nicht grösser als 1518 Bytes (Header, Daten und CRC) sein. Um den Durchsatz zu optimieren, wurden für 10 Gigabit Ethernet Netzwerke Jumbo Frames definiert, welche bis zu 9000 Bytes gross sein können. Pakete über Ethernet haben eine Default MTU von 1500 Bytes. Eine kleinere MTU kann über ein Router Advertisement mit MTU-Option oder über manuelle Konfiguration der einzelnen Knoten gesetzt werden. Wenn ein Router Advertisement eine MTU enthält, die grösser ist als 1500 Bytes, oder grösser als die manuell konfigurierte MTU, muss das Router Advertisement ignoriert werden.

Header-Format

Abbildung 6.1 zeigt den Ethernet Header für ein IPv6-Datagramm.

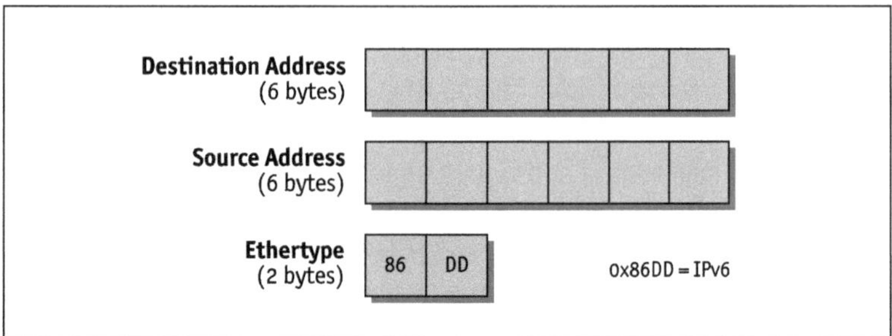

Abbildung 6.1 – Ethernet Header für ein IPv6-Datagramm

Die Felder für Absender- und Empfängeradresse haben je 6 Bytes. Das darauf folgende Ethernet Type Feld hat 2 Bytes, welche für IPv6 auf `0x86DD` gesetzt sind. Für Stateless Autokonfiguration kann die MAC-Adresse verwendet werden, um die Interface ID der IPv6-Adresse zu generieren. Kapitel 3 erklärt, wie dies funktioniert.

Umsetzung von Multicast-Adressen

Wenn die Empfängeradresse eine Multicast-Adresse ist, werden die ersten 2 Bytes der MAC-Adresse auf `0x3333` gesetzt und die letzten 4 Bytes entsprechen den letzten 4 Bytes der Multicast-Adresse.

Abbildung 6.2 zeigt dieses Format.

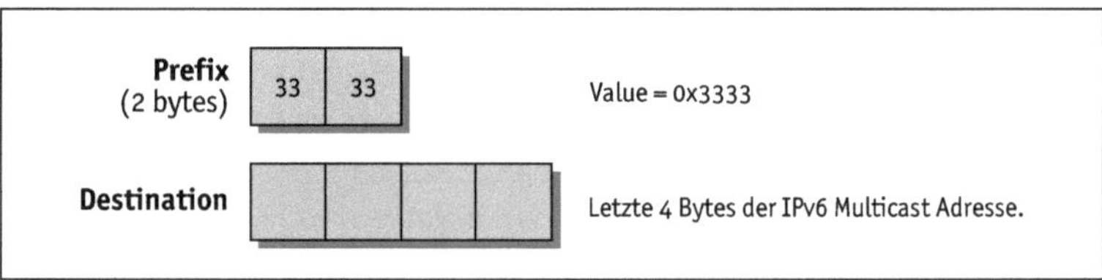

Abbildung 6.2 – Mapping von IPv6 Multicast-Adressen zu Ethernet MAC-Adressen

Abbildung 6.3 zeigt die MAC Multicast-Adresse für eine Solicited-Node Multicast-Adresse im Trace File.

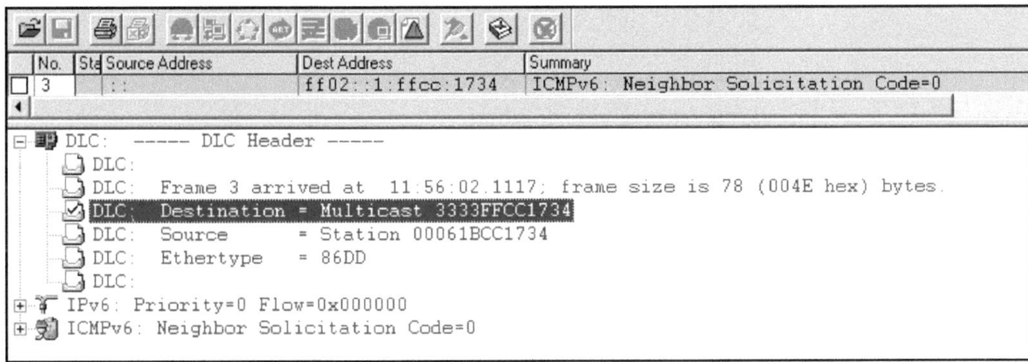

Abbildung 6.3 – MAC Header für eine IPv6 Multicast-Adresse

Beschreibung Trace File

In der Summary-Zeile im oberen Bereich der Abbildung sieht man, dass das Paket von der Unspecified Adresse an die Solicited Node Adresse `ff02::1:ffcc:1734` geschickt wird Es handelt sich um eine Neighbor Solicitation Nachricht. Aufgrund der Unspecified Adresse können wir annehmen, dass sich hier ein IPv6-Knoten im Bootprozess befindet. Die Ethernet-Empfängeradresse hat das Präfix `0x3333`, welches die MAC-Adresse als Multicast-Adresse identifiziert. Darauf folgen die letzten 4 Bytes der IPv6-Adresse, in diesem Fall `FF-CC-17-34`. Die Ethernet-Absenderadresse enthält die MAC-Adresse des Interfaces des Absenders. In diesem Fall entspricht die MAC-Adresse des Absenders dem Interface Identifier des Empfängers, weil die Solicited Node Multicast-Adresse benutzt wird, um Duplicate IP Address Detection durchzuführen. Der Ethertype hat den Wert `0x86DD` für IPv6.

Note

Ethernet-Referenzen

Interessante Informationen über Ethernet finden Sie auf der Website von Charles E. Spurgeon *www.ethermanage.com/ethernet/ethernet.html*. Er ist der Autor von «Ethernet: The Definitive Guide» (O'Reilly). Zu Ethernet ist *www.iol.unh.edu/services/testing/ethernet/training* ein weiterer interessanter Link.

6.1.2 Point-to-Point Protocol (RFC 5072)

Point-to-Point Protocol (PPP) ist ein Mechanismus, um IP und andere Protokolle über einen Point-to-Point Link zu übertragen. Es unterstützt synchrone und asynchrone Leitungen. RFC 5072 beschreibt Methoden, um IPv6-Datagramme über PPP zu übertragen sowie die Bildung von IPv6 Link-Local Adressen für PPP Links.

IPV6CP als Kontrollprotokoll

Das Kontrollprotokoll von PPP für IPv6 (IPV6CP) ist für die Herstellung und Konfiguration über PPP zuständig. In einem PPP Data Link Layer Paket kann ein IPv6-Paket transportiert werden. Das Protokoll-Feld ist auf `0x0057` für IPv6 gesetzt. Wenn ein PPP Link IPv6 unterstützt, muss die MTU-Grösse mindestens auf die IPv6 minimale MTU-Grösse von 1280 Bytes gesetzt sein. Eine MTU-Grösse von 1500 Bytes wird empfohlen.

IPV6CP-Optionen

IPV6CP hat ein spezielles Set von Optionen für das Aushandeln von IPv6-Parametern. Das Optionsfeld hat dasselbe Format, wie dasjenige für das normale Link Control Protocol (LCP). Die einzigen bisher definierten Optionen für IPV6CP sind Interface Identifier und IPv6 Compression Protocol. Ein PPP Interface hat keine MAC-Adresse. Die Interface Identifier Option ermöglicht das Aushandeln eines Interface Identifiers, der innerhalb eines Links einzigartig sein muss. Die IPv6 Compression Option ermöglicht das Aushandeln eines speziellen Kompressionsprotokolls, welches nur für IPv6-Pakete über PPP Links gilt. Bei Default ist es nicht eingeschaltet. Das Aushandeln von IPv6-Adressen wird mit ICMPv6 und Neighbor Discovery gemacht, nicht mit PPP wie bei IPv4.

Vorteile beim Einsatz mit IPv6

Für ISPs bietet PPP mit IPv6 einige Vorteile. Es können z.B. problemlos statische Adressen an Kunden vergeben werden, da der Adressraum genügend gross ist. Mit IPv4 mussten die Adressen aufgrund der Knappheit oft dynamisch vergeben werden. Die Autokonfigurationsmöglichkeiten erleichtern die Administration und Konfiguration bei den Kunden. Die Zuweisung von Netzwerkpräfixen kann mittels Router Discovery oder mit einer DHCPv6-Option (RFC 3633) erfolgen. Um IPv6 mit ADSL einzusetzen, kann zwischen PPP über ATM (PPPoA) und PPP über Ethernet (PPPoE) gewählt werden. IPv6 hat auch einen Einfluss auf Authentication, Authorization und Accounting (AAA). Mit IPV6CP erfolgt die Adresszuweisung nach der Authentifizierung. Die eingesetzten Radius-Implementationen müssen IPv6-Attribute unterstützen. Die Radius-Erweiterungen für IPv6 sind in RFC 3162 beschrieben.

6.1.3 IEEE 802.15.4 (RFC 4944)

Dieser Standard definiert die Layer 2 Schnittstelle für Low Rate Wireless Personal Area Networks (LR-WPANs). Er bietet grundlegende Netzwerkdienste für low-cost, low-speed Kommunikation zwischen beliebigen Geräten. Er definiert keine höheren Schichten. Andere Spezifikationen wie 6LoWPAN, ZigBee und andere bauen auf diesem Standard auf.

6LoWPAN

6LoWPAN steht für IPv6 over Low Power Wireless Personal Area Networks. Als Update zum Basis-RFC 4944 definiert RFC 6282 ein Kompressions-Format für IPv6-Datagramme über IEEE 802.15.4 Netzwerke. RFC 6775 definiert Optimierungen zum Neighbor Discovery Protokoll für low-power Netzwerke mit hohen Verlustraten.

ZigBee

ZigBee ist eine Spezifikation für Kommunikations-Protokolle in kleinen, drahtlosen, low-power Netzwerken und ermöglicht das Bilden von ad-hoc Netzwerken. Typische Applikationen sind Lichtschalter, elektrische Messgeräte, Traffic Management Systeme und beliebige Systeme, die drahtlosen Transport von Daten mit tiefen Datenraten brauchen.

Basis für Internet of Things

Solche Technologien werden die Grundlage darstellen für viele zukünftige Dienste und sensor-basierte Kommunikationdienste (Internet of Things). Sie können in allen Bereichen eingesetzt werden, Industrie, Sicherheit (z.B. Erdbeben-Warnsysteme), Gesundheit (z.B. Telemedizin), Unterhaltung etc. Solche Systeme werden häufig sehr limitierte Ressourcen haben. Darum werden möglichst schlanke, optimierte Stacks entwickelt.

6.1.4 ATM (RFC 2492)

Asynchronous Transfer Mode (ATM) ist ein verbindungsorientiertes Hochgeschwindigkeitsnetzwerk, das sowohl im LAN, vor allem aber im WAN eingesetzt wird. Es benutzt Glasfaserkabel und transportiert bis zu 2,5 Gbps. In Tests wurden auch schon 10 bis 40 Gbps erreicht. 1991 wurde das ATM-Forum gegründet, die erste Spezifikation erschien wenige Monate später. ATM ist sehr effizient im Übertragen von Daten, lässt sich gut mit anderen Technologien integrieren und wird dank seiner ausgereiften Management Features und dem Support für Quality of Service breit eingesetzt.

RFC 2492 definiert die Übertragung von IPv6-Datagrammen über ATM. Es ist zusammen mit RFC 2491, «IPv6 over non-broadcast multiple access (NBMA) Networks», zu lesen.

6.1.5 Frame Relay (RFC 2590)

Frame Relay ist eine verbindungsorientierte Hochgeschwindigkeits-Netzwerktechnologie, welche in den späten 80er Jahren in den Bell Labs als Teil der ISDN-Spezifikation entwickelt wurde. In den frühen 90er Jahren wurde die Spezifikation verfeinert. Frame Relay benutzt einen kurzen 2-Byte Header, welcher die Verarbeitung von Paketen schnell macht.

RFC 2590 beschreibt den Transport von IPv6-Datagrammen über Frame Relay. Es ist zusammen mit RFC 2491, «IPv6 over non-broadcast multiple access (NBMA) Networks», zu lesen. RFC 2590 beschreibt auch die Bildung des Interface Identifiers aus der MAC-Adresse für die Verwendung mit Autokonfiguration und definiert den Inhalt von Source und Target Link Layer Adressoptionen in den ND- und IND-Optionen, die in Router Solicitation/Advertisement, Neighbor Solicitation/Advertisement sowie in Redirect-Nachrichten verwendet werden. RFC 2590 bezieht sich auf Frame Relay Geräte, welche sich als Endstationen (DTEs) in öffentlichen oder privaten Netzwerken befinden. Dabei kann es sich um Router oder Hosts handeln.

6.2 Upper-Layer Protokolle

Die Auswirkungen von IPv6 auf im OSI-Modell höher angesiedelte Protokolle sind minimal. Dieser Abschnitt beschreibt die Abhängigkeiten von UDP und TCP über IPv6.

Änderungen für Adressformat

Die wichtigste Änderung ist immer dort nötig, wo IP-Adressen benützt werden. Jeder Prozess, jede Applikation, die IP-Adressen benutzt, muss das erweiterte 128-bit Adressformat unterstützen. Applikationen, die eine hardcodierte 32-bit IP-Adresse verwenden, sollten am Besten so geändert werden, dass sie DNS-Namen benutzen und allenfalls Optionen anbieten, die eine Protokollpräferenz konfigurieren lassen.

6.2.1 UDP und TCP

Checksumme für UDP vorgeschrieben

Checksummenberechnung wird auf verschiedenen Ebenen (Layers) durchgeführt. Der IPv6 Header hat kein Checksummen-Feld mehr, darum ist es wichtig, dass die Checksummenkontrolle auf dem Transport Layer gemacht wird. Damit kann die fehlerhafte Übertragung von Daten entdeckt werden. Andere Upper Layer Protokolle können ebenfalls eine Checksumme benutzen. Alle Checksummenkalkulationen, in denen die IP-Adresse in die Berechnung miteinbezogen wird, müssen für das IPv6 128-bit Adressformat angepasst werden.

Checksummen-berechnung

Transportprotokolle wie UDP und TCP benutzen Checksummen. Eine Checksumme wird mittels eines sogenannten Pseudo-Headers durchgeführt. Der TCP, UDP und ICMPv6 Pseudo-Header hat Felder für Absender- und Empfängeradresse, Payload Länge und Next Header Wert (RFC 2460). Falls nun die Absender- oder Empfängeradresse eines Pakets unterwegs verändert wurde, so entspricht der Wert der Checksumme am Zielort nicht mehr dem Wert des ursprünglichen Paketes, was einen Checksum Error zur Folge hat.

Neuer Pseudo-Header

Weil die IPv6-Adresse länger ist als eine IPv4-Adresse, musste der Pseudo-Header neu definiert werden. Dieser neue Pseudo-Header zieht auch in Betracht, dass eine beliebige Anzahl von Extension Headers vor dem UDP oder TCP Header stehen kann. Dies hat eine Auswirkung auf die Paketlänge im Pseudo-Header. Mit IPv4 war eine Checksumme im UDP Header optional. Da der IPv6 Header kein Checksummenfeld mehr hat, ist mit IPv6 eine Checksumme im UDP Header zwingend vorgeschrieben. IPv6-Knoten, die ein UDP Paket mit dem Wert 0 im Checksummenfeld bekommen, müssen das Paket ignorieren und den Fehler in ein Log schreiben. Der Absender kalkuliert die Checksumme und speichert sie im Header. Der Empfänger kalkuliert die Checksumme erneut und vergleicht den Wert mit dem vom Absender kalkulierten Wert im Header.

Format Pseudo-Header

Abbildung 6.4 zeigt das Format des Pseudo-Headers, der für die Kalkulation der Checksumme verwendet wird:

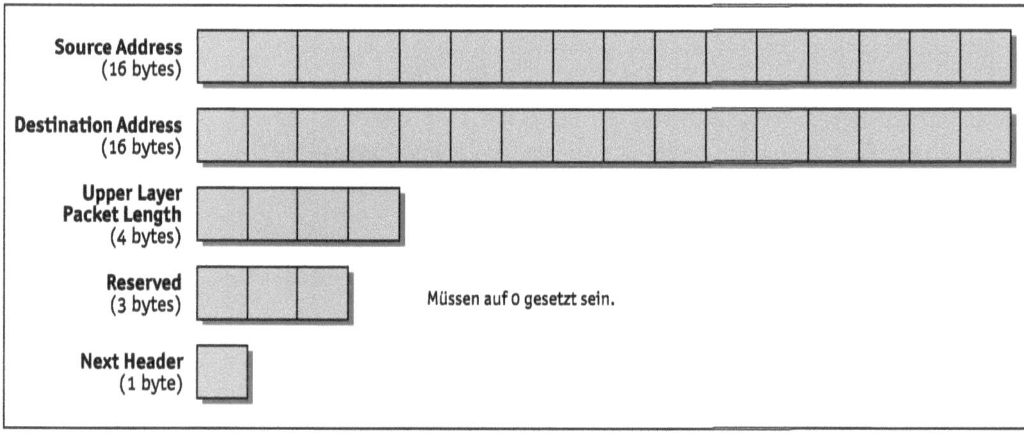

Abbildung 6.4 – Format des Pseudo-Headers

Nachstehend eine Beschreibung jedes Feldes:

- **Source Address (16 Bytes)**
  Die Absenderadresse des IPv6-Paketes.

- **Destination Address (16 Bytes)**
  Die Empfängeradresse des IPv6-Paketes. Falls das Paket einen Routing Header hat, so entspricht die im Pseudo-Header benutzte IP-Adresse der Adresse des endgültigen Empfängers. Beim ersten Knoten entspricht diese Adresse dem letzten Adresseintrag im Routing Header. Beim endgültigen Empfänger steht diese Adresse im Empfängeradressfeld des IPv6 Headers.

- **Upper Layer Packet Length (4 Bytes)**
  Dieses Feld enthält die Länge der Upper Layer Protokoll Header plus die Länge der Daten.

- **Next Header (1 Byte)**
  Das Next Header Feld bezeichnet den Typ des nachfolgenden Headers (gemäss Tabelle 2.1 in Kapitel 2).

Berechnung

Für die Berechnung der Checksumme wird derselbe Algorithmus benutzt wie bei IPv4. Die 16-bit Checksumme wird über den gesamten Pseudo-Header kalkuliert.

6.3 Multicast

Viele Aspekte von Multicast sind bereits in anderen Kapiteln beschrieben. Multicast-Adressen sind in Kapitel 3 beschrieben und alle multicast-basierten Neighbor Discovery Funktionen sind in Kapitel 5 beschrieben. An dieser Stelle ein kurzer Überblick über die mit Multicast im Zusammenhang stehenden Themen, sowie einige Ergänzungen, die die Bedeutung von Multicast in einem IPv6-Netzwerk unterstreichen.

Multicast-Registrierung mit MLD

Multicast wird benutzt, um Daten an eine Gruppe von Empfängern zu senden. Dazu wird eine Multicast-Empfängeradresse verwendet. Die Gruppenteilnehmer, die an dieser Gruppe interessiert sind (Listener), müssen sich für die Gruppe bei ihren Routern registrieren. Dafür benutzen sie MLD (Multicast Listener Discovery). Router führen für jedes Interface eine Liste, auf der ersichtlich ist, welche Multicast-Gruppen an diesem Link vorhanden sind. So können Router Multicast-Nachrichten effizient routen, indem Multicast-Pakete nur an Links weitergegeben werden, an welchen auch Empfänger registriert sind. Dafür werden spezielle Multicast Routing Protokolle eingesetzt. Diese werden im Rahmen dieses Buches nicht besprochen.

Multicast Routing

Note
Das Format von Multicast-Adressen ist in Kapitel 3 beschrieben. Wie Multicast-Adressen zu Layer 2 Adressen umgesetzt werden, wird in Abbildung 6.2 in diesem Kapitel gezeigt. Das Management (MLD) und die Funktionsweise von Multicast wird in Kapitel 5 beschrieben.

Scope Feld definiert Reichweite

Multicast wurde für IPv6 wesentlich erweitert und optimiert. Dies insbesondere durch das Hinzufügen eines sogenannten Scopes, mit dem die Reichweite von Multicast-Nachrichten kontrolliert werden kann. Multicast ist auch mit IPv4 verfügbar. Bei IPv6 ist es jedoch ein integrierter Bestandteil des Protokolles und somit auf jedem Gerät mit einer IPv6-Implementation verfügbar. Viele Funktionen und Dienste, die mit IPv6 eingesetzt werden, benutzen Multicast.

6.3.1 Multicast Layer 2 Protokolle

MLD Snooping

Dank Layer 2 Multicast-Protokollen können auch Switche Multicast erkennen und müssen somit nicht alle Interfaces mit Multicast-Nachrichten fluten. MLD Snooping, die IPv6-Version von IGMP Snooping ist verfügbar. Mit MLD Snooping leiten Switche Multicast-Nachrichten nur an Ports weiter, an denen auch Empfänger für die entsprechende Multicast-Adresse vorhanden sind. Diese Liste wird dynamisch gebildet, indem Multicast Control Pakete ausgewertet werden. Es ist für die Funktionalität von IPv6 wesentlich, sich der Bedeutung von Multicast für viele Prozesse bewusst zu sein und sicherzustellen, dass alle Switche damit korrekt umgehen können.

6.3.2 Multicast Routing

Router lernen für welche Multicast-Gruppen an ihren direkten Interfaces Empfänger vorhanden sind durch MLD. Um den optimalen Pfad von einer Multicast-Quelle zu den Empfängern zu finden, müssten Router untereinander Empfänger-Information austauschen.

Multicast Distribution Tree kennt den besten Pfad

Zu diesem Zweck wird ein Multicast Distribution Tree (MDT) benützt. Die Zweige des Baumes führen zu den Empfängern. Der MDT fügt Zweige an oder löscht sie, je nachdem wie Empfänger sich registrieren oder de-registrieren. Der Baum hat die Wurzeln bei der Quelle des Multicast Traffics und wird Shortest Path Tree (SPT) genannt. Der SPT wird durch die Quell-Adresse und die Multicast-Adresse definiert. Alle Router, die zu einem Baum gehören müssen für diesen Baum State halten.

Rendezvous Point

Wenn mehrere Quellen die gleiche Multicast-Adresse bedienen, so ist die Wurzel des sogenannten Shared Trees (ST) auf einem administrativ definierten Router, der Rendezvous Point genannt wird. Ein Rendezvous Point kann mehrere Multicastgruppen verwalten.

Control Nachrichten von Empfänger zur Wurzel gesandt

Control Nachrichten werden immer vom Empfänger Richtung Wurzel des Baumes geschickt. Der Prozess, den Upstream Neighbor zu finden, wird Reverse Path Forwarding Berechnung (RPF) genannt. Bei der Weiterleitung von Unicast-Nachrichten ist es wichtig zu wissen, wohin das Paket geht, bei Multicast-Weiterleitung ist es wichtig, woher das Paket kommt. Für jeden

Multicast-Datenstrom ist pro Router nur ein Interface berechtigt, den Datenstrom zu erhalten, da sonst die Pakete doppelt ausgeliefert würden.

6.3.3 Protocol Independent Multicast (PIM)

Bildung MDT

Multicast Routing ist der Prozess, der den Multicast Distribution Tree bildet. Die Information über die Topologie wird in der Tree Information Base (TIB) verwaltet. Es wurde eine Vielzahl von Protokollen für diesen Prozess entwickelt. Mit der Zeit und Erfahrung wurde die Auswahl auf einige Varianten von PIM (Protocol Independent Multicast) reduziert. Für IPv6 wurden drei verschiedene Routing-Protokolle übernommen.

- **PIM-SM (PIM Sparse Mode)**
  Wird eingesetzt, wenn mehrere Quellen an die gleiche Multicast-Adresse senden (Videoconferencing, Peer-to-Peer Spiele).

- **PIM-SSM (PIM Source Specific Multicast)**
  Dies ist ein Subset von PIM-SM. Wird eingesetzt, wenn eine einzelne Quelle an verschiedene Adressen sendet (Content Delivery wie Audio, Video).

- **PIM-Bidir (Bidirectional PIM)**
  Wird eingesetzt, wenn alle Mitglieder einer Gruppe gleichzeitig Sender und Empfänger sein können.

6.4 Routing-Protokolle

Übersicht Routing Protokolle

Die Weiterleitung (Routing) eines IPv6-Paketes über das lokale Subnetz hinaus verlangt einen Router. Router schauen auf die Zieladresse des IPv6-Paketes und suchen in der Routing-Tabelle eine übereinstimmende IPv6 Route. Die Routing-Tabelle wird im ersten Teil dieses Kapitels beschrieben. Woher bekommt der Router die Informationen für die Routing-Tabelle? Die Information kann manuell eingegeben werden (statische Routen). Dies ist aber nicht sehr ökonomisch. Viel effizienter sind sogenannte Routing-Protokolle. Sie erlauben einen dynamischen Informationsaustausch für den gegenseiten Abgleich der Routing-Tabellen. Routing-

Informationen müssen entweder im gleichen autonomen System (AS) oder zwischen autonomen Systemen ausgetauscht werden. Ein autonomes System wird definiert als eine Menge von Netzwerken, die von einer einzigen Autorität administriert werden. Routing-Protokolle, die Routing-Informationen innerhalb des gleichen AS austauschen, nennt man Interior Gateway Protokolle (IGP). RIPng, OSPF für IPv6, IS-IS für IPv6 und EIGRP für IPv6 gehören in diese Kategorie. Exterior Gateway Protokolle (EGP) sind hingegen Routing-Protokolle, die Routing Informationen zwischen verschiedenen AS austauschen. BGP-4 und seine Erweiterungen für IPv6 repräsentiert ein solches Protokoll.

Dieses Kapitel beschreibt die Routing-Protokolle RIPng, OSPF für IPv6, IS-IS für IPv6, EIGRP für IPv6 und BGP-4 im Überblick.

Note
Der Begriff Router soll hier ganz allgemein für jedes Gerät gelten, welches IPv6-Pakete weiterleiten kann. Normalerweise, aber nicht zwingend, kann ein Router natürlich auch das entsprechende Routing Protokoll verstehen und verarbeiten.

In früheren Auflagen dieses Buches war ein ganzes Kapitel dem Thema Routing-Protokolle gewidmet und die wichtigsten waren detailliert beschrieben. Da es heute einige ausführliche und hervorragende Routing-Bücher gibt, verzichte ich darauf, dies hier zu wiederholen. Es sprengt den Rahmen eines Grundlagenbuchs über IPv6 und sollte spezialisiert und vertieft abgehandelt werden.

6.4.1 Die Routing-Tabelle

Weiterleitung eines IPv6-Paketes

Jeder Router besitzt und verwaltet eine Routing-Tabelle, auch bekannt unter dem Namen Weiterleitungstabelle (Forwarding Table). Jeder Eintrag repräsentiert ein dem Router bekanntes IPv6-Ziel, von jetzt an IPv6 Route oder einfach Route genannt. Die IPv6 Route ist formuliert als IPv6-Adresspräfix und dessen Länge. Für jede IPv6 Route werden zusätzliche Informationen gespeichert. Die Next Hop Information als Beispiel definiert, wohin ein Paket für die Route weitergeleitet werden soll. Eine weitere Information ist die Metrik der Route, d.h. wie lange ist der Weg zum Ziel. Dies erlaubt dem Router für jede IPv6 Route den kürzesten Weg zu finden.

Note
In der Routing-Tabelle für IPv6 gibt es keine Unterscheidung zwischen Netzwerk, Subnetzwerk oder Host. Der Grund liegt in der Eindeutigkeit von IPv6-Präfixen. Im ganzen Dokument werden IPv6 Routen kurz als Routen bezeichnet.

6.4.2 Inhalt der Routing-Tabellen und Auffinden der Route

Für jedes eingehende IPv6-Paket schaut sich der Router die Zieladresse an und sucht in der Routing-Tabelle eine übereinstimmende IPv6 Route. Dabei wird die entsprechende Präfixlänge der IPv6 Route auf die Zieladresse angewandt. Entspricht das damit errechnete Präfix der Zieladresse dem Präfix der Route, gibt es eine Übereinstimmung. Um die Suche zu optimieren, wird das Auffinden in der Routing-Tabelle in der Regel nach Präfixlänge sortiert und optimiert, d.h. längste Präfixe zuerst. Wird eine Übereinstimmung gefunden, muss nicht weiter gesucht werden, da die Route mit der grössten Präfixlänge immer die bevorzugte Route ist. Hat der Router eine Übereinstimmung in der Routing-Tabelle gefunden, wird das IPv6-Paket aufgrund der Next Hop Information weitergeleitet. Ausserdem wird das Hop-Limit Feld im IPv6-Paket um eins reduziert. Findet der Router keine Übereinstimmung, oder ist das resultierende Hop-Limit gleich Null, wird das IPv6-Paket verworfen. Es ist daher äusserst wichtig, dass der Router eine möglichst vollständige Routing-Tabelle besitzt.

Abbildung 6.5 zeigt eine Routing-Tabelle.

```
ASW1#show ipv6 route
IPv6 Routing Table - 12 entries
Codes: C - Connected, L - Local, S - Static, R - RIP, B - BGP
       U - Per-user Static route
       I1 - ISIS L1, I2 - ISIS L2, IA - ISIS interarea, IS - ISIS summary
       O - OSPF intra, OI - OSPF inter, OE1 - OSPF ext 1, OE2 - OSPF ext 2
       ON1 - OSPF NSSA ext 1, ON2 - OSPF NSSA ext 2
C  2001:DB8:CAFE:B0::/64 [0/0]
    via ::, Vlan10
L  2001:DB8:CAFE:B0:C000:11FF:FE50:0/128 [0/0]
    via ::, Vlan10
C  2001:DB8:CAFE:B1::/64 [0/0]
    via ::, Vlan20
L  2001:DB8:CAFE:B1:C000:11FF:FE50:0/128 [0/0]
    via ::, Vlan20
C  FD85:87:69:1::/64 [0/0]
    via ::, FastEthernet0/0
L  FD85:87:69:1::4/128 [0/0]
    via ::, FastEthernet0/0
C  FD85:87:69:2::/64 [0/0]
    via ::, FastEthernet0/1
L  FD85:87:69:2::4/128 [0/0]
    via ::, FastEthernet0/1
C  FD85:87:69:404::/64 [0/0]
    via ::, Loopback0
L  FD85:87:69:404::4/128 [0/0]
    via ::, Loopback0
L  FE80::/10 [0/0]
    via ::, Null0
L  FF00::/8 [0/0]
    via ::, Null0
```

Abbildung 6.5 – Eine IPv6 Routing-Tabelle

Für jede IPv6 Route werden folgende Einträge in der Routing-Tabelle festgehalten:

Einträge in der Routing-Tabelle

- **IPv6-Präfix und Präfixlänge**
  Die Präfixlänge definiert die Anzahl der relevanten Bits für das IPv6-Präfix. Für das Finden einer Übereinstimmung der Zieladresse eines IPv6-Datagrammes mit der Route werden nur die relevanten Bits des IPv6-Präfixes berücksichtigt.

- **Next Hop Adresse**
  Die IPv6-Adresse (normalerweise die Link-Local Adresse) des nächsten Routers entlang dem Weg zum Ziel der Route. Falls sich die Route auf einem direkt am Router angeschlossenen Interface befindet, braucht es keine Next Hop Adresse.

- **Next Hop Interface**
  Das lokal angeschlossene, physikalische Interface, über welches die Next Hop Adresse erreichbar ist.

- **Metrik**
  Eine Nummer, welche die gesamten Kosten zum Ziel angibt. Die Metrik hängt vom verwendeten Routing-Protokoll ab. Metriken von unterschiedlichen Routing-Protokollen können nicht verglichen werden. Das bedeutet, dass vor der Metrik das Routing Protokoll gewichtet werden muss. Kennt der Router eine gleiche IPv6 Route von unterschiedlichen Routing-Protokollen, wählt er zuerst das besser gewichtete Protokoll. Die Gewichtung von Routing-Protokollen ist bei jedem Hersteller anders geregelt. Cisco zum Beispiel nennt die Gewichtung «Administrative Distanz». Nur wenn eine gleiche Route innerhalb des gleichen Routing-Protokolles bekannt ist, kommt die Metrik zum Zug. Direkt angeschlossene Routen haben immer die beste Gewichtung und bekommen eine Metrik zugewiesen, die der konfigurierten Metrik des Next Hop Interfaces entspricht.

- **Timer**
  Die Zeit, die verstrichen ist, seit die IPv6 Route zum letzten Mal aktualisiert wurde.

- **Route Source, auch Protokoll genannt**
  Der Prozess, welcher die Route in die Routing-Tabelle eingetragen hat, z.B. statische Route, direkt angeschlossene Route oder Name des Routing-Protokolles (RIPng, OSPF für IPv6, etc)

6.4.3 Default Route

Eine Default Route repräsentiert eine Route für alle Zieladressen die nicht explizit in der Routing-Tabelle aufgelistet sind. Sie wird verwendet, wenn ein Router nicht alle Zieladressen kennen muss. Es macht zum Beispiel Sinn, dass ein Router für einen abgesetzten Netzwerkbereich nicht alle Zieladressen des gesamten Autonomen Systems kennen muss, da die meisten Zieladressen über die Verbindung zum zentralen Bereich erreichbar sind.

Einsatz und Verteilung der Default Route

Die Default Route muss, wie jede andere Route, in der Routing-Tabelle eingetragen sein. Der Next Hop einer Default Route wird auch Default Gateway genannt. Der gesamte Datenverkehr für unbekannte Zieladressen wird an den Default Router geschickt. Es wird angenommen, dass der Default Router seinerseits alle Routen kennt oder eine Default Route zu einem weiteren Default Router besitzt. Es ist dem Betreiber überlassen, ob und wie er eine solche Kette von Default Routern implementiert. Der oberste Router einer solchen Kette ist in der Regel ein Übergangsrouter zu einem anderen Netzwerkbereich. Dort wird die Default Route statisch eingetragen und dann über das ensprechende Routing-Protokoll in den Netzwerkbereich verteilt. Die Verteilung sollte auf den entsprechenden Netzwerkbereich beschränkt bleiben. Default Routen und deren Verteilung müssen sorgfältig geplant und implementiert werden. Der Vorteil von Default Routen liegt in der Reduktion von Routing-Einträgen.

Format Default Route

Bei IPv6 wird jedes Präfix mit einer Länge von Null als Default Route betrachtet. Normalerweise wird aber das Präfix `0:0:0:0:0:0:0:0` (oder einfach ::) mit einer Präfixlänge von Null als Default Route benutzt. Wird die Zieladresse eines IPv6-Paketes mit der Default Route verglichen, gibt es immer eine Übereinstimmung, da die Anzahl der zu vergleichenden Bits gemäss Präfixlänge auf Null gesetzt ist. Die Default Route ist immer die letzte Route, die beim Suchen einer Übereinstimmung angeschaut wird.

Note
Der häufigste Gebrauch der Default Route ist auf dem eigentlichen Endgerät des Netzwerks (PC, Server, Drucker, etc) zu finden. Das Endgerät muss nur den Default Router kennen und schickt alle IPv6-Pakete dahin. Jedes Endgerät hat daher eine Default Route mit einem oder mehreren Default Routern. Kapitel 5 erklärt, wie Default Gateway Konfiguration in IPv6 erfolgt, da es keine DHCPv6 Option dafür gibt.

6.4.4 RIPng

Die Geschichte wiederholt sich. Genau wie bei IPv4 ist RIP das erste entwickelte Routing Protokoll bei IPv6, es heisst jetzt einfach RIPng (RIP nächste Generation). RIPng basiert wie RIP für IPv4 auf dem Distanz-Vektor Algorithmus von Bellman-Ford. Die Theorie und Mathematik, die hinter diesem Algorithmus stehen, werden in diesem Abschnitt kurz erklärt. RIPng folgt im Wesentlichen den bestehenden Routing-Protokollen von RIP (RIPv1 und RIPv2), welche bei IPv4 schon länger im Einsatz stehen. RIPng kommt aber ausschliesslich für IPv6 zum Einsatz.

Note
RIPv1 ist in RFC 1058, RIPv2 in RFC 2453 definiert.RIPng ist in RFC 2080 (Januar 1997) spezifiziert und beschrieben.

Distanz-Vektor Algorithmus für RIPng

Definition Distanz

RIPng benutzt einen einfachen Mechanismus für die Bestimmung der Kosten (auch Distanz genannt). Es zählt die Anzahl der zu überquerenden Router (Hops) zum Ziel. Direkt angeschlossene Routen haben eine Distanz, die einer konfigurierten Metrik auf dem Interface entspricht, normalerweise 1. Distanzen von 16 und mehr gelten als unerreichbar, d.h. eine IPv6 Route mit einer Distanz von 16 darf nicht mehr gebraucht werden.

Distanzberechnung

Der RIP Router schickt in regelmässigen Abständen seine Routing-Tabelle an seine direkt angeschlossenen Nachbarn. Dazu verwendet er RIPng Response-Nachrichten. Beim Erhalt der Response-Nachricht addiert der Nachbarrouter erstmal die Metrik zum sendenden Router (normalerweise 1 Hop) zur Metrik jeder Route in der Nachricht. Danach übergibt er die Routen dem Bellmann-Ford Algorithmus zur Weiterverarbeitung.

Verteilung der Routen und Konvergenz

Wenn ein Router aufstartet oder neu initialisiert wird, kennt er nur die direkt angeschlossenen Routen. Diese Informationen gibt er an alle Nachbarn weiter. Diese verarbeiten die Routen und geben sie ihrerseits an ihre Nachbarn weiter. Schlussendlich sind alle Router im autonomen System über diese Routen in Kenntnis gesetzt. Die Router schicken sich periodisch Routing Response Nachrichten zu. Damit wird verhindert, dass die Informationen ablaufen und dadurch gelöscht werden. Die Zeit, die vergeht bis alle Router die geänderte Topologie kennen, nennt man Konvergenzzeit.

Einschränkungen des Protokolles

RIPng, wie auch die früheren Versionen von RIP, sind ursprünglich als IGP für kleinere bis mittlere AS entwickelt worden. Die Einschränkungen von RIPv1 und RIPv2 gelten auch für RIPng Die folgende Liste fasst diese zusammen:

Maximale Metrik ist 16

- **Der RIPng Durchmesser (Diameter) ist beschränkt**
  Die längstmögliche Distanz einer Route ist beschränkt auf 15 Hops. Normalerweise entspricht dies einem Weg über 15 Router hinweg, da in der Regel jeder Router die Metrik um 1 erhöht. Das Protokoll erlaubt aber eine manuelle Konfiguration der Linkkosten (z.B. 3). Damit wird die Anzahl der möglichen Router noch weiter eingeschränkt. Routen mit einer Metrik von 16 gelten als unerreichbar und werden in der Routing-Tabelle nicht mehr berücksichtigt.

Routing Schleifen und «Counting to Infinity»

- **Routing-Schleifen (Routing Loops) verursachen hohe Konvergenzzeiten**
  Wenn ungültige Routen weiter verteilt werden, erhöht sich jedesmal die Metrik. Die Routen würden unendlich in den Routing-Tabellen festsitzen und dies mit einer immer grösser werdenden Metrik (Counting to Infinity). Der Mechanismus der maximalen Metrik von 16 verhindert dies und eliminiert die Route. Im nächsten Abschnitt wird dies genauer erläutert.

Interface Metrik

- **Die Metrik wiederspiegelt die eigentliche Leitungsgeschwindigkeit nicht korrekt (oder adäquat)**
  RIPng benutzt eine feste Metrik, die normalerweise für jeden überquerten Link auf 1 gesetzt wird. Ein Weg kann nicht aufgrund von messbaren Parametern wie Bandbreite, Verzögerung (Delay), Last oder Zuverlässigkeit gewählt werden.

Topologieänderungen und Stabilität

Verteilung und Konvergenz bei Topologieänderungen

Ein Änderung der Topologie wird entweder durch eine neu hinzugefügte Route oder eine ausgefallene Route verursacht. Neu hinzugefügte Routen werden mit der nächsten Response-Nachricht weitergegeben. Der Router, der die neue Route direkt angeschlossen hat, gibt die Nachricht an seine Nachbarn weiter. Diese wiederum verarbeiten die neue Route und geben sie dann an ihre Nachbarn weiter. Schlussendlich lernen so alle Router diese neue Route.

Was geschieht nun, wenn eine Route oder ein ganzer Router ausfällt? Letztendlich werden diese Routen ablaufen, da sie nicht mehr verteilt werden. Die Frage stellt sich nur, wie lange dies dauert. Um die Konvergenzzeit möglichst klein zu halten, müssen verschiedene Massnahmen ergriffen werden. Dazu wurden zwei Prozesse entwickelt, die nachfolgend beschrieben sind.

- **Route Poisoning, Hold Down Timer**
  Wenn ein Router Interface ausfällt, entfernt der Router die mit diesem Interface assozierte(n) Route(n) nicht sofort. Er behält die Route(n) in der Routing-Tabelle und setzt die Metrik auf 16. Dies wird Route Poisoning genannt. Eine Metrik von 16 bedeutet, dass die Route nicht mehr erreichbar ist. Der Hold Down Timer, ebenfalls bekannt als Garbage Collection Timer, definiert die Zeitdauer für den Verbleib der Route in der Routing-Tabelle. Die Route wird den Nachbarn mit einer Metrik von 16 weitergegeben. Da die Nachbarn für diese Route ebenfalls einen Hold Down Timer ansetzen, bleibt die Route auch bei den Nachbarn als unerreichbar in der Routing-Tabelle. Die Nachbarn geben die Route dann wieder an ihre Nachbarn als unerreichbar weiter. So lernen alle Router, dass diese Route ausgefallen ist.

- **Split Horizon, mit oder ohne Poison Reverse**
  Bei Split Horizon darf ein Router nie eine Route über das Next Hop Interface zurückgeben. Das Next Hop Interface einer Route ist das Interface über welches der Router die Route erhalten hat. Eine zusätzliche Option von Split Horizon ist das Poison Reverse. Hier kann der Router eine Route über das Next Hop Interface zurückgeben, aber mit einer Metrik von 16 (unerreichbar). Poison Reverse hat den Nachteil, dass zusätzliche Response-Nachrichten entstehen. Jede Route, die der Router über ein bestimmtes Interface gelernt hat, muss er als unerreichbar wieder über dieses Interface zurückschicken. Split Horizon, mit oder ohne Poison Reverse, muss pro Interface am Router eingeschaltet werden.

Note
Obwohl RIPng IPv6 unterstützt, empfehlen wir es aufgrund der beschriebenen Limitationen nicht einzusetzen.

6.4.5 OSPF für IPv6 (OSPFv3)

OSPF für IPv6 ist ein Routing-Protokoll, welches auf sogenannten Link-States basiert. Es wird zur Zeit ausschliesslich für IPv6 verwendet. Als Basis dient das existierende OSPF für IPv4 (OSPFv2).

OSPF für IPv6 basiert auf OSPF für IPv4

Die Grundsätze von OSPFv2 wurden unverändert ins OSPF für IPv6 übernommen. Die nötigen Änderungen in OSPF für IPv6 sind bedingt durch den vergrösserten Adressbereich von IPv6 und der daraus resultierenden Unterschiede in der Protokollsemantik für OSPF. OSPF für IPv6 ist in RFC 5340 spezifiziert. Das RFC enthält eine grosse Anzahl von Querverweisen auf die Dokumente von OSPFv2. Dies macht die Lektüre dieses RFCs nicht gerade leicht.

Überblick über OSPF für IPv6

RFCs zu OSPF für IPv6

OSPF für IPv4 (OSPFv2) wurde in RFC 2328 standardisiert. Zusätzlich existieren mehrere Erweiterungen für OSPF. RFC 1584 beschreibt die IPv4 Multicast-Erweiterungen für OSPF. RFC 1587 fügt OSPF die sogenannte Not-So-Stubby Area (NSSA) hinzu. Für die Unterstützung von IPv6 wurde OSPF in RFC 2740 neu definiert. RFC 2740 wurde im Juli 2008 durch RFC 5340 erweitert. RFC 5340 präzisiert fehlende und mangelhafte Definitionen, im speziellen die Unterstützung von NSSA, Entfernung von Multicast OSPF für IPv6 und die vollständige Entfernung von Site-Local Adressen. OSPF für IPv6 bekommt die Versionsnummer 3 und ist nur für IPv6 bestimmt. In dem Sinne ist es keine Erweiterung von OSPFv2. Es wurde nachträglich ein RFC veröffentlicht, das Support für mehrere Adressfamilien definiert. Dies wird im letzten Absatz dieses Abschnittes besprochen.

OSPF wird als Interior Gateway Protokoll (IGP) klassifiziert. Es wurde entwickelt, um die Einschränkungen von RIP zu beheben. Dazu gehören die langen Konvergenzzeiten, kleine maximale Distanzen und Metriken, welche die physischen Übertragungseigenschaften nicht miteinbeziehen. Zusätzlich kann OSPF eine viel grössere Routing-Tabelle handhaben, um entsprechend grosse Netzwerke zu bedienen.

Unterschiede zwischen OSPF für IPv6 und OSPF für IPv4

Der grösste Teil des Konzepts von OSPFv2 wurde übernommen. Dieser Abschnitt bietet einen kurzen Überblick über die wichtigsten Änderungen bei OSPFv3.

- **Protokoll Verarbeitung pro Link, nicht pro Subnetz**
  OSPFv3 verbindet Interfaces zu sogenannten Links. Es arbeitet auf der Basis von Links und nicht von Subnetzen. Die Begriffe «Netzwerk» und «Subnetz», die bei OSPFv2 zum Einsatz kamen, werden durch den Begriff «Link» ersetzt. Mehrere IPv6-Präfixe können einem einzelnen Link zugewiesen werden. OSPFv3 Router können über einen direkt verbundenen Link kommunizieren, auch wenn sie über diesen Link kein gemeinsames Präfix definiert haben.

  Begriffe «Netzwerk» und «Subnetz» ersetzt durch «Link»

- **Adress-Semantik wurde entfernt**
  IPv6-Adressen sind nicht im OSPFv3 Header enthalten. Sie werden nur im Datenteil (Payload) geführt.
  Router-LSA (Link State Advertisement) und Network-LSA (sie existieren tatsächlich noch) enthalten keine IPv6-Adressen. Ein Link wird durch eine 32-Bit Nummer identifiziert und nicht wie bei OSPFv2 durch eine IP-Adresse.
  OSPF Router ID, Area ID und Link State ID haben nach wie vor eine Länge von 32 Bits. Sie können daher nie den Wert einer IPv6-Adresse annehmen. Designated Router und Backup Designated Router werden neu über die Router ID und nicht mehr über die IP-Adresse des Interfaces identifiziert.

  Keine Adressen im OSPF Header

- **Scope der Verteilung (Flooding Scope)**
  Jeder LSA-Typ enthält neu einen expliziten Code für die Bestimmung des Verteilungsbereiches (Flooding Scope). Dieser Code ist im LSA-Typenfeld eingebettet. Drei solche Flooding Scopes wurden eingeführt: Link-Local, Area und AS.

  LSAs erhalten Flooding Scope für Verteilung

- **Explizite Unterstützung für mehrere Instanzen pro Link**
  Mehrere OSPFv3-Protokollinstanzen können nun über einen einzelnen Link existieren. Damit können separate AS mit jeweils eigenem OSPF über einen gemeinsamen Link OSPF Informationen austauschen. Ausserdem kann ein einzelner Link zu mehreren OSPF Areas gehören.

- **Benutzung der Link-Local Adressen**

Link-Local Adressen für Next Hop Informationen

OSPFv3 geht davon aus, dass jedem Interface eine Link-Local Adresse zugeordnet ist. Alle OSPFv3 Pakete benutzen diese Link-Local Adressen als Absenderadressen. Die Router lernen die Link-Local Adressen von allen Nachbarn und benutzen diese als Next Hop Adresse. Die Ausnahme sind Nachrichten über einen virtuellen Link. Diese müssen entweder eine Global oder Unique-Local IPv6 Adresse (ULA) verwenden.

- **Authentication**

Sicherheit wird von IPv6 übernommen und von OSPF entfernt

Da OSPF für IPv6 über IPv6 läuft, kann es die Authentication Optionen von IPv6 verwenden und braucht daher keine eigenen Authentication Mechanismen. Ein Integritätscheck hingegen verbleibt in der Form der Checksumme, die über das ganze OSPF-Paket gerechnet wird.

- **OSPF-Paketformate**

Der Abschnitt «Nachrichtenformat von OSPF für IPv6» führt alle geänderten Formate der OSPF-Pakete auf.

- **Änderungen im LSA-Format**

Einführung von zwei neuen LSAs (Typ 8 und 9)

  - LSA Typ 3 (Summary) wurde umbenannt und heisst jetzt Inter-Area-Prefix-LSA.
  - LSA Typ 4 (AS Summary) wurde umbenannt und heisst jetzt Inter-Area-Router-LSA.
  - Zwei neue LSAs wurden eingeführt. Sie tragen IPv6-Präfixinformationen im Datenteil. Es sind dies Link-LSA (Typ 8) und Intra-Area-Prefix-LSA (Typ 9). Link-LSAs beinhalten die IPv6-Adressinformationen der lokalen Links. Intra-Area-Prefix-LSAs beinhalten die IPv6-Adressinformationen der Router- und Netzwerk-Links.

LSA Typ 5 entfernt

  - Der SLA Typ 5 (Multicast OSPF) wurde entfernt und existiert nicht mehr.

- **Handhabung von unbekannten LSA-Typen**

Unbekannte LSAs

OSPFv3 verwirft im Gegensatz zu OSPFv2 unbekannte LSA-Typen nicht einfach, sondern führt eine flexible Handhabung von unbekannten LSA-Typen ein. Ein neues LSA-Handhabungsbit wurde dem LSA-Typenfeld hinzugefügt. Es kontrolliert die Verteilung (Flooding) von unbekannten LSAs.

Nachrichtenformat

Router verwenden OSPFv3-Pakete um LSAs auszutauschen und für den Aufbau und Unterhalt von Nachbarschaftsbeziehungen (Adjacencies).

OSPFv3-Pakete werden direkt in IPv6 eingebettet. Die Protokollnummer für OSPF ist 89 und wird im Next Header Feld des IPv6 Headers eingefügt.

Kein TCP oder UDP

OSPF benutzt keine Fragmentierung und beruht bei der Absetzung von Paketen, welche grösser sind als die Link MTU, gänzlich auf der IPv6-Fragmentierung. Fragmentierung sollte wenn immer möglich verhindert werden. Ein OSPF-Paket könnte bis zu 65'535 Bytes lang sein. Der OSPF-Prozess selber generiert aber (wenn immer möglich) keine OSPF-Pakete, die grösser als die Link-MTU sind. So schickt er z.B. nicht alle LSAs in einem einzigen Link State Update Paket sondern schickt mehrere Link State Update Pakete, die nicht grösser als die MTU sind.

OSPF benützt IPv6 Fragmentierung

OSPFv3-Nachrichten verwenden normalerweise die Link-Local Adresse des Abgangs-Interfaces als Absenderadresse. Die Ausnahme dieser Regel bilden Nachrichten über virtuelle Links. Sie benutzen die Global oder Unique Local Adresse (ULA). Situationsabhängig können OSPF-Nachrichten als Unicast an einen spezifischen Nachbarn oder als Multicast an mehrere Nachbarn gleichzeitig geschickt werden. Folgende zwei Multicast-Adressen wurden für OSPFv3 reserviert.

Link-Local Absender-Adressen

- ***AllSPFRouters - ff02::5***
  Jeder Router der OSPFv3-Pakete verarbeitet muss auf diese Multicast-Adresse hören. Hello-Pakete werden immer an diese Adresse geschickt. Die Adresse wird ebenfalls für das Flooding von LSAs verwendet.

Multicast-Adressen für OSPFv3

- ***AllDRouters- ff02::6***
  Sowohl der Designated Router wie auch der Backup Designated Router auf einem Multi-Access Medium (z.B. Ethernet) hören auf diese Multicast-Adresse. Sie wird ausschliesslich für das Flooding von LSAs auf einem Multi-Access Medium verwendet, z.B. Ethernet.

OSPFv3-Pakete an eine Multicast-Adresse haben Link-Local Scope und setzen das IPv6 Hop Limit auf 1. Sie werden nie über Router weitergeleitet.

Support für mehrere Adressfamilien

Mehrere Adressfamilien

In der ursprünglichen OSPFv3 Spezifikation gab es keinen Support für IPv4. Dies bedeutete, dass man in einem dual-stack Netzwerk beide Protokolle einsetzen musste, OSPFv2 für IPv4 und OSPFv3 für IPv6. OSPFv2 hat einige Limitationen, speziell im Betrieb von mobilen Diensten. OSPFv3 ist diesbezüglich flexibler und löst einige dieser Probleme. RFC 5838, «Support of Address Families in OSPFv3» definiert Multiprotokoll-Support für OSPFv3. Mit der Implementation dieses RFCs kann man zwei Instanzen von OSPFv3 betreiben, eine für IPv4 und eine für IPv6. Jede Instanz unterhält ihre eigenen Adjacencies (Nachbarschaftsbeziehungen), Link-State-Datenbank und Shortest Path Berechnung. Die Pakete werden durch das Instance ID Feld im Paket-Header unterschieden. Router mit Address Family Support können Nachbarbeziehungen über die link-local Adresse unterhalten und darüber auch IPv4-Routen ankündigen. Somit können IPv4-Router in unterschiedlichen Subnetzen auch über das IPv6-Netzwerk Routen austauschen.

Die Alternative zu diesem Szenario ist, IS-IS einzusetzen, das im nächsten Abschnitt beschrieben wird. Auch IS-IS hat Support für mehrere Adressfamilien. Einige grosse Organisationen haben ihre OSPFv2-Umgebung im Hinblick auf die IPv6-Einführung auf IS-IS migriert, um nur ein Routing-Protokoll für die dual-stack Umgebung im Einsatz zu haben.

6.4.6 IS-IS

Die IPv6-Unterstützung für IS-IS ist in RFC 5308 definiert. Es basiert auf den Spezifikationen für die Unterstützung von TCP/IP in IS-IS (RFC 1195). Ohne genaueres Verständnis von IS-IS ist die Erweiterung für IPv6 schwer zu verstehen. Dieser Abschnitt beginnt darum mit einer kurzen Einführung in IS-IS und beschreibt anschliessend dessen Erweiterung für IPv6.

Integriertes IS-IS

Routing Informationen für verschiedene Netzwerk Layer Protokolle

Dieser Paragraph gibt einen kurzen Überblick über das integrierte IS-IS. IS-IS wurde ursprünglich definiert, um Routing-Informationen zwischen Intermediate Systems (IS, anderweitig bekannt als Router) für die OSI-eigenen Netzwerk Layer Protokolle auszutauschen. Die zwei möglichen OSI

Netzwerk Layer Protokolle heissen CLNP (Connectionless Network Protocol) und CONS (Connection Oriented Network Protocol). Andere Netzwerk Layer Protokolle benutzen andere Routing-Protokolle, z.B. benutzt IP OSPF. Der parallele Einsatz von verschiedenen Routing-Protokollen für den Netzwerk Layer wird oft auch «ships in the night» genannt. Jedes Routing-Protokoll benutzt (oder verschwendet) seine eigenen Resourcen (wie CPU, Speicher) auf dem entsprechenden Router. Ein sich schlecht benehmendes Routing-Protokoll kann die anderen beeinflussen. Ein integriertes Routing-Protokoll würde die Resourcen effizienter nutzen und wäre unter Umständen stabiler. Das ist die Idee, die hinter der Einführung des integrierten IS-IS steckt (i/IS-IS). Heute sind die OSI-Protokolle CLNP und CONS sowie IPv4 in i/IS-IS integriert. Die Integration wird durch die Einführung eines Datenfeldes von variabler Länge im TLV-Format <Typ, Länge, Value> erreicht. Jedes Netzwerk Layer Protokoll kann i/IS-IS benutzen, indem es das TLV entsprechend der Adressierungssemantik anpasst. Jedes unterstützte Protokoll wird durch seine NLPID (Network Layer Protocol Identifier) identifiziert. Die NLPID wird von ISO zugewiesen.

Variable Datenfelder (TLV) erlauben Integration von IPv6

Das i/IS-IS ist ein internes Routing-Protokoll und basiert auf Link State Änderungen. OSPF und IS-IS haben viele Gemeinsamkeiten. Da OSPF bereits besprochen wurde, können wir die Eigenschaften von i/IS-IS mit OSPF vergleichen. OSPF läuft innerhalb eines AS, i/IS-IS innerhalb einer Routing-Domäne. Eine i/IS-IS Routing-Domäne kann in mehrere Areas mit einer gemeinsamen zentralen Area (entspricht der Backbone Area von OSPF) unterteilt werden. Die Router in dieser zentralen Area heissen Level-2 Intermediate System oder kurz L2 Router. Router in allen anderen Areas heissen Level-1 Intermediate System oder L1 Router. L2 Router sind in den meisten Fällen gleichzeitig L1 Router, nämlich dann, wenn sie als Borderrouter zwischen Areas eingesetzt werden (wie z.B. ein ABR in OSPF). Jede Area wird durch das 13. und 14. Byte der ISO NSAP-Adresse (22 Bytes) gekennzeichnet. Jedem Router wird eine eindeutige NSAP-Adresse zugewiesen. Router etablieren Adjacencies. Diese Adjacencies werden durch das IS-IS Hello-Paket initiiert und unterhalten. Router können nur eine Adjacency aufbauen, wenn sie sich auf dem gleichen Level befinden (Level-1 oder Level-2). Nach Erreichen der vollen Adjacency werden Link State Pakete (LSP) ausgetauscht. L2 Router generieren L2 LSPs um lokale Routen, Routen von direkt angeschlossenen Areas und externe Routen zu propagieren. Nur L2 Router können externe Routen in die Routing-Domäne propagieren. L1 Router generieren L1 LSPs um lokale Routen zu propagieren. Transit Links werden bei i/IS-IS über sogenannte Pseudo-Knoten gehandhabt. Diese Pseudo-Knoten werden für die Baumberechnung verwendet. Der Designated Router des Transit Links erstellt das LSP für den Pseudo-Knoten. Für die Synchronisation und die Bestätigung der aktuellsten LSPs werden von den Routern Sequenznummer-PDUs verwendet. Sie werden L1 SNP und L2 SNP genannt.

Ein L1 Router kennt nur die Routen in der eigenen Area und berechnet einen Baum der kürzesten Wege für alle Routen in der Level-1 Area. Alle Routen ausserhalb der Area werden über den nächsten L2 Router in der Area erreicht. Level-1 Areas sind also mit totalen Stub Areas bei OSPF zu vergleichen. L2 Router kennen alle internen und externen Routen der Routing-Domäne.

Routing IPv6 mit i/IS-IS

Das i/IS-IS stellt die IPv6-Integration dank TLVs für IPv6 zur Verfügung. Diese IPv6 TLVs werden in Hello-, LSP- und SNP-Nachrichten ausgetauscht. Die relevanten Adressierungsinformationen sind in diesem TLV-Feld enthalten. Hello- und LSP-Pakete spezifizieren im Header die Unterstützung von IPv6 mit dem NLPID-Feld. Der Wert für IPv6 ist auf 142 (`0x8E`) gesetzt. Für die Unterstützung von IPv6 müssen die Hersteller eigene Datenbankstrukturen für die IPv6 TLV schaffen. Dies geschieht analog zur Unterstützung von IPv4 gemäss RFC 1195.

Das RFC definiert zwei TLVs für IPv6. Sie werden in der folgenden Liste beschrieben.

IPv6 Reachability TLV enthält IPv6 Routen, die verteilt werden sollen

- **IPv6 Reachability TLV (Typ 236)**
  Definiert die propagierten IPv6-Präfixe innerhalb von L1 LSP und L2 LSP. Die folgenden Subfelder sind in diesem TLV vorhanden: TLV-Typ (1 Byte, Wert=236), Länge des TLV in Bytes (1 Byte), Metrik (4 Bytes), Kontrollfeld (1 Byte), IPv6-Präfixlänge und das IPv6-Präfix. Das IPv6-Präfix muss unter Umständen mit Nullen auf das nächste Byte aufgefüllt werden, da die Länge des TLV in Bytes angegeben wird. Im L2 LSP können auch externe IPv6-Präfixe enthalten sein. Dazu wird das External-Bit (X-bit) im Kontrollfeld gesetzt.

- **IPv6 Interface Address TLV (Typ 232)**
  Enthält eine Liste von IPv6-Adressen. Es wird in Hello- und LSP-Paketen propagiert. Im Hello-Paket enthält es nur die Link-Local IPv6-Adresse des Abgangsinterfaces. Im LSP enthält es alle Globalen oder Unique-Local IPv6-Adressen, die auf dem Router konfiguriert wurden.

IPv6 Interface Adress TLV enthält IPv6 Adressen

6.4.7 EIGRPv6

Das Enhanced Interior Gateway Protokol (EIGRP) ist ein internes Routing-Protokoll und läuft in einem autonomen System, welches auch EIGRP-Domäne genannt wird. Es wurde von Cisco Systems entwickelt. Das Ziel von EIGRP war es, die Einschränkungen eines Distanz Vektor Routing-Protokolles zu beheben, wie z.B. Routing-Schleifen, hohe Konvergenzzeiten, usw. Man wollte jedoch kein neues Link State Protokoll entwickeln, da dessen komplexe Algorithmen und zugehörigen Datenbanken die CPU und den Speicher wesentlich stärker beanspruchen. EIGRP ist ein Hybrid-Protokoll, welches die Vorteile beider Welten vereint. Es benutzt sogenannte diffuse Berechnungen für die Bestimmung der Routen. Dabei wird in einer koordinierten Weise unter mehreren Routern die Routing-Tabelle berechnet. Damit kann eine schnellere Konvergenz erreicht werden und Schleifen sind ausgeschlossen. EIGRP besteht aus vier Bestandteilen: den protokollabhängigen Modulen, dem EIGRP-Nachrichtenprotokoll, den Nachbarschaftsbeziehungen und dem Diffuse-Update-Algorithmus (DUAL). Diese Bestandteile werden nachfolgend erklärt.

EIGRP von Cisco Systems entwickelt

Eine Spezialität von EIGRP ist die Berechnung der Metrik. Es wird eine gemischte Metrik berechnet. Sie setzt sich zusammen aus den Bandbreiten der überquerten Links, der Verzögerung (Delay), der Last und der Zuverlässigkeit. Auf jedem EIGRP-Interface können diese Parameter eingestellt werden. Zusätzlich zu diesen Parametern kann für jeden Parameter noch eine Gewichtung konfiguriert werden. Die Metrik berechnet sich dann über eine komplexe Formel, welche die Parameter mit ihren Gewichtungen einbezieht und eine feste Metrikzahl pro Interface berechnet.

Metrik basiert auf mehreren Interface Parametern

Protokollabhängige Module

Eigener EIGRP-Prozess für jedes Netzwerk Layer Protokoll

EIGRP führte schon immer protokollabhängige Module. Für jedes Netzwerk Layer Protokoll läuft eine eigenständige EIGRP Routing Instanz, auch «ships in the night» genannt. Es gibt Module für IP, IPX, Appletalk und neu auch für IPv6. Die Grundfunktionen sind für alle Module gleich. Die Semantik der Adressierung wird in Form von protokollabhängigen TLVs (Typ, Länge, Value) auf das jeweilige Protokoll zugeschnitten. Diese TLVs werden im Abschnitt «EIGRP Paketformate» genauer erklärt.

EIGRP-Pakettypen

Kein TCP oder UDP

EIGRP-Pakete werden direkt in IPv6 eingebettet. Die Protokollnummer ist 88 und wird im Next Header Feld des IPv6 Headers eingefügt. Ein Cisco-eigener Algorithmus garantiert den zuverlässigen Austausch der Pakete. Er garantiert, dass die EIGRP-Pakete in der richtigen Reihenfolge ankommen und bestätigt werden. Dazu werden im EIGRP Header Sequenz- und Bestätigungsnummern verwendet. Die EIGRP-Pakete können als Unicast (an einen bestimmten Router) oder als Multicast (an mehrere Router gleichzeitig) verschickt werden. Die verwendete Multicast-Adresse für IPv6 lautet `ff02::a`. Bestätigungen werden immer als Unicast zurückgeschickt. In einigen Fällen braucht es die zuverlässige Zustellung nicht. In diesem Fall werden keine Sequenznummern gesetzt und das Paket muss nicht bestätigt werden. EIGRP unterscheidet folgende Pakettypen:

EIGRP-Pakettypen

- **Hello-Pakete**
  Hello-Pakete werden für das Auf- und Wiederfinden von Nachbarn verwendet. Sie nutzen die zuverlässige Zustellung und werden als Multicast verschickt.

- **Acknowledgments (ACK)**
  Acknowledgments werden für die Bestätigung von zugestellten EIGRP-Paketen benutzt. Sie sind eigentlich Hello-Pakete ohne Daten. Sie nutzen die unzuverlässige Zustellung und werden als Unicast verschickt.

- **Updates**
  Updates übertragen die eigentlichen Routing-Informationen. Routing-Informationen werden im Gegensatz zu RIP nur dann übertragen, wenn sie geändert wurden. Sie enthalten nur die notwendigen Informationen und werden nur an die Router gesandt, die diese Informationen benötigen. Die Updates nutzen immer die zuverlässige Zustellung und werden je nach Abnehmer als Multicast oder als Unicast geschickt.

- **Queries und Replies (Abfragen und Antworten)**
  Diese Pakete werden vom DUAL-Algorithmus für die diffuse Berechnung verwendet. Abfragen können als Multicast oder als Unicast erfolgen. Antworten werden immer als Unicast geschickt. Beide nutzen die zuverlässige Zustellung.

EIGRP-Nachbarn

Nachbarschaftsbeziehung wichtig für Verteilung Routing Updates

Im Gegensatz zu RIP, wo in regelmässigen Abständen komplette Updates geschickt werden, schickt EIGRP nur geänderte Informationen als Update. Es ist daher äusserst wichtig, dass der EIGRP Router alle seine Nachbarn auffindet und regelmässig wiederfindet. Dies wird mit Hello-Paketen erreicht. Ein EIGRP Router erwartet von seinen Nachbarn in regelmässigen Abständen ein Hello-Paket. Jeder Router führt eine Nachbartabelle. Darin wird jeder Nachbar aufgelistet, wie lange er schon bekannt ist (Uptime) und die sogenannte Hold Time. Die Hold Time definiert die maximale Wartezeit, während der auf ein Hello-Paket von diesem Nachbarn gewartet wird. In der Nachbarschaftstabelle werden noch weitere Informationen für jeden Nachbarn hinterlegt, wie z.B. die SRTT, die RTO, die Sequenznummer des letzten empfangenen Updates, die Länge der Warteschlange für nicht bestätigte Pakete, etc.

Der Diffuse-Update-Algorithmus (DUAL)

DUAL Algorithmus zur Berechnung der Routen

Die Berechnung der Routing-Tabelle geschieht über den DUAL-Algorithmus. Der DUAL-Algorithmus ist darauf ausgerichtet, selbst kurzzeitig auftauchende Routing-Schleifen zu vermeiden. DUAL verwendet diffuse

Berechnungen, die erstmals von E.W. Dijkstra und C.S. Scholten vorgeschlagen wurden. Der bedeutendsten Beitrag zum DUAL-Algorithmus stammt hingegen von J.J. Garcia-Luna-Aceves.

Datenfelder variabler Länge (TLV) für Verteilung von Routing Informationen

Dem EIGRP Header folgen ein oder mehrere TLVs. Jedes TLV enthält ein Typenfeld (2 Bytes), gefolgt von einem Längenfeld (2 Bytes) und schlussendlich die eigentlichen Datenfelder des TLVs. TLVs können in zwei verschiedene Gruppen aufgeteilt werden:

- **Allgemeine TLV-Typen**
  Darunter fallen Informationen für EIGRP-eigene Parameter. Sie sind nicht auf ein bestimmtes Netzwerk Layer Protokoll beschränkt. Es gibt vier verschiedene allgemeine TLV-Typen. Das EIGRP-Parameter TLV übermittelt Metrik-Gewichtungen und Hold Time. Die anderen drei TLVs werden für die zuverlässige Zustellung von EIGRP verwendet.

- **Netzwerk Layer spezifische TLV-Typen**
  Es gibt IPv4-, Appletalk-, IPX- und IPv6-spezifische TLVs. Für jedes Netzwerk Layer Protokoll gibt es immer mindestens zwei TLVs. Sie übermitteln jeweils interne und externe Routen. Externe Routen werden von EIGRP Routern importiert.

Für die Integration von IPv6 werden folgende 3 IPv6 TLVs eingesetzt: IPv6_Request_Type, IPv6_Metric_Type und IPv6_Exterior_Type. Ausserdem gibt es eine Router-ID für die Kennung der Nachbarn.

6.4.8 BGP-4-Unterstützung für IPv6

BGP-4 definiert Protokoll-erweiterungen und IPv6 nutzt diese

Es gibt kein eigentliches Border Gateway Protokoll (BGP) für IPv6. Die IPv6-Unterstützung kommt von der Fähigkeit von BGP-4, Informationen für Netzwerkprotokolle, die nicht IPv4 sind, auszutauschen. Die Multiprotokoll-Erweiterungen von BGP-4 sind in RFC 4760 (ersetzt RFC 2283) definiert. RFC 2283 wird hier erwähnt, weil es als Basisdokument für RFC 2545 dient. RFC 2545 wiederum definiert die IPv6-Erweiterungen für BGP-4. Es ist wichtig, BGP-4 genau zu verstehen, bevor man sich an die Multiprotokoll-Erweiterungen wagt. BGP-4 und seine Funktionen sind in RFC 4760 (ursprünglich 4271) definiert.

Überblick über BGP-4

Jedes Autonome System (AS) benutzt ein internes Routing-Protokoll, wie z.B. RIP oder OSPF, um Routing-Informationen innerhalb des AS auszutauschen. BGP ist ein externes Routing-Protokoll. Seine primäre Funktion liegt im Austausch von Informationen zwischen verschiedenen AS über die Erreichbarkeit von Netzwerken. Jedem AS wird durch die Nummerierungsstelle eine eindeutige AS-Nummer zugeteilt.

BGP als externes Routing-Protokoll verbindet autonome Systeme (AS)

Zwei Router, die Routing-Informationen mittels BGP austauschen, nennt man BGP Peers oder auch BGP Speakers. Sie etablieren zuerst eine TCP-Sitzung, über IPv4 oder IPv6. Diese Kommunikation ist immer unicast. Die Source und Destination Adresse werden durch die Peer-Konfiguration bestimmt. TCP garantiert eine zuverlässige Verbindung. Die Peers öffnen dann eine BGP-Verbindung, um BGP-Nachrichten auszutauschen. Die BGP-Verbindung benützt immer den well-known Port 179.

BGP-Verbindungen zwischen Peers basieren auf TCP

BGP-4-Erweiterungen für IPv6

BGP-4 beinhaltet nur drei Informationselemente, die IPv4 spezifisch sind:

1. Die NLRI (mögliche und zurückgezogene NLRIs) in der UPDATE-Nachricht enthalten IPv4-Präfixe.
2. Das NEXT_HOP Pfadattribut in der UPDATE-Nachricht enthält die IPv4 Next Hop Adresse.
3. Der BGP Identifier in der OPEN-Nachricht und im AGGREGATOR Pfadattribut basiert auf einer lokal konfigurierten IPv4-Adresse.

Um BGP-4 für andere Protokolle der Netzwerkschicht (Network Layer) zugänglich zu machen, muss eine entsprechende Multiprotokoll-NLRI und ihre Hext Hop Information hinzugefügt werden. RFC 4760 führt dieses Konzept ein. IPv6 ist eines dieser Network Layer Protokolle auf welches dieses Konzept angewendet wird. Die Unterstützung von IPv6 in BGP-4 ist in einem separaten Dokument (RFC 2545) definiert.

Multiprotokoll-Erweiterung von BGP-4 ermöglicht Verteilung von IPv6 Routen

IPv6 Routen werden in zwei möglichen BGP Attributen übertragen

Um die Anforderungen für Multiprotokoll zu befriedigen, führt BGP-4 zwei neue Pfadattribute ein. Diese Attribute werden verwendet, um entsprechende Routen zu propagieren, bzw zurückzuziehen. Der BGP Identifier bleibt unverändert. Das bedeutet, dass jeder Router immer eine IPv4-Adresse lokal konfiguriert haben muss. Bevor IPv6 Routen zwischen zwei BGP Peers ausgetauscht werden können, muss die Fähigkeit, IPv6 zu unterstützen ausgehandelt werden. Dies geschieht während der OPEN-Nachricht durch den optionalen Parameter «BGP Capabilities».

Das Konzept der BGP-Verbindungen und Route Selektionierung bleibt unverändert. Jeder Hersteller muss die RIB erweitern, um die entsprechenden IPv6 NLRIs zu berücksichtigen. Ausserdem müssen die neuen IPv6 NLRIs in den Policies berücksichtigt werden.

Eine UPDATE-Nachricht, die nur IPv6 NLRIs propagiert, setzt die Länge der zurückgezogenen Routen auf 0 und enthält keine IPv4 NLRI. Es werden ja keine IPv4 Routen benutzt. Alle propagierten oder zurückgezogenen IPv6 Routen werden in den Pfadattributen MP_REACH_NLRI und MP_UNREACH_NLRI transportiert. Das NEXT_HOP Pfadattribut wird ignoriert. Alle anderen Attribute bleiben in ihrer Verwendung unverändert, d.h. die Well-Known Pfadattribute müssen immer vorhanden sein.

Eine UPDATE-Nachricht kann theoretisch sowohl IPv6 wie auch IPv4 NLRIs mit gleichen gemeinsamen Pfadattributen im gleichen Paket transportieren. In diesem Falle können alle Felder und Attribute verwendet werden. IPv4 und IPv6 NLRIs müssen aber in verschiedenen RIBs geführt werden.

6.4.9 Wahl von Routing-Protokollen in Netzwerk Designs mit IPv6

Grundsatzentscheide

Beim Design eines Netzwerkes für IPv6 gilt es einige Grundsatzentscheide zu fällen. Bevor man sich mit detaillierten Konzepten im Bereich Adressierung, Routing und Security befasst muss geklärt werden, ob und in welchen Bereichen das Netzwerk in Zukunft dual-stack oder IPv6-only sein soll. Die Tendenz im Markt in den letzten zwei Jahren bewegt sich Richtung IPv6-only wo immer möglich. Dazu mehr in Kapitel 10. In diesem Abschnitt besprechen wir die Wahlmöglichkeiten für Routing-Protokolle, eine Wahl, die je nach Grundsatzentscheid klar anders ausfällt.

An den Routing-Prinzipien hat sich mit IPv6 grundsätzlich nicht viel geändert. IPv6 hat einige Features, die das Routing optimieren, wie z.B. der fixed-length Header, der Einsatz von Extension Headers, die nur eingefügt werden, wenn Optionen gebraucht werden und die Tatsache, dass Router keine Fragmentierung mehr durchführen. Wenn sich die Gemeinschaft auf eine gängige Praxis einigt, dann werden wir das Flow Label für die Optimierung von Flows einsetzen können.

Routing-Prinzipien im Grundsatz unverändert, aber optimiert

Die ursprüngliche Adress-Architektur für IPv6 sah vor, keinen Provider Independent (PI) Adressraum zur Verfügung zu stellen. Es war eines der Design-Ziele von IPv6, nicht nur den Adressraum zu erweitern, sondern die überladenen Routing-Tabellen zu entlasten. Der IPv6 Adressraum wurde geografisch auf die Grossregionen verteilt, um die Routing-Tabellen möglichst schlank zu halten. Es zeigte sich jedoch, dass diese Regel auf dem Markt nicht durchsetzbar ist und es wurde auch für IPv6 PI-Adressraum eingeführt. Dies durchbricht nun natürlich das geografische Modell und führt zu mehr Einträgen in den globalen Routing-Tabellen. Dazu kommt, dass die Routing-Einträge nun nicht mehr 32-bit Adressen, sondern 128-bit Adressen speichern müssen. Und während der Übergangsphase und in dual-stack Netzwerken, werden die Router zwei Routing-Tabellen führen, eine für IPv6 und eine für IPv4. Die Hersteller werden sicherstellen müssen, dass Router die Ressourcen effizient verwalten, das Routing in Hardware durchgeführt wird und dass die Routing-Tabellen möglichst mit einem Minimum an Memory auskommen.

PI-Adressraum nachträglich eingeführt

Hier nochmals eine zusammenfassende Übersicht über die zur Wahl stehenden Routing-Protokolle:

- **RIPng (RFC 2080)**
  RIP ist ein Distanz-Vektor Protokoll. Es benützt den Bellman-Ford Algorithmus. Es ist einfach in der Benützung, jedoch bedeutend weniger effizient als z.B OSPF und IS-IS. Es hat immer noch alle Einschränkungen, die RIPv4 auch hatte, wie den limitierten Durchmesser, Routing Loops, die zu langen Konvergenzeiten führen können und die Metriken, die nicht realistisch sind, weil sie lediglich die Anzahl Hops berücksichtigen. Es ist kein empfohlenes Routing-Protokoll für Enterprise-Netzwerke.

- **OSPFv3 (RFC 5080)**
  OSPFv3 ist ein Link-State Protokoll. Es benützt den Dijkstra Algorithmus um den Shortest Path zu berechnen. Routing-Informationen werden über link-local Adressen ausgetauscht, was bei einer Umnummerierung sehr hilfreich ist. OSPFv2 Authentifizierung wurde entfernt, da OSPFv3 die standardmässige IPv6 Authentifizierung benützt. OSPFv3 gemäss RFC läuft als separater Prozess. Für IPv4 braucht man nach wie vor OSPFv2 und jedes Protokoll hat seine eigene Routingtabelle. RFC 5838 definiert Erweiterungen für OSPFv3, die mehrere Adressfamilien unterstützen. Zur Zeit (2015) ist der Herstellersupport noch limitiert. Fragen Sie Ihren Hersteller nach seiner Roadmap.

- **IS-IS (RFC 5308)**
  IS (Intermediate System) ist OSI's Ausdruck für Router. IS-IS ist ein Link-State Protokoll und benützt den Dijkstra Algorithmus. Es ist ein ISO Protokoll und benützt nicht IP um Routing-Informationen auszutauschen. Es ist ähnlich wie OSPF, wird aber allgemein als einfacher zu konfigurieren und verwalten eingeschätzt. IPv6 ist voll integriert und läuft nicht als separater Prozess wie im aktuellen OSPFv3. Während vieler Jahre wurde es vorwiegend in ISP-Netzwerken eingesetzt und war vor allem in Europa recht verbreitet. Heute wird es vermehrt auch in Enterprise-Netzwerken und auch in den USA eingesetzt.

- **EIGRP für IPv6**
  EIGRP wurde von Cisco Systems entwickelt. Es ist ein hybrides Protokoll, das die Stärken der distanz-vektor- und link-state-basierten Welten verbindet. Es basiert auf dem Diffuse Update Algorithmus (DUAL) und läuft als separater Prozess. Das heisst in einem dual-stack Netzwerk braucht es zwei Instanzen. Für grössere Netzwerkumgebungen empfehlen wir den Einsatz von OSPF oder IS-IS. Neben der Tatsache dass diese besser skalieren, bedeutet EIGRP einen Vendor Lock-in, da es nur auf Cisco Systemen unterstützt ist. Dies kann zu unerwünschten Verzögerungen führen, wenn Bugfixes oder Updates notwendig sind, da diese in kompetitiven multi-vendor Technologien häufig effizienter bereitgestellt werden. Cisco Systems hat EIGRP öffentlich gemacht und ist zur Zeit im Draftstatus zur Standardisierung vorgeschlagen. Es bleibt abzuwarten, ob andere Hersteller das aufnehmen.

Für zukünftige dual-stack Netzwerke wird die Wahl in der Regel zugunsten von OSPF oder IS-IS ausfallen. RIPng skaliert nicht und EIGRP ist proprietär.

Kriterien für die Wahl

Es gibt keine eindeutigen technischen Gründe, die für oder gegen OSPF oder IS-IS sprechen. Einige Firmen entscheiden sich für zwei Instanzen von OSPF und haben keine Probleme damit. Wenn sich der OSPF multi-adress-family Support durchsetzt, kann das in Zukunft ebenfalls eine Option sein. Andere Firmen entscheiden sich für IS-IS und migrieren ihre OSPFv2-Umgebung auf IS-IS. Wir gehen davon aus, dass IS-IS in Multi-Protokoll-Netzwerken immer verbreiteter wird. Nur eine Instanz zu betreiben führt allerdings auch dazu, dass die beiden Protokolle ihr Schicksal teilen. Wenn es eine klare Anforderung gibt, dass die beiden Routing-Protokolle unabhängig voneinander sein sollen, so müssen zwei unabhängige Instanzen eingesetzt werden. Andere Faktoren, welche die Wahl beeinflussen können sind vorhandenes internes Know-How, Umschulung, Firmenkultur und die Verfügbarkeit von Ressourcen auf dem Markt.

6.5 Quality of Service

Ursprünglich war das Internet darauf ausgelegt, ein einfaches Kommunikationsmedium zur Verfügung zu stellen, welches hauptsächlich Filetransfer und Email ermöglichen sollte. Daraus ist mittlerweile ein komplexes Gebilde entstanden, welches eine globale Telekommunikationsinfrastruktur darstellt und eine Vielfalt von bestehenden und neuen Applikationen und Diensten mit hohen Anforderungen an die Netzwerkschicht unterstützen sollte.

IP liefert ohne Garantie

IPv4 basiert auf einem einfachen Packet Switching Modell, welches Pakete nach bestem Bemühen (best effort) ohne Liefergarantie über das Netzwerk transportiert. TCP gewährt zwar die Liefergarantie, bietet aber keine Möglichkeit, Parameter wie Delay, Jitter oder Bandbreite und Durchsatz zu überwachen oder zu steuern. Neue Dienste, wie z.B. Multimedia-Anwendungen (Voice over IP, Videokonferenzen), stellen hohe Anforderungen an die verfügbare Bandbreite und sind oft sehr sensitiv auf zeitgerechte Lieferung.

Verkehrsklassen in IPv4

Bereits für IPv4 hat man versucht, Verkehrsklassen zu definieren, um für Dienste mit hohen Anforderungen eine priorisierende Behandlung definieren zu können. Dafür war das Type of Service Byte (TOS) im IP Header vorgesehen. Es wurde jedoch nie wirklich benutzt, da es nicht einheitlich definiert war und die Gefahr bestand, dass sein Gebrauch letztendlich eher zu Verzögerungen aufgrund von erhöhtem Verarbeitungsaufwand auf Routern führen würde. Da es zu der Zeit kaum Realtime-Dienste gab, bestand auch kein spezieller Druck, das Problem anzugehen und Lösungen zu finden.

Erarbeitung von QoS-Konzepten im Gange

Das Redesign von IP für IPv6 stellte zusammen mit den absehbaren steigenden Anforderungen an Quality of Service (QoS) eine gute Gelegenheit dar, dieses Thema in Angriff zu nehmen. Allerdings ist hier zu sagen, dass QoS immer noch Forschungsgegenstand ist und viele verschiedene Meinungen und Lösungsansätze diskutiert werden.

Die Implementation von QoS mit IPv6 ist heute nicht grundsätzlich anders als mit IPv4. Dieser Abschnitt soll einen kurzen Überblick über QoS geben für Leser, die damit nicht vertraut sind und beschreibt dann die wichtigsten QoS-Elemente in IPv6.

6.5.1 QoS Basics

IP arbeitet nach dem First-Come First-Serve Prinzip

Das gegenwärtige IP-Modell behandelt alle Pakete gleich. Sie werden ohne Unterschied nach bester Möglichkeit und nach dem First-Come First-Serve Prinzip weitergeleitet. Welchen Pfad ein Paket durch das Netzwerk nimmt und wie lange es dafür braucht, hängt von den verfügbaren Routern, den Routingtabellen und der allgemeinen Netzlast ab, und ist somit weitgehend dem Zufall überlassen.

IntServ und DiffServ

QoS-Protokolle haben die Aufgabe, Datenströme mit unterschiedlichen Prioritäten zu versehen und ihnen verschiedene Qualitäten wie Bandbreite und minimale Delayzeiten zu garantieren. Zur Zeit gibt es zwei Architekturen: Integrated Service (IntServ) und Differentiated Service (DiffServ), welche nachfolgend kurz beschrieben sind. Beide benutzen Traffic Policies und können kombiniert eingesetzt werden, um QoS-Optimierung sowohl im LAN als auch im WAN zu ermöglichen.

Traffic Policies für Steuerung

Mit Traffic Policies kann das Übermitteln von Daten von gewissen Kriterien abhängig gemacht werden, wie z.B. ob genügend Ressourcen verfügbar sind, um die Daten entsprechend ihren QoS-Anforderungen weiterzuleiten. Zusätzlich erlauben Traffic Policies das Überwachen von Datenströmen, um je nach Anforderungen Anpassungen oder in speziellen Fällen Einschränkungen machen zu können.

Traffic Policies bringen einen erhöhten administrativen und technischen Aufwand mit sich. Nebst dem Sicherstellen von QoS-Anforderungen werden sie auch aus wirtschaftlichen Gründen eingesetzt, um z.B. Kostenkontrolle abhängig von unterschiedlichen Tarifangeboten zu ermöglichen.

6.5.2 Integrated Services

Die Integrated Services Architektur (IntServ) basiert auf dem Prinzip, dass Bandbreite und alle damit zusammenhängenden Ressourcen pro Flow auf einer End-zu-End Basis reserviert werden. Dies setzt voraus, dass sich Router die Flows merken, und jedes Paket analysieren, ob es einem bestimmten Flow angehört, um das Weiterleiten den für den Flow definierten Kriterien anzupassen.

RSVP ist Bestandteil von IntServ

RSVP (Resource Reservation Protocol, RFC 2205) ist ein Bestandteil der IntServ-Architektur. RFC 2210, «The Use of RSVP with IETF Integrated Services», beschreibt den Einsatz von RSVP mit IntServ. RSVP stellt einen Mechanismus zur Verfügung, mit dem über das nicht connection-orientierte IP-Netz eine Verbindung etabliert werden kann.

IntServ kombiniert mit RSVP ist aufwendig in der Implementation und aufgrund der limitierten Skalierbarkeit nicht geeignet, eine generelle QoS-Lösung für das globale Internet darzustellen.

Note
Eine aktuelle Liste definierter Service- und Parameter-Namen findet sich unter *www.iana.org/assignments/integ-serv*.

6.5.3 Differentiated Services

Weniger granulare Klassen

Während IntServ die Möglichkeit bietet, verfügbare Bandbreite zwischen verschiedenen Flows zu teilen, wurde für die DiffServ-Architektur der Ansatz gewählt, eine weniger feine (granulare) Unterscheidung von Klassen zu machen, um die Skalierbarkeit in grossen Netzwerken und im Internet zu verbessern.

Differentiated Services (DiffServ,) ist in RFC 2474 und 2475 beschrieben. RFC 2474, «Definition of the Differentiated Services Field (DS Field) in the IPv4 and IPv6 Headers», definiert das DS-Feld. Damit ist sowohl das TOS-Feld im IPv4 Header als auch das Traffic Class Feld im IPv6 Header gemeint.

Definition des DS-Feldes

Das DS-Feld enthält die QoS-Anforderungen eines Paketes und wird von jedem DiffServ Router benutzt, um die Art und Weise zu bestimmen, wie er dieses Paket weiterleitet. Damit können kommunizierende Knoten ihren Datenaustausch in verschiedene Kategorien einteilen, welche durch ein sogenanntes Per-Hop-Behaviour (PHB) identifiziert sind. Aufgrund des PHB erhalten die Pakete auf DiffServ Routern eine entsprechende Behandlung.

DS Domain stellt Administrationseinheit dar

Eine DS Domain ist eine zusammenhängende Gruppe von DS Routern, welche mit einer gemeinsamen Service Policy und einem gemeinsamen Satz von PHB-Gruppen arbeiten, die auf allen Routern implementiert sind. Eine DS Domain wird durch DS Boundary Router definiert. Diese Grenzknoten klassifizieren einkommende Datenströme und stellen sicher, dass alle Pakete, welche die Domain durchqueren, korrekt markiert sind und einen PHB aus dem für die DS Domain gültigen Satz wählen. Router innerhalb der Domain wählen das Weiterleitungsverhalten aufgrund ihres Codepoints, dessen Wert sie zu einem der unterstützten PHBs mappen. Der Codepoint kann die Default Codepoint-PHB-Mappings, oder aber für diese Domain speziell konfigurierte Mappings, benutzen. Eine DS Domain besteht in der Regel aus einem oder mehreren Netzwerken, welche eine Administrationseinheit darstellen.

DS-Regionen fassen DS Domains zusammen

Eine DS-Region bezeichnet einen Satz von mehreren zusammenhängenden DS Domains. DS-Regionen können DS-Dienste für domain-übergreifende Pfade sicherstellen. Dabei können die einzelnen Domains intern unterschiedliche PHB-Definitionen und Codepoint-PHB-Mappings unterstützen. Zwischen den Domains innerhalb einer Region sind sogenannte Traffic Conditioners dafür verantwortlich, die unterschiedlichen PHBs und Mappings korrekt zu übersetzen. Wenn für die verschiedenen Domains innerhalb einer Region gemeinsame Policies, PHB-Gruppen und Codepoint Mappings definiert sind, so sind keine Traffic Conditioner notwendig.

Classifier steuern Pakete

Paket-Classifier wählen Pakete aus einem Datenstrom aufgrund bestimmter Informationen in den Paket-Headern aus. Classifier steuern Pakete gemäss vordefinierten Regeln.

Es gibt zwei Typen von Classifiern:

- **Behavior Aggregate Classifier (BA)**
  Der BA Classifier klassifiziert Pakete aufgrund des DS-Feldes.

- **Multi Field Classifier (MF)**
  Der MF Classifier klassifiziert Pakete aufgrund verschiedenen Header-Feldern oder aufgrund einer Kombination von verschiedenen Header-Feldern, wie z.B. Absender- oder Empfängeradresse, DS-Feld, Protocol-ID, Source und Destination Port, oder Informationen wie ankommendes Interface.

6.5.4 QoS in IPv6-Protokollen

QoS-Architektur ist flexibel ausgelegt

Aufgrund der verschiedenen QoS-Architekturen, haben die Designer von IPv6 bei der Implementation von QoS darauf geachtet, keinen bestimmten Mechanismus vorzuschreiben, sondern möglichst viel Flexibilität zu gewähren, um verschiedene QoS-Mechanismen zu unterstützen. In diesem Abschnitt beschreiben wir die Elemente im IPv6 Header und in Extension Headern, welche für QoS-Dienste benutzt werden können.

Absender definiert Flow

Der Absender von Daten kann einen Flow definieren, welcher unter den Routern durch ein Kontrollprotokoll, wie z.B. RSVP, oder durch Information im Paket selbst (z.B. in einem Hop-by-Hop Extension Header) ausgetauscht wird. Zwischen einem Absender und einem Empfänger können parallel mehrere Flows aktiv sein, sowie gleichzeitig auch normale Pakete ohne QoS-Anforderungen ausgetauscht werden.

IPv6 Header

Im IPv6 Header gibt es zwei Felder, welche für QoS benutzt werden können: das Traffic Class und das Flow Label Feld.

Traffic Class

Verwendung

Die Verwendung des 1-Byte Traffic Class Feldes wird in RFC 2474 beschrieben. Wie bereits erwähnt, führt dieses RFC den Begriff DS-Feld für das Traffic Class Feld ein. Ziel dieser Spezifikation ist es, dass Router, welche DiffServ unterstützen, einen bekannten Satz von DS-Routinen kennen, die aufgrund der Werte im DS-Feld angezeigt werden. Diese sogenannten Codepoints werden zu Per-Hop-Behaviors (PHB) gemappt. Die Unterscheidung der PHBs kann entweder performance-basiert (z.B. Bandbreitenanforderungen) oder klassenbasiert sein.

Abbildung 6.6 zeigt das DS-Feld:

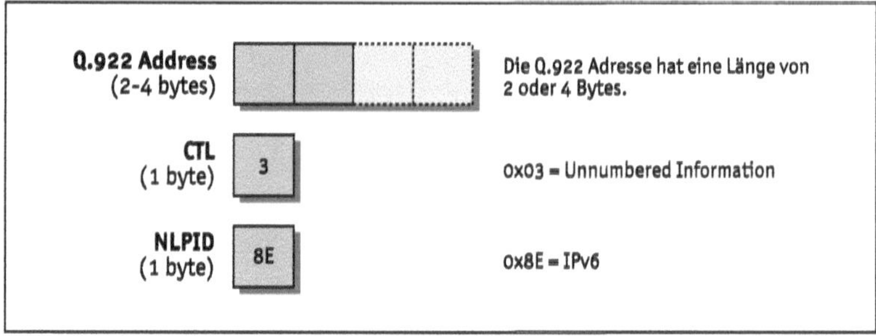

Abbildung 6.6 - Format des DS-Feldes

Mit Codepoints werden PHBs gewählt

Die ersten 6 Bits des DS-Feldes werden für den Codepoint benutzt, mit dem man die gewünschten PHBs wählen kann. Mit dem 6-Bit DSCP-Feld können 64 verschiedene Codepoints definiert werden. Dieser Pool wurde in drei Bereiche eingeteilt, um die Zuweisung von PHBs zu kontrollieren.

Aufteilung DSCP-Pool

Tabelle 6.1 – Die Aufteilung des DSCP-Pools:

Pool	Codepoint	Zuweisung
1	xxxxx0	Standardbenutzung
2	xxxx11	Experimentelle/lokale Benutzung
3	xxxx01	Experimentelle/lokale Benutzung Mögliche zukünftige Standardbenutzung

Pool 1 ist für Standardbenutzung vorgesehen und stellt 32 empfohlene Standard-Codepoints zur Verfügung. Pool 2 ist für experimentelle und interne Verwendung reserviert und Pool 3 kann für Standardbenutzung freigegeben werden, wenn Pool 1 ausgeschöpft ist.

Verbindung von Codepoints zu PHBs

Die PHBs definieren, wie ein Paket weitergeleitet wird. Im DS-Feld werden jedoch nicht PHBs, sondern nur die Codepoints angegeben. Die Zahl der Codepoints ist auf 64 limitiert, während die Zahl der PHBs nicht limitiert ist. Empfohlene Standardmappings von Codepoints zu entsprechenden PHBs können gewählt werden. Diese Mappings können jedoch innerhalb einer administrativen Domain individuell definiert werden, womit die Zahl der möglichen PHBs unbegrenzt ist. Die Kodierungsregeln für PHB IDs sind in RFC 3140, «Per Hop Behavior Identification Codes», definiert. RFC 2597 definiert eine PHB-Gruppe, die Assured Forwarding (AF) genannt wird. RFC 3246 definiert eine PHB-Gruppe, welche Expedited Forwarding (EF) genannt wird.

Note
Codepoints und PHB IDs werden von IANA zugewiesen. Aktuelle Liste Codepoints: *www.iana.org/assignments/dscp-registry*, Liste PHB IDs unter *www.iana.org/assignments/phbid-codes* zu finden.

Default PHB = 0

Ein Default PHB, definiert durch den Wert 0, muss von allen DS-Routern erkannt werden. Dieser Default PHB entspricht dem normalen, best-effort Routingverhalten, wie es jeder Router unterstützt, d.h. es werden soviele Pakete wie möglich so schnell wie möglich weitergeleitet, je nach Kapazität und Auslastung.

Abbildung 6.7 zeigt das DS-Feld im Trace File:

```
No.  Source       Destination   Protocol   Info
  5 fe80::1       ff02::9       RIPng      Command Response, version 1

⊞ Frame 5: 126 bytes on wire (1008 bits), 126 bytes captured (1008 bits) on interface 0
⊞ Ethernet II, Src: ca:06:03:44:00:06 (ca:06:03:44:00:06), Dst: IPv6mcast_09 (33:33:00:00:00:09)
⊟ Internet Protocol Version 6, Src: fe80::1, Dst: ff02::9
    0110 .... = Version: 6
  ⊟ .... 1110 0000 .... .... .... .... .... = Traffic class: 0xe0 (DSCP: CS7, ECN: Not-ECT)
      .... 1110 00.. .... .... .... .... .... = Differentiated Services Codepoint: Class Selector 7 (56)
      .... .... ..00 .... .... .... .... .... = Explicit Congestion Notification: Not ECN-Capable Transport (0)
    .... .... .... 0000 0000 0000 0000 0000 = Flowlabel: 0x00000000
    Payload length: 72
    Next header: UDP (17)
    Hop limit: 255
    Source: fe80::1
    Destination: ff02::9
⊞ User Datagram Protocol, Src Port: 521 (521), Dst Port: 521 (521)
⊞ RIPng
```

Abbildung 6.7 – Das DS-Feld im Trace File

Verwendung DS-Feld

Dieses Paket ist ein RIPng (RIP Next Generation) Response unseres Cisco Routers. Sie wird an die RIP Router Multicast-Adresse `ff02::9` geschickt. Das DS-Feld ist auf `0xE0` gesetzt (binäre Notation `1110 0000`).

Zusätzliche Bits für Congestion Notification

Die zwei letzten Bits des DS-Feldes, die gemäss RFC 2474 nicht benutzt werden, sind in RFC 3168, «The Addition of Explicit Congestion Notification (ECN) to IP», definiert. Sie stellen vier mögliche Codepoints zur Verfügung, welche für Congestion Notification eingesetzt werden. Bisher konnte die Überlastung eines Routers in der Regel nur aufgrund eines Paketverlusts identifiziert werden. Mit diesen Codepoints kann ein Router Überlastung signalisieren, bevor er Pakete verwerfen muss.

Die zwei Bits sind wie folgt definiert:

- 00 – Paket benutzt nicht ECN
- 01/10 – Absender und Empfänger sind ECN-enabled
- 11 – Router signalisiert beginnende Überlast

Heutzutage können selbst günstigere Switchmodelle häufig DSCP-Werte erkennen und Pakete unterschiedlichen Queues zuweisen.

Flow Label

Absender weist Flow Label zu

Das 20-Bit Flow Label Feld im IPv6 Header kann benutzt werden, um einen Datenstrom, für den eine spezielle Behandlung gewünscht ist, mit einem Label zu markieren. Zwischen einem Sender und einem Empfänger können mehrere Flows parallel aktiv sein, zusammen mit normalem Datenaustausch ohne QoS-Anforderungen. Das Flow Label wird vom Absender der Pakete zugewiesen und ist eine Zufallszahl aus dem Bereich von 00001 bis FFFFF. Ein Paket ohne QoS-Anforderung hat alle Bits des Flow Labels auf 0 gesetzt.

Flow Label nicht verschlüsselt

Die Verarbeitung des Flow Labels auf Routern ist sehr effizient, und selbst beim Einsatz von Verschlüsselung jederzeit zugänglich, da der IPv6 Header selbst nicht verschlüsselt wird. Dies bedeutet auf der anderen Seite aber auch, dass die Integrität der Informationen im DS-Feld nicht durch IPsec gesichert werden kann.

Bestimmung der Flow-Zugehörigkeit

Pakete, die demselben Flow angehören, müssen nicht nur identische Absender- und Empfängeradresse sowie identische Source und Destination Ports haben. Wenn sie Hop-by-Hop oder Routing Extension Header enthalten, müssen alle Header bis zum Routing Extension Header ebenfalls identisch sein. Das einzige Feld, das sich unterscheiden darf, ist das Next Header Feld im letzten Extension Header.

Wenn Router Flow Label nicht unterstützt

Hosts oder Router, welche die Funktion des Flow Label Feldes nicht unterstützen, setzen das Feld auf 0 wenn sie Pakete versenden. Erhält ein Router, der das Flow Label nicht unterstützt, ein Paket mit einem gesetzten Flow Label, so muss er das Paket unverändert weiterleiten. Ein Empfänger, der das Flow Label nicht unterstützt, ignoriert das Feld und verarbeitet das Paket normal.

Aktualisierte Definition von Flow Label

RFC 6437, «IPv6 Flow Label Specification», ist eine neue Spezifikation des IPv6 Flow Labels. Ein Flow wird definiert als eine Sequenz von Paketen von einem Absender an eine bestimmte Unicast-, Anycast-, oder Multicast-Empfängeradresse, welche der Absender als Flow definieren möchte. Ein Flow ist nicht zwingend direkt einer Transportverbindung zuzuordnen. So sollte ein Host, welcher verschiedene Sessions mit einem anderen Host offen hat, jeder Session ein anderes Flow Label zuweisen. Das Flow Label wählt er selbst, in der Regel eine zufällig gewählte Zahl, die in Kombination mit der Absenderadresse eindeutig identifizierbar ist.

Die ursprüngliche Spezifikation definierte einen Flow auf der Basis von fünf Merkmalen (Absender- und Empfängeradresse, Source und Destination Port und Transportprotokoll). Da in gewissen Fällen jedoch nicht alle diese Informationen zugänglich sind (z.B. bei Fragmentierung oder Encapsulation), oder je nach Header-Aufbau und Zahl von Extension Headern an unterschiedlichen Stellen zu suchen sind, hat man sich darauf geeinigt, einen Flow aufgrund der drei Kriterien Absenderadresse, Empfängeradresse und Flow Label zu identifizieren.

Einsatz des Flow Labels

Das Flow Label ist das einizige neue Feld im IPv6-Header. 20 Bits wurden dafür reserviert, werden aber in der Praxis nicht eingesetzt. In der IETF wurden viele Diskussionen über den besten Einsatz dieses Feldes geführt und nicht zuletzt durch diese Unsicherheiten und auch andere dringende Themen wurde das Flow Label von vielen Herstellern ignoriert. RFC 6294, «Survey of Proposed Use Cases for the IPv6 Flow Label» bespricht die ursprünglich angedachten Vorschläge im Licht der heute existierenden Standards.

Zwei Spezifikationen setzen das Feld für andere Zwecke einsetzen. RFC 7098, «Using the IPv6 Flow Label for Load Balancing in Server Farms» beschreibt, wie das Flow Label für Loadbalancing eingesetzt werden und wie es Layer 3/4 Loadbalancer optimieren kann. RFC 6438, «Using the IPv6 Flow Label for Equal Cost Multipath Routing and Link Aggregation in Tunnels» beschreibt den Einsatz für Equal Cost Multipfad Routing und Link Aggregation, vor allem für IP-in-IPv6 Tunnels.

Hop-by-Hop Extension Header

Transportiert Router Alert Nachricht

Der Hop-by-Hop Extension Header kann benutzt werden, um eine Router Alert Nachricht (RFC 2711) zu transportieren. Diese wird von jedem Router auf dem Weg verarbeitet und enthält spezifische Anweisungen, wie das Paket zu behandeln ist. Dieser Extension Header erlaubt eine effiziente Verarbeitung beim Weiterleiten, da keine weiteren Protokoll-Header analysiert werden müssen. Router, die eine solche Option nicht erkennen, müssen das Paket unverändert weiterleiten.

Folgende Router Alert Typen wurden definiert:

Router Alert Typen

- 0 – Paket enthält eine MLD-Nachricht (RFC 2710)
- 1 – Paket enthält eine RSVP-Nachricht (RFC 2711)
- 2 – Paket enthält eine Active Networks Nachricht (RFC 2711)
- 3 - reserviert
- 4 – 35 Paket enthält einen Aggregated Reservation Nesting Level (RFC 3175, RSVP)
- 36 – 65535 reserviert von IANA für zukünftige Verwendung

Note
Eine detailliertere Beschreibung dieser Header finden Sie in Kapitel 2. Unter *www.iana.org/assignments/ipv6-routeralert-values* findet man eine Liste der aktuellen Router Alert Typen.

Das nächste Kapitel beschreibt zwei essentielle Netzwerkdienste und wie sie für IPv6 erweitert worden sind, DNS und DHCPv6. Sie funktionieren im Grundsatz wie bei IPv4, es gibt jedoch einige Feinheiten und Änderungen, die nicht unwesentlich sind und bei der Planung und Konfiguration berücksichtigt werden müssen.

6.6 Referenzen

Dies ist eine Zusammenstellung der wichtigen, im Kapitel erwähnten RFCs und Drafts. Zusätzlich erwähnen wir einzelne RFCs und Drafts, die im Zusammenhang mit dem Thema stehen, falls Sie sich vertiefter damit befassen möchten. Informationen über den Standardisierungs-Prozess, RFCs und Drafts finden Sie im Appendix. Auf folgendem Link findet man eine gute, vollständige Übersicht über den aktuellen Status aller RFCs: *http://tools.ietf.org/rfc/index.*

RFCs

- RFC 1149 «A Standard for the Transmission of IP Datagrams on Avian Carriers», 1990
- RFC 1195 «Use of OSI IS-IS for routing in TCP/IP and dual environments», 1990
- RFC 1321 «The MD5 Message Digest Algorithm», 1992
- RFC 2080 «RIPng for IPv6», 1997
- RFC 2205 «Resource ReSerVation Protocol (RSVP) – Version 1 Functional Specification», 1997
- RFC 2210 «The Use of RSVP with IETF Integrated Services», 1997
- RFC 2149 «Multicast Server Architectures for MARS-based ATM multicasting», 1997
- RFC 2324 «Hyper Text Coffee Pot Control Protocol (HTCPCP/1.0), 1998
- RFC 2328 «OSPF Version 2», 1998
- RFC 2362 «Protocol Independent Multicast-Sparse Mode (PIM-SM): Protocol Specification», 1998
- RFC 2365 «Administratively Scoped IP Multicast», 1998
- RFC 2430 «A Provider Architecture for Differentiated Services and Traffic Engineering (PASTE)», 1998
- RFC 2453 «RIP Version 2», 1998
- RFC 2464 «Transmission of IPv6 Packets over Ethernet Networks», 1998
- RFC 2467 «Transmission of IPv6 Packets over FDDI Networks», 1998
- RFC 2474 «Definition of the Differentiated Services Field (DS Field) in the IPv4 and IPv6 Headers», 1998
- RFC 2475 «An Architecture for Differentiated Services», 1998
- RFC 2491 «IPv6 over Non-Broadcast Multiple Access (NBMA) networks», 1999
- RFC 2492 «IPv6 over ATM Networks», 1999
- RFC 2545 «Use of BGP-4 Multiprotocol Extensions for IPv6 Inter-Domain Routing», 1999
- RFC 2590 «Transmission of IPv6 Packets over Frame Relay Networks Specification», 1999
- RFC 2597 «Assured Forwarding PHB Group», 1999
- RFC 2710 «Multicast Listener Discovery (MLD) for IPv6», 1999
- RFC 2795 «The Infinite Monkey Protocol Suite (IMPS)», 2000
- RFC 2884 «Performance Evaluation of Explicit Congestion Notification (ECN) in IP Networks», 2000

- RFC 2894 «Router Renumbering for IPv6», 2000
- RFC 2908 «The Internet Multicast Address Allocation Architecture», 2000
- RFC 2914 «Congestion Control Principles», 2000
- RFC 2963 «A Rate Adaptive Shaper for Differentiated Services», 2000
- RFC 2983 «Differentiated Services and Tunnels», 2000
- RFC 2998 «A Framework for Integrated Services Operation over Diffserv Networks», 2000
- RFC 3006 «Integrated Services in the Presence of Compressible Flows», 2000
- RFC 3086 «Definition of Differentiated Services Per Domain Behaviors and Rules for their Specification», 2001
- RFC 3124 «The Congestion Manager», 2001
- RFC 3140 «Per Hop Behavior Identification Codes», 2001
- RFC 3162 «Radius and IPv6», 2001
- RFC 3168 «The Addition of Explicit Congestion Notification (ECN) to IP», 2001
- RFC 3246 «An Expedited Forwarding PHB», 2002
- RFC 3247 «Supplemental Information for the New Definition of the EF PHB (Expedited Forwarding Per-Hop Behavior)», 2002
- RFC 3260 «New Terminology and Clarifications for Diffserv», 2002
- RFC 3289 «Management Information Base for the Differentiated Services Architecture», 2002
- RFC 3290 «An Informal Management Model for Diffserv Routers», 2002
- RFC 3306 «Unicast-Prefix-based IPv6 Multicast», 2002
- RFC 3307 «Allocation Guidelines for IPv6 Multicast Addresses», 2002
- RFC 3317 «Differentiated Services Quality of Service Policy Information Base», 2003
- RFC 3353 «Overview of IP Multicast in a Multi-Protocol Label Switching (MPLS) Environment», 2002
- RFC 3569 «An Overview of Source-Specific Multicast (SSM)», 2003
- RFC 3590 «Source Address Selection for the Multicast Listener Discovery (MLD) Protocol», 2003
- RFC 3717 «IP over Optical Networks: A Framework», 2004
- RFC 4271 «A Border Gateway Protocol 4 (BGP-4)», 2006
- RFC 3810 «Multicast Listener Discovery Version 2 (MLDv2) for IPv6», 2004
- RFC 3901 «DNS IPv6 Transport Operational Guidelines», 2004

- RFC 3956 «Embedding the Rendezvous Point (RP) Address in an IPv6 Multicast Address», 2004
- RFC 3973 «Protocol Independent Multicast – Dense Mode (PIM-DM): Protocol Specification (Revised)», 2005
- RFC 4192 «Procedures for Renumbering an IPv6 Network without a Flag Day», 2005
- RFC 4271 «A Border Gateway Protocol 4 (BGP-4)», 2006
- RFC 4286 «Multicast Router Discovery (MRD)», 2005
- RFC 4489 «A Method for Generating Link-Scoped IPv6 Multicast Addresses», 2006
- RFC 4594 «Configuration Guidelines for DiffServ Service Classes», 2006
- RFC 4601 «Protocol Independent Multicast-Sparse Mode (PIM-SM): Protocol Specification», 2006
- RFC 4604 «Using MLDv2 for Source Specific Multicast», 2006
- RFC 4760 «Multiprotocol Extensions for BGP-4», 2007
- RFC 4919 «IPv6 over Low-Power Wireless Personal Area Networks (6LoWPANs)», 2007
- RFC 4944 «Transmission of IPv6 Packets over IEEE 802.15.4 Networks», 2007
- RFC 4968 «Analysis of IPv6 Link Models for IEEE 802.16 Based Networks», 2007
- RFC 5015 «Bidirectional Protocol Independent Multicast (BIDIR-PIM)», 2007
- RFC 5072 «IP Version 6 over PPP», 2007
- RFC 5110 «Overview of the Internet Multicast Routing Architecture, 2008
- RFC 5121 «Transmission of IPv6 via the IPv6 Convergence Sublayer over IEEE 802.16 Networks», 2008
- RFC 5127 «Aggregation of Diffserv Service Classes», 2008
- RFC 5154 «IP over IEEE 802.16 Problem Statement and Goals», 2008
- RFC 5308 «Routing IPv6 with IS-IS», 2008
- RFC 5340 «OSPF for IPv6», 2008
- RFC 5350 «IANA Considerations for the IPv4 and IPv6 Router Alert Options», 2008
- RFC 5643 «Management Information Base for OSPFv3», 2009
- RFC 5838 «Support of Address Families in OSPFv3», 2010
- RFC 5887 «Renumbering Still Needs Work», 2010

- RFC 5942 «IPv6 Subnet Model: the Relationship between Links and Subnet Prefixes», 2012
- RFC 6085 «Address Mapping of IPv6 Multicast Packets on Ethernet», 2011
- RFC 6104 «Rogue IPv6 Router Advertisement Problem Statement», 2011
- RFC 6105 «IPv6 Router Advertisement Guard», 2011
- RFC 6119 «IPv6 Traffic Engineering in IS-IS», 2011
- RFC 6226 «PIM Group-to-Rendezvous-Point Mapping», 2011
- RFC 6294 «Survey of Proposed Use Cases for the IPv6 Flow Label», 2011
- RFC 6308 «The Internet Multicast Address Allocation Architecture», 2011
- RFC 6326 «Transparent Interconnection of Lots of Links (TRILL) Use of IS-IS», 2011
- RFC 6398 «IP Router Alert Considerations and Usage», 2011
- RFC 6434 «IPv6 Node Requirements», 2011
- RFC 6436 «Rationale for Update to the IPv6 Flow Label Specification», 2011
- RFC 6437 «IPv6 Flow Label Specification», 2011
- RFC 6438 «Using the IPv6 Flow Label for Equal Cost Multipath Routing and Link Aggregation in Tunnels», 2011
- RFC 6555 «Happy Eyeballs: Success with Dual-Stack Hosts», 2012
- RFC 6556 «Testing Eyeball Happiness», 2012
- RFC 6724 «Default Address Selection for Internet Protocol Version 6 (IPv6)», 2012
- RFC 6822 «IS-IS Multi-Instance», 2012
- RFC 7098 «Using the IPv6 Flow Label for Load Balancing in Server Farms», 2013
- RFC 7371 «Updates to the IPv6 Multicast Addressing Architecture», 2014

Kapitel 7

DNS und DHCPv6

Der Betrieb von IP-Netzwerken ohne Dienste wie DNS und DHCP ist nicht vorstellbar. DNS findet Dienste nach Namen und mit DHCP adressieren wir Knoten. Obwohl bei IPv6 SLAAC (Stateless Address Autoconfiguration) eingesetzt werden kann, gehe ich davon aus, dass DHCPv6 in Firmennetzwerken breit eingesetzt wird. Der Hauptgrund dafür ist, dass DHCP die Möglichkeit des Loggings und der Nachvollziehbarkeit der Adressvergabe bietet. Das ist mit SLAAC nur sehr schwer möglich. Und mit den langen IPv6 Adressen und der Möglichkeit in Zukunft viele Dienste dual-stack zu betreiben, wird DNS als Service Location Dienst unverzichtbar.

7.1 DHCPv6

Autokonfiguration ohne DHCPv6 möglich

DHCP (Dynamic Host Configuration Protocol) ist weit verbreitet und wird benutzt, um Hosts mit einer IPv4-Adresse und zusätzlichen Informationen zu konfigurieren. In einem IPv6-Netzwerk ist DHCP nicht notwendig, um Hosts automatisch für IP-Adressen zu konfigurieren. Der Mechanismus, der Stateless Address Autoconfiguration (SLAAC) genannt wird, konfiguriert Hosts ohne den Einsatz von DHCP. IPv6-fähige Router können mit Präfixinformation konfiguriert werden. Wenn ein Host bootet, schickt er eine Router Solicitation Nachricht ins Netz. Diese wird von den Routern am Link mit einer Router Advertisement Nachricht beantwortet, welche u.a. die vorkonfigurierte Präfixinformation enthält. Auf diese Weise erfährt der Host, in welchem Subnetz er sich befindet. Dieser Mechanismus ist in Kapitel 5 beschrieben.

Stateful Address Autokonfiguration entspricht DHCPv6

DHCP kann aber nach wie vor auch in einem IPv6-Netz eingesetzt werden. Wird Host-Konfiguration mit DHCPv6 gemacht, so spricht man auch von Stateful Address Autoconfiguration. Sie kann zum Beispiel verwendet werden, wenn ein spezielles IPv6-Adressschema gewählt wird, oder wenn stabile Interface Identifier ohne Verwendung der MAC-Adresse gewünscht sind. DHCP wird auch dort eingesetzt, wo kein IPv6-fähiger Router im Subnetz vorhanden ist. Stateful und Stateless Address Autoconfiguration kann auch kombiniert werden, indem z.B. die IPv6-Adresse durch SLAAC gebildet und DHCP benutzt wird, um zusätzliche Konfigurationsinformationen zu verteilen.

Stateless DHCPv6-Dienst für Zusatzkonfiguration

Als zusätzliche Möglichkeit wurde ein Stateless DHCP-Dienst für IPv6 definiert. Ein Stateless DHCP Server kann Hosts, welche bereits eine IPv6-Adresse haben (z.B. durch SLAAC), mit DNS, SIP Server oder anderen Informationen konfigurieren. Er kann jedoch keine Adresskonfiguration durchführen. Stateless DHCP wird in diesem Kapitel, im Anschluss an DHCPv6, beschrieben.

DHCPv4 und DHCPv6 sind nicht kompatibel

DHCPv6 ist nicht mit DHCPv4 kompatibel. In einem IPv4/IPv6-Netzwerk müssen, je nach Design, für beide Protokolle separate DHCP Server aufgesetzt werden. In diesem Fall muss darauf geachtet werden, dass keine Konfigurationskonflikte entstehen. Mit DHCPv4 wird der Client so konfiguriert, dass er weiss ob er DHCP benützen soll. In der IPv6-Welt erfährt ein Client aufgrund von Flags in einem Router Advertisement, ob er DHCPv6 benützen soll. Ein Client kann mehrere Interfaces haben, diese können IPv4-only oder dual-stack sein und können mehrere IPv6 Adressen haben. In DHCPv4 wird die MAC-Adresse als Client Identifier benützt, in DHCPv6 wird die sogenannte DUID benützt (wird später im Kapitel besprochen). Somit lassen sich in einer dual-stack Umgebung -DHCPv4- und DHCPv6 Client Einträge und Anfragen nicht direkt korrelieren. Um solche Schwierigkeiten im Parallelbetrieb von DHCPv4 und DHCPv6 zu mindern, definiert RFC 4361 eine DUID für DHCPv4, während RFC 6939 eine Client Link-Layer Address Option für DHCPv6 definiert, mit der der DHCPv6 Relay die MAC-Adresse des Clients in DHCPv6 Nachrichten an den DHCPv6 Server einfügen kann.

RFC 4477 evaluiert die Herausforderungen, die sich stellen, wenn man DHCPv4 und DHCPv6 parallel betreiben muss und zeigt mögliche Lösungen auf. Dabei ist ein wichtiger Aspekt, wie mit Konfigurationskonflikten umgegangen wird, wenn ein Client sowohl von DHCPv4- als auch von DHCPv6-Servern Konfigurationen erhält. Eine der möglichen Lösungen die skizziert wird ist es, IPv4-Optionen für DHPCv6-Server zu spezifizieren. Somit könnte man eine dual-stack Umgebung mit einem DHCPv6-Server betreiben, der den Clients auch die notwendigen IPv4-Optionen verteilen kann.

Note
Gemäss Steve Deering von Cisco, eine der Schlüsselfiguren im Design von IPv6, hat keine andere Spezifikation eine so hohe Revisionsnummer wie DHCPv6. Es steckt viel Arbeit und Fleiss in diesem RFC.

DHCPv6 ist in RFC 3315 standardisiert. Alle Referenzen in diesem Kapitel beziehen sich auf DHCPv6.

Für die Definition von DHCPv6 wurden folgende Richtlinien festgelegt:

Richtlinien für die DHCPv6-Spezifikation

- DHCPv6 muss mit SLAAC kombinierbar sein.
- Die Konfiguration von DHCP und die Interaktion mit anderen Mechanismen (z.B. Kombination mit SLAAC) liegt in der Verantwortung des Administrators.
- Es darf keine manuelle Einstellung auf den Clients erforderlich sein.
- DHCPv6 kann mehrere Adressen pro Interface verwalten.
- Es muss nicht in jedem Subnetz ein DHCP Server vorhanden sein. Relays können Anfragen von Clients an DHCP Server in anderen Subnetzen weiterleiten.
- Ein Client kann von mehreren Servern Antworten erhalten und muss damit umgehen können.
- Es muss möglich sein, gemischte Umgebungen zu unterhalten, in denen nur ein Teil der Clients mit DHCP konfiguriert wird.
- DHCP muss automatische DNS Updates machen können, mit denen die vergebenen Adressen in die DNS eingetragen werden. Der Administrator kann jedoch auch entscheiden, dies manuell zu tun.
- DHCP muss die Neunummerierung eines Netzwerks unterstützen und vereinfachen.

7.1.1 DHCP Begriffe

Hier wollen wir einige Begriffe definieren, die wir bei der Beschreibung von DHCPv6 immer wieder verwenden werden.

- **DHCP Client**
  Ein DHCP Client schickt Anfragen an DHCP Server, um Konfigurationsinformation zu erhalten.

- **DHCP Server**
  Ein DHCP Server ist vorkonfiguriert und weiss, welcher Client welche Konfiguration braucht. Erhält er einen Client Request, schickt er die gewünschte Information an den Client.

- **DHCP Relay Agent**
  Sind der Client und der Server nicht im selben Subnetz, so ist im Subnetz des Clients ein DHCP Relay Agent zu konfigurieren. Dieser erkennt den DHCP Request des Clients und leitet ihn an einen DHCP Server weiter. Beantwortet der DHCP Server den Request, so leitet der Relay Agent die Antwort an den Client weiter.
  IP Helper
  Ein DHCP Relay Agent wird in der Cisco-Welt auch IP Helper genannt. Wir beschränken uns hier auf die Verwendung des Ausdrucks Relay Agent, so wie er im RFC definiert ist.

- **Identity Association (IA)**
  Eine Sammlung von IP-Adressen, die für einen Client bestimmt sind. Jede IA wird durch einen Identity Association Identifier (IAID) bezeichnet, der vom Client zugewiesen wird. Einem Client kann mehr als eine IA zugeordnet sein, z.B. eine IA für jedes seiner Interfaces. Es gibt eine IA für nicht-temporäre Adressen (IA_NA), eine IA für temporäre Adressen (IA_TA) und eine IA für Präfixdelegation (IA_PD).

- **Transaction ID**
  Ein Wert der benutzt wird, um sich entsprechende Anfragen und Antworten einander zuzuordnen.

DHCPv6 benutzt die folgenden Multicast-Adressen:

- **All_DHCP_Relay_Agents_and_Servers (ff02::1:2)**
  Dies ist eine Link-Scoped Multicast-Adresse. Sie wird von DHCP Clients verwendet, um mit DHCP Servern oder DHCP Relay Agents im selben Subnetz zu kommunizieren. Alle DHCP Server und Relay Agents sind Mitglied dieser Multicast-Gruppe. Ein Client muss somit die IP-Adresse seines DHCP Servers nicht kennen.

Multicast-Adressen

- **All_DHCP_Servers (ff05::1:3)**
  Dies ist eine Site-Scoped Multicast-Adresse. Sie wird von DHCP Relay Agents benutzt, um mit DHCP Servern zu kommunizieren. Der Relay Agent benutzt diese Multicast-Adresse, wenn er alle DHCP Server im Netzwerk ansprechen will, oder wenn er die Unicast-Adresse des DHCP Servers nicht kennt.

Die folgenden UDP Ports werden mit DHCPv6 benutzt:

- **UDP Port 546 (Client port)**
  Clients hören auf Port 546 auf DHCP-Nachrichten. Er wird von DHCP Servern und Relays benutzt, um DHCP Clients zu erreichen.

UDP Ports

- **UDP Port 547 (Server/Agent Port)**
  DHCP Server und Relay Agents hören auf Port 547 auf DHCP-Nachrichten. DHCP Clients benutzen diesen Port, um DHCP Server oder Relays zu erreichen. DHCP Relays benutzen diesen Port, um DHCP Server zu erreichen.

Folgende Nachrichtentypen sind in RFC 3315 definiert:

Nachrichtentypen

Tabelle 7.1 - DHCPv6-Nachrichtentypen

Nachrichtentyp	Beschreibung
SOLICIT (1)	Wird vom Client benutzt, um DHCP Server zu finden.
ADVERTISE (2)	Wird vom Server benutzt, um auf Solicit-Nachrichten zu antworten.
REQUEST (3)	Wird vom Client benutzt, um Konfigurationsparameter (inklusive IP-Adresse) von einem spezifischen Server zu erhalten.
CONFIRM (4)	Wird vom Client benutzt, um sich von einem Server bestätigen zu lassen, dass die von ihm benutzten Adressen für den Link, mit dem er verbunden ist, immer noch gültig sind.

Tabelle 7.1 – DHCPv6-Nachrichtentypen (Fortsetzung)

Nachrichtentyp	Beschreibung
RENEW (5)	Wird vom Client benutzt, um die Lifetime seiner IP-Adressen zu verlängern und seine Konfigurationsparameter zu aktualisieren. Die Nachricht wird an den Server geschickt, von dem der Client ursprünglich die Konfiguration erhalten hat.
REBIND (6)	Wird vom Client an irgendeinen verfügbaren Server geschickt, um die Lifetime seiner IP-Adressen zu verlängern und seine Konfigurationsparameter zu aktualisieren. Dieser Nachrichtentyp wird verwendet, wenn der Client auf eine Renew-Nachricht keine Antwort erhalten hat.
REPLY (7)	Wird vom Server als Antwort auf Solicit- (mit Rapid Commit Option), Request-, Renew- und Rebind-Nachrichten von Clients benutzt. Dieser Reply beinhaltet IP-Adressen und aktuelle Konfigurationsparameter. Ein Reply auf eine Information-Request-Nachricht beinhaltet nur Konfigurationsparameter (keine IP-Adressen). Ein Reply auf eine Confirm-Nachricht beinhaltet eine Bestätigung, dass die IP-Adressen des Clients für den Link noch gültig sind (oder eine entsprechende Ablehnung). Ein Server schickt eine Reply-Nachricht als Empfangsbestätigung für eine Release- oder Decline-Nachricht.
RELEASE (8)	Wird vom Client benutzt, um den Server, von dem er seine IP-Adressen erhalten hat zu informieren, dass er die Adressen nicht weiter benutzt.
DECLINE (9)	Wird vom Client benutzt, um dem Server mitzuteilen, dass eine oder mehrere der zugewiesenen IP-Adressen am Link bereits verwendet werden. Dies entdeckt der Client mittels Duplicate IP Address Detection (DAD).
RECONFIGURE (10)	Wird vom Server verwendet, um den Clients mitzuteilen, dass die Konfiguration geändert hat. Daraufhin schickt der Client eine Renew- oder Information-Request-Nachricht, um die neuen Konfigurationsparameter zu erhalten.
INFORMATION-REQUEST (11)	Wird vom Client benutzt, um zusätzliche Konfigurationsparameter zu erhalten (ohne IP-Adressen).
RELAY-FORW (12)	Wird von Relay Agents benutzt, um Client-Nachrichten an Server weiterzuleiten. Die Nachricht wird dabei in eine Option eingepackt (encapsulated). Die Relay-Forward-Nachricht kann direkt oder via weitere Relays zum Zielserver geschickt werden.
RELAY-REPL (13)	Wird von Servern benutzt, um Antworten via einen Relay zu schicken. Die Client-Nachricht wird dabei in eine Option eingepackt (encapsulated), welche vom letzten Relay ausgepackt und an den Client weitergeleitet wird. Die Relay-Reply Nachricht kann vom Server direkt an einen Relay oder via weitere Relays zum Zielrelay geschickt werden.

Interessant ist die Reconfigure-Nachricht. Sie ermöglicht es, Clients zu informieren, wenn auf dem Server die Konfiguration geändert wurde. Der Server schickt eine Reconfigure-Nachricht, worauf die Clients eine Renew- oder eine Information-Request-Nachricht schicken, um die aktualisierte Konfiguration zu erhalten. Das setzt jedoch DHCP Authentication voraus. Diese Möglichkeit ist auch für IPv4 verfügbar (RFC 3203), wurde jedoch kaum implementiert. Es fragt sich, inwiefern das mit DHCPv6 eingesetzt wird, da z.B. der akutelle Microsoft DHCPv6 Client Authentication nicht unterstützt.

Reconfigure-Nachricht informiert Clients über geänderte Optionen

7.1.2 DHCPv6 Header Format

Das DHCPv6 Header Format ist bedeutend einfacher strukturiert als bei DHCPv4 und wird nachfolgend kurz beschrieben.

Client – Server Nachrichten

Alle DHCP-Nachrichten, die zwischen Server und Clients ausgetauscht werden, haben einen identischen fixed Header mit einem variablen Bereich für Optionen.

Nachrichtenformat

Abbildung 7.1 zeigt den DHCP Header.

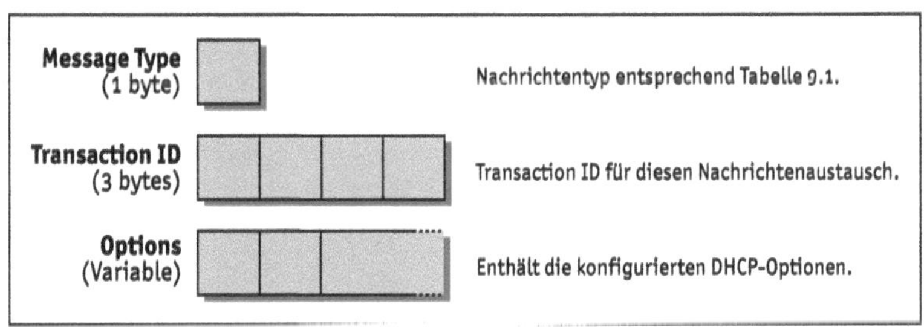

Abbildung 7.1 - DHCP Header Felder

Für jede Anfrage generiert der Client eine neue Transaction ID und setzt diesen Wert in das Transaction ID Feld. Beim Troubleshooting von DHCP ist diese Transaction ID unbedingt zu beachten, um sich entsprechende Anfragen und Antworten einander richtig zuzuordnen.

Transaction ID für Zuordnung von Nachrichten

Format der Optionsfelder

Optionen werden benutzt, um zusätzliche Informationen und Parameter zu übertragen. Die Optionsfelder haben ein identisches Grundformat, welches in Abbildung 7.2 dargestellt ist:

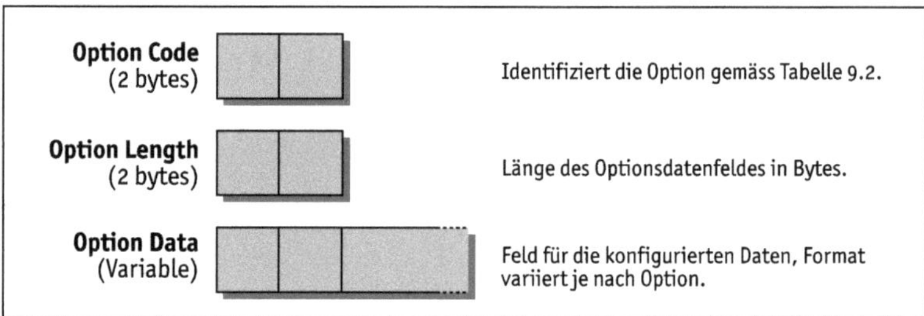

Abbildung 7.2 – DHCP-Optionsfelder

Das Option Code Feld bezeichnet den Typ der Option. Die Übersicht über die Optionen finden Sie in Tabelle 7.2. Das Option Length Feld gibt die Länge der Option in Bytes an. Das Option Data Feld enthält die konfigurierten Daten. Der Inhalt und die Länge dieses Feldes variieren je nach Optionstyp. Die in RFC 3315 definierten Optionen sind Bestandteil der Basis DHCP-Spezifikation. Diese Basis-Spezifikation erlaubt es, in Zukunft zusätzliche Optionen zu definieren, die dann in separaten RFCs beschrieben werden.

Tabelle 7.2 – DHCP-Optionen

Option	Wert	Beschreibung
Client Identifier Option	1	Wird für die Client DUID benutzt. Eine DUID ist ein DHCP Unique Identifier und wird später im Kapitel beschrieben.
Server Identifier Option	2	Wird für die Server DUID benutzt.
Identity Association for Non-temporary Addresses Option (IA_NA)	3	Wird benutzt, um die IA_NA, die mit ihr assoziierten Parameter, sowie die nicht-temporären Adressen anzugeben.
Identity Association for Temporary Addresses Option (IA_TA)	4	Wird benutzt, um die IA_TA, die mit ihr assoziierten Parameter und Adressen zu übermitteln. Alle in dieser Option enthaltenen Adressen werden vom Client als temporäre Adressen benutzt (gemäss Definition in RFC 3041 über Privacy Extensions for Stateless Address Autoconfiguration in IPv6).

Tabelle 7.2 – DHCP-Optionen (Fortsetzung)

Option	Wert	Beschreibung
IA Address Option	5	Wird benutzt, um die mit einer IA_NA oder IA_TA assoziierten Adressen anzugeben.
Option Request Option	6	Wird benutzt, um in einer Nachricht zwischen Client und Server eine Liste von Optionen zu identifizieren. Dies kann in einer Solicit-, Request-, Renew-, Rebind-, Confirm- oder Information-Request-Nachricht sein. Der Server kann diese Option in einer Reconfigure-Nachricht verwenden, um dem Client anzuzeigen, welche Optionen geändert oder hinzugefügt wurden.
Preference Option	7	Wird vom Server geschickt, um die Wahl des Clients zu beinflussen, welchen Server er akzeptiert.
Elapsed Time Option	8	Beinhaltet die Zeit, seit der der Client die DHCP-Transaktion gestartet hat. Die Zeit wird in Hunderstel-Sekunden angegeben. In der ersten vom Client geschickten Nachricht ist dieser Wert auf 0 gesetzt. Dieses Feld kann z.B. von einem Secondary DHCP Server benutzt werden, um festzustellen, ob der Primary DHCP Server innert nützlicher Zeit antwortet.
Relay Message Option	9	Beinhaltet die ursprüngliche DHCP-Nachricht in einer Relay-Forward oder Relay-Reply Nachricht.
Authentication Option	11	Enthält Informationen, um die Identität und den Inhalt von DHCP-Nachrichten zu authentifizieren.
Server Unicast Option	12	Der Server schickt diese Option an einen Client, um anzuzeigen, dass der Client Unicast für DHCP-Nachrichten benutzen kann. Die Option beinhaltet die IPv6-Adresse des Servers, die vom Client benutzt werden soll.
Status Code Option	13	Beinhaltet eine Statusanzeige bezüglich der DHCP-Nachricht, in der diese Option enthalten ist. Mögliche Status-Codes: 0 – Success 1 – Failure 2 – No Addresses available 3 – No Binding 4 – Prefix not appropriate for link 5 – Use Multicast
Rapid Commit Option	14	Signalisiert die Verwendung von nur zwei Nachrichten für Adresszuweisung. Der Server beantwortet in diesem Fall eine Solicit-Nachricht direkt mit einem Reply statt mit einer Advertise-Nachricht.

Tabelle 7.2 – DHCP-Optionen (Fortsetzung)

Option	Wert	Beschreibung
User Class Option	15	Wird vom Client benutzt, um eine Userklasse anzugeben, zu der er gehört. Kann beispielsweise benutzt werden, um allen Clients in einer Abteilung einen speziellen Drucker zuzuweisen. Diese Option muss auf Client und Server konfigurierbar sein.
Vendor Class Option	16	Wird vom Client benutzt, um Herstellerinformation anzugeben. Dies kann z.B. Information über Hardware- oder Betriebssystem sein.
Vendor Specific Information Option	17	Wird von Client und Server benutzt, um herstellerspezifische Information auszutauschen. Diese Option erlaubt erweiterte DHCP-Funktionalität in einer bestimmten Herstellerimplementation. In einer Nachricht können mehrere solche Optionen definiert werden.
Interface ID Option	18	Kommt nur in Relay Forward oder Relay Reply Nachrichten vor. In einer Relay Forward Nachricht wird hier die Interface ID des Relays angegeben, auf dem der Relay die ursprüngliche DHCP-Nachricht erhalten hat. Diese Interface ID muss vom Server in der Relay Reply Nachricht wieder angegeben werden. Dies ist das Interface, über das der Relay die Antwort des Servers an den Client weiterleitet.
Reconfigure Message Option	19	Diese Option wird vom Server in der Reconfigure-Nachricht verwendet, um dem Client anzuzeigen, ob er eine Renew- oder eine Information-Request-Nachricht schicken soll. Folgende Werte können enthalten sein: 5 – Renew 11 – Information-Request
Reconfigure Accept Option	20	Wird vom Client benutzt, um dem Server anzuzeigen, ob er Reconfigure-Nachrichten akzeptiert. Wird vom Server benutzt, um dem Client mitzuteilen, ob er Reconfigure-Nachrichten akzeptieren soll. Ist nichts konfiguriert, so lautet der Default auf NICHT-akzeptieren.
Identity Association for Prefix Delegation Option (IA_PD) – RFC 3633	25	Eine Sammlung von Präfixen, die einem anfragenden Router zugewiesen werden. Jede IA_PD hat eine IAID. Ein anfragender Router kann mehrere IA_PDs zugewiesen haben (per Interface).

Note

Die aktuellste Liste von DHCP-bezogenen RFCs und neuen DHCP Optionen finden Sie auf *http://datatracker.ietf.org/wg/dhc* in den Dokumenten der DHCP Arbeitsgruppe.

Relay Agent – Server Message Format

Relay Agents leiten Client- und Server-Nachrichten weiter, wenn Client und Server nicht im selben Subnetz sind. Eine Nachricht kann auch über mehrere Relays weitergeleitet werden. Die Antwort an den Client muss immer über dieselben Relays zurückkommen, über die die ursprüngliche Anfrage weitergeleitet wurde.

Header-Format

Abbildung 7.3 zeigt die Header-Felder in Relay Agent und Server Nachrichten.

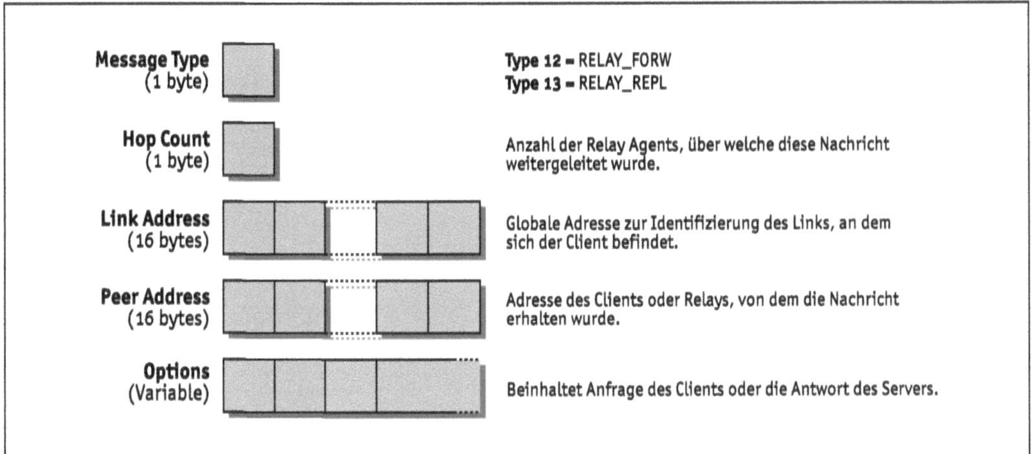

Abbildung 7.3 – Header Felder in Relay Agent und Server Nachrichten

Relay Forward und Relay Reply Nachrichten haben dasselbe Format und unterscheiden sich durch den Type-Wert (12 resp. 13).

Ein Hop Count Limit kann konfiguriert werden

Das Hop Count Feld zeigt in einer Relay Forward Nachricht an, über wieviele Relay Agents diese Anfrage bereits weitergeleitet wurde. Jeder Relay Agent erhöht beim Weiterleiten den Wert um 1. Durch das Vorkonfigurieren eines Hop Count Limits auf dem Relay kann die Zahl der Relays, über die eine Nachricht weitergeleitet wird, beschränkt werden. Erhält ein Relay eine Nachricht, in welcher der Hop Count den Wert des Hop Count Limits erreicht hat, so verwirft er die Nachricht. Der Default Wert für das Hop Count Limit ist 32. In einer Relay Reply Nachricht wird der Wert des Feldes aus der Relay Forward Nachricht übernommen.

Link Address Feld

Das Link Address Feld enthält eine globale Adresse, damit der Server den Link identifizieren kann, an dem der Client sich befindet. Das RFC erwähnt hier auch die Site-Local Adresse, da diese zur Zeit der Veröffentlichung noch nicht offiziell abgelehnt (deprecated) war. In einer Relay Reply Nachricht wird der Wert dieses Feldes aus der Relay Forward Nachricht übernommen.

Peer Address Feld

Das Peer Address Feld enthält die Adresse des Clients oder des Relays, von dem die Nachricht erhalten wurde. Auch dieser Wert wird in einer Relay Reply Nachricht aus der Relay Forward Nachricht kopiert.

Relay Message Option enthält die Nachricht

Das variable Optionsfeld muss eine Relay Message Option enthalten (Option Typ 9). Darin ist die ursprüngliche Anfrage des Clients (bei der Relay Forward Nachricht) oder die Antwort des Servers (bei der Relay Reply Nachricht) enthalten. Dieses Feld kann auch zusätzliche Optionen beinhalten, die auf dem Relay Agent speziell konfiguriert wurden.

7.1.3 DHCP Unique Identifier

Bedeutung DUID

Jeder DHCP Client und Server hat eine DHCP Unique Identifier Nummer (DUID). Diese DUID wird zur gegenseitigen Erkennung verwendet. Ein Server benutzt zum Beispiel die DUID zur Identifizierung von Clients, um die entsprechende Konfigurationsinformation zu schicken. Die DUID muss über alle Server und Clients einzigartig sein und sollte nachträglich nicht verändert werden.

In RFC 3315 sind drei verschiedene Typen von DUIDs definiert. Weitere Typen können in Zukunft definiert werden. Eine DUID besteht aus einem 2-Byte Type Code, gefolgt von einer variablen Zahl von Bytes, die den eigentlichen Identifier beinhalten. Die heute definierten Typen sind die folgenden:

DUID-Typen

1. Link Layer Adresse plus Zeit (DUID-LLT)
2. Herstellerabhängige Unique ID basierend auf der Enterprise-Nummer (DUID-EN)
3. Link Layer Adresse (DUID-LL)

RFC 6355 definiert einen zusätzlichen DUID Typ, die DUID-UUID. Er basiert auf dem bereits standardisierten Universally Unique Identifier (UUID) Format (RFC 4122). Vorteile bringt er vor allem für Geräte, die während der Initialisierung mehrere Netzwerk Bootphasen mit mehreren DHCP-Prozessen durchlaufen und dabei eine gleichbleibende DUID benötigen, damit sie vom DHCP-Server korrekt identifiziert werden.

Neuer DUID-Typ (DUID-UUID)

7.1.4 Identity Association

Eine Identity Association (IA) ist ein Objekt, das von Server und Client verwendet wird, um eine Gruppe von IPv6-Adressen zu identifizieren und verwalten. Jede IA hat eine IAID zur Identifikation und beinhaltet spezielle Konfigurationsinformation.

Bedeutung der IA

Ein Client hat im Minimum eine IA für jedes Interface, das von einem Server konfiguriert wird. Der Client benutzt die IAs, die einem Interface zugewiesen sind, um vom Server die Konfiguration für dieses Interface zu erhalten. Jede IA muss mit genau einem Interface assoziiert sein. Die IAID wird vom Client gewählt und muss auf den Client bezogen einzigartig sein. Die Konfigurationsinformation einer IA besteht aus einer oder mehreren IPv6-Adressen und den Timern T1 und T2 (Renewal/Rebinding Timer).

Mindestens eine IA pro Interface

Ein Server wählt die einer IA zuzuweisenden Adressen aufgrund der Adresszuweisungspolicies, die vom Administrator definiert wurden. Er wählt die Adressen aufgrund folgender Informationen aus:

Server wählt Konfiguration aufgrund IA

- Der Link, mit welchem der Client verbunden ist.
- Der DUID des Clients.
- Weitere Informationen, die er aus Optionen entnimmt, die er vom Client erhalten hat.
- Weitere Informationen, die er aus Optionen entnimmt, die ein Relay Agent angefügt hat.

Koexistenz DHCPv4 mit DHCPv6

Link-Layer Option

In dual-stack Netzwerken kann die Anforderung aufkommen, DHCPv4-Clients und DHCPv6-Clients korrelieren zu können. DHCPv4 benützt die MAC-Adresse als Identifikation, während DHCPv6 wie erwähnt die DUID benützt. Um das Management einer dual-stack Umgebung zu vereinfachen, definiert RFC 6939 eine Link-Layer Address Option für DHCPv6. Damit kann ein Relay, der sich am Link des DHCPv6-Clients befindet, dem DHCPv6-Server die MAC-Adresse des Clients weitergeben. Das ist ein Informationsaustausch zwischen Relay und Server, der Client weiss nichts davon.

7.1.5 DHCP-Kommunikation

Client- und Server-Kommunikation

Wie der Client einen DHCP-Server findet

Ein Client benutzt Multicast-Nachrichten, um DHCP Server zu erreichen. Will ein Client einen spezifischen DHCP Server erreichen, so benutzt er dazu die DUID dieses Servers in einer Server Identifier Option. Alle DHCP Server werden diese Nachricht erhalten, aber nur der Server mit der entsprechenden DUID wird darauf reagieren. Will ein Client alle DHCP Server erreichen, so lässt er diese Server Identifier Option weg. In speziellen Fällen kann ein Client auch direkt Unicast-Nachrichten an einen Server schicken. Dies ist der Fall, wenn der Server so konfiguriert ist, dass er dem Client mittels einer Server Unicast Option mitgeteilt hat, via Unicast zu kommunizieren. Bei dieser Konfiguration ist zu beachten, dass solche Unicast DHCP-Nachrichten nicht über Relay Agents weitergeleitet werden und somit allfällige Relay Agent Optionen nicht berücksichtigt werden.

Solicit-Nachricht

Ein Client schickt eine Solicit-Nachricht, um einen DHCP Server zu finden. Darauf erhält der Client eine oder mehrere Advertise-Nachrichten. Erhält er mehrere Antworten, so wählt er nach folgenden Kriterien aus:

Wie der Client einen DHCP-Server auswählt

- Die Nachricht mit dem höchsten Server Preference Wert wird bevorzugt.
- Erhält der Client mehrere Advertise-Nachrichten mit demselben Server Preference Wert, so wählt er die Nachricht aus, welche die gewünschten Konfigurationsoptionen enthält.
- Der Client kann auch einen Server mit einem niedrigeren Server Preference Wert wählen, wenn dieser geeignetere Konfigurationsparameter enthält.

Die Liste dieser Server wird, zusammen mit den Preference-Werten und Parametern, im Client gespeichert. Wenn er von seinem bevorzugten Server keine Antwort mehr erhält, wird er den nächsten in der Liste kontaktieren.

Präferenzliste

Der Client hat verschiedene Timer konfiguriert. Erhält er auf eine Anfrage nicht innert einer bestimmten Zeitspanne Antwort, so wählt er den nächsten Server in seiner Liste, sofern er mehrere Advertise-Nachrichten erhalten hat. Wenn nicht, initiiert er einen neuen Server Discovery Prozess (Solicit) oder beendet die Konfiguration und zeigt eine Fehlermeldung.

Timer

Als nächstes schickt der Client eine Request-Nachricht mit seinen IA-Optionen und seiner Client DUID, sowie einer Option Request Option, welche die gewünschten DHCP-Optionen enthält.

Request-Nachricht

Der Server antwortet mit einer Reply-Nachricht, in der die gewünschten Optionen enthalten sind. Hat der Server den Request über einen Relay Agent erhalten, so schickt er den Reply als Relay Reply Nachricht an den Relay Agent.

Reply-Nachricht

Der Server merkt sich die Adressen, die er in der Reply-Nachricht herausgegeben hat, als zugewiesene Adressen. Bekommt ein Client von mehreren Servern Reply Nachrichten, so wird er den geeignetsten Reply auswählen und diese Adressen benutzen. Die Adressen der anderen Server bleiben diesem Client zugewiesen, werden jedoch nicht benutzt. Sie werden auf dem Server freigegeben, wenn ihre Lifetime abläuft.

Der Client sollte für jede Adresse, die er benutzen will, einen Duplicate Address Detection (DAD) durchführen, indem er im Subnetz nachfragt, ob diese Adressen bereits von einem anderen Client benutzt werden, bevor er selbst sie verwendet. Dies macht er mit Neighbor Discovery (siehe Kapitel 5).

Duplicate Address Detection

Eine typische DHCP-Kommunikation eines Clients, der Stateful Address Autoconfiguration durchführt, sieht wie folgt aus:

Nachrichtenaustausch DHCPv6

1. Client schickt Solicit-Nachricht
2. Server antwortet mit Advertise-Nachricht
3. Client schickt Request
4. Server antwortet mit Reply

Verkürzung mit Rapid Commit Option

Um die Kommunikation auf zwei Nachrichten zu verkürzen, kann die Rapid Commit Option (Optionstyp 14) verwendet werden. Dieser Ablauf sieht wie folgt aus:

1. Client schickt Solicit-Nachricht mit Rapid Commit Option.
2. Server beantwortet Solicit mit einem Reply, der ebenfalls eine Rapid Commit Option beinhalten muss.

Schickt der Client eine Solicit-Nachricht mit der Rapid Commit Option, so ignoriert er Reply-Nachrichten, die keine Rapid Commit Option enthalten. Erhält er auf seine Solicit-Nachricht keinen Reply mit Rapid Commit Option, so berücksichtig er allfällig erhaltene Advertise-Nachrichten und führt den normalen Konfigurationsvorgang durch. Erhält ein Server eine Solicit-Nachricht mit Rapid Commit Option, ist aber nicht dafür konfiguriert, so ignoriert er die Option und antwortet mit einer normalen Advertise-Nachricht.

Ein Client benutzt Request-, Renew-, Rebind-, Release- und Decline-Nachrichten während dem normalen Lebenszyklus seiner server-zugewiesenen IP-Adressen.

Confirm-Reply Austausch bei Netzwerkwechsel

Wechselt ein Client in ein anderes Subnetz, z.B. in einem Wireless Netzwerk oder nach dem Aufwachen aus dem Sleep Mode, muss er einen Confirm/Reply Nachrichtenaustausch initialisieren. Dabei schickt er dem Server alle IAs (Identity Association), zusammen mit den entsprechenden Adressen und Optionen. Erhält der Client keine Antwort auf seine Confirm-Nachricht, sollte er die vorher zugewiesenen Adressen und Optionen weiterbenutzen.

Release-Reply Austausch für Adressfreigabe

Um eine oder mehrere Adressen wieder freizugeben schickt der Client eine Release-Nachricht, welche den Client Identifier und die entsprechenden IAs mit ihren Adressen und Optionen enthält. Der Server schickt daraufhin einen Reply. Erhält der Client keinen Reply, so sollte er seine Release-Nachricht wiederholen. Dies ist jedoch nicht immer möglich, zum Beispiel bei einem Shutdown. Hat ein DHCP Server den Release nicht erhalten, so wird er die Adressen automatisch freigeben, wenn deren Lifetime abgelaufen ist.

Decline-Nachricht, wenn Client ungültige Adresse erhalten hat

Merkt ein Client, dass er eine bereits belegte Adresse zugewiesen bekommen hat (z.B durch DAD), so schickt er dem Server, der ihm die Adresse zugewiesen hat, eine Decline-Nachricht. Diese Nachricht enthält eine Transaction ID, den Client Identifier, den Identifier des Servers sowie die Adresse(n).

Erhält ein DHCP Server von einem Client, dem er keine Unicast-Option geschickt hat, eine Unicast-Nachricht, so antwortet er mit einer Reply-Nachricht mit dem Status-Code ‹Use Multicast› (Option 13, Code 5).

Renew / Rebind

Renew- und Rebind-Nachricht für Adresserneuerung

Will ein Client die gültige (valid) und bevorzugte (preferred) Lifetime seiner Adressen verlängern, so schickt er dem Server, von dem er seine Adressen erhalten hat, eine Renew Nachricht (Type 5). Diese Nachricht enthält eine IA-Adressoption mit der für diese IA definierten Adressen. Der Server identifiziert in der IA-Konfiguration die entsprechenden Zeitwerte und schickt sie dem Client in einer Reply-Nachricht. Dabei kann er auch neue Adressen hinzufügen, oder bestehende Adressen entfernen, indem er deren Lifetime auf 0 setzt.

Erhält der Server eine Renew-Nachricht für eine IA, für welche er keinen Eintrag hat, so beantwortet er die Nachricht mit einem Reply mit Status-Code ‹No Binding› (Option 13, Code 3). Will der Client Adressen erneuern, welche für den Link an dem er sich befindet nicht gültig sind, so schickt der Server eine Reply-Nachricht und setzt die Lifetime der Adressen auf 0.

Timer T1 und T2

Der Server kontrolliert die Intervalle, in denen ein Client seine Adressen erneuern muss, durch die pro IA vorkonfigurierten Timer T1 und T2. Erreicht der Client die in Timer T1 angegebene Zeit, so muss er den Renew-Prozess starten. Erreicht ein Client die in Timer T2 angegebene Zeit, so bedeutet dies, dass er auf seinen Renew Request keine Antwort erhalten hat. In diesem Fall schickt er eine Rebind-Nachricht an alle verfügbaren Server. Die Rebind-Nachricht enthält eine IA-Option mit allen zur Zeit zugewiesenen Adressen, sowie eine Option Request Option mit den gewünschten DHCP-Optionen.

Erhält ein Server eine Rebind-Nachricht und findet die entsprechende IA, so antwortet er mit einem Reply. Sind die vom Client gewünschten Adressen für seinen aktuellen Link nicht mehr gültig, so setzt der Server die Lifetime der Adressen auf 0.

Erhält ein Client auf eine Rebind-Nachricht keine Antwort, so kann er die Adressen nicht weiterbenutzen. In diesem Fall hat er zwei Möglichkeiten:

Client-Verhalten wenn Rebind nicht beantwortet wird

1. Die Adresskonfiguration durch eine Solicit-Nachricht neu starten, um einen neuen DHCP Server zu finden und diesem einen Request für seine abgelaufene IA zu senden.
2. Hat der Client andere, noch gültige IAs, so kann er die abgelaufene IA ignorieren und andere Adressen verwenden.

Information-Request

Nachricht für nicht-adressbezogene DHCP-Optionen

Wünscht der Client DHCP-Optionen, ohne seine Adresse konfigurieren oder erneuern zu müssen, so benutzt er dazu die Information-Request-Nachricht. Diese Nachricht muss eine Option Request Option enthalten, in der die gewünschten Optionen angegeben sind.

Einsatz

Diese Nachricht wird z.B. verwendet, wenn ein Client seine IP-Adresse mit Stateless Address Autoconfiguration erhalten hat und im Router Advertisement das O-Flag (Other Stateful Configuration) gesetzt war. Dies veranlasst den Client dazu, eine Information-Request-Nachricht zu verschicken, und sich so Konfigurationsinformationen wie z.B. DNS, NTP oder SIP Server zu holen. Die Information-Request-Nachricht wird vom Client auch als Antwort auf eine Reconfigure-Nachricht des Servers verwendet. Dieser Vorgang wird im nächsten Abschnitt beschrieben.

Reconfigure-Vorgang

Reconfigure-Nachricht informiert Clients über geänderte Optionen

Der Server schickt eine Reconfigure-Nachricht, um den Client zu veranlassen, eine Renew- oder eine Information-Request-Nachricht zu schicken. Diese Möglichkeit kann z.B. eingesetzt werden, wenn ein Link neu nummeriert wurde. In dieser Reconfigure-Nachricht ist die Transaction ID auf 0 gesetzt. Die Nachricht enthält eine Server Identifier Option mit der Server DUID und eine Client Identifier Option mit der Client DUID. Zusätzlich kann eine Option Request Option mitgeschickt werden, um dem Client mitzuteilen, welche Option(en) geändert haben oder neu sind. Die Option Request Option muss eine IA Adressoption (Typ 5) enthalten, wenn der

Client seine Adressen neu konfigurieren muss. Mit der Reconfigure Message Option (Typ 19) gibt der Server an, ob der Client mit einer Renew- oder Information-Request-Nachricht reagieren muss.

Authentication für Reconfigure-Nachricht vorgeschrieben

Wegen der Gefahr von Denial-of-Service Attacken gegen DHCP Clients ist der Gebrauch von Security-Mechanismen in Reconfigure-Nachrichten zwingend vorgeschrieben. Das bedeutet, dass der Server für Reconfigure-Nachrichten DHCP Authentication benutzen muss. Zur Zeit ist DHCP Authentication von Microsoft nicht unterstützt.

Destination-Adresse für Reconfigure-Nachricht

Der Server schickt jede Reconfigure-Nachricht an eine IPv6 Unicast-Adresse jedes einzelnen Clients. Kennt er keine Unicast-Adresse, an die er die Nachricht direkt senden kann, so schickt er eine Relay Reply Nachricht an einen entsprechenden Relay Agent.

Während ein Client in einem Reconfigure-Prozess ist, akzeptiert er keine neuen Reconfigure-Nachrichten. Erst wenn ein Reconfigure-Prozess abgeschlossen ist, kann ein neuer Vorgang ausgelöst werden.

Relay Agent Kommunikation

Relay Agent leitet Client Requests weiter

Ein Relay Agent benutzt als Default die All_DHCP_Servers Multicast-Adresse (`ff05::1:3`) zum Weiterleiten. Er kann jedoch auch so konfiguriert werden, dass er Unicast-Adressen benutzt.

Bildung Relay Forward Nachricht

Der Relay Agent nimmt die von einem Client eingegangene Nachricht und bildet eine Relay Forward Nachricht. (Siehe Abbildung 9.4 für die Header Felder). In das Link Address Feld setzt er seine globale IPv6-Adresse aus dem Präfix des Subnetzes, an dem sich der Client befindet. Daran erkennt der DHCP Server, aus welchem Adressbereich er dem Client Adressen zuordnen muss. Der Hop Count wird in dieser Nachricht auf 0 gesetzt. Die Absenderadresse aus der ursprünglich erhaltenen Nachricht (d.h. die IPv6-Adresse des Clients) kopiert er in das Peer Address Feld der Relay Forward Nachricht. Die ursprüngliche DHCP-Nachricht kopiert er in das Relay Message Options Feld. Dabei kann er zusätzliche Optionen mitgeben, die vom Administrator auf dem Relay Agent vorkonfiguriert sein müssen.

Client Request im Relay Message Optionsfeld

Hop Count Limit kann Zahl der Relays beschränken

Erhält ein Relay Agent eine Relay Forward Nachricht von einem anderen Relay Agent, und ist der Wert des Hop Count Feldes so gross wie der Wert des Hop Count Limit Feldes, so ignoriert er die Nachricht. Mit dem Hop Count Limit Parameter kann man die Zahl der Relay Agents limitieren, über die eine Nachricht weitergeleitet wird. Ist der Hop Count kleiner als das Hop Count Limit verarbeitet er die Nachricht. Er packt das erhaltene Paket in einen neuen Header ein, erhöht den Hop Count um 1 und kopiert die Absenderadresse des vorhergehenden Relays in das Peer Address Feld. Das Link Address Feld setzt er auf 0. Die erhaltene Nachricht kopiert er in die Relay Message Option.

Der Pfad Server – Relay – Client muss derselbe sein wie für den Request

Wie schon erwähnt, muss eine DHCP-Antwort über dieselben Relays zurückgesandt werden, über welche die DHCP-Anfrage kam. Mit dem vorhergehend beschriebenen Verfahren kopiert jeder weiterleitende Relay die erhaltene Nachricht in die Relay Message Option innerhalb eines neuen Relay Forward Headers. Somit erhält der DHCP Server eine Relay Forward Nachricht mit mehreren Ebenen und kann nachvollziehen, über wieviele und welche Relay Agents die Nachricht weitergeleitet wurde.

Format des Antwortpaketes vom Server

In der letzten Relay Message Option findet der DHCP Server die ursprüngliche Anfrage des Clients. Diese beantwortet er und kopiert sie in das Relay Message Optionsfeld einer Relay Reply Nachricht. Diese verpackt er in soviele Relay Reply Header, wie die Relay Forward Nachricht, die er erhalten hat. Somit ist der Pfad zurück zum Client eindeutig definiert.

Wie Relays die Antwort weiterleiten

Jeder Relay Agent auf dem Pfad entfernt den äussersten Relay Reply Header und leitet das Paket an den nächsten Relay im Pfad weiter. Der letzte Relay erhält eine Relay Reply Nachricht, welche im Relay Message Optionsfeld die Antwort des DHCP Servers an den Client enthält. Er entfernt den Relay Reply Header und leitet die Nachricht an den Client weiter.

Header-Felder im Austausch über Relays

Tabelle 7.3 zeigt die Einträge in den verschiedenen Header-Feldern. Unser Beispiel zeigt einen DHCP Request, der über zwei Relays, Relay A und Relay B, weitergeleitet wird.

Tabelle 7.3 - Die Header in den Relay Forward und Relay Reply Nachrichten

Header Feld	Paket 2	Paket 3	Paket 4	Paket 5
	Relay A an Relay B	Relay B an Server	Server an Relay B	Relay B an Relay A
Message Type	Relay Forward (Typ 12)	Relay Forward (Typ 12)	Relay Reply (Typ 13)	Relay Reply (Typ 13)
Hop Count	1	2	2	1
Link Address	Relay A	0	0	Relay A
Peer Address	Client C	Relay A	Relay A	Client C
Relay Message Option	Client Request	Paket 2	Paket 5	DHCP Reply

Die Kommunikation läuft wie folgt ab:

- Client C schickt einen DHCP Request (Paket 1 nicht in Tabelle)
- Relay Agent A schickt eine Relay Forward Nachricht (Typ 12) an Relay Agent B (Paket 2). Er setzt er seine Adresse in das Link Address Feld. Der Client Request (Paket 1) wird in die Relay Message Option kopiert. Paket 2
- Relay Agent B leitet die Relay Forward Nachricht an den DHCP Server weiter (Paket 3). Er setzt das Link Address Feld auf 0 und seine Adresse in das Peer Address Feld. Das ganze von Relay A erhaltene Paket wird in die Relay Message Option kopiert. Paket 3
- Der DHCP Server schickt einen Relay Reply (Typ 13) an Relay Agent B (Paket 4). Das Hop Count Feld wird aus der Relay Forward Nachricht kopiert. Das Link Address Feld wird auf 0 gesetzt. In das Peer Address Feld setzt er die IPv6-Adresse des Relays, von dem er die Relay Forward Nachricht erhalten hat. In der Relay Message Option ist das gesamte Paket enthalten, welches Relay Agent B an Relay Agent A schicken muss (Paket 5). Paket 4
- Relay Agent B entnimmt Paket 5 der Relay Message Option und leitet den Relay Reply an Relay Agent A (Paket 5) weiter. Paket 5
- Relay Agent A entnimmt der Relay Message Option die DHCP-Serverantwort und leitet sie an Client C weiter.

Zusammenfassend die wichtigsten Regeln:

Grundregeln für Kommunikation über Relays

- Ein Relay Agent kopiert jeweils das ganze erhaltene Paket in die Relay Message Option. So erhält der DHCP Server, je nach Zahl der Relays, ein mehrfach verschachteltes Paket, in dem der Pfad und die Relays nachvollziehbar sind.
- Alle Relays setzen den Wert 0 in das Link Address Feld, mit Ausnahme des ersten Relays, der den Request direkt vom Client erhalten hat. Dieser setzt seine eigene IPv6-Adresse aus dem Präfix des Client-Subnetzes in das Link Address Feld.
- Im Peer Address Feld steht immer die Adresse des Vorgängers, also bei Relay Agent A die Adresse des Clients, bei Relay Agent B die Adresse von Relay Agent A.

Der DHCP Server erstellt zuerst die Antwort für den Client. Diese wird nun in ein Relay Reply Paket für Relay Agent B (Paket 5) und zusätzlich in ein Relay Reply Paket für Relay Agent A (Paket 4) verpackt. Die Pakete 2 und 5 unterscheiden sich nur dadurch, dass im Paket 2 in der Relay Message Option der DHCP Request, und im Paket 5 der DHCP Reply steht.

Relay Supplied Optionen

Der Relay Agent kann zusätzliche DHCP-Optionen liefern. Damit er diese weitergeben kann, wird in RFC 6422 eine Relay Supplied Option Option (RSOO, Optionscode 66) definiert. Der Relay verpackt diese Optionen in einer RSOO. Der DHCP Server fügt diese Optionen seiner DHCP-Nachricht an den Client zu. Solche RSOO müssen explizit als solche mit Bezug auf RFC 6422 definiert sein. Optionen welche vor RFC 6422 definiert wurden, sind keine RSOO-Optionen.

Note

Auf *www.iana.org/assignments/dhcpv6-parameters/dhcpv6-parameters.xhtml#dhcpv6-parameters-2*. findet man eine Liste der RSOO Optionen.

DHCPv6 Kommunikation im Trace File

Um der ganzen Theorie etwas mehr Farbe zu verleihen, hier die Besprechung eines Trace Files.

Zur Wiederholung: Abbildung 7.4 zeigt einen Auszug aus dem Router Advertisement aus dem der Client erfährt ob er DHCP benützen muss.

```
⊞ Internet Protocol Version 6
⊟ Internet Control Message Protocol v6
    Type: 134 (Router advertisement)
    Code: 0
    Checksum: 0xc160 [correct]
    Cur hop limit: 64
  ⊟ Flags: 0xc0
      1... .... = Managed
      .1.. .... = Other
      ..0. .... = Not Home Agent
      ...0 0... = Router preference: Medium
    Router lifetime: 1800
    Reachable time: 0
    Retrans timer: 0
```

Abbildung 7.4 – Die DHCPv6 Flags im Router Advertisement

Wie der Client erfährt, dass er DHCP benützen muss

Dies ist ein Auszug aus einem Trace File eines Bootvorganges. Der Client hat eine Router Solicitation geschickt und erhält nun ein Router Advertisement zurück. In diesem sind die beiden Flags, das M-Flag (Managed Address Configuration) und das O-Flag (Other Stateful Configuration Flag) gesetzt, welche dem Client mitteilen, dass er sich seine Adress- und Konfigurationsinformation bei einem DHCP Server holen muss.

Note
Die Spezifikation der verschiedenen DHCPv6-bezogenen Flags im RA ist ungenau. Das führt dazu, dass verschiedene Betriebssysteme unterschiedliche auf diese Flags reagieren. Die gewünschte Kombination muss darum mit den gewählten Betriebssystemen sorgfältig gestestet werden.

Darauf hin startet der Client den DHCP Vorgang wie in diesem Kapitel beschrieben. Abbildung 7.5 zeigt die Kommunikation.

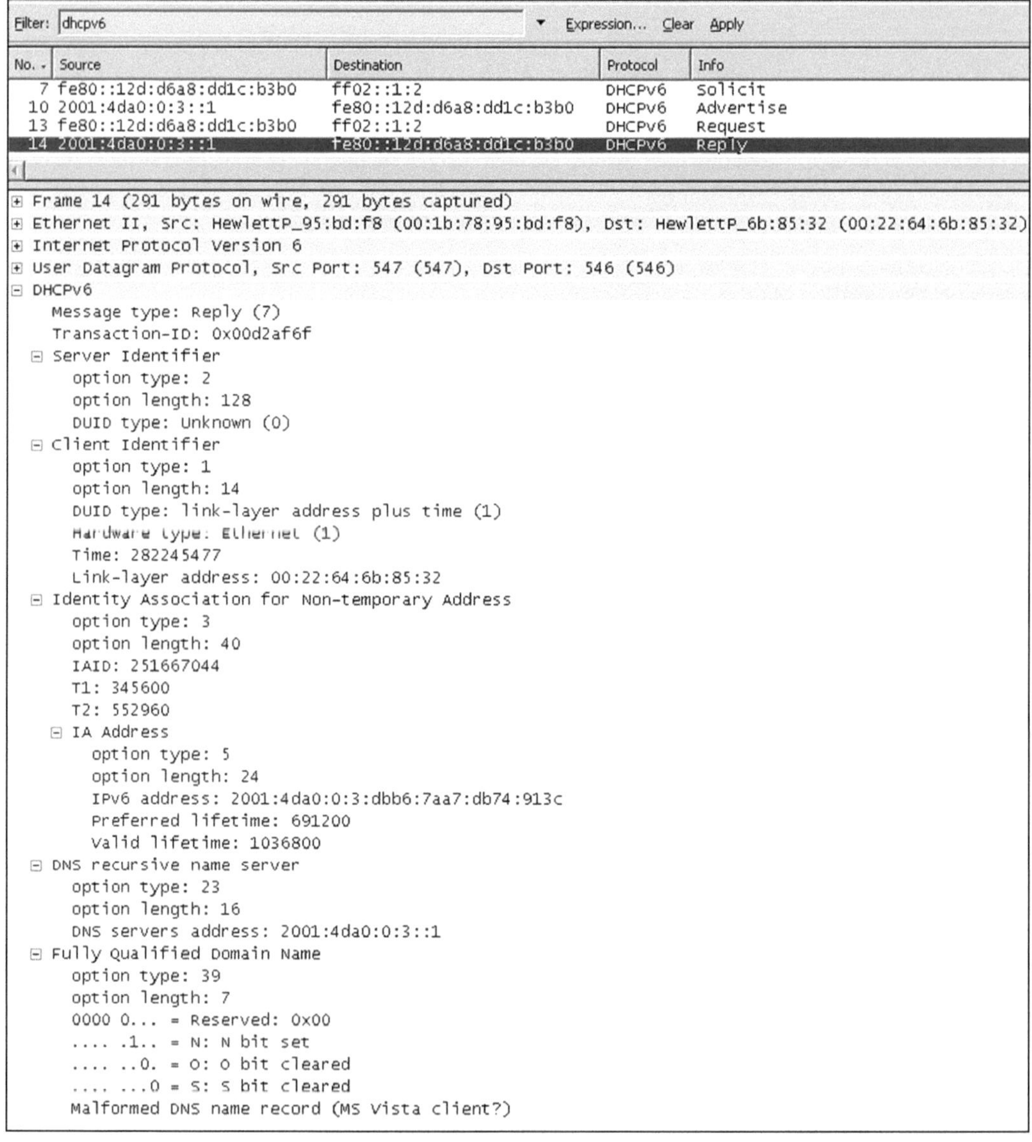

Abbildung 7.5 – Die DHCPv6 Kommunikation im Trace File

Beschreibung Trace File

Wie im obersten Bereich der Abbildung sichtbar, habe ich im Wireshark einen Filter gesetzt, um nur die DHCPv6 Kommunikation anzuzeigen. Somit sehen wir im oberen Bereich die vier Pakete der Standard Kommunikation, mit Solicit, Advertise, Request und Reply. Das Paket mit der Nummer 14 ist blau markiert. Von diesem Paket sehen wir im unteren Bereich die Details. Die vorgängigen Pakete beschreibe ich kurz.

Solicit-Nachricht

Im Paket Nummer 7 sehen wir die Solicit-Nachricht. Die Absenderadresse ist die Link-Local Adresse des Clients und geht an die Multicast Adresse All_DHCP_Relay_Agents_and_Servers (`ff02::1:2`). UDP Source Port ist 546 und UDP Destination Port ist 547.

Advertise-Nachricht

In Paket Nummer 10 kommt die Advertise-Nachricht des DHCP Servers zurück. Das Paket geht an die Link-Local Adresse des Clients und die IPv6 Source-Adresse des Paketes ist die Adresse des DHCP Servers.

Request-Nachricht

Der Client schickt nun in Paket Nummer 13 seinen Request, wiederum an die Multicast Adresse `ff02::1:2`.

Beschreibung Reply-Nachricht

Paket Nummer 14 beinhaltet den Reply des DHCP Servers. Er geht an die Link-Local Adresse des Clients, mit UDP Source Port 547 und UDP Destination Port 546. In der zweiten Zeile der DHCPv6 Details im unteren Bereich sehen wir die Transaction ID. Auf diese ist beim Troubleshooting zu achten, sie muss für eine Transaktion immer identisch sein. Der Reply beinhaltet die DHCP Optionen Server Identifier, Typ 2; Client Identifier, Typ 1; IA_NA mit den Timern T1 und T2, Typ 3; IA Address Option mit der zugewiesenen IPv6 Adresse und den Lifetime Parametern, Typ 5; DNS Name Server mit der entsprechenden DNS Server Adresse, Typ 23; sowie den Fully Qualified Domain Name, Typ 39. Ja, ich war in der Versuchung, die letzte Zeile auszulassen. Wireshark meldet hier ein «malformed packet» da der DHCP Server sich nicht exakt an die Spezifikation hält. Da der Client aus demselben Haus ist, funktioniert es. Bei Einsatz von Applikationen verschiedener Hersteller könnten solche Phänomene zu Interoperabilitätsproblemen führen.

7.1.6 Prefix Delegation

RFC 3633, «IPv6 Prefix Options» definiert Optionen, die von einem delegierenden Router oder DHCP-Server zu einem anfragenden Router (requesting router) gesandt werden können. Dies kann von einem delegierenden Router in einem ISP-Netzwerk benützt werden, um einem Border-Router in Kundennetzwerken Präfix-Information zu schicken. Das delegierte Präfix kann zum Beispiel ein /48 sein und der Border-Router beim Kunden teilt das in verschiedene /64 Subnetze auf und konfiguriert das Kundennetz via Router Advertisements oder DHCP.

Präfixdelegation unabhängig von Adresszuweisung

DHCPv6 Prefix Delegation ist unabhängig von DHCPv6 Adresszuweisung. Ein anfragender Router kann DHCPv6 nur für Präfix Delegation benützen, oder aber auch kombinieren mit Adresszuweisung und Konfiguration anderer Parameter wie z.B. DNS Server u.a.m. Diese Parameter kann er auch verwenden, um sie dann selber in seiner Funktion als DHCPv6 Server für Clients in seinen Subnetzen zu konfigurieren.

Optionen für Präfixkonfiguration

Der Option-Code für die Zuweisung der IA_PD (Identity Association for Prefix Delegation) ist 25, der Option Code für die Option, welche die Präfixe enthält, ist 26. Ein neuer Status-Code mit dem Wert 6 wurde definiert, er bedeutet ‹No Prefix Available›.

Nachrichtenaustausch

Der Vorgang läuft gemäss der Spezifikation in RFC 3315 wie folgt ab: Der anfragende Router schickt eine Solicit-Nachricht, die vom delegierenden Router mit einer Advertise-Nachricht beantwortet wird. Darauf schickt der anfragende Router eine Request-Nachricht, um die konfigurierten Optionen zu erhalten. Der delegierende Router antwortet mit einem Reply. Ein allfällig dazwischen sitzender Relay Agent verhält sich ebenfalls entsprechend der Spezifikation in RFC 3315.

Präfix Exclude Option

RFC 6603 definiert eine Präfix Exclude Option für Präfix Delegation. Wie es der Name nahelegt, kann damit beim Einsatz von Präfix Delegation ein spezifisches aggregiertes Präfix ausgeschlossen werden. Dieses kann der anfragende Router z.B. für Kommunikation mit seinem Upstream verwenden. Präfixe, die ein anfragender Router als PD erhält, kann er nur weitergeben, darf sie aber nicht selber benützen.

Präfix Delegation wurde nach Veröffentlichung von RFC 3315 spezifiziert. Beim Zusammenspiel von mehreren Stateful DHCPv6 Optionen, insbesondere IA_NA und IA_PD zeigen sich einige Probleme im Betrieb. RFC 7550 zeigt diese auf und definiert Updates zu RFC 3315.

Updates zu RFC 3315

RFC 7695 definiert einen Algorithmus für automatische Präfixzuweisung aufgrund von einem oder einem Set von delegierten Präfixen. Es wurde in der Homenet Arbeitsgruppe erarbeitet, kann aber auch in anderen Bereichen eingesetzt werden. Insbesondere eignet sich die Spezifikation auch zum Verwalten von mehreren Präfixen.

Algorithmus zur Definition von Präfixen

7.1.7 Überlegungen zu Security

Sicherheitsattacken, die auf DHCP-Funktionen basieren, gibt es sowohl in der IPv4-Welt als auch in der IPv6-Welt. Die möglichen Angriffspunkte sind dieselben. Schutz sollte vor allem vor folgenden Attacken gegeben sein:

Mögliche Attacken

- Fremde externe DHCP Server, die den Clients falsche Adressen zuweisen.
- Unsachgemäss oder böswillig aufgesetzte DHCP Server im internen Netz, die den Clients falsche Adressen oder anderweitige Konfigurationen zuweisen.
- Fremde Clients, die sich ins Subnetz hängen und automatisch eine interne Adresse erhalten.

Vor externen DHCP Servern kann man sich relativ einfach über die Firewall schützen, indem man die Ports für DHCP von aussen schliesst. Man sollte sich also vor allem vor DHCP-Attacken aus dem internen Netz schützen. Hier muss es nicht einmal ein böswillig aufgesetzter DHCP Server sein, häufig geschieht dies durch unsachgemäss aufgesetzte Testserver, die Probleme verursachen.

Schutz vor externen Attacken mit Firewall

Ein Client kann attackiert werden, indem ein feindlicher Server aufgesetzt wird, der ihm falsche Konfigurationen liefert. Dem Client kann so beispielsweise eine falsche Konfiguration für die Benutzung eines DNS oder NTP Servers angegeben werden (Man-in-the-Middle Attacke). Es kann auch eine Denial-of-Service Attacke (DoS) ausgeführt werden, indem der Client so konfiguriert wird, dass er überhaupt nicht mehr im Netz kommunizieren kann. Schutz vor solchen Attacken kann eine Authentication-Methode bieten.

Interne Attacken

Mit DHCPv4 sind die Möglichkeiten, sich zu schützen, limitiert. Firewall-Konfiguration schützt nur vor Attacken von aussen. Eine Möglichkeit, Authentication für DHCP-Teilnehmer zu konfigurieren gibt es nur in der Form von zusätzlichen Herstellerlösungen, die auf DHCPv4 aufsetzen.

DHCPv6 beinhaltet Authentication-Mechanismus

Die DHCPv6-Spezifikation schliesst einen Authentication-Mechanismus mit ein, der auf dem Design von Authentication für DHCPv4 (RFC 3118) basiert.

Im Speziellen ist folgender Schutz konfigurierbar:

- Neue Hosts müssen erst korrekt autorisiert und authentifiziert werden, bevor sie vom DHCP Server Konfigurationsinformationen erhalten.
- Der Absender einer Nachricht muss authentifiziert und der Inhalt der Nachricht muss geschützt sein.
- Die folgenden Abschnitte geben einen Überblick über die in RFC 3315 beschriebenen Authentication-Mechanismen. Wir beabsichtigen nicht, an dieser Stelle eine erschöpfende Abhandlung über DHCPv6 Security zu machen. Es ist als Einstieg ins Thema gedacht. Falls Sie mit Security-Konzepten und -Ausdrücken nicht vertraut sind, so lesen Sie vorgängig Kapitel 11.

Sicherheit von Nachrichten zwischen Relay Agents und DHCP Servern

IPsec schützt Nachrichten zwischen Relays und Servern

Für den sicheren Austausch von Nachrichten zwischen DHCP Servern und Relays wird IPsec (im Transport Mode mit ESP) eingesetzt. Dafür muss zwischen jedem Relay Agent und seinem Kommunikationspartner (der nächste Relay Agent oder der DHCP Server) eine unabhängige, paarweise Trust Relationship etabliert sein. Wird der Inhalt der DHCP-Nachrichten nicht als vertraulich betrachtet, so muss die Nachricht nicht verschlüsselt werden (NULL Encryption). Da die Relay Agents und DHCP Server sich innerhalb der Organisation befinden, können private Keys eingesetzt werden.

Einschränkung der zugelassenen Kommunikationspartner

Zusätzlich werden die Relays und Server mit den Adressen von Relays und Servern konfiguriert, mit denen sie kommunizieren dürfen. Somit ist es einem fremden DHCP Server oder Relay nicht möglich, sich in diesen Kommunikationspfad einzuklinken.

DHCP Authentication

Für die Authentifizierung von DHCP-Nachrichten wird die Authentication Option (Option 11) verwendet. Damit kann die Herkunft einer DHCP-Nachricht eindeutig identifiziert werden und es ist sichergestellt, dass der Inhalt der DHCP-Nachricht nicht verändert wurde. Die Authentication Option stellt einen Rahmen dar, der mit verschiedenen Authentication-Protokollen verwendet werden kann. In RFC 3315 sind zwei solche Protokolle beschrieben. In Zukunft können neue Protokolle in separaten RFCs definiert werden.

Authentication-Option für Schutz von DHCP-Nachrichten

Abbildung 7.6 zeigt das Format und die Felder der Authentication Option.

Format

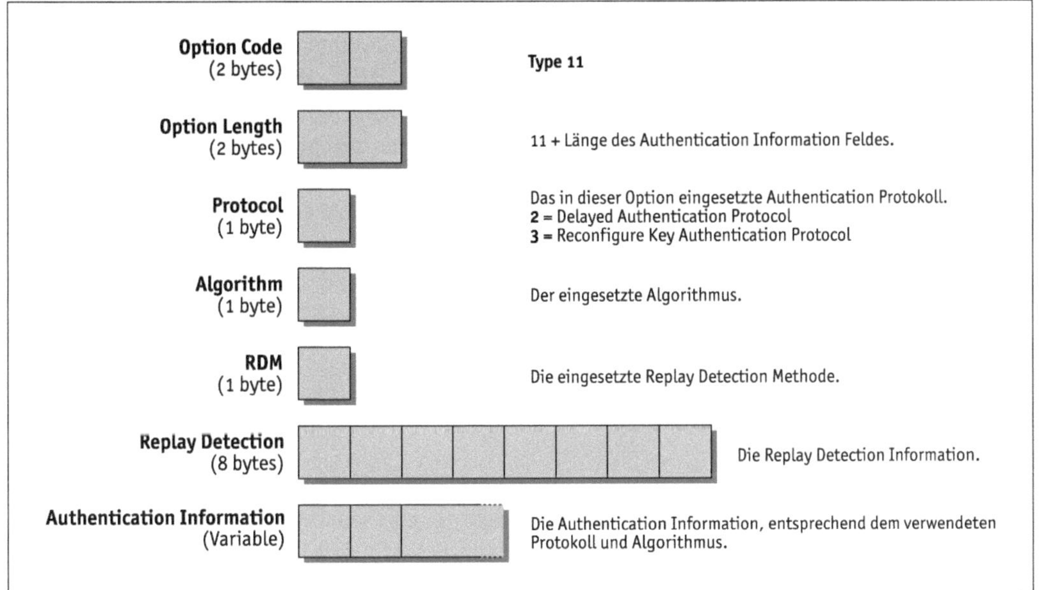

Abbildung 7.6 - Das Format der Authentication Option

Für die Sicherung der Kommunikation zwischen Client und Server wird das Delayed Authentication Protocol und das Reconfigure Key Authentication Protokoll eingesetzt. Beide sind in RFC 3315 beschrieben (Section 21).

Delayed Authentication Protocol

Verwendung von Delayed Authentication Protocol

Wird das Delayed Authentication Protocol eingesetzt, so wird die Authentication Option mit Protokollnummer 2 verwendet. Der Client schickt eine Solicit-Nachricht und setzt seine Präferenzen in die Felder für Protokoll, Algorithmus und RDM (Replay Detection Method). Das Option Length Feld setzt er auf 11, das Replay Detection Feld auf 0, das Authentication Information Feld lässt er aus. In allen anderen Nachrichten bezeichnen die Felder für Protokoll und Algorithmus die Methode, die verwendet wurde, um den Inhalt des Authentication Information Feldes zu generieren. Welche Methode verwendet wurde, wird im RDM-Feld angegeben.

Das Authentication Information Feld enthält einen Nonce-Wert, der vom Absender als Message Authentication Code (MAC) generiert wurde. Dafür werden das HMAC-Protokoll (RFC 2104) und die MD5 Hash-Funktion (RFC 1321) verwendet. Dieser Wert wird HMAC-MD5 genannt. Der Empfänger checkt als erstes, ob der Wert im Replay Detection Feld der im RDM-Feld angegebenen Methode entspricht. Anschliessend verarbeitet er den Authentication Code. Die ganze DHCP-Nachricht wird für die Berechnung des Keys verwendet. Jeder Client hat einen Satz von Schlüsseln, die er für die Authentifizierung verwendet. Der Server wählt einen der Schlüssel aus, der dann für den DHCP-Austausch verwendet wird. Für eine nächste DHCP Session kann ein neuer Schlüssel ausgewählt werden.

Reconfigure Key Authentication Protocol

Verwendung von Reconfigure Key Authentication Protocol

Aufgabe des Reconfigure Key Authentication Protokolles ist es, Clients davor zu schützen, von einem ‹feindlichen› DHCP Server Reconfigure-Nachrichten zu erhalten. Der Server schickt dem Client einen Reconfigure Key, der vom Client gespeichert und für weitere Reconfigure-Nachrichten von diesem Server verwendet wird. Die Protokollnummer für das Reconfigure Key Authentication Protokoll ist 3, der Wert für den Algorithmus ist 1. Im Authentication Information Feld ist ein Type definiert. Ist er auf 1 gesetzt, so enthält das Feld einen Reconfigure Key. Ist er auf 2 gesetzt, so enthält das Feld einen HMAC-MD5 Digest der Nachricht.

Der Server wählt einen Reconfigure Key für den Client während des Request/Reply, Solicit/Reply oder Information-Request/Reply Austausches. Der Key muss 128 Bits lang sein. Diesen Key schickt er mit dem Reply in einer Authentication Option (mit Type 1 im Authentication Information Feld). In nachfolgenden Reconfigure-Nachrichten verwendet er den HMAC-MD5 (mit Type 2 im Authentication Information Feld). Erhält der Client nun eine Reconfigure-Nachricht, berechnet er eine HMAC-MD5 über die Nachricht, mit dem Schlüssel, den er im ersten Reply bekommen hat. Wenn dieser Wert mit dem HMAC-MD5 Wert in der Authentication Option der Reconfigure Nachricht übereinstimmt, so akzeptiert er die Reconfigure-Nachricht. Haben sich Client und Server auf Authentication geeinigt, so muss der Client eine Reconfigure-Nachricht ohne Authentication ignorieren.

Eingeschränkte Unterstützung am Markt

Leider besteht für DHCPv6 Authentication nur eingeschränkte Unterstützung am Markt. Insbesondere Microsoft unterstützt es nicht auf Windows Clients.

7.1.8 Weiterentwicklung

Weiterentwicklung in der DHCP-Arbeitsgruppe

An der Optimierung von DHCP wird aktiv gearbeitet. Wer sich dafür interessiert, findet die aktuellen Informationen auf der Seite der IETF, *www.ietf.org*. Im Bereich ‹IETF Working Groups› gibt es eine DHC Working Group (im Bereich der Internet Area). Der direkte Link ist *http://datatracker.ietf.org/wg/dhc*.

Koexistenz von DHCPv4 und DHCPv6

Im Speziellen wird die Koexistenz von DHCPv4 und DHCPv6 in Dual-Stack Umgebungen diskutiert. In einer IPv4/IPv6-Umgebung kann es IPv4-only Knoten, IPv6-only Knoten und IPv4/IPv6-Knoten geben. Es müssen hier grundsätzliche Überlegungen zur Konfiguration über DHCP angestellt werden. RFC 4477 diskutiert die Herausforderungen, die im Zusammenhang mit DHCP in dual-stack Umgebungen auftreten. Theoretisch kann ein DHCPv4 Server IPv4-Konfigurationen und ein DHCPv6 Server die Konfiguration der IPv6-Knoten/Interfaces übernehmen. Dabei ist jedoch darauf zu achten, dass keine überschneidenden Konfigurationen gemacht werden oder der Client Mechanismen hat, mit diesen umzugehen. Diese Variante stellt auch einen erhöhten administrativen Aufwand dar, da zwei verschiedene DHCP Server konfiguriert und unterhalten werden müssen.

Zur Zeit diskutiert man in der DHCP Arbeitsgruppe Drafts, welche DHCPv4-Optionen über IPv6-Transport verteilen oder als Option in DHCPv6-Nachrichten verpacken können.

7.1.9 Dynamic DNS Updates

Bedarf für dynamische DNS-Konfiguration

Mit der weiten Verbreitung von DHCP und Autokonfigurationsmöglichkeiten für IP-Adressen entstand der Bedarf für eine dynamische Hinzufügung und Löschung von DNS Records. Mit RFC 2136 wurde Dynamic DNS (DDNS) definiert. Dieser Mechanismus wird seit BIND 8 unterstützt. In IPv6-Netzwerken mit der zunehmenden Anzahl von Geräten und Diensten, sowie den flexiblen Autokonfigurationsmöglichkeiten, ist der Aufwand für manuelle Konfiguration der DNS hoch. Damit steigt der Bedarf für Dynamic DNS.

Update-Mechanismus auf Hosts erforderlich

Im Normalfall wird dieser Update-Mechanismus von Applikationen wie DHCP verwendet. Das bedeutet, dass der DHCP Server, nachdem er einem Host eine IP-Adresse vergeben hat, den Host mit der entsprechenden IP-Adresse selbst in die DNS einträgt. Da mit IPv6 dynamische Adressen häufig mittels SLAAC konfiguriert werden und in vielen Fällen möglicherweise gar kein DHCP Server vorhanden ist, wird ein DNS Update-Mechanismus auf jedem Host notwendig.

Security für Dynamic DNS Updates wichtig

Im Zusammenhang mit DDNS wird Security zu einem zentralen Thema. Es ist wichtig kontrollieren zu können, wer autorisiert ist, Änderungen in der DNS zu machen. Es müssen Policies und Mechanismen für Transaction Signatures (TSIG, RFC 2845) oder DNSSEC (RFC 3007) definiert werden. RFC 4399, «IPv6 Host Configuration of DNS Server Information Approaches» beschreibt die verschiedenen Aspekte die berücksichtigt werden sollten.

Für Knoten, die mit DHCPv6 konfiguriert werden, definiert RFC 4704 eine Client-FQDN-Option (Fully Qualified Domain Name). Dank dieser Option kann der Client oder Server die DNS updaten.

7.1.10 Stateless DHCP

Für Umgebungen, in denen man auf den Einsatz von DHCP verzichten möchte und die Knoten ihre Adressen mittels Stateless Address Autoconfiguration erhalten, fehlte bisher ein Mechanismus, um zusätzliche Informationen, wie z.B. DNS Server, zu konfigurieren. In den Arbeitsgruppen wurden verschiedene Lösungsvarianten diskutiert, u.a. ob das Router Advertisement zu erweitern sei, um solche Parameter zu konfigurieren. Die RA Option für DNS Server ist mittlerweile in RFC 6106 definiert worden.

Stateless DHCP Server für nicht-adress-bezogene Konfiguration

Mit RFC 3736 wurde ein neuer Dienst definiert, der Stateless DHCP Service für IPv6 heisst. Ein Stateless DHCPv6 Server hat nur ein Subset der DHCPv6-Spezifikation implementiert. Der Einsatz eines Stateless DHCP Servers setzt voraus, dass die Knoten ihre IPv6-Adresskonfiguration anderweitig erhalten haben. Der Dienst wird eingesetzt, um Clients für DNS Server (RFC 3646) oder SIP Server (RFC 3319) zu konfigurieren. Ein Stateless DHCP Server beantwortet Information-Request-Nachrichten (Nachrichtentyp 11), welche eine Option Request Option (Optionstyp 6) enthalten, mit Reply-Nachrichten (Nachrichtentyp 7). Er kann gleichzeitig auch als Relay operieren.

Unterschiedliche Client-Konfiguration ist möglich

So können in einem Netzwerk gewisse Clients SLAAC machen während andere Stateful Address Autoconfiguration durchlaufen. Der Stateless DHCP Server bedient die Clients, die SLAAC durchführen und operiert gleichzeitig für die anderen Clients als Relay Agent, indem er ihre DHCP Requests für Adresskonfiguration an einen DHCP Server weiterleitet.

7.2 DNS

Dual-Stack Dienste haben oft mehrere DNS-Einträge

DNS (Domain Name System) wird auch in der IPv6-Welt dafür benutzt, Namen zu IP-Adressen aufzulösen und umgekehrt. In gemischten IPv4/IPv6-Umgebungen gibt es in der Regel mehrere DNS-Einträge für jeden Host. Ein Host, der mit beiden Protokollen konfiguriert ist, braucht im Minimum zwei Einträge in DNS, einen mit seiner IPv4-Adresse und einen mit seiner IPv6-Adresse. Für IPv6 wurden zusätzliche DNS Record Typen definiert. RFC 3596 definiert den Record AAAA (häufig Quad-A genannt). RFC 2874 definiert den A6 Record, der darauf ausgelegt war, den Prozess der Neunummerierung von Netzwerken zu vereinfachen. Dieser Record wurde in den experimentellen Status versetzt und wird nicht weiterverfolgt. Im Einsatz ist heute der AAAA-Typ.

7.2.1 AAAA Records (RFC 3596)

AAAA-Records für IPv6-Adresseinträge

RFC 3596 beschreibt DNS Extensions für IPv6-Implementationen basierend auf AAAA Record Typen. Dieser Eintrag kann eine 128-bit Adresse speichern. Der DNS-Wert für diesen Record ist 28 (dezimal). Ein Host, der mehrere IPv6-Adressen hat, kann einen AAAA Record für jede Adresse haben. Die entsprechende Reverse Lookup Domain ist IP6.ARPA. Der Reverse Lookup Record Typ ist ein PTR Record Typ 12.

Ein AAAA Record kann wie folgt aussehen:

```
Moon.universe.com IN AAAA 2001:db8::3:4:567:89ab
```

Reverse Lookup

Für Reverse Lookups repräsentiert jeder Subdomain Level unter IP6.ARPA 4 Bits der 128-Bit Adresse. Das ‹least significant bit› steht – genau wie auch bei einem IPv4 Reverse-Eintrag – ganz links. Leading Zeros auszulassen ist in diesem Fall nicht erlaubt. Ein PTR Record für das vorherige Beispiel sieht also wie folgt aus:

```
b.a.9.8.7.6.5.0.4.0.0.0.3.0.0.0.0.0.0.0.0.0.0.0.8.b.d
.0.1.0.0.2.IP6.ARPA
```

Format von Reverse Adressen

Es gibt verschiedene Möglichkeiten, reverse IPv6-Adressen in DNS darzustellen. Das genaue Format hängt von der Implementation ab. Dieses sollte darum der Herstellerdokumentation entnommen werden.

Note
Ursprünglich hiess die Reverse Domain *ip6.int*. Diese wurde inzwischen abgelehnt (deprecated, RFC 4159). Die aktuelle Domain ist *ip6.arpa*.

7.2.2 DNS Server

BIND-Versionen

Seit BIND Version 9 hat DNS IPv6 Support voll implementiert. Jede DNS-Implementation, die auf BIND 9 oder höher basiert, unterstützt somit IPv6. Auf *www.isc.org/products/bind* gibt es gute Informationen über BIND und DNS, sowie eine Übersicht über DNS-Produkte für verschiedene Plattformen, die auf BIND basieren.

Konfiguration BIND Server

Das wichtigste File für die DNS-Konfiguration eines BIND Servers auf Unix ist /etc/named.conf. Um Namensauflösung über IPv6 zu ermöglichen, muss vor allem ein wichtiger Eintrag gemacht werden:

```
listen on ipv6 { any }
```

Somit weiss der BIND Server, dass er auf DNS-Anfragen über IPv6 hören muss. Anschliessend muss das Zonen-File mit den Einträgen für die IPv6 Hosts ergänzt werden.

7.2.3 DNS Resolver

Aufgabe des Resolvers

Der DNS Resolver ist der Client-Teil in der DNS-Kommunikation. Er ist es, der eine Anfrage nach einer IP-Adresse an den DNS Server stellt. Der Resolver kann Bestandteil eines Betriebssystems oder einer Applikation sein. Auch ein Server hat einen Resolver, mit dem er DNS-Anfragen an andere DNS Server stellen kann.

In einem IPv6-Netzwerk muss ein Resolver in der Lage sein, Anfragen nach AAAA Records zu stellen. Er muss auch einen Mechanismus haben, um auf einem IPv4/IPv6 Host das Protokoll zu wählen. Gibt man in einem Browser auf einem Dual-Stack Host einen Namen ein, so schickt der Resolver in der Regel einen Request für einen A Record (IPv4) und einen Request für einen AAAA Record (IPv6) an den DNS Server. Ist der gesuchte Dienst oder Server ebenfalls Dual-Stack, so wird er zwei Einträge in der DNS haben und entsprechend enthält die DNS-Antwort sowohl eine IPv4- als auch eine IPv6-Adresse. Ein Host wählt nun in der Regel automatisch die IPv6-Verbindung, wenn beides vorhanden ist.

Verhalten wenn DNS IPv4- und IPv6-Adressen liefert

Der Resolver, der als Antwort eine IPv4- und eine IPv6-Adresse zurückbekommt verhält sich im Normalfall nach den Regeln, die in RFC 6724, «Default Address Selection for Internet Protocol Version 6 (IPv6)» definiert sind.

Konfigurationsmöglichkeiten für Protokollwahl

Es wäre praktisch, auf Applikationsebene Möglichkeiten zu haben, die Wahl des Protokolles applikationsspezifisch konfigurieren zu können. Ob diese Konfigurationsmöglichkeiten vorhanden und flexibel sind, um an verschiedenste Anforderungen angepasst zu werden, hängt von der Implementation ab. Hilfreich wäre es, wenn im Resolver ein ‹Preferred Protocol› konfigurierbar wäre, mit dem der Administrator entscheiden kann, ob und wie der Resolver DNS-Antworten filtert und sortiert. Applikationen, die auf Dual-Stack Hosts laufen, sollten in der Lage sein zu entdecken, ob sie mit einem IPv4 oder IPv6 Host kommunizieren.

Note
RFC 6724, «Default Address Selection for IPv6», definiert Regeln für die Auswahl von Source und Destination Adresse und ist in Kapitel 3 beschrieben.

Prefix Policy anpassen

Die Prefix Policy, wie in RFC 6555 definiert, kann vom Administrator überschrieben und somit der aktuellen Konfiguration im Firmennetzwerk angepasst werden. Dies kann entweder manuell geschehen oder mit der in RFC 7078 definierten DHCPv6-Option.

DNS Server muss AAAA Records unterstützen, kann aber auch über IPv4 angefragt werden

Bei Gesprächen über die IPv6-Kompatibilität von DNS werden oft zwei Aspekte vermischt. Der erste Aspekt ist der, ob ein DNS Server IPv6 Records, d.h. AAAA Records, unterstützt. Dies ist unabhängig davon, ob der Server über IPv4 oder IPv6 erreichbar ist.

Note
Bei der Verwaltung von DNS-Zonen muss darauf geachtet werden, dass nicht für einen Dienst ein AAAA-Eintrag gemacht wird, welcher gar nicht über IPv6 erreichbar ist.

DNS sollte jedoch nicht dafür gebraucht werden, zu kontrollieren und zu konfigurieren, welche Applikationen über welches Protokoll erreichbar sind. Es können zum Beispiel auf einem Dual-Stack Host verschiedene Dienste oder Applikationen laufen: solche, die IPv4 unterstützen, solche, die IPv6 unterstützen und vielleicht auch Applikationen, die beide Protokolle unterstützen. Ein solcher Host hat für beide Protokolle einen DNS-Eintrag, obwohl nicht alle Applikationen über beide Protokolle erreichbar sind. Im besten Fall trägt man den einzelnen Dienst mit dem entsprechenden Record in die DNS ein. Es kann jedoch nicht davon ausgegangen werden, dass dies generell so gehandhabt wird.

Resolver kann Anfrage über beide Protokolle schicken, je nachdem, was der Server unterstützt

Der zweite Aspekt ist der, ob die Anfrage an den DNS Server über IPv4 oder IPv6 geschickt wird. In diesem Fall muss der Resolver das Protokoll verwenden, das auch vom Server unterstützt ist. Es sind alle Kombinationen denkbar, sofern die DNS Server und Resolver es unterstützen. Man kann mit einem IPv4 Resolver eine Anfrage nach einem AAAA Record senden (sofern der DNS Server über IPv4 erreichbar ist) und man kann mit einem IPv6 Resolver eine Anfrage für einen A Record senden (solange der DNS Server über IPv6 erreichbar ist).

Öffentliche DNS Server dual-stack aufsetzen

DNS Server selber haben auch Resolverimplementationen. Sie stellen häufig Anfragen an andere DNS Server um einen Client Request beantworten zu können. Wenn nun ein DNS Server, der nur über IPv6 erreichbar ist, an einen DNS Server eine Anfrage stellt, der nur über IPv4 erreichbar ist, so bricht die Kette der DNS-Abfrage ab. Man nennet das Name Space Fragmentation. Um solche Situationen möglichst zu vermeiden, wird empfohlen, DNS Server, die von aussen erreichbar sind, immer dual-stack aufzusetzen, womit sie für jeden erreichbar sind. RFC 3901, «DNS IPv6 Transport Operational Guidelines» definiert einige administrative Regeln, um Name Space Fragmentation zu verhindern:

- Jeder rekursive Name Server sollte dual-stack sein (also keine rekursiven IPv6-only Name Server).
- Jede DNS Zone sollte mindestens einen über IPv4 erreichbaren authoritativen Name Server haben.
- Zone Validation Prozesse sollten sicherstellen, dass mindestens ein IPv4 Adress Record für die Child Delegations innerhalb der Zone vorhanden ist.

7.2.4 DNS im Trace File

Abbildung 7.7 zeigt DNS Queries und Replies in einem Trace File.

No.	Source	Destination	Protocol	Info
5	2001:4da0:0:3:e18b:b08:2f8:	2001:4da0:0:3::a	DNS	Standard query A nsv6.ipv6class.com
6	2001:4da0:0:3::a	2001:4da0:0:3:e18b:b08:2f8:	DNS	Standard query response
7	2001:4da0:0:3:e18b:b08:2f8:	2001:4da0:0:3::a	DNS	Standard query AAAA nsv6.ipv6class.com
8	2001:4da0:0:3::a	2001:4da0:0:3:e18b:b08:2f8:	DNS	Standard query response AAAA 2001:4da0:0:3::a

```
⊞ Frame 8 (126 bytes on wire, 126 bytes captured)
⊞ Ethernet II, Src: HewlettP_95:bd:f8 (00:1b:78:95:bd:f8), Dst: Dell_b2:60:d3 (00:1d:09:b2:60:d3)
⊞ Internet Protocol Version 6
⊞ User Datagram Protocol, Src Port: 53 (53), Dst Port: 50279 (50279)
⊟ Domain Name System (response)
    [Request In: 7]
    [Time: 0.000172000 seconds]
    Transaction ID: 0x99c2
  ⊟ Flags: 0x8580 (Standard query response, No error)
      1... .... .... .... = Response: Message is a response
      .000 0... .... .... = Opcode: Standard query (0)
      .... .1.. .... .... = Authoritative: Server is an authority for domain
      .... ..0. .... .... = Truncated: Message is not truncated
      .... ...1 .... .... = Recursion desired: Do query recursively
      .... .... 1... .... = Recursion available: Server can do recursive queries
      .... .... .0.. .... = Z: reserved (0)
      .... .... ..0. .... = Answer authenticated: Answer/authority portion was not authenticated by the server
      .... .... .... 0000 = Reply code: No error (0)
    Questions: 1
    Answer RRs: 1
    Authority RRs: 0
    Additional RRs: 0
  ⊟ Queries
    ⊟ nsv6.ipv6class.com: type AAAA, class IN
        Name: nsv6.ipv6class.com
        Type: AAAA (IPv6 address)
        Class: IN (0x0001)
  ⊟ Answers
    ⊟ nsv6.ipv6class.com: type AAAA, class IN, addr 2001:4da0:0:3::a
        Name: nsv6.ipv6class.com
        Type: AAAA (IPv6 address)
        Class: IN (0x0001)
        Time to live: 1 hour
        Data length: 16
        Addr: 2001:4da0:0:3::a
```

Abbildung 7.7 – DNS Request – Reply

Beschreibung Trace File

Wir sehen die Kommunikation zwischen einem Client und dem DNS Server für nsv6.ipv6class.com. Der Client fragt in Paket 5 zuerst nach einem A-Record und erhält in Paket 6 eine Antwort ohne Answer Record, weil es keinen A-Eintrag für diesen Dienst gibt. In Paket 7 fragt er nach einem AAAA-Record und erhält in Paket 8 die Antwort. Die Details von Paket 8 sehen wir im unteren Bereich des Screenshots. Die DNS Transaction ID ist `0x99c2` (in Request und Reply). Die gesetzten Flags sind Response, Authoritative Server, Recursion desired und Recursion available. Darunter sehen wir die Query und den entsprechenden Answer Record mit Time To Live und der IPv6-Adresse.

Die ganze Kommunikation läuft hier über IPv6. Es ist ebenso möglich, dass ein dual-stack Client einen IPv4 DNS Server hat (z.B. ein Windows XP Client) und von diesem über IPv4 einen AAAA Record für einen IPv6-Dienst erhält. Mit dem IPv6-Dienst kommuniziert er dann via IPv6.

7.2.5 Happy Eyeballs

Timeouts bei schlechter IPv6 Performance

Wenn ein IPv6-fähiger Client von DNS einen AAAA Record erhält, aber eine schlechte oder keine IPv6-Verbindung zu dem Dienst hat, so läuft er normalerweise in ein langes Timeout, bis dann der Stack merkt, dass dieser eventuell über IPv4 besser erreichbar ist. Dies war vor allem in der Anfangszeit des IPv6 Internets ein häufiges Problem. Aus diesem Grund haben grosse Websites wie Google und Facebook auch lange darauf verzichtet, für ihre Hauptdomain AAAA Einträge zu machen. Sie wollten auf jeden Fall verhindern, dass Clients ihren Dienst nur nach Ablauf eines solchen Timeouts erreichen konnten. So waren viele öffentliche Dienste bis zum IPv6 World Launch Day am 6. Juni 2012 nur mit speziellen IPv6 Domains, wie zum Beispiel *http://ipv6.google.com* in der DNS eingetragen.

Die Messungen am World Launch Day haben gezeigt, dass nur noch ein sehr kleiner Teil von Internet Benützern solche Probleme haben und seither aktivieren die meisten Anbieter ihre Dienste für IPv6 generell.

Note
Informationen, Messresultate und aktuelle Statistiken zum IPv6 World Launch finden Sie auf *www.worldipv6launch.org*.

Verbindung optimieren

Um die User Experience in einem dual-stack Internet zu verbessern, wurde mit RFC 6555 Happy Eyeballs definiert. Wenn ein Client von DNS zwei Adressen erhält, eine IPv4- und eine IPv6-Adresse, so versucht der Client im Normalfall erst eine Verbindung über IPv6 aufzubauen (Default Address Selection Rules, RFC 6724). Dies macht er, indem er einen TCP Handshake zu der Adresse initialisiert. Wenn keine Antwort kommt, so versucht er das dreimal, jedesmal nach Ablauf des Timeouts. So dauert es eine gefühlte Ewigkeit, bis der Client dann allenfalls versucht, über IPv4 einen TCP Handshake zu machen.

Optimierung TCP-Handshake

Happy Eyeballs löst das Problem, indem der Client gleich von anfang an versucht über beide Protokolle einen TCP Handshake zu machen und sich dann mit der Adresse verbindet, die schneller reagiert. Abbildung 7.8 zeigt einen solchen Algorithmus:

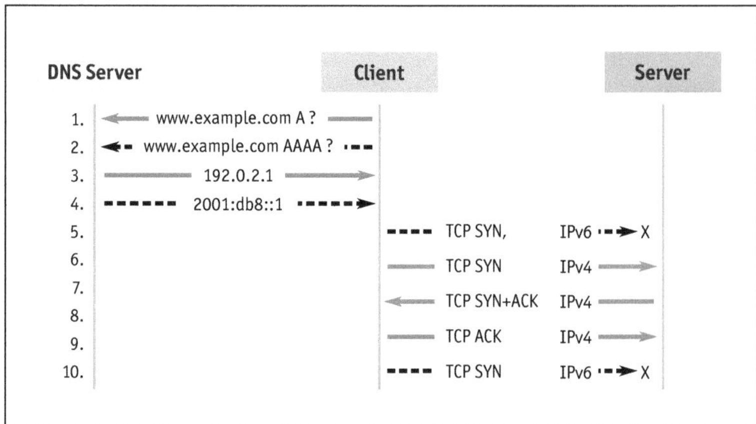

Abbildung 7.8 – Happy Eyeballs bei nicht vorhandener IPv6-Verbindung

In diesem Beispiel schickt der Client zwei Anfragen für die Domain `www.example.com` an den DNS Server. Das ist ein dual-stack Dienst und so erhält der Client auch zwei Antworten, eine mit einer IPv4-Adresse und eine mit einer IPv6-Adresse. Als nächstes sehen wir wie der Client zu beiden Adressen einen TCP Handshake initialisiert (TCP SYN). Er erhält in der Folge nur von der IPv4-Adresse eine Antwort (TCP SYN+Ack). Im nächsten Paket bestätigt der Client diesen Handshake (TCP Ack) und kommuniziert nun über IPv4. Im Hintergrund läuft der Versuch, den TCP Handshake über IPv6 zu machen weiter, aber der User muss nicht warten, sondern kann via IPv4 mit dem Dienst kommunizieren.

Unterschiedliche Implementationen

Verschiedene Betriebssysteme und Browser haben unterschiedliche Implementationen dieser Funktion. Eine Implementation von Happy Eyeballs wie in RFC 6555 beschrieben gibt es in Google Chrome und Firefox. Microsoft hatte bereits eine Implementation in Internet Explorer, die eine ähnliche Funktionalität hat und hat darum Happy Eyeballs nicht implementiert. Auch Apple hat eine eigene Implementation in ihrem Betriebssystem, die ebenfalls die Performance des Verbindungsaufbau in einem dual-stack Netzwerk optimiert.

Durch den Einsatz solcher Techniken ist es heute nicht mehr möglich eindeutig vorherzusagen, wie ein Client sich verhält, wenn er dual-stack ist und auf einen dual-stack Dienst zugreifen will. Gemäss RFC 6555 müsste er bevorzugt eine IPv6-Verbindung aufbauen. Je nach Performance kann es aber sein, dass IPv4 zum Zuge kommt. Und das kann sich stets verändern, je nachdem ob sich die Zugriffszeiten verändern.

IPv6 bei schlechter Performance nicht immer erste Priorität

Im nächsten Kapitel geben wir einen Kurzüberblick über Sicherheits-Mechanismen in IPv6, sowie über die wichtigsten Bereiche, die in einem IPv6 Sicherheitskonzept zu beachten sind.

7.3 Referenzen

Dies ist eine Zusammenstellung der wichtigen, im Kapitel erwähnten RFCs und Drafts. Zusätzlich erwähnen wir einzelne RFCs und Drafts, die im Zusammenhang mit dem Thema stehen, falls Sie sich vertiefter damit befassen möchten. Informationen über den Standardisierungs-Prozess, RFCs und Drafts finden Sie im Appendix. Auf folgendem Link findet man eine gute, vollständige Übersicht über den aktuellen Status aller RFCs: *http://tools.ietf.org/*rfc/index.

RFCs

- RFC 1321 «The MD5 Message Digest Algorithm», 1992
- RFC 2104 «HMAC: Keyed-Hashing for Message Authentication», 1997
- RFC 2136 «Dynamic Updates in the Domain Name System», 1997
- RFC 2324 «Hyper Text Coffee Pot Control Protocol (HTCPCP/1.0)», 1998
- RFC 2428 «FTP Extensions for IPv6 and NATs», 1998
- RFC 2795 «The Infinite Monkey Protocol Suite (IMPS)», 2000
- RFC 2845 «Secret Key Transaction Authentication for DNS (TSIG)», 2000
- RFC 3007 «Secure Domain Name System (DNS) Dynamic Update», 2000

- RFC 3008 «Domain Name System Security (DNSSEC) Signing Authority», 2000
- RFC 3111 «Service Location Protocol Modifications for IPv6», 2001
- RFC 3118 «Authentication for DHCP Messages», 2001
- RFC 3315 «Dynamic Host Configuration Protocol for IPv6 (DHCPv6)», 2003
- RFC 3319 «Dynamic Host Configuration Protocol (DHCPv6) Options for Session Initiation Protocol (SIP) Servers», 2003
- RFC 3596 «DNS Extensions to Support IP Version 6», 2003
- RFC 3633 «IPv6 Prefix Options for Dynamic Host Configuration Protocol (DHCP) version 6», 2003
- RFC 3634 «Key Distribution Center (KDC) Server Address Sub-option for the Dynamic Host Configuration Protocol (DHCP) CableLabs Client Configuration (CCC) Option», 2003
- RFC 3646 «DNS Configuration options for Dynamic Host Configuration Protocol for IPv6 (DHCPv6)», 2003
- RFC 3736 «Stateless Dynamic Host Configuration Protocol (DHCP) Service for IPv6», 2004
- RFC 3769 « Requirements for IPv6 Prefix Delegation», 2004
- RFC 3898 «Network Information Service (NIS) Configuration Options for Dynamic Host Configuration Protocol for IPv6 (DHCPv6)», 2004
- RFC 3901 «DNS IPv6 Transport Operational Guidelines», 2004
- RFC 4033 «DNS Security Introduction and Requirements», 2005
- RFC 4034 «Resource Records for the DNS Security Extensions», 2005
- RFC 4035 «Protocol Modifications for the DNS Security Extensions», 2005
- RFC 4074 «Common Misbehavior Against DNS Queries for IPv6 Addresses», 2005
- RFC 4075 «Simple Network Time Protocol (SNTP) Configuration Option for DHCPv6», 2005
- RFC 4076 «Renumbering Requirements for Stateless Dynammic Host Configuration Protocol for IPv6 (DHCPv6)», 2005
- RFC 4122 «A Universally Unique Identifier (UUID) URN Namespace», 2005
- RFC 4159 «Deprecation of ip6.int», 2005
- RFC 4242 «Information Refresh Time Option for Dynamic Host Configuration Protocol for IPv6 (DHCPv6)», 2005

- RFC 4243 «Vendor-Specific Information Suboption for the Dynamic Host Configuration Protocol (DHCP) Relay Agent Option», 2005
- RFC 4280 «Dynamic Host Configuration Protocol (DHCP) Options for Broadcast and Multicast Control Servers», 2005
- RFC 4339 «IPv6 Host Configuration of DNS Server Information Approaches», 2006
- RFC 4361 «Node-specific Client Identifiers for DHCPv4», 2006
- RFC 4472 «Operational Considerations and Issues with IPv6 DNS», 2006
- RFC 4477 «Dynamic Host Configuration Protocol (DHCP): IPv4 and IPv6 Dual-Stack Issues», 2006
- RFC 4580 «Dynamic Host Configuration Protocol for IPv6 (DHCPv6) Relay Agent Subscriber-ID Option», 2006
- RFC 4649 «Dynamic Host Configuration Protocol for IPv6 (DHCPv6) Relay Agent Remote-ID Option», 2006
- RFC 4697 «Observed DNS Resolution Misbehavior», 2006
- RFC 4703 «The Dynamic Host Configuration Protocol for IPv6 (DHCPv6) Client Fully Qualified Domain Name (FQDN) Option», 2006
- RFC 4704 «Resolution of Fully Qualified Domain Name (FQDN) Conflicts among Dynamic Host Configuration Protocol (DHCP) Clients», 2006
- RFC 4776 «Dynamic Host Configuration Protocol (DHCPv4 and DHCPv6) Option for Civic Addresses Configuration Information», 2006
- RFC 4833 «Timezone Options for DHCP», 2007
- RFC 4994 «DHCPv6 Relay Agent Echo Request Option», 2007
- RFC 5007 «DHCPv6 Leasequery», 2007
- RFC 5071 «Dynamic Host Configuration Protocol Options Used by PXELINUX», 2007
- RFC 5107 «DHCP Server Identifier Override Suboption», 2008
- RFC 5192 «DHCP Options for Protocol for Carrying Authentication for Network Access (PANA) Authentication Agents», 2008
- RFC 5417 «Control And Provisioning of Wireless Access Points (CAPWAP) Access Controller DHCP Option», 2009
- RFC 5460 «DHCPv6 Bulk Leasequery», 2009
- RFC 5942 «IPv6 Subnet Model: The Relationship between Links and Subnet Prefixes», 2010

- RFC 6106 «IPv6 Router Advertisements Option for DNS Configuration», 2010
- RFC 6221 «Lightweight DHCPv6 Relay Agent», 2011
- RFC 6334 «Dynamic Host Configuration Protocol for IPv6 (DHCPv6) Option for Dual-Stack Lite», 2011
- RFC 6355 « Definition of the UUID-Based DHCPv6 Unique Identifier (DUID-UUID)», 2011
- RFC 6422 «Relay-Supplied DHCP Options», 2011
- RFC 6555 «Happy Eyeballs: Success with Dual-Stack Hosts», 2012
- RFC 6556 «Testing Eyeball Happiness», 2012
- RFC 6603 «Prefix Exclude Option for DHCPv6-based Prefix Delegation», 2012
- RFC 6644 «Rebind Capability in DHCPv6 Reconfigure Messages», 2012
- RFC 6724 «Default Address Selection for Internet Protocol Version 6 (IPv6)», 2012
- RFC 6853 «DHCPv6 Redundancy Deployment Considerations», 2013
- RFC 6895 «Domain Name System (DNS) IANA Considerations», 2013
- RFC 6939 «Client Link-Layer Address Option in DHCPv6», 2013
- RFC 6977 «Triggering DHCPv6 Reconfiguration from Relay Agents», 2013
- RFC 7031 «DHCPv6 Failover Requirements», 2013
- RFC 7037 «RADIUS Option for the DHCPv6 Relay Agent», 2013
- RFC 7078 «Distributing Address Selection Policy Using DHCPv6», 2014
- RFC 7083 «Modification to Default Values of SOL_MAX_RT and INF_MAX_RT», 2013
- RFC 7084 «Basic Requirements for IPv6 Customer Edge Routers», 2013
- RFC 7217 «A Method for Generating Semantically Opaque Interface Identifiers with IPv6 Stateless Address Autoconfiguration (SLAAC)», 2014
- RFC 7227 «Guidelines for Creating New DHCPv6 Options», 2014
- RFC 7283 «Handling Unknown DHCPv6 Messages», 2014
- RFC 7341 «DHCPv4-over-DHCPv6 (DHCP 4o6) Transport», 2014
- RFC 7550 «Issues and Recommendations with Multiple Stateful DHCPv6 Options», 2015
- RFC 7695 «Distributed Prefix Assignment Algorithm», 2015
- RFC 7766 «DNS Transport over TCP – Implementation Requirements», 2016

Drafts

Drafts sind im Verzeichnis *www.ietf.org/id-info* zu finden. Um schnell die aktuellste Version eines Draftes zu finden, geht man am besten auf *https://datatracker.ietf.org/doc*. Dort kann man den Filenamen ohne Versionsnummer eingeben und erhält automatisch die aktuellste Version angezeigt. Wird ein Draft nicht mehr aufgeführt, wurde es entweder gelöscht, ist temporär inaktiv oder ist als RFC erschienen.

- Secure DHCPv6, draft-ietf-dhc-sedhcpv6-11
- Dynamic Host Configuration Protocol for IPv6 (DHCPv6) bis, draft-ietf-dhc-rfc3315bis-04
- DHCPv6/SLAAC Address Configuration Interaction Problem Statement, draft-ietf-v6ops-dhcpv6-slaac-problem-06
- DHCPv6 Failover Protocol, draft-ietf-dhc-dhcpv6-failover-protocol-01
- Anonymity Profile for DHCP Clients, draft-ietf-dhc-anonymity-profile-08
- Access Network Identifier Option in DHCP, draft-ietf-dhc-access-network-identifier-13
- Privacy Considerations for DHCPv6, draft-ietf-dhc-dhcpv6-privacy-05

Kapitel 8

Security

Ursprüngliche IP-Architektur enthält keine Security-Mechanismen

Die Entwickler von IPv4 haben sich über Security nicht den Kopf zerbrochen. Das damalige «Internet» verband die vertrauenswürdigen Netzwerke ein paar weniger Forscher. Aus diesem Grund beinhaltet die ursprüngliche IP-Architektur keine einheitlichen Security-Mechanismen, die von Applikationen benutzt werden könnten. Wenn Security erwünscht war, wurde sie in die Applikationen direkt eingebaut (z.B. Passwort für Telnet und FTP). Während der Diskussionen über das Redesign von IP für IPv6 wurde es offensichtlich, dass grundlegende Sicherheitsfunktionen ins Basis-Protokollset integriert werden sollten, um sie auf jeder internetfähigen Plattform einsetzen zu können. Die ursprüngliche IPv6-Spezifikation schrieb zwingend vor, dass jeder IPv6-Stack eine Implementation von IPsec haben muss. Diese strikte Regel wurde inzwischen gelockert. Dazu mehr später in diesem Kapitel.

Dieses Kapitel beschreibt das IPsec Framework und die Sicherheitselemente in IPv6.

8.1 Risiken

Komponenten eines Security-Konzeptes

Um Daten effizient schützen zu können, gilt es, sich der möglichen Bedrohungen bewusst zu werden. Oft konzentriert man sich dabei auf böswillige Attacken aus fremden Netzwerken. Um ein umfassendes Sicherheitskonzept erstellen zu können, sind jedoch viele andere Aspekte einzubeziehen. Nachfolgend eine Liste von möglichen Schwachstellen oder Angriffspunkten, wie sie in der Praxis häufig anzutreffen sind:

- Mangelhafte oder nicht existente IT-Sicherheitskonzepte und entsprechende Massnahmen
- Nichtbeachtung und mangelhafte Kontrolle von IT-Sicherheitsmassnahmen
- Missbrauch von Rechten oder Aneignen von fremden Rechten (Passwortdiebstahl)
- Fehlerhafte Nutzung oder Administration des IT-Systems
- Menschliches Fehlverhalten
- Software-Schwachstellen
- Manipulation, Diebstahl oder Zerstörung von IT-Geräten, Software oder Daten
- Abhören von Leitungen, Wiedereinspielen von Nachrichten
- Trojanische Pferde, Viren, Würmer
- Sicherheitsattacken wie Maskerade, IP-Spoofing, Denial-of-Service Attacken, Man-in-the-Middle Attacken
- Routing-Missbrauch

Viele Bedrohungen von internen Quellen

Es gibt viele Statistiken, welche aufzeigen, dass Attacken von aussen nur einen kleineren Teil der Risiken ausmachen. Viele Bedrohungen kommen aus dem internen Netz und sind in vielen Fällen auf menschliches Fehlverhalten zurückzuführen und darum mit technologischen Massnahmen allein nicht kontrollierbar. In diesem Kapitel beschränken wir uns auf die technologischen Aspekte von Sicherheit.

8.2 Sicherheitsaspekte mit IPv6

IPv6 Security nicht grundlegend neu

Security in einem IPv6-Netzwerk unterscheidet sich nicht wesentlich von Security in einem IPv4-Netzwerk. Viele der bekannten Attacken können auch mit IPv6 ausgeführt werden. Die Möglichkeiten, unsere Daten zu schützen sind ebenfalls ähnlich. Genau wie bei IPv4, wird es immer wieder unethische Hacker geben, welche neue Wege finden, in fremde Netzwerke einzudringen. Die Designer von Security-Konzepten und die Hersteller von Security-Produkten werden weiterhin laufende Anstrengungen unternehmen müssen, um mit den Hackern Schritt zu halten und sich vor neuen Attacken zu schützen.

Beide Protokolle müssen separat gesichert werden

Wichtig zu beachten ist, dass wenn beide Protokolle parallel eingesetzt werden, für jedes Protokoll separate Sicherheitskonzepte und Massnahmen implementiert sein müssen, welche natürlich aufeinander abgestimmt sein sollten. So haben z.B. IPv6-fähige Firewalls Filterregeln für IPv4 und separate Filterregeln für IPv6.

In einem IPv6-Netzwerk müssen wir uns folgender neuer Angriffsmöglichkeiten bewusst sein:

Angriffsmöglichkeiten

- Der grosse Adressbereich macht Host- und Portscanning viel aufwendiger und schwieriger. Gleichzeitig erleichtert er das Verbergen von böswilligen Anwendern und ihren Aktivitäten im Netzwerk.
- Der Routing Header bietet neue Möglichkeiten für Attacken, da er es erlaubt, den endgültigen Empfänger zu verbergen.
- Die verschiedenen Tunneling-Mechanismen bieten Möglichkeiten, Pakete in fremde Netzwerke einzuschleusen, ohne die ursprüngliche Absenderadresse zu erkennen zu geben. Sie können u.U. auch die Sicherheitsmassnahmen durch Firewalls oder Intrusion Detection Systems umgehen.
- IPv6 Autokonfiguration bietet verschiedene neue Ansatzpunkte. Ein Eindringling kann z.B. über Router Advertisements die Hosts am Link für irreführende Router konfigurieren.

IPv6 ist in den meisten Betriebssystemen vorhanden und kann relativ einfach konfiguriert werden. Verschiedene Tunnel-Mechanismen werden dabei oft automatisch mitaktiviert. So wähnen sich vielleicht gewisse IPv4-Netzwerkadministratoren in der falschen Sicherheit, IPv6 nicht berücksichtigen zu müssen, weil sie es nicht offiziell eingeführt haben und merken nicht, dass sie längst IPv6-Verkehr in ihrem IPv4-Netzwerk haben. Diese Tatsache wird aktiv von IPv6-Hackern benutzt, um in IPv4-Netzwerke einzudringen. Untersuchen Sie doch einmal Trace Files auf 0x86DD im MAC-Header oder auf Protokoll 41 im IP Next Header Feld. Oder finden Sie heraus, ob in Ihrem IPv4-Netzwerk Neighbor Discovery Nachrichten vorkommen.

8.3 IPsec Basics

IPsec, in RFC 4301 definiert, beschreibt eine Security-Architektur für beide Versionen des IP-Protokolls, IPv4 und IPv6.

Zum IPsec Framework gehören folgende Elemente:

IPsec-Elemente

1. Eine allgemeine Beschreibung von Sicherheitsanforderungen und -mechanismen auf dem Netzwerk-Layer.
2. Ein Protokoll für Verschlüsselung (Encapsulating Security Payload, RFC 4303).
3. Ein Protokoll für Authentisierung (Authentication Header, RFC 4302).
4. Eine Definition für den Gebrauch kryptografischer Algorithmen für Verschlüsselung und Authentisierung.
5. Eine Definition von Security Policies und Security Associations zwischen Kommunikationspartnern.
6. Schlüsselmanagement (Key Management).

Security verfolgt im Wesentlichen folgende Ziele:

Ziele von Security

- **Authenticity (Authentizität)**
  Die Identität des Absenders oder des Empfängers kann bestätigt werden.

- **Integrity (Integrität, Unverfälschtheit)**
  Jede allfällige Änderung der übertragenen Daten und Informationen wird entdeckt.

- **Confidentiality (Vertraulichkeit)**
  Die übertragenen Daten und Informationen können weder gelesen, noch verändert werden.

- **Obligation (Verpflichtung)**
  Eine Aktivität wie das Senden, Erhalten oder Löschen von Daten darf von keinem Kommunikationspartner abgestritten werden.

Um diese Ziele zu erreichen, werden zwei Mechanismen eingesetzt: Verschlüsselung, um die Vertraulichkeit zu gewährleisten und sichere Checksummen, um die Integrität sicherzustellen.

Symmetrische Verschlüsselung

Die älteste Form von Verschlüsselung ist die symmetrische Verschlüsselung. In diesem Fall benutzen der Absender und der Empfänger ein gemeinsames Secret (Geheimnis, Passwort oder Key), welches verwendet wird, um die Nachrichten zu verschlüsseln und zu entschlüsseln.

Public Key

Später wurde der RSA Algorithmus, auch Public Key Kryptografie genannt, entwickelt. In diesem Fall gibt es einen Public Key, der bekannt und verteilt ist. Der andere Schlüssel ist privat und wird niemandem bekanntgegeben. Die Nachricht wird mit dem Public Key verschlüsselt. Der Empfänger benutzt seinen privaten Schlüssel, um die Nachricht zu entschlüsseln.

8.3.1 Security Associations

Key, Algorithmus und Parameter definieren Security Association

Security Associations (SA) sind Vereinbarungen, die zwischen zwei Kommunikationspartnern ausgehandelt werden. Dazu gehören drei Elemente: ein Key, ein Verschlüsselungs- oder Authentifizierungs-Algorithmus und zusätzliche spezifische Parameter für den gewählten Algorithmus. SAs sind unidirektional und für jeden Security-Dienst wird ein SA benötigt. Für zwei Kommunikationspartner, welche eine gegenseitige (two-way) Verbindung sowohl verschlüsseln, als auch authentifizieren wollen, braucht es vier SAs (je eine für Verschlüsselung und je eine für Authentifizierung pro Verbindungsweg).

IPsec kennt zwei verschiedene Modi: Transportmodus und Tunnelmodus.

Transportmodus

Im Transportmodus wird die SA zwischen zwei Endknoten definiert und bestimmt die Verschlüsselung oder die Authentifizierung für den Payload in allen IP-Paketen für diese Verbindung. Im Transportmodus bleibt der IP-Header selbst unverschlüsselt.

Tunnelmodus

Im Tunnelmodus wird die SA zwischen zwei Security Gateways definiert. Das gesamte Paket wird vom Security Gateway verschlüsselt oder authentifiziert, indem es in einen neuen Header verpackt wird. Der Tunnelmodus ist die Grundlage eines VPN's (Virtual Private Network).

Note
Eine gute Übersicht über die aktuellen IPsec Standards und laufenden Arbeiten findet man in der IP Security and Maintenance Arbeitsgruppe unter *http://datatracker.ietf.org/wg/ipsecme*.

Security Glossar

Es gibt ein Security Glossar in RFC 4949, welches als Referenzdokument viele der typischen Ausdrücke im Bereich Security definiert. Es ist ein Versuch, mehr Klarheit in Dokumentationen und Diskussionen um Security Konzepte zu bringen.

8.4 Key Management

Erstellen einer SA

Für das Etablieren einer Security Association müssen sich die beiden Kommunikationspartner über die zu verwendenden kryptografischen Algorithmen einigen und gemeinsame Schlüssel aushandeln. Dieser Austausch erfolgt oft über unsichere Strecken.

8.4.1 IKE Version 1

IKE

Internet Key Exchange (IKE) definiert ein Protokoll, welches den Austausch von Schlüsseln und das Aushandeln von Parametern für die SA ermöglicht. IKE Version 1 ist in RFC 2409 spezifiziert und wird in RFC 4109 updated. Es besteht aus einer selektiven Auswahl von Funktionen aus drei generellen Protokollen:

- **ISAKMP (Internet Security Association and Key Management Protocol)**
  ISAKMP definiert ein Framework für die Verwaltung von SAs und Schlüsselaustausch, ohne das Vorgehen im Detail zu definieren. Es unterstützt damit verschiedene Schlüsselaustausch-Mechanismen. ISAKMP ist in RFC 2408 beschrieben.

- **Oakley Key Determination Protocol**
  Das Oakley Key Determination Protocol (RFC 2412) wird zum Austausch von Schlüsseln verwendet und ist eine Erweiterung des Diffie/Hellman-Algorithmus. IKE verwendet nicht das gesamte Oakley-Protokoll, sondern nur ausgewählte Funktionen.

- **SKEME (Versatile Secure Key Exchange Mechanism for the Internet)**
  SKEME ist eine schnelle Schlüsselaustauschtechnik. SKEME ist beschrieben in «SKEME: A Versatile Secure Key Exchange Mechanism for Internet», from IEEE Proceedings of the 1996 Symposium on Network and Distributed Systems Security, von H. Krawczyk. IKE verwendet nicht das ganze SKEME-Protokoll, sondern nur ausgewählte Funktionen.

IKE benutzt UDP auf Port 500 oder 4500 und kennt zwei Phasen:

IKE Phase 1

In Phase 1 handeln die ISAKMP-Kommunikationspartner einen sicheren, authentifizierten Kommunikationskanal aus. Dieser wird ISAKMP Security Association genannt. Der Austausch basiert auf dem Diffie-Hellman-Verfahren und verschlüsselten Identifikations-Tokens. Die Authentisierung kann aufgrund vorher ausgetauschter (pre-shared) Schlüssel, aufgrund einer RSA-Prüfsumme, welche mit dem Private Key des Absenders verschlüsselt wird, oder aufgrund des Public Keys des Empfängers geschützt werden.

IKE Phase 2

In Phase 2 werden kryptografische Algorithmen und die notwendigen Schlüssel für andere Protokolle, wie z.B. IPsec, über den in Phase 1 erstellten sicheren Kanal ausgetauscht. Damit kann Quick Mode verwendet werden, welcher wesentlich schneller ist und das Generieren neuer Schlüssel oder das Wechseln des Verschlüsselungsverfahrens erleichtert.

Schlüsselwechsel erhöht Sicherheit

Das häufige Wechseln der verwendeten Schlüssel erhöht die Sicherheit wesentlich. Durch die Aufteilung in zwei Phasen kann IKE effizienter eingesetzt werden. Über den in Phase 1 ein gesicherten Kanal können mehrere Phase 2 Verhandlungen geführt werden.

Note
Auf *www.iana.org/assignments/ipsec-registry/ipsec-registry.xhtml* sind alle IKEv1-relevanten Parameter zu finden.

8.4.2 IKE Version 2

Weiterentwicklung mit IKEv2

IKE Version 2 (IKEv2) wurde in RFC 7296 spezifiziert und bringt unter anderem Verbesserungen für den Einsatz von IPsec im Zusammenhang mit NAT-Traversal, für erweiterbare Authentisierung, sowie für Remote-Adressen-Zuweisung. IKEv2 läuft über die UDP Ports 500 und 4500.

Der anfängliche Austausch (Phase 1) besteht im Normalfall aus zwei Nachrichtenpaaren. Das erste Nachrichtenpaar handelt die kryptografischen Algorithmen aus, tauscht Nonces aus und führt einen Diffie-Hellman Exchange aus. Das zweite Nachrichtenpaar authentisiert die vorhergehenden Nachrichten, tauscht Identities und Zertifikate aus und etabliert die erste Child_SA.

IKEv2 Phase 1

Eine Liste der Algorithmen für IKEv2 findet sich in RFC 4307, «Cryptographic Algorithms for Use in the Internet Key Exchange Version 2 (IKEv2)». Das Einhalten dieser Regeln gewährleistet die Interoperabilität zwischen unterschiedlichen Implementationen.

SA Lifetime und Schlüsselwechsel

In IKEv1 wurden die Lifetimes von SA's ausgehandelt. In IKEv2 ist jeder Teilnehmer einer SA verantwortlich dafür, seine Lifetime Policy anzuwenden und einen neuen Schlüssel zu verwenden, wenn das nötig ist. Der Teilnehmer mit der kürzeren Lifetime wird den Schlüsselwechsel verlangen, wenn die Policies unterschiedliche Lifetimes haben. Ein weiterer Unterschied zwischen den beiden IKE Versionen besteht darin, dass IKEv2 parallele SAs mit den gleichen Verkehrskennungen (traffic selectors) zwischen den Endpunkten zulässt. Unter anderem erlaubt dies die Unterstützung von Datenverkehr mit unterschiedlichen QoS-Anforderungen zwischen den SAs. Im Unterschied zu IKEv1 kann damit jedoch die Kombination aus Endpunkt-Identifikation und Verkehrskennung eine SA zwischen diesen Endpunkten nicht mehr eindeutig identifizieren. Daher können bei Verwendung von IKEv2 duplizierte Sicherheitsassoziationen nicht mehr aufgrund doppelt vorkommender Verkehrskennungen eliminiert werden.

Unterschiede IKEv1 und IKEv2

IPsec und NAT-Gateways

Spezielle Probleme entstehen beim Öffnen einer IPsec-Verbindung durch ein NAT. Das Ändern der IP-Adresse beim NAT-Gateway ändert auch die Checksumme, welche dadurch ungültig wird. Das NAT-Gateway kann dies nicht korrigieren, da sie kryptografisch geschützt sind. IKEv2 hat Verbesserungen für solche Situationen, indem es UDP Encapsulation für IKE und ESP Pakete unterstützt. Port 4500 ist reserviert für UDP-encapsulated ESP und IKE. Weil NAT-Gateways häufig auch TCP- und UDP-Portnummern übersetzen, müssen IPsec Pakete von beliebigen Ports akzeptiert und auch wieder an diese zurückgeschickt werden.

Ein effizientes Management von IKE und Security Associations wird erschwert im Fall von Mobilität, insbesondere weil ein Knoten mehrere und möglicherweise wechselnde IP-Adressen besitzt. Es gibt eine Erweiterung von IKEv2, die in RFC 4621, «Design of the IKEv2 Mobility and Multihoming (MOBIKE) Protocol», definiert ist.

Note
Alle relevanten Nummern, Codes und Parameter für IKEv2 finden Sie auf *www.iana.org/assignments/ikev2-parameters*.

8.5 IPv6 Security-Komponenten

IPsec bei IPv6 ins Basisprotokoll integriert

IPsec beschreibt generelle Security-Mechanismen, die mit beiden Protokollen, IPv6 und IPv4 eingesetzt werden können. Somit ist IPv6 nicht sicherer als IPv4, wie oft behauptet wird. Der Unterschied liegt darin, dass IPsec mit IPv4 nachträglich installiert werden muss, während es bei IPv6 meist ein integrierter Bestandteil der Basis-Protokolle ist und somit mit jeder IPv6-Implementation zur Verfügung steht.

Note
Die ursprüngliche Spezifikation schrieb IPsec für jeden IPv6 Stack zwingend vor. Diese Regel wurde gelockert, da dies für Geräte mit minimalen Ressourcen (wie z.B. Sensoren) nicht möglich ist.

Die IPsec-Spezifikation definiert Protokolle für den Authentication Header (AH) und den Encapsulating Security Payload Header (ESP). Mit IPv6 werden diese Header als Extension Header eingefügt.

8.5.1 Authentication Header

AH für Authentisierung und Integrität

Der Authentication Header (AH) bietet Authentisierung und Integrität (keine Vertraulichkeit) für IPv6-Pakete und unterstützt verschiedene Authentisierungs-Mechanismen. Der AH wird in RFC 4302 beschrieben. Er wird durch die Protokollnummer 51 im vorhergehenden Header angekündigt.

Platzierung des AH

Der AH befindet sich innerhalb eines Paketes immer vor einem End-to-End Extension Header (falls vorhanden), vor einem Encapsulating Security Payload Header (falls vorhanden), vor einem Transportprotokoll Header (UDP, TCP), vor einem Kontrollprotokoll (z.B. ICMP) oder vor einem Routing-Protokoll Header (z.B. OSPF).

Header-Format

Das Format des AH ist in Abbildung 8.1 dargestellt.

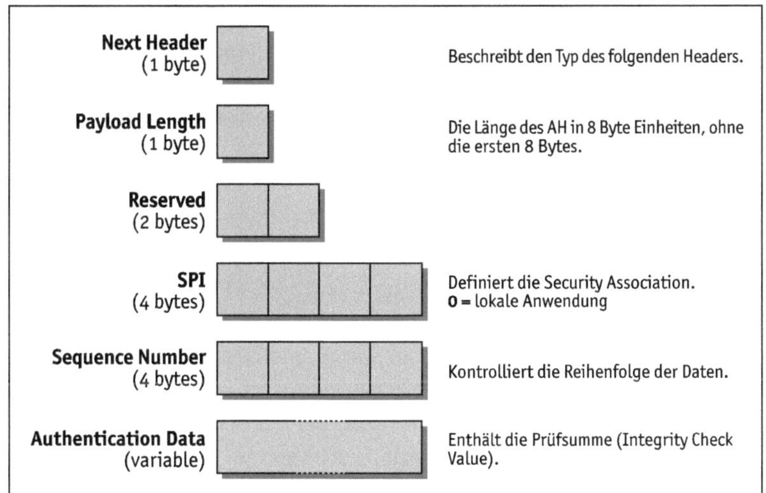

Abbildung 8.1 - Format des Authentication Headers

Die nachfolgende Liste beschreibt jedes Feld:

- **Next Header (1 Byte)**
  Das Next Header Feld identifiziert den Typ des Headers, der dem Authentication Header folgt. Das Next Header Feld benutzt die Werte, die in Tabelle 2.1 in Kapitel 2 beschrieben sind.

- **Payload Length (1 Byte)**
  Dieses Feld enthält die Länge des Authentication Headers in 4 Byte Einheiten. Die ersten 8 Bytes sind in der Berechnung nicht enthalten.

- **Reserved (2 Bytes)**
  Dieses Feld wird nicht benutzt und ist auf 0 gesetzt.

- **Security Parameter Index (SPI, 4 Bytes)**
  Der SPI ist ein Wert, der zusammen mit der IP-Adresse des Empfängers und dem gewählten Authentisierungs-Algorithmus die SA für dieses Paket definiert. Der SPI-Wert 0 ist reserviert für lokale Anwendung. Die Werte im Bereich von 1 – 255 sind von IANA für weltweit einheitlich geregelte SAs reserviert und werden von ihr verwaltet.

- **Sequence Number (4 Bytes)**
  Mit der Sequence-Nummer wird die Reihenfolge der Daten zwischen Sender und Empfänger kontrolliert und sichergestellt, dass Pakete mit identischen Daten nicht wiederholt gesendet werden können. Damit bietet die Sequence-Nummer Schutz vor Replay-Attacken. Beim Etablieren einer SA wird der Zähler bei Sender und Empfänger auf 0 gesetzt. Das erste Paket enthält somit immer den Wert 1, welcher jeweils für jedes weitere Paket um 1 erhöht wird. Beim Erreichen des Wertes 232 muss der Zähler erneut auf 0 initialisiert werden.

- **Authentication Data (variabel)**
  Dieses Feld enthält die Prüfsumme (Integrity Check Value, ICV) für dieses Paket. Je nach dem beim Herstellen der SA gewählten Algorithmus ist dieses Feld unterschiedlich lang. Es muss jedoch immer ein Vielfaches von 4 Bytes lang sein.

Erweiterte Sequence-Nummer

Die AH-Spezifikation in RFC 4302 definiert eine erweiterte Sequence Number (ESN, 64 bit). Sie ist in Abbildung 8.1 nicht sichtbar, da nur die niederwertigen (low-order) 32 bits der Extended Sequence Number übermittelt werden. Die hochwertigen 32 bits werden von Sender und Empfänger als Teil der Prüfsumme einberechnet. Die neue 64-bit Sequence-Nummer ist eine Option zur Unterstützung von high-speed IPsec Implementationen. Die Benützung von ESN wird beim Setup der Security Association ausgehandelt. Beim Einsatz von IKEv2 ist ESN der Default-Wert. Die Benützung der herkömmlichen 32-bit Sequence-Nummer muss explizit konfiguriert werden.

Die Prüfsumme wird über folgende Felder berechnet:

Prüfsummenberechnung

- Alle Felder des IP-Headers, welche sich nicht verändern oder deren Wert bei Ankunft beim Empfänger vorhersagbar ist. Ist z.B. ein Routing Extension Header vorhanden, so wird für die Empfängeradresse der letzte Eintrag im Routing Extension Header verwendet. Class Field, Flow Label und Hop Limit werden in der Berechnung nicht berücksichtigt.
- Alle Felder des Authentication Headers.
- Allfällige nachfolgende Extension Header sowie die transportierten Daten.
- Die hochwertigen Bits des ESN (falls eingesetzt) und alle impliziten Paddings, welche durch Integritätsalgorithmen bedingt sind.

Für IPsec werden folgende Algorithmen für die Berechnung des ICV-Wertes als angemessen bezeichnet:

Zu unterstützende Algorithmen

- Keyed Message Authentication Codes (MACs) basierend auf symmetrischen Schlüssel-Algorithmen (z.B. AES)
- Einweg Hash Funktionen (z.B MD5, SHA-1, SHA-256)

Andere Algorithmen können vereinbart werden. RFC 7321, «Cryptographic Algorithm Implementation Requirements for Encapsulating Security Payload (ESP) and Authentication Header (AH)», definiert die Implementationsregeln für AH.

Der Authentication Header kann sowohl im Transport-, als auch im Tunnelmodus verwendet werden. Abbildung 8.2 zeigt beide Modi:

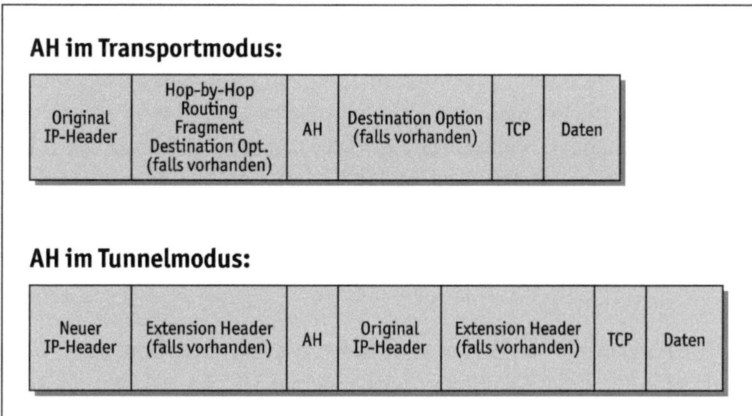

Abbildung 8.2 – AH im Transport- und Tunnelmodus

Unterschied Transportmodus und Tunnelmodus

Im Transportmodus sind sowohl der gesamte Payload des IP-Pakets, als auch die Felder des IPv6-Headers, welche sich unterwegs nicht verändern, geschützt. Im Tunnelmodus enthält das innere IP-Paket die Absender- und Empfängeradresse der miteinander kommunizierenden Knoten. Der äussere IP-Header enthält die IP-Adressen der Tunnelendpunkte. In diesem Fall sind das gesamte Originalpaket sowie die Felder des äusseren Headers, welche sich unterwegs nicht verändern, geschützt.

8.5.2 Encapsulating Security Payload Header

ESP für Integrität und Vertraulichkeit

Der Encapsulating Security Payload Header (ESP) bietet Integrität und Vertraulichkeit für IPv6-Pakete. Der ESP wird in RFC 4303 beschrieben. Er wird durch die Protokollnummer 50 im vorhergehenden Header angekündigt. Der ESP befindet sich innerhalb eines Paketes immer vor einem Transportprotokoll Header (UDP, TCP), vor einem Kontrollprotokoll Header (z.B. ICMP) oder vor einem Routing-Protokoll Header (z.B. OSPF).

Das Format des ESP ist in Abbildung 8.3 dargestellt.

Header-Format

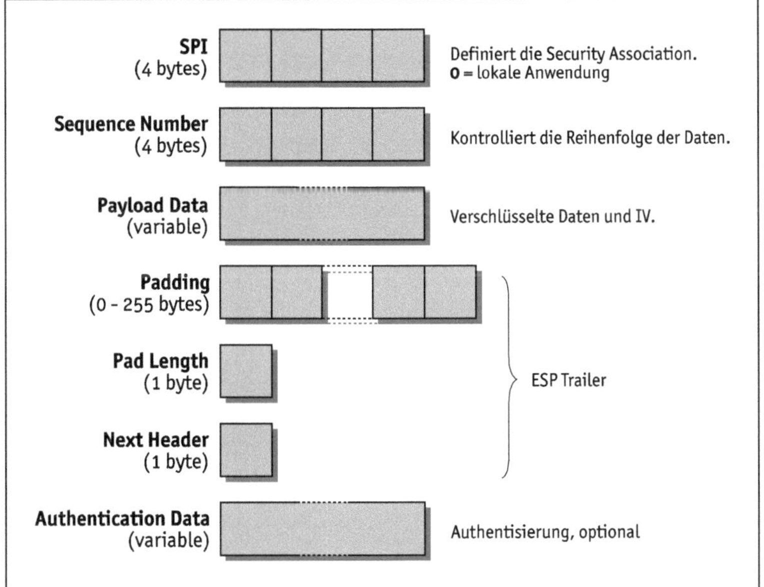

Abbildung 8.3 - Format des Encapsulating Security Payload Headers

- **Security Parameters Index (SPI, 4 Bytes)**
  Der SPI ist ein Wert, der zusammen mit der IP-Adresse des Empfängers und dem gewählten Verschlüsselungsprotokoll die SA für dieses Paket definiert. Der SPI-Wert 0 ist reserviert für lokale Anwendung. Die Werte im Bereich von 1 – 255 sind von IANA für weltweit einheitlich geregelte SAs reserviert und werden von ihr verwaltet.

- **Sequence Number (4 Bytes)**
  Mit der Sequence-Nummer wird die Reihenfolge der Daten zwischen Sender und Empfänger kontrolliert und sichergestellt, dass Pakete mit identischen Daten nicht wiederholt gesendet werden können. Damit bietet die Sequence-Nummer Schutz vor Replay-Attacken. Beim Etablieren einer SA wird der Zähler bei Sender und Empfänger auf 0 gesetzt. Das erste Paket enthält somit immer den Wert 1, welcher jeweils für jedes weitere Paket um 1 erhöht wird. Beim Erreichen des Wertes 2^{32} muss der Zähler erneut auf 0 initialisiert werden. Wie bereits beim AH beschrieben, führt RFC 4303 auch für ESP den die erweiterte Sequence-Nummer (ESN) ein.

- **Payload Data (variabel)**
  Das Payload Data Feld enthält die verschlüsselten Daten sowie den Initialisierungsvektor (IV), sofern das Verschlüsselungsprotokoll einen solchen voraussetzt.

- **Padding (0 – 255 Bytes)**
  Das Padding-Feld wird verwendet, um das Paket auf ein Mehrfaches von 4 Bytes auszurichten, sowie um eine allenfalls von einem verwendeten Verschlüsselungsmechanismus vorgeschriebene Paketlänge zu erreichen.

- **Pad Length (1 Byte)**
  Das Pad Length Feld gibt die Zahl der vorhergehenden Padding Bytes an.

- **Next Header (1 Byte)**
  Das Next Header Feld identifiziert den Typ des Headers, der dem ESP-Header folgt. Das Next Header Feld benutzt die Werte, die in Tabelle 2.1 in Kapitel 2 beschrieben sind.

- **Authentication Data (variabel)**
  Dies ist ein optionales Feld, auch Integrity Check Value (ICV) genannt, welches die Authentisierung der verschlüsselten Daten erlaubt. Damit können die Daten zusätzlich vor Verfälschung geschützt werden. Der ICV-Wert wird über den ESP-Header, den Payload und den ESP Trailer, sowie die hochwertigen ESN-Bits (falls vorhanden) und Padding berechnet. Die Länge dieses Feldes hängt vom Algorithmus ab, der beim Erstellen der SA gewählt wurde.

Die Felder Padding, Pad Length und Next Header gehören zum sogenannten ESP Trailer. Der Verschlüsselungsmechanismus wird entweder manuell konfiguriert, im Security Association Setup vereinbart oder dynamisch durch ein Key Exchange Protokoll ausgehandelt.

Zu unterstützende Algorithmen

Der Verschlüsselungs-Algorithmus wird in der SA definiert. RFC 7321 definiert die Regeln für Encryption-Algorithmen.

Auch der ESP-Header kann sowohl im Transport-, als auch im Tunnelmodus verwendet werden. Abbildung 8.4 zeigt die beiden Modi.

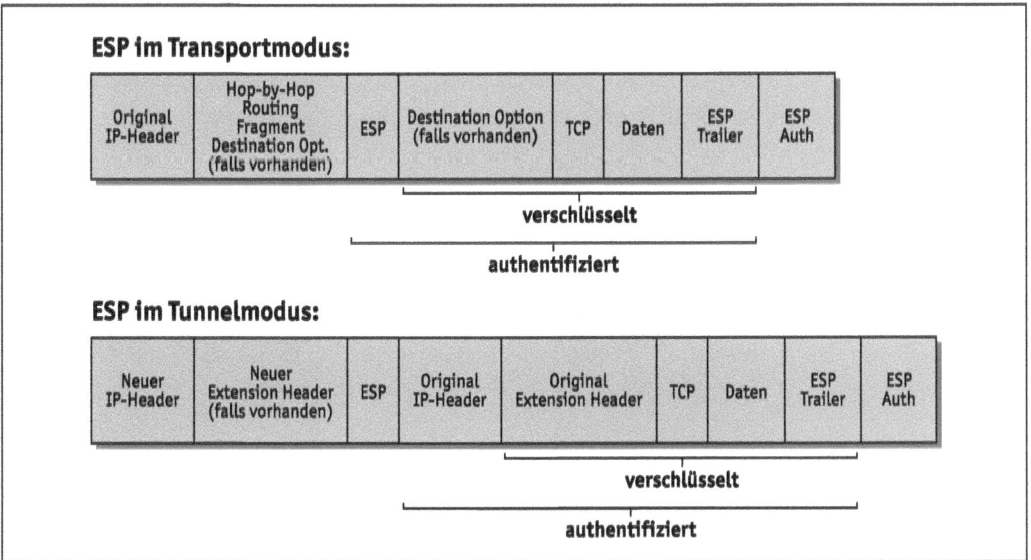

Abbildung 8.4 – ESP im Transport- und Tunnelmodus

Unterschied Transportmodus und Tunnelmodus

Im Transportmodus werden der IP-Header und die folgenden Extension Header nicht verschlüsselt, da das Paket ansonsten gar nicht weitergeleitet werden könnte, weil die Informationen nicht lesbar wären. Soll das gesamte IP-Paket geschützt werden, so muss der Tunnelmodus gewählt werden. Wie auch beim AH-Header beschrieben, enthält im Tunnelmodus das innere IP-Paket die Absender- und Empfängeradresse der miteinander kommunizierenden Knoten. Der äussere IP-Header enthält die IP-Adressen der Tunnelendpunkte.

NULL-Encryption

Der ESP-Header kann auch mit einer NULL-Encryption Option verwendet werden, welche in RFC 2410 definiert ist. Bei NULL-Encryption wird lediglich die Authentication Option des ESP verwendet. Das Paket wird nicht verschlüsselt.

8.5.3 Kombination von AH und ESP

AH vor ESP

Beide Header können in Kombination eingesetzt werden, wobei der AH-Header vor dem ESP-Header stehen muss, damit erst die Authentizität und Integrität des Paketes verifiziert werden kann, bevor es entschlüsselt wird. Um nicht in jedem Fall beide Header benutzen zu müssen, wurde die Authentisierungsfunktion in den ESP-Header integriert.

Authentisierung mit AH oder im ESP

Bei Verwendung des AH-Headers im Tunnelmodus wird der erste IP-Header in die Authentisierung miteinbezogen. Bei Verwendung des ESP-Headers bezieht sich die Authentisierung jedoch nur auf den Bereich vom ESP-Header an. Ist Verschlüsselung der Daten sowie Identitätsschutz der IP-Adressen gefordert, so müssen beide Header kombiniert verwendet werden. Setzt man beide Header kombiniert ein, so kann auf den Authentisierungsschutz im ESP Header verzichtet werden.

Umgekehrt kann ein ESP-Header mit NULL-Encryption ohne AH eingesetzt werden, wenn die damit gegebene Authentisierung ausreichend ist.

8.6 Interaktion von IPsec mit IPv6-Elementen

Das Vorhandensein von IPsec in IPv6 ist ein grosser Schritt vorwärts für die Sicherheit im Internet. Es gibt jedoch einige Bereiche, in denen IPsec nicht problemlos mit anderen Diensten kombiniert werden kann:

IPsec und Tunneling

- Tunneling, ein wesentliches Element sowohl von IPsec, als auch von vielen Übergangsmechanismen, bereitet Schwierigkeiten für bestehende Firewalls und Security Gateways am Übergang zum internen Netzwerk. Ein IPsec-Tunnel, welcher von End-to-End definiert sein muss, macht es für die Firewall unmöglich, nach gefährlichem oder unautorisiertem Inhalt zu suchen. Um dieses Problem zu lösen, müssten statt End-to-End SAs, End-to-Security-Gateway SAs definiert werden. Dafür gibt es zur Zeit keinen Standard. Weitere Probleme können dadurch entstehen, dass im inneren Paket Informationen enthalten sein können, die für das interne Netzwerk eine Bedrohung darstellen. Dabei kann es sich um Routing Informationen oder Netzwerkkontrollnachrichten (wie z.B. ICMP Redirect) handeln.

- Ein ähnliches Problem entsteht beim Einsatz von NAT, welches weit verbreitet ist und gerade dort häufig vorkommt, wo wir IPsec eigentlich gern einsetzen möchten (Zugriff auf das Firmennetzwerk von zuhause oder aus dem Hotel). NAT macht Adressübersetzung im IP-Header und in vielen Fällen auch Port-Übersetzung. Dies führt zu Problemen bei IP-Paketen, welche durch Authentication und/oder Verschlüsselung geschützt sind. Auch hier gibt es noch keine Standardlösung.

IPsec und NAT

- Quality of Service (QoS) erlaubt es einem Router, Pakete nach gewissen Kriterien (basierend auf Information im Class und Flow Label Feld) zu verwerfen. Im Zusammenhang mit IPsec stellt Paketverlust eine Verletzung der Security dar. Dies kann zur Folge haben, dass ein gewünschter Dienst nicht zur Verfügung gestellt werden kann (z.B. ein IKE-Austausch).

IPsec und QoS

- Die erweiterten Möglichkeiten für Mobility mit ständig ändernden Adressen können in einer IPsec-Umgebung zu schwer kontrollierbaren Situationen führen. Dynamische Adressen stellen z.B. eine Schwierigkeit dar, wenn sie für einen IKE-Identitätscheck benutzt werden.

IPsec und Mobilität

8.7 Kritische Bereiche

Sicherheit in einem IPv6-Netzwerk ist nicht grundverschieden von Sicherheit in einem IPv4-Netzwerk. Viele der bekannten Attackemöglichkeiten können auch mit IPv6 ausgeführt werden und unsere Mittel uns abzusichern sind dementsprechend ähnlich.

Genau wie in IPv4-Netzwerken wird es auch in Zukunft unethische Hacker geben, die stets nach neuen Wegen suchen, in unsere Netze einzudringen. Die Designer von Sicherheitskonzepten und die gesamte Securitygemeinschaft wird wach bleiben müssen und Mechanismen finden, um mit den Hackern Schritt zu halten und ihre Netze vor neuen Attacken zu schützen

Note
Wenn beide Protokolle, IPv4 und IPv6, in einem Netzwerk eingesetzt werden, so müssen beide Protokolle separat durch ein Sicherheitskonzept geschützt werden, die aufeinander abgestimmt sein müssen.

Schutz schon vor IPv6 Rollout nötig

Ein gut durchdachtes Sicherheitskonzept ist in einem dual-stack Netzwerk eine Notwendigkeit. Selbst bevor man IPv6 ausgerollt hat, braucht es einen ersten Schutz. IPv6 ist in den meisten Betriebssystemen implementiert, einfach zu konfigurieren und in vielen Fällen bei Default eingeschalten. Häufig sind sogar Tunnelmechanismen automatisch aktiviert. Netzwerkadministratoren fühlen sich zu Unrecht sicher und denken, da sie IPv6 noch nicht eingeführt hätten, gäbe es nichts zu befürchten. Das Gegenteil ist wahr, da IPv6 automatisch aktiviert ist, gibt es in jedem IPv4-Netzwerk auch IPv6-Traffic und diese Tatsache wird von Hackern benützt um ein die IPv4-Netzwerke einzudringen.

Note
Um IPv6-Traffic im Netz schnell zu finden, kann man im Tracefile auf 0x86DD im MAC Header filtern (zeigt native IPv6-Traffic) und auf Protocol 41 im IPv4-Header (zeigt Tunnelpakete).

Erste Sicherheitsmassnahmen

Als erste Sicherheitsmassnahme, bevor man IPv6 ausgerollt hat, empfiehlt es sich, allen IPv6-Traffic einkommend und ausgehend auf den Firewalls zur Aussenwelt zu filtern. Zusätzlich kann es ratsam sein, Neighbor Discovery Pakete, insbesondere Router Advertisements zu monitoren, da diese benützt werden können, um IPv6-Knoten zu konfigureren.

Note
RFC 7123, «Security Implications of IPv6 on IPv4 Networks» beschreibt sinnvolle Massnahmen um eine solche «nicht gemanagte» IPv6-Umgebung zu schützen.

Perfektes Sicherheitskonzept existiert nicht

Das perfekte Sicherheitskonzept, das garantierten Schutz bietet gibt es nicht. IPsec kann zum Schutz eingesetzt werden, ist aber nur ein Element in einem umfassenden Konzept. Anwenderschulung, Best Practices, Kombinationen von verschiedenen Produkten und Methoden sind aufeinander abgestimmt einzusetzen. Viele Attacken kommen auch häufig von intern und sind darum mit den üblichen Schutzmechanismen nicht zu erfassen.

8.7.1 Native IPv6

Die nachstehenden Abschnitte besprechen einige Securitythemen, welche in einem native IPv6-Netzwerk zu beachten sind.

Public Key Infrastruktur (PKI)

Schlüsselverteilung mit IKEv2 einfacher

RFC 4301 beschreibt die Anforderungen an IPsec, jedoch nicht, wie Schlüssel (Keys) ausgetauscht werden können. Man könnte die chlüssel manuell konfigurieren, aber in grösseren Netzwerken ist das kein praktikables Vorgehen. Hier empfiehlt sich der Einsatz eines zentralen Zertifikatsservers. In den Anfangszeiten von IPv6 gab es dafür keine solchen Server. Heute, mit dem Einsatz von IKEv2 ist das möglich. IKEv2 kann gut mit IPv4 und IPv6 gleichzeitig eingesetzt werden und ist einfacher zu konfigurieren als IKEv1.

Firewalls und Intrusion Detection/Prevention Systeme

Analysieren von verschlüsselten Paketen schwierig

Die Möglichkeit, IPsec end-to-end einzusetzen, ist einer der grossen Vorteile von IPv6. Die führt jedoch zu neuen Problemen. Wenn Pakete verschlüsselt sind, wie können Scanning-Geräte wie Firewalls und Intrusion Detection und Prevention Systeme (IDS/IPS) die Paketinhalte analysieren ohne sie zu entschlüsseln? Die Schlüssel an einem zentralen Ort abzulegen ist keine gute Idee, da es einerseits ein Single Point of Failure darstellt, andererseits aber auch ein idealer Ort für Attacken ist. Die Hersteller von solchen IDS/IPS Systemen sind am Entwickeln von Prozessen, welche diese Probleme lösen.

Stateful Inspection - im Lab testen

Die meisten gängigen und aktuellen Firewalls haben heute Support für Stateful Inspection von IPv6 Paketen. Es ist wichtig, klare Anforderungen in Form einer detaillierten RFC-Liste zu haben und von den Herstellern eine Bestätigung zu verlangen, dass sie dies entsprechend implementiert haben. Und dann ab ins Lab und testen, testen, testen...

Das Draft «Requirements for IPv6 Enterprise Firewalls» beschreibt ein Basisset solcher Anforderungen. Dies kann man als Ausgangslage benützen und den eigenen Anforderungen anpassen.

Implementationsprobleme

Viele IPv6 Implementationen sind relativ jung. Das führt zu zwei Problemen.

Junge Stacks sind anfälliger

Das erste Problem ist, dass unsere vertrauten Assessment Tools noch nicht IPv6-affin sind. Viele der gängigen Tools wurden mittlerweile für IPv6 portiert, wie ausgereift diese Implementationen sind, ist jedoch mit Vorsicht zu testen.

Das zweite Problem ist, dass viele IPv6 Stacks ebenfalls relativ neu sind und darum möglicherweise noch häufiger Schwachstellen aufweisen als bewährte Stacks, welche schon Jahre von Optimierung hinter sich haben. Die Hersteller von IPv6 Stacks brauchen Kundenfeedbacks und gelöste Incidents, um ihre Stacks zu optimieren. Bei der Planung von IPv6-Projekten muss darumgenügend Zeit für ausführliches Testen eingeplant werden. Insbesondere muss ausreichend Hzeit geplant werden, damit die Hersteller Zeit haben, um allfällige Bugs zu fixen.

Note
Man muss sich jedoch auch immer wieder bewusst machen, dass der Transport Layer nicht der einzige Angriffsbereich ist und häufig überbewertet wird. Mechanismen, die auf anderen Ebenen eine Bedrohung darstellen, wie Phishing, Trojaner etc, sind mindestens so effektiv und werden in solchen Diskussionen entsprechend unterschätzt.

Angriffsflächen in Neighbor Discovery

NDP bietet ähnliche Angriffsflächen wie ARP in IPv4

ARP in IPv4 wurde in IPv6 durch ICMPv6 Nachrichten ersetzt. Ohne den Einsatz von IPsec Authentication jedoch, bietet NDP ähnliche Angriffsflächen wie ARP, so z.B. Redirect Attacken (wenn ein fremder Knoten Pakete von legitimierten Empfängern umleitet), Denial of Service (DoS) Attacken und Flooding Attacken (den Verkehr vieler Knoten auf einen Zielknoten umleiten, sodass der mit Paketen zugeflutet wird). Duplicate Address Detection (DAD) und Router Advertisements (RA) können ebenso missbraucht werden.

RFC 4862 z.B. sagt: «If a node determines that its tentative link-local address is not unique, autoconfiguration stops and manual configuration is necessary.» Zu deutsch: Wenn ein Knoten entdeckt, dass seine vorgesehene link-local Adresse nicht einzigartig ist, so stoppt der Autokonfigurationsvorgang und manuelle Konfiguration ist notwendig.

Das öffnet die Tür für eine mögliche DoS Attacke. Wenn jeder DAD Test am Link mit «schon in Gebrauch» beantwortet wird, so kann kein IPv6 Knoten mehr eine Adresse konfigurieren.

DoS Attacke mit DAD

Eine weitere Lücke ergibt sich dadurch, dass jeder Knoten ohne vorherige Konfiguration eine link-local Adresse bilden und aktivieren kann. Somit erhält jeder Angreifer, der es schafft an den Link zu kommen Zugang zum lokalen LAN, ohne weitere Kenntnisse des Netzwerks. Somit hat er auch Zugang zu allen anderen Knoten an diesem Link. Möglichkeiten sich davor zu schützen bestehen im Einsatz von Access Control (Link-Layer Authentication) oder der Einsatz von CGA's (Cryptographically Generated Addresses).

Jeder Knoten kann eine link-local Adresse aktivieren

First-hop Security

Router Advertisement Spoofing ist eine bekannte Attackemöglichkeit, die auch «rogue RA» genannt wird. Ein IPv6 Interface kann mehrere Adressen haben, und somit auch mehrere Routes. Ein bootendes Interface schickt eine Router Solicitation an die all-routers link-local Multicast-Adresse (ff02::2). Jeder Router am Link antwortet mit einem RA, das Konfigurationsinformation für das Interface enthält. Damit kann ein Router dem Client ein falsches Default Gateway konfigurieren, oder andere Parameter miskonfigurieren, wie z.B. DNS Server (wenn vom Client Betriebssystem supported), eine sehr kleine MTU für alle Knoten am Link, oder ein Hop Limit von 1 für alle Knoten am Link. Selbstverständlich gibt es in der IPv4 Welt ähnliche Attacken, sie unterscheiden sich lediglich in den eingesetzten Mechanismen und Protokollen. Der Einsatz von IPsec Authentication, RA Guard oder SEND sind mögliche Schutzmechanismen.

RA Spoofing

RA Guard (Router Advertisement Guard) ist in RFC 6205 definiert. Das Ziel von RA Guard ist es, Router Advertisements basierend auf einem Set von Kriterien auf Layer 2 zu filtern bevor sie ihr Ziel erreichen. Die Kriterien können sein: RAs nur von definierten Quellen zulassen, RAs von einem bestimmten Interface zu sperren, RAs nur von authentifizierten Quellen

RA Guard

zulassen etc. RA Guard kann in stateful oder stateless Mode laufen. Die Spezifikation definiert auch einen Router Autorisations-Proxy, der die RAs für die Clients gemäss den definierten Kriterien checkt und dann nur RAs weitergibt, die die Kriterien erfüllen.

Fragmentation in ND nicht erlaubt

Die Wirksamkeit von RA Guard hängt von der Fähigkeit des Layer 2 Gerätes ab, RAs zu erkennen. Die Praxis hat gezeigt, dass gewisse Layer 2 Geräte einfach ausgetrickst werden können, sobald Extension Header, insbesondere Fragmentation Header im Spiel sind. Bei Paketen, die einen Fragmentation Header enthalten, kann das Layer 2 Gerät u.U. das RA nicht mehr identifzieren oder nicht alle Informationen finden, um die Kriterien anzuwenden. RFC 6980, «Security Implications of IPv6 Fragmentation with IPv6 Neighbor Discovery» updated RFC 4861 und verbietet Fragmentation Header für traditionelle Neighbor Discovery Nachrichten. RFC 7113, «Implementation Advice für IPv6 Router Advertisement Guard (RA Guard)» beschreibt die Probleme und mögliche Filterregeln. Dieses RFC ist ein Update zum RFC 6105 für RA Guard.

IPsec als Schutzmechanismus komplex

Die NDP Spezifikation empfiehlt als Schutzmechanismus IPsec, ohne weitere Informationen zu liefern, wie das am Besten zu bewerkstelligen ist. In vielen Fällen, insbesondere in öffentlichen und wireless Netzwerken ist das nicht praktikabel.

Atomic Fragments

RFC 6946 beschreibt Atomic Fragments. Als Atomic Fragment bezeichnet man ein Paket, das einen Fragment Header enthält, aber nicht fragmentiert ist. Das kann z. B. passieren, wenn ein Knoten eine ICMPv6 Packet Too Big Nachricht erhält mit einer Next-hop MTU von weniger als 1280 Bytes. Der Fragment Header eines solchen Atomic Fragments enthält ein Fragment Offset und M-Bit, die beide auf Null gesetzt sind. Dies kann den Knoten dazu veranlassen, Pakete zu fragmentieren und eine Fragment-basierte Attacke zu lancieren. Viele Implementationen behandeln diese Pakete wie normale fragmentierte Pakete, was für Attacken missbraucht werden kann. Es wäre besser, diese Pakete wie normale Pakete zu behandeln, statt sie in einer Queue zu halten und auf weitere Fragmente zu warten.

SEcure Neighbor Discovery

SEcure Neighbor Discovery (SEND) definiert in RF 3971 Möglichkeiten, NDP zu sichern, ohne IPsec einsetzen zu müssen. Der Ansatz basiert auf neuen NDP Optionen für public key-basierte Signaturen. Ein zero-configuration Mechanismus zeigt Adress-Ownership für individuelle Knoten. Router werden mit einem Trust Anchor zertifiziert. SEND ist ein protokoll-basierter Trust zwischen zwei Layer 2 Nachbar-Knoten. Das Hauptproblem von SEND besteht in mangelhaftem Betriebssystemsupport, z.B. fehlt es in Windows, Mac OS X und nur wenige Routermodelle haben eine Implementation.

Note
Als Bestandteil der First-hop Security werden auch Mechanismen wie ICMP Snooping, DHCPv6 Guard und IPv6 Destination Guard eingesetzt. Konsultieren Sie die Dokumentation Ihres Herstellers für die Details über Implementation und Konfiguration.

Fragmentation

Extension Header können Angriffspunkte bieten

Wie der letzte Abschnitt über Firs-hop Security gezeigt hat, können Extension Header und insbesondere der Fragmentation Header zu Security Schwachstellen führen. RFC 6980, «Security Implications of IPv6 Fragmentation with IPv6 Neighbor Discovery» (bereits in ND Abschnitt erwähnt), beschreibt das Problem und untersagt den Einsatz von Fragmentation in ND. Das RFC sagt explizit, dass keine Fragmentation eingesetzt werden darf (MUST NOT) beim Versand folgender Nachrichten:

- Neighbor Solicitation / Neighbor Advertisement
- Router Solicitation / Router Advertisement
- Redirect
- Certification Path Solicitation

Note
Wenn ein Knoten eine ND Nachricht mit Fragmentation erhält, sollte diese stillschweigend ignoriert werden (silently discarded). Dies ist ein Update zur ursprünglichen Spezifikation in RFC 4861. Das bedeutet, wenn ND Nachrichten ohne ersichtlichen Grund ignoriert werden, so könnte Fragmentation die Ursache sein und es gilt, den sendenden Knoten zu identifizieren.

Adress- und Portscanning

Scannen von IP-Adressen kaum möglich

Das Scannen von IP-Adressen ist viel aufwendiger, wenn nicht sogar unmöglich geworden. Die Interface ID hat 64 bits. RFC 4846, «Local Network Protection for IPv6» rechnet vor, dass für das Scannen dieses 64-bit Ranges selbst mit Hochleistungsrechnern und Netzwerken 5000 Jahre benötigt werden. Wenn Autoconfiguration ohne die Privacy Methode gewählt ist, kann man den Range etwas einschränken (wenn die MAC Vendor ID bekannt ist), aber es ist immer noch ein grosser Adressraum. Einen guten Schutz bietet es, keine sequentiell nummerierten Adressen, leicht zu erratende Adressen oder Adressen mit Worten (face, beef, cafe) einzusetzen.

Note

RFC 5157, «IPv6 Implications for Network Scanning» beschreibt die Risiken und zeigt alternative Methoden auf, welche von Hackern benützt werden können und wie man sich am besten davor schützen kann

---

Inventarisierung erschwert

Die Tatsache dass ein IPv6-Netzwerk nicht gescanned werden kann, macht auch Inventarisierung schwieriger. Dabei ist es sicherheitskritisch zu wissen, wer unser Netzwerk benützt. Netflow oder periodische SNMP Scans können helfen ein Inventar zu erstellen. Tools wie IPAM (IP Address Management) oder DDI (DNS, DHCP, IP Management) können ebenfalls entsprechende Daten liefern.

Port Scanning nach wie vor eine Bedrohung

Port Scanning ist das scannen von Ports auf einer bestimmten IP-Adresse um festzustellen, welche Dienste aktiv sind. Da in IPv6 die Ports immer noch dieselben 16 bit benützen, ist Port Scanning weiterhin eine Bedrohung, die mit den aus der IPv4 Welt bekannten Massnahmen abgewehrt werden muss.

Multicast Security Themen

Vorsicht bei site-local Multicast Scope

Die IPv6 Multicast-Definition kennt site-local scoped Multicast-Adressen. Damit kann ein Angreifer via eine Multicast Adresse einen bestimmten Dienst im gesamten Firmennetzwerk erreichen. Zum Beispiel alle Router (`ff05::2`), oder alle DHCPv6-Server (`ff05::1:3`). Wenn ein Angreifer eine solche Adresse benützt, erhält er möglicherweise von allen Servern, die diesen Dienst aktiviert haben Antworten mit sicherheitskritischen

Informationen. Diese Informationen können dann für gezieltere Attacken benützt werden. Je nach Konzept kann man sich davor schützen, indem man Firewalls und Site-Boundary Router entsprechend schützt und site-local scoped Adressen filtert.Es muss darauf geachtet werden dass niemand sich für Multicast-Gruppen registriert, die nicht relevant sind oder im internen Netzwerk gar nicht benützt werden.

Link-local Multicast

Analog kann ein Angreifer, der es an den Link geschafft hat, die link-local all-nodes Multicast-Adresse (`ff02::1`) benützen, um von allen Neighbors am Link Adressinformation zu erhalten.

8.7.2 Transitions- und Tunnelmechanismen

IPv4 wird noch viele Jahre in unseren Netzwerken neben IPv6 eingesetzt werden. Da IPv4 und IPv6 nicht direkt miteinander kommunizieren können, werden vielfältige Tunnel- und Translationmechanismen eingesetzt werden, die einerseits die Komplexität im Netzwerk erhöhen, die aber auch als Hintertür zu IPv4-only Netzwerken benützt werden können.

IPv6 als Hintertür zu IPv4

IPv6 als Hintertür zu benützen, ist seit 2002 eine beliebte Methode. Damals, am 17. Dezember 2002 wurde ein Solaris 8 Server von Honeynet (*www.honeynet.org*) angegriffen. Der Angreifer baute einen IPv6-Tunnel zu einem anderen Land und tunnelte die IPv4-Daten die er stehlen wollte durch diesen Tunnel raus. Dadurch wurden viele Intrusion Detection Systeme ausgeschaltet. Dies kann auch heute noch der Fall sein und ist vorsichtig zu testen/verhindern. Das ist heute sogar noch einfacher, durch Tunnels, welche auf UDP basieren (wie z.B. Teredo oder TSP). Diese ermöglichen Tunneling für Geräte die hinter IPv4 NAT stehen.

Getunnelte IPv6-Pakete können Filter umgehen

Generell muss man darauf achten, dass Pakete, die durch einen Tunnel ins Netzwerk kommen, keine Filter umgehen. Zum Beispiel kann ein Angreifer aus dem Internet ein getunneltes Paket an den Tunnel-Endpunkt schicken (der Euer Eingangspunkt ins Netzwerk ist), dessen IPv6 Sourceadresse eine Adresse aus Eurem Netzwerk enthält. Der Tunnel-Endpunkt packt das Paket aus und leitet es ins interne Netzwerk weiter. Der Empfänger geht davon aus, dass das Paket von einem Knoten aus dem internen Netzwerk stammt. Automatische Tunnel sind diesbezüglich am gefährlichsten, weil sie in der Regel Pakete von beliebigen Quellen akzeptieren müssen.

Tunnel zu externen Geräten manuell konfigurieren

Zu den Schutzmechanismen gehört es, Tunnel entweder strikt manuell zu konfigurieren und nur Tunnelpakete von bekannten Tunnelservern zu akzeptieren. Ansonsten sind Tunnelmechanismen, wenn nicht explizit benötigt, generell zu filtern. RFC 4891, «Using IPsec to Secure IPv6-in-IPv4 Tunnels» beschreibt die Risiken und gibt Guidelines wie man sich schützen kann.

6to4 Risiken

6to4 Tunneling war lange ein beliebter automatischer Tunnelmechanismus für Netzwerke, die noch kein native IPv6 hatten. 6to4 hat kritische Sicherheitslücken, die in RFC 3964, «Security Considerations for 6to4» beschrieben sind. 6to4 sollte nicht mehr eingesetzt werden. Es gibt heute elegantere Varianten. Darum verzichten wir hier auf eine nähere Beschreibung der Risiken. Interessierte Leser finden diese in besagtem RFC.

Note
Kapitel 10 beschreibt die verschiedenen Tunnelmechanismen

8.8 Enterprise Security Modelle

End-to-End Transparenz als Risiko?

End-to-End Transparenz und Security ist in vielen IPv4-Netzwerken nicht gewährleistet, weil aufgrund des Adressmangels NAT-Gateways einführt wurden. IPv6 kann diese Transparenz wieder herstellen. Allerdings haben sich viele daran gewöhnt, in NAT und seinem privaten Adress-Schema einen Sicherheitsmechanismus zu sehen, der die interne Topologie für die Aussenwelt unsichtbar macht. Aus dieser Gewohnheit heraus sehen viele in der End-to-End Transparenz von IPv6 eine Gefahr.

Schutz der internen Topologie

Eines der Ziele von IPv6 und seinem grossen Adressraum ist das Wiederherstellen von End-zu-End Verbindungen. Um ein IPv6-Netzwerk zu schützen, muss ein IPv6-Securitykonzept erarbeitet und implementiert werden. Mit IPv6 sollten keine NATs mehr konfiguriert werden. Um die interne Topologie vor der Aussenwelt zu schützen, sollten andere, entsprechende Mechanismen eingesetzt werden. Dazu gehören Privacy Adressen für SLAAC (RFC 4941) oder Unique Local Adressen (ULA, RFC 4193). Diese Erwägungen und Empfehlungen zum Sichern der internen Topologie sind in RFC 4864, «Local Network Protection for IPv6» beschrieben.

8.8.1 Neue Security Modelle

Anwendung von IPv4-Security-Konzepten in IPv6-Netzwerken limitierend

In IPv4-Netzwerken ist es ein häufig eingesetztes Security Modell, Perimeter-Firewalls einzusetzen und NAT's zu integrieren. Denselben Ansatz in einem IPv6-Netzwerk anzuwenden, kann ein Startpunkt sein, ist jedoch langfristig gesehen einschränkend. In IPv6-Netzwerken sollte ein Modell gewählt werden,welches die Security erhöht, gleichzeitig jedoch die End-zu-End Kommunikation erleichtert. IPv6 bietet IPsec in jedem Knoten. Sich nur auf Perimeter-Firewalls zu verlassen kann gefährlich sein. Ein Angreifer, der es schafft, sich Zugang hinter die Firewall zu verschaffen, hat ein offenes, ungesichertes Feld vor sich.

Kombination von Zentralisierung und Schutz am Endknoten

Das optimale Security-Konzept für IPv6-Netzwerke ist eine Kombination eines zentralisierten Security Policy Repositories mit Verteilungsmechanismen und gesicherten Hosts. Dies gewährleistet erhöhte Sicherheit an den Endpunkten und erlaubt den Endpunkten das Verhalten der Perimeter-Firewalls zu beeinflussen. Die Aufgabe der Perimeter-Firewalls ist es in diesem Modell, das Netzwerk vor allgemeinen netzwerkspezifischen Attacken zu schützen. Die Endknoten sollten so konfiguriert sein, dass sie sich vor knotenspezifischen Attacken schützen können.

Identitätsbasiertes Modell

Das neue IPv6/IPsec Security-Modell muss identitätsbasiert sein, um Security Policies von Netzwerk-IDs zu trennen. Dies ist ausschlaggebend, um in Netzwerken, in welchen Automatisierung, Autokonfiguration und Mobilität gefragt sind, Security zu gewährleisten. An diesem neuen Modell wird zur Zeit gearbeitet und es sind auch Protokolle in der Entwicklung, welche es erlauben, dass Endknoten Firewalls kontrollieren und informieren. Anfänglich werden wir möglicherweise ähnliche Modelle anwenden wie in der IPv4-Welt, mit Ausnahme von NAT's, welche unter keinen Umständen in IPv6-Netzwerken eingesetzt werden sollten. Das Endziel eines solchen neuen Security-Modells sollte jedoch von Anfang an im Auge behalten und die laufenden Entwicklungen beobachtet werden.

Nachfolgend zwei mögliche Designs:

- **Verteiltes Endknoten-Firewallmodell**
  Ein Security Manager Server authentisiert die Endknoten im Netzwerk und verteilt Security Policies an die Endknoten-Firewalls. Dies beinhaltet Firewallkonfiguration, Access Policies, IPsec-Schlüssel, Virusprotection etc. In diesem Design gibt es keine Perimeter-Firewalls, die authentisierten Endknoten sind allein für ihren Schutz zuständig.

- **Hybrides verteiltes Firewallmodell**
  Ein Security Manager Server authentisiert die Endknoten und verteilt Security Policies sowohl an Endknoten, als auch an Perimeter-Firewalls. Sind Endknoten authentisiert, können sie unterschiedliche Level von Privilegien erhalten. Das Policy-Set des Security Manager Servers bestimmt, wer Zugang zur Aussenwelt hat, wer Zugang zu welchen Knoten und Diensten im internen Netz hat, wer welche Protokolle benutzen darf und wer IPsec-Schlüssel erhält. Die Perimeter-Firewalls erledigen allgemeinen einfachen Access Control und delegieren die Knochenarbeit an die Firewalls der Endknoten.

8.8.2 Directory Services für Access Control

IPv6-Adressen sind keine Grundlage für Access Control

Mit der IPv6 Adressarchitektur sind die Zeiten vorbei, in denen man eine Identität aufgrund einer IP-Adresse erkennen konnte. Ein IPv6-Interface hat normalerweise mehrere IPv6-Adressen und kann diese auch häufig ändern (je nach Adresskonzept und Konfiguration). Das bedeutet, dass Security Policies und ACLs, die auf IP-Adressen basieren nicht mehr verwaltbar sind. Dazu kommt, dass ein User seine Dienste meist von unterschiedlichen Geräten her benützt. In unserem internen Netzwerk wünschen wir uns möglichst stabile, eindeutige IPv6-Adressen, beim Zugriff aufs Internet bevorzugen wir möglichst häufig wechselnde IP-Adressen, um nicht nachvollziehbar zu sein. Häufig wird diese Problematik dadurch gelöst, dass man für das interne Netzwerk einen anderen Adressrange benützt, als für externe Kommunikation. Das können dann intern entweder ULA-Adressen sein, oder einfach ein bestimmter Bereich des globalen Präfixes, das als intern definiert wird.

Ein neuer Ansatz ist es, Security Regeln auf Objekten in Directory Services zu basieren. Letztendlich wollen wir ja Zugriffsrechte von Benützern, oder Benützergruppen, oder von bestimmten Geräten regeln. Oder die Zugriffsrechte für bestimme Benützer davon abhängig konfigurieren, von was für einem Gerät sie zugreifen. Mit IP-basierten Regeln ist das in einer dual-stack Welt nicht wirklich machbar. Wenn wir Regeln basierend auf Directory Services Objekten definieren können, so wird Access Control viel einfacher. Die Security Komponenten in einem Netzwerk können dann die Regeln durch eine Abfrage von Directory Services abhandeln.

Rollendefinition basierend auf Directory Services

Der Markt scheint sich in diese Richtung zu entwickeln. Führende Firewall Hersteller, u.a. auch Checkpoint und Cisco, entwickeln Systeme, die sie Identity-basierte Firewalls nennen. Diese Systeme verbinden die Firewall mit einem Directory Service (in vielen Fällen Active Directory) und verbinden so User- und Geräte-Objekte. Damit können nun Zugriffsregeln basierend auf einer beliebigen Kombination dieser Attribute definiert werden. So kann man z.B. Firewall-Regeln für spezifische Benützer, wenn sie von bestimmten Geräten her zugreifen, oder für spezifische Benützer, unabhängig davon, was für Geräte sie benützen definieren.

Firewall spricht mit Directory Service

Für die Erarbeitung eines IPv6-Securitykonzeptes sollte man sich demzufolge Zeit nehmen, neue Ansätze zu berücksichtigen und entwickeln. Firmen, die schon eine gut ausgebaute Identity Management Infrastruktur haben, können diese nun sinnvoll für weitere Zwecke ausbauen und nützen. Firmen, die noch keinen Identity Management Infrastruktur haben, sollten dies nun vorgängig evaluieren. Gerade beim Aufbau einer intelligenten Portallösung bieten Directory Services gute Dienste für ein übersichtliches Management der verschiedensten Identitäten (Kunden, Partner, Mitarbeiter). Der Zugriff auf die DMZ kann nun zentral und individuell definiert werden, je nachdem wer zugreift. Viele Organisationen benützen die Einführung von IPv6 in ihren öffentlichen Diensten als gute Gelegenheit, die Portallösung zu überarbeiten und für den Einsatz in einer dual-stack Zukunft zu optimieren.

Neue Ansätze entwickeln

8.8.3 IPv6 Security Konzept und Firewall Filterregeln

Für jedes Protokoll ein Security-Konzept

In einer dual-stack Welt werden wir zwei Security-Konzepte benötigen, eines für die IPv4-Welt und eines für die IPv6-Welt. Die zwei Konzepte müssen nicht gleich sein, jedes sollte für das jeweilige Protokoll optimiert sein. Firewalls müssen beide Protokolle unterstützen und haben ein separates Filterset für jedes Protokoll. Manchmal werden auch zwei Firewalls eingesetzt, eine für das IPv4-Netzwerk und die zweite für das IPv6-Netzwerk.

Ohne hier eine vollendete Anleitung zur Firewall-Konfiguration bieten zu wollen, ein paar Anregungen für Security- und Filtermassnahmen:

Mögliche Security-Massnahmen

- Ingress Filter auf den Perimeter Firewalls für intern benützte Adressen
- Filter für nicht benötigte Dienste auf den Perimeter Firewalls
- Host-basierende Firewalls für vertieften Schutz des Hosts
- Wichtige Systeme sollten statische und nicht einfach zu erratende IPv6-Adressen haben. Systeme wenn möglich so konfigurieren, dass sie nicht an ND teilnehmen (statische ND-Einträge).
- Hosts für Mobile IP sollten separate Systeme sein, damit man sie mit speziellen Filterregeln schützen kann.
- Sicherstellen dass Endknoten keine Routing Header verarbeiten und solche Pakete nicht weiterleiten.
- Layer 3 Firewalls sollten nie Link-Layer Multicast-Pakete weiterleiten.
- Firewalls sollten Filtering basierend auf Source und Destination Adresse, allen Extension Headern und Upper-Layer Protokollinformation unterstützen.
- Netzwerk auf Pakete hin untersuchen, welche nicht via die Perimeter Firewall angekommen sind. Dies zeigt mögliche Hintertüren auf.

Empfehlungen in RFC 4890

ICMPv6 spielt eine führende Rolle und bietet grossartige Funktionalität in IPv6-Netzwerken. Unkontrolliertes Weiterleiten von ICMPv6-Nachrichten kann jedoch zu Sicherheitsrisiken führen. RFC 4890, «Recommendations for Filtering ICMPv6 Messages in Firewalls» enthält Empfehlungen für ICMPv6 Firewallregeln, welche Nachrichten weitergeleitet werden müssen, weil sie wichtige IPv6-Funktionalität zur Verfügung stellen und welche Nachrichten Security-Risiken darstellen.

Testkriterien für Firewalls

Wichtig in diesem Bereich ist es auch, die Firewalls ausreichend auf ihr Verhalten beim Filtering von IPv6 zu evaluieren und zu testen. Folgende Fragen müssen gestellt werden:

- Kann die Firewall alle gängigen Extension Header erkennen und filtern?
- Wie geht die Firewall mit unbekannten Extension Headern um?
- Wie werden unzulässige Sequenzen und ungewöhnliche lange Extension Header Sequenzen behandelt?
- Werden Extension Header in Hardware oder Software bearbeitet?

Anforderungen an Enterprise Firewalls

Ein Draft mit dem Titel «Requirements for IPv6 Enterprise Firewalls» (draft-gont-opsec-ipv6-firewall-reqs) ist in Arbeit. Ziel ist es, die Diskussion über die Anforderungen an IPv6 Firewalls zu vertiefen. Nicht nur für Netzwerkbetreiber, welche Anforderungen für ihre RFPs brauchen, sondern auch als Richtlinien für Hersteller, welche Anforderungen sie in ihren Implementationen berücksichtigen müssen, um den Anforderungen des Marktes gerecht zu werden. Für alle, die Firewalls betreiben, kaufen, ausrollen oder troubleshooten ein Must-Read.

RFC 7754, «Technical Considerations for Internet Service Blocking and Filtering» beschreibt mögliche Ansätze für Filtering und Blocking, die Übereinstimmung sind mit der allgemeinen Internet Architektur.

Note
Für Security-Spezialisten, die es gerne viel genauer wissen möchten, empfehle ich das Buch «IPv6 Security» von Scott Hogg und Eric Vyncke, Cisco Press.

Im nächsten Kapitel wird Mobile IP mit IPv6 (MIPv6) besprochen. MIPv6 ermöglicht dank dem Einsatz von Extension Headern einige Vorteile, die den Einsatz in grossen Netzwerken deutlich optimieren.

8.9 Referenzen

Dies ist eine Zusammenstellung der wichtigen, im Kapitel erwähnten RFCs und Drafts. Zusätzlich erwähnen wir einzelne RFCs und Drafts, die im Zusammenhang mit dem Thema stehen, falls Sie sich vertiefter damit befassen möchten. Informationen über den Standardisierungs-Prozess, RFCs und Drafts finden Sie im Appendix. Auf folgendem Link findet man eine gute, vollständige Übersicht über den aktuellen Status aller RFCs: *http://tools.ietf.org/rfc/index*.

RFCs

- RFC 1828 «IP Authentication using Keyed MD5», 1995
- RFC 1829 «The ESP DES-CBC Transform», 1995
- RFC 2085 «HMAC-MD5 IP Authentication with Replay Prevention», 1997
- RFC 2104 «HMAC: Keyed-Hashing for Message Authentication», 1997
- RFC 2403 «The Use of HMAC-MD5-96 within ESP and AH», 1998
- RFC 2404 «The Use of HMAC-SHA-1-96 within ESP and AH», 1998
- RFC 2405 «The ESP DES-CBC Cipher Algorithm With Explicit IV», 1998
- RFC 2407 «The Internet IP Security Domain of Interpretation for ISAKMP», 1998
- RFC 2408 «Internet Security Association and Key Management Protocol (ISAKMP)», 1998
- RFC 2409 «The Internet Key Exchange (IKE)», 1998
- RFC 2410 «The NULL Encryption Algorithm and Its Use With IPsec», 1998
- RFC 2411 «IP Security Document Roadmap», 1998
- RFC 2412 «The OAKLEY Key Determination Protocol», 1998
- RFC 2451 «The ESP CBC-Mode Cipher Algorithms», 1998
- RFC 3526 «More Modular Exponential (MODP) Diffie-Hellman groups for Internet Key Exchange (IKE)», 2003
- RFC 3602 «The AES-CBC Cipher Algorithm and Its Use with IPsec », 2003
- RFC 3631 «Security Mechanisms for the Internet», 2003
- RFC 3715 «IPsec-Network Address Translation (NAT) Compatibility Requirements», 2004
- RFC 3739 «Internet X.509 Public Key Infrastructure: Qualified Certificates Profile», 2004

- RFC 3740 «The Multicast Group Security Architecture», 2004
- RFC 3748 «Extensible Authentication Protocol (EAP)», 2004
- RFC 3754 «IP Multicast in Differentiated Services (DS) Networks», 2004
- RFC 3756 «IPv6 Neighbor Discovery (ND) Trust Models and Threats», 2004
- RFC 3776 «Using IPsec to Protect Mobile IPv6 Signaling Between Mobile Nodes and Home Agents», 2004
- RFC 3947 «Negotiation of NAT-Traversal in the IKE», 2005
- RFC 3948 «UDP Encapsulation of IPsec ESP Packets», 2005
- RFC 3971 «Secure Neighbor Discovery», 2005
- RFC 3972 «Cryptographically Generated Addresses (CGA)», 2005
- RFC 4033 «DNS Security Introduction and Reqquirements», 2005
- RFC 4035 «Protocol Modifications for the DNS Security Extensions», 2005
- RFC 4107 «Guidelines for Cryptographic Key Management», 2005
- RFC 4109 «Algorithms for Internet Key Exchange version 1 (IKEv1)», 2005
- RFC 4285 «Authentication Protocol for Mobile IPv6», 2005
- RFC 4301 «Security Architecture for the Internet Protocol», 2005
- RFC 4302 «IP Authentication Header», 2005
- RFC 4303 «IP Encapsulating Security Payload (ESP)», 2005
- RFC 4304 «Extended Sequence Number (ESN) Addendum to IPsec Domain of Interpretation (DOI) for Internet Security Association and Key Management Protocol (ISAKMP)», 2005
- RFC 4307 «Cryptographic Algorithms for Use in the Internet Key Exchange Version 2 (IKEv2)», 2005
- RFC 4308 «Cryptographic Suites for IPsec», 2005
- RFC 4309 «Using Advanced Encryption Standard (AES) CCM Mode with IPsec Encapsulating Security Payload (ESP)», 2005
- RFC 4359 «The Use of RSA/SHA-1 Signatures within Encapsulating Security Payload (ESP) and Authentication Header (AH)», 2006
- RFC 4555 «IKEv2 Mobility and Multihoming Protocol», 2006
- RFC 4621 «Design of the IKEv2 Mobility and Multihoming (MOBIKE) Protocol», 2006
- RFC 4718 «IKEv2 Clarifications and Implementation Guidelines», 2006

- RFC 4835 «Cryptographic Algorithm Implementation Requirements for Encapsulating Security Payload (ESP) and Authentication Header (AH)», 2007
- RFC 4864 «Local Network Protection for IPv6», 2007
- RFC 4877 «Mobile IPv6 Operation with IKEv2 and the Revised IPsec Architecture», 2007
- RFC 4890 «Recommendations for Filtering ICMPv6 Messages in Firewalls», 2007
- RFC 4891 «Using IPsec to Secure IPv6-in-IPv4 Tunnels», 2007
- RFC 4941 «Privacy Extensions for Stateless Address Autoconfiguration in IPv6», 2007
- RFC 4942 «IPv6 Transition/Co-existence Security Considerations», 2007
- RFC 4949 «Internet Security Glossary, Version 2», 2007
- RFC 5095 «Deprecation of Type 0 Routing Headers in IPv6», 2007
- RFC 5157 «IPv6 Implications for Network Scanning», 2008
- RFC 5247 «Extensible Authentication Protocol (EAP) Key Management Framework», 2008
- RFC 5406 «Guidelines for Specifying the Use of IPsec Version 2», 2009
- RFC 5722 «Handling of Overlapping IPv6 Fragments», 2009
- RFC 5739 «IPv6 Configuration in Internet Key Exchange Protocol Version 2 (IKEv2)», 2010
- RFC 5909 «Securing Neighbor Discovery Proxy: Problem Statement», 2010
- RFC 5996 «Internet Key Exchange Protocol Version 2 (IKEv2)», 2010
- RFC 6014 «Cryptographic Algorithm Identifier Allocation for DNSSEC», 2010
- RFC 6071 «IP Security (IPsec) and Internet Key Exchange (IKE) Document Roadmap», 2011
- RFC 6092 «Recommended Simple Security Capabilities in Customer Premises Equipment (CPE) for Providing Residential IPv6 Internet Service», 2011
- RFC 6104 «Rogue IPv6 Router Advertisement Problem Statement», 2011
- RFC 6105 «IPv6 Router Advertisement Guard», 2011
- RFC 6151 «Updated Security Considerations for the MD5 Message-Digest and the HMAC-MD5 Algorithms», 2011
- RFC 6169 «Security Concerns with IP Tunneling», 2011

- RFC 6273 «The Secure Neighbor Discovery (SEND) Hash Threat Analysis», 2011
- RFC 6324 «Routing Loop Attack Using IPv6 Automatic Tunnels», 2011
- RFC 6434 «IPv6 Node Requirements», 2011
- RFC 6494 «Certificate Profile and Certificate Management for SEcure Neighbor Discovery (SEND)», 2012
- RFC 6495 «Subject Key Identifier (SKI) SEcure Neighbor Discovery (SEND) Name Type Fields», 2012
- RFC 6620 «FCFS SAVI: First-Come, First-Served Source Address Validation Improvement for Locally Assigned IPv6 Addresses», 2012
- RFC 6655 «AES-CCM Cipher Suites for Transport Layer Security (TLS)», 2012
- RFC 6946 «Processing of IPv6 ‹Atomic› Fragments», 2013
- RFC 6959 «Source Address Validation Improvement (SAVI) Threat Scope», 2013
- RFC 6980 «Security Implications of IPv6 Fragmentation with IPv6 Neighbor Discovery», 2013
- RFC 7039 «Source Address Validation Improvement (SAVI) Framework», 2013
- RFC 7112 «Implications of Oversized IPv6 Header Chains», 2014
- RFC 7113 «Implementation Advice for IPv6 Router Advertisement Guard (RA-Guard)», 2014
- RFC 7123 «Security Implications of IPv6 on IPv4 Networks», 2014
- RFC 7754 «Technical Considerations for Internet Service Blocking and Filtering», 2016

Drafts

Drafts sind im Verzeichnis *www.ietf.org/ID.html* zu finden. Um schnell die aktuellste Version eines Drafts zu finden, geht man am besten auf *https://datatracker.ietf.org/idtracker*. Dort kann man den Filenamen ohne Versionsnummer eingeben und erhält automatisch die aktuellste Version angezeigt. Wird ein Draft nicht mehr aufgeführt, wurde es entweder gelöscht oder ist als RFC erschienen. Informationen über den Standardisierungs-Prozess, RFCs und Drafts finden Sie im Appendix.

- Requirements for IPv6 Enterprise Firewalls, draft-gont-opsec-ipv6-firewall-reqs-02

Kapitel 9

Mobile IPv6

Vor nicht allzu langer Zeit waren wir gewohnt, von zuhause oder vom Büro aus zu telefonieren. Öffentliche Telefonzellen ermöglichten das Telefonieren von unterwegs. Heute ist der Einsatz von mobilen Telefonen alltäglich und wir sind gewohnt, von überall und in jeder Lebenslage telefonieren zu können. Selbst Schulkinder haben mindestens ein mobiles Telefon und die Schulen haben Probleme, weil die Kinder es benutzen, um per SMS (Short Message Service) Prüfungsresultate auszutauschen. Mobile Telefone sind nicht mehr aus unserem Alltag wegzudenken. Mittlerweile sind sich viele schon gewohnt, mit dem mobilen Telefon von überall her auf Emails und Webseiten zuzugreifen.

Mobilität ist allgegenwärtig

Knapp 10 Jahre hat dieser Entwicklungssprung gedauert. Er ist jedoch längst nicht abgeschlossen. Die Geräte, die wir für Kommunikation und Datenaustausch benutzen, verändern sich. Wir setzen Smartphones und Tablets ein, an vielen öffentlichen Orten sind Wireless Hotspots verfügbar, die wir benutzen können, um Zugang zum Internet zu bekommen.

Unsere Anforderungen an Mobilität werden immer grösser. Wir befinden uns in einer Übergangszeit. Die mobilen Telefone haben eine Welle ins Rollen gebracht. In absehbarer Zeit werden wir Geräte haben, die alle Funktionen auf kleinstem Raum vereinen.

Anforderungen an Mobilität steigen

In Zukunft wird es keine Rolle spielen, was für ein Gerät wir haben, alle werden die gängigen Technologien (wie GSM, GPRS, UMTS, 4G, Wireless LAN, Bluetooth, Infrarot) zur Verfügung stellen. Bei unseren Anbietern

Unabhängigkeit von verfügbaren Technologien

(Providern) werden wir Abonnements für gewünschte Dienste kaufen und diese Dienste werden über alle Verbindungstechnologien zur Verfügung stehen. Unser Gerät wird automatisch die beste Verbindung wählen.

Die Vision

Sie verlassen Ihr Haus, um auf eine Ferienreise zu gehen. Ihr mobiles Gerät ist mit dem Wireless Heimnetzwerk verbunden. Sie steigen ins Taxi ein und werden zum Flughafen gefahren. Plötzlich fällt Ihnen ein, dass Sie vergessen haben, Ihre Heizung zurückzustellen. Von ihrem Gerät aus greifen Sie über Ihr Heimportal auf die Heizung zu, kontrollieren die Einstellung und passen sie an. Als nächstes können Sie von Ihrem mobilen Gerät aus am Flughafen einchecken und die Abflugszeit verifizieren. Gleichzeitig beschaffen Sie sich noch schnell einige touristische Informationen über Ihr Reiseziel. Ihr Gerät hat unterdessen ohne Unterbrechung von der Verbindung zum Heimnetzwerk auf eine UMTS-Verbindung umgestellt. Im Flughafen angekommen wechselt es wieder, diesmal auf das öffentliche Wireless-Netzwerk im Flughafen.

MIPv6 ermöglicht neue Generation von Diensten

Mobile IPv6 (MIPv6) wird sich zu einer Schlüsseltechnologie entwickeln für eine neue Generation von mobilen Daten und Multimedia Diensten mit nahtlosem Übergang zwischen verschiedensten Netzwerken. Permanente Verbindung, die Möglichkeit von einem Netz in ein anderes zu roamen, ohne neue Verbindungen aufbauen zu müssen – dies wird möglich durch den Einsatz von IPv6 mit Mobile IPv6.

Mobilität mit IPv4

Es gibt eine Spezifikation für Mobile IPv4. Diese wird jedoch den zukünftigen Anforderungen nicht gewachsen sein. Dies ist einerseits darin begründet, dass IPv4 nicht genug verfügbare Adressen hat, um all diese Geräte zu adressieren. Ausserdem bietet IPv6 mit dem Einsatz von Extension Headers Möglichkeiten, um in solchen Szenarien das Routing zu optimieren. Dadurch wird derartige Mobilität in grossen Massen überhaupt erst möglich. Der Einsatz von Neighbor Discovery (statt ARP) macht Mobile IPv6 unabhängiger vom Link-Layer. Mobile IPv6 profitiert von den Erfahrungen mit Mobile IPv4 und benutzt zusätzlich die erweiterten Möglichkeiten von IPv6.

Kapitelübersicht

Dieses Kapitel beschreibt, wie Mobile IPv6 funktioniert und inwiefern IPv6 in der Lage ist, die Herausforderungen unserer Kommunikationsbedürfnisse von Morgen zu bewältigen. Nach einer kurzen Einführung und Erklärung der wichtigen Ausdrücke im Zusammenhang mit Mobile IPv6 erfolgt ein Überblick über die Funktionsweise. Anschliessend werden die technischen Details des Protokolles, die neuen Header, Nachrichten, Optionen und Prozesse beschrieben. Der letzte Abschnitt beschreibt die Kommunikation zwischen den einzelnen Teilnehmern von Mobile IPv6. Zum Abschluss zeigen wir Weiterentwicklungen von Mobile IPv6 auf, welche die Skalierbarkeit in komplexen Netzwerken und im Internet erweitern.

9.1 Einführung

Definition

Mobile IPv6 ist ein Protokoll, welches es einem mobilen Knoten ermöglicht, sich von einem Netzwerk zu einem anderen zu bewegen, ohne seine TCP/IP-Verbindungen zu verlieren, resp. neu aufbauen zu müssen. Mobile IPv6 ist in RFC 6275, «Mobility Support in IPv6» definiert.

Permanente Verbindung unabhängig von aktuellem Standort

Eine Verbindung wird zwischen zwei Knoten hergestellt und basiert auf deren IP-Adresse. Wenn sich ein Knoten in ein anderes Netzwerk bewegt, so ändert sich auch seine IP-Adresse. Ohne Mobile IP würde deshalb die Verbindung abgebrochen, der Knoten wäre nicht mehr über seine ursprüngliche Adresse erreichbar. Mit Mobile IP bekommt der mobile Knoten eine Home-Adresse, über die er immer erreichbar ist, unabhängig davon, in welchem Netzwerk er sich aktuell gerade befindet. Dies ist sowohl innerhalb von homogenen Netzwerken möglich (also z.B. von einem Ethernet-Segment zu einem anderen), als auch in heterogenen Netzwerken (z.B. von einem Ethernet-Segment zu einem Wireless LAN).

Handover auf Netzwerklayer

In einem Wireless-Netzwerk kennen wir den Handover, wenn wir von einem Access Point zum nächsten wechseln. Dieser Handover geschieht auf dem Link Layer. Mobile IPv6 löst das Handover-Problem auf dem Netzwerk-Layer und hält die Verbindung zu Applikationen und Diensten, auch wenn wir unsere momentane IP-Adresse ändern.

9.1.1 Mobile IPv6 Begriffe

Hier wollen wir einige Begriffe definieren, die bei der Beschreibung von Mobile IPv6 immer wieder verwendet werden. RFC 4885, «Network Mobility Support Terminology», enthält ein Glossar der gebräuchlichen Ausdrücke.

- **Home-Adresse**
  Eine globale Unicast-Adresse, die einem mobilen Knoten zugewiesen ist. Sie wird als die permanente Adresse für diesen Knoten benutzt. Sie befindet sich innerhalb des Heimnetzwerks des mobilen Knotens. Normale IP Routing Mechanismen liefern Pakete an die Home-Adresse des mobilen Knotens.

- **Home Subnet Präfix**
  Das IP-Subnetzpräfix, welches der Home-Adresse des mobilen Knotens entspricht.

- **Home Link**
  Der Link, an welchem das Home-Subnetzpräfix definiert ist.

- **Mobile Node (MN)**
  Ein Knoten, welcher sein Netzwerk und damit auch seine aktuelle IP-Adresse wechseln kann, der über seine Home-Adresse aber immer noch erreichbar ist.

- **Correspondent Node (CN)**
  Ein Knoten, der mit einem mobilen Knoten Daten austauscht. Er kann entweder fix in einem Netzwerk, oder aber selbst mobil sein.

- **Foreign Subnet Präfix**
  Jedes Subnetzpräfix, welches nicht dem Home-Subnetzpräfix des mobilen Knotens entspricht.

- **Foreign Link**
  Jeder Link, welcher nicht der Home Link des mobilen Knotens ist.

- **Care-of-Adresse**
  Eine globale Unicast-Adresse für den mobilen Knoten, während er sich in einem fremden Netzwerk (away from home) befindet. Das Subnetzpräfix der Care-of-Adresse ist das Foreign-Subnetzpräfix. Ein mobiler Knoten kann mehrere Care-of-Adressen haben. Eine davon ist beim Home Agent des mobilen Knotens als Primary Care-of-Adresse registriert.

- **Home Agent (HA)**
  Ein Router am Home Link eines mobilen Knotens, bei dem der mobile Knoten seine aktuelle Care-of-Adresse registriert hat. Während der mobile Knoten unterwegs ist, fängt der Home Agent alle Pakete, die an den mobilen Knoten adressiert sind auf, verpackt sie (IPv6 Encapsulation) und schickt sie über einen Tunnel an die aktuelle Care-of-Adresse.

- **Binding**
  Die Zuordnung der Home-Adresse eines mobilen Knotens zu seiner aktuellen Care-of-Adresse. Das Binding ist für eine bestimmte Lifetime gültig.

- **Registrierung**
  Der Prozess, bei dem ein mobiler Knoten seinem Home Agent oder einem Correspondent Node ein Binding Update schickt, welches registriert wird.

- **Binding Autorisierung**
  Eine Registrierung bei einem Correspondent Node muss autorisiert werden, damit der Correspondent Node weiss, dass der Absender des Binding Updates berechtigt ist, das Binding zu ändern.

- **Return Routability Prozess**
  Dieser Prozess autorisiert Registrierungen durch den Austausch von kryptografischen Token.

- **Keygen Token**
  Dies ist eine Nummer, die vom Correspondent Node geliefert wird. Sie wird im Return Routability Prozess vom mobilen Knoten verwendet, um den für die Autorisierung im Binding Management notwendigen Key zu berechnen.

- **Nonce**
  Zufallsnummer. Sie wird vom Correspondent Node intern generiert und für die Erstellung der Keygen Token während des Return Routability Prozesses verwendet. Nonces sind nicht einem bestimmten mobilen Knoten zugewiesen und werden innerhalb des Correspondent Node geheimgehalten.

- **Nonce Index**
  Der Nonce Index enthält die Liste, welche Nonces für Keygen Tokens bereits verwendet wurden, ohne die Nonces selbst anzuzeigen.

9.1.2 Wie Mobile IPv6 funktioniert

Home-Adresse

Die Home-Adresse ist die IPv6-Adresse, die sich im Präfixbereich des Home Links eines mobilen Knotens befindet. Solange der mobile Knoten (MN) sich am Home Link befindet, erhält er Pakete über normale IP Routing Mechanismen.

Care-of-Adresse

Während er sich an einem fremden Link befindet, ist er zusätzlich über eine Care-of-Adresse erreichbar. Diese Care-of-Adresse erhält er aufgrund normaler IPv6-Mechanismen wie Stateless Address Autoconfiguration oder DHCPv6.

Binding

Die Zuordnung von Home-Adresse und Care-of-Adresse nennt man Binding. Während er unterwegs ist, registriert der mobile Knoten seine Primary Care-of-Adresse mit einem Router an seinem Home Link, seinem Home Agent (HA). Um seine Care-of-Adresse zu registrieren, schickt der mobile Knoten eine Binding Update Nachricht an den Home Agent. Der Home Agent antwortet mit einem Binding Acknowledgement. Somit weiss der Home Agent immer, unter welcher Care-of-Adresse ein mobiler Knoten erreichbar ist.

Correspondent Node

Jeder Knoten, der mit einem mobilen Knoten kommuniziert, wird Correspondent Node (CN) genannt. Mobile Knoten können Informationen über ihre aktuelle Verbindung mittels einer Correspondent Registration direkt an diese Correspondent Nodes weitergeben. Dabei wird ein sogenannter Return Routability Test gemacht, um das Binding zu autorisieren. Ein Correspondent Node kann selbst ebenfalls ein mobiler Knoten sein.

Für den Datenaustausch zwischen einem Correspondent Node und einem mobilen Knoten gibt es zwei Möglichkeiten:

Zwei Kommunikationswege

- **Bidirectional Tunneling**
  Pakete vom Correspondent Node werden an den Home Agent geschickt, dieser verpackt sie (IPv6 Encapsulation) und tunnelt sie weiter an die Care-of-Adresse des mobilen Knotens. Pakete des mobilen Knotens werden durch einen reverse Tunnel an den Home Agent geschickt, welcher sie auf normalem Weg an den Correspondent Node weiterleitet. Dieser Modus setzt keinen speziellen Mobile IPv6 Support auf dem Correspondent Node voraus und funktioniert auch ohne Correspondent Registration.

  Datenaustausch über Home Agent

- **Route Optimization**
  Hier kann der Datenaustausch direkt zwischen Mobile Node und Correspondent Node und umgekehrt erfolgen. Der Umweg über den Home Agent entfällt. Dies setzt voraus, dass der mobile Knoten seine Care-of-Adresse beim Correspondent Node registriert (Correspondent Registration). Der Correspondent Node benutzt in diesem Fall beim Senden von Daten an den mobilen Knoten einen speziell definierten Routing Header (Type 2 Routing Header). Der Mobile Knoten verwendet beim Senden von Daten an den Correspondent Node die für Mobile IPv6 definierte Home Address Option.

  Direkter Datenaustausch mit CN

Der Vorteil von Route Optimization liegt darin, dass für den Datenaustausch zwischen Correspondent Node und dem mobilen Knoten in einem fremden Netzwerk der kürzeste Pfad benutzt werden kann, statt die Pakete immer über den Home Agent umleiten zu müssen. Dies gewährleistet kürzere Kommunikationswege und entlastet den Home Agent und den Home Link.

Entlastung HA, bessere Performance

Mobile IPv6 unterstützt auch die Möglichkeit, mehrere Home Agents zu haben. Ausserdem kann der mobile Knoten eine Neukonfiguration seines Home-Subnetzes, resp. eine Adressänderung seines Home Agents mittels Dynamic Home Agent Address Discovery erfahren. Sollte sich das Präfix seines Home-Netzwerkes geändert haben, kann er den Mobile Prefix Discovery Mechanismus benutzen.

Mehrere Home Agents möglich

Präfixänderung im Heimnetz

Abbildung 9.1 zeigt eine Übersicht über die verschiedenen Komponenten von Mobile IPv6 und erläutert grafisch die oben beschriebenen Prozesse.

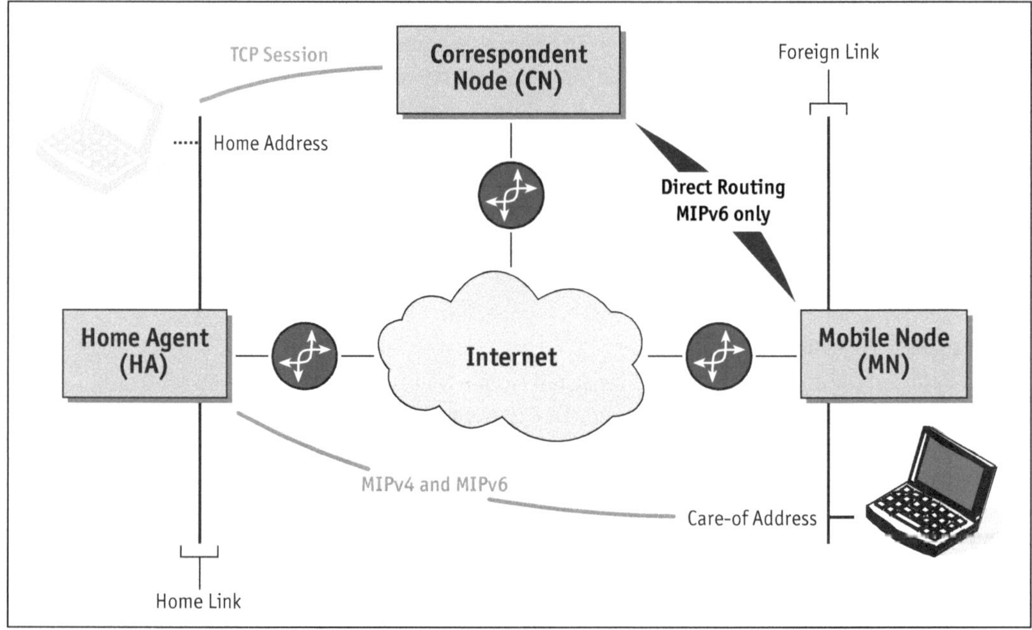

Abbildung 9.1 – Funktionsweise von Mobile IPv6

9.2 Das Mobile IPv6 Protokoll

In diesem Abschnitt wollen wir die einzelnen Komponenten, Nachrichten und Optionen für Mobile IPv6 beschreiben.

9.2.1 Mobility Header und Mobility-Nachrichten

Extension Header zur Verwaltung von Bindings

Für Mobile IPv6 wurde der Mobility Header (MH) definiert. Dabei handelt es sich um einen Extension Header, der von allen Beteiligten, das heisst von mobilen Knoten, von Correspondent Nodes und von Home Agents benutzt wird. Er kommt in allen Nachrichten vor, die mit dem Herstellen und der Verwaltung von Bindings zu tun haben.

Ein Mobility Header wird durch den Next Header Wert 135 im vorhergehenden Header angezeigt und hat das folgende, in Abbildung 9.2 dargestellte Format:

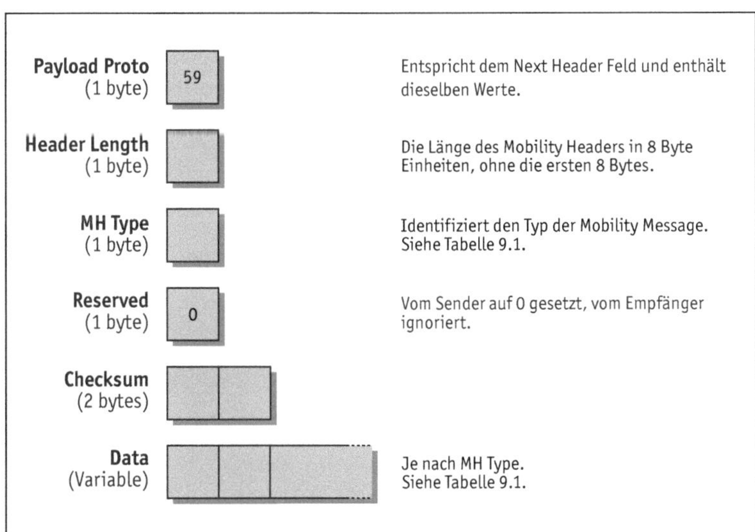

Abbildung 9.2 - Format des Mobility Headers

Payload Proto

Das Payload Proto Feld entspricht dem Next Header Feld und identifiziert den nachfolgenden Header. Dieses Feld kann grundsätzlich dieselben Werte wie ein Next Header Feld enthalten. Gemäss der aktuellen Mobile IPv6 Spezifikation steht zur Zeit in diesem Feld der Wert 59 für ‹No Next Header›. Das Feld ist für zukünftige Entwicklungen vorgesehen. Man plant, in Binding-Nachrichten eine Piggyback-Option einzubauen, damit Binding-Nachrichten gleichzeitig auch Daten mittransportieren können. Dies ist jedoch noch nicht spezifiziert und wird voraussichtlich zu einem späteren Zeitpunkt in einem separaten RFC behandelt.

Header Length

Das Header Length Feld enthält die Länge des Mobility Headers in 8 Byte Einheiten. Die ersten 8 Bytes werden nicht mitgezählt. Der Mobility Header muss immer ein Mehrfaches von 8 Bytes lang sein.

MH Type	Das MH Type Feld identifiziert den Typ der Mobility-Nachricht. Die definierten Typen sind in Tabelle 9.1 aufgelistet. Das Datenfeld ist variabel, der Inhalt hängt vom Typ der Nachricht ab.
Adressen im Pseudo-Header für Checksummen-berechnung	Das Checksummen-Feld enthält die Checksumme für den Mobility Header. Diese wird aufgrund eines Pseudo-Headers berechnet und folgt den in RFC 2460 definierten Regeln. Die Adressen, die im Pseudo-Header verwendet werden, sind die Absender- und Empfängeradresse des IPv6 Headers. Wenn die Mobility-Nachricht eine Home Address Destination Option enthält, so wird als Absenderadresse für die Checksumme die Home-Adresse verwendet.

Tabelle 9.1 zeigt eine Übersicht der Mobility-Nachrichten.

Tabelle 9.1 – Mobility-Nachrichtentypen

Wert	Message Typ	Beschreibung	RFC
0	Binding Refresh Request	Wird von Correspondent Nodes verschickt und fordert den mobilen Knoten auf, sein Binding zu aktualisieren.	RFC 6275
1	Home Test Init	Wird von mobilen Knoten verschickt, um einen Return Routability Prozess zu initialisieren und ein Home Keygen Token des Correspondent Nodes zu erhalten. Diese Nachricht wird über den Tunnel via den Home Agent an den Correspondent Node verschickt.	RFC 6275
2	Care-of Test Init	Wird von mobilen Knoten verschickt, um einen Return Routability Prozess zu initialisieren und ein Care-of Keygen Token des Correspondent Nodes zu erhalten. Diese Nachricht wird direkt an den Correspondent Node geschickt.	RFC 6275
3	Home Test Message	Die Antwort auf eine Home Test Init Nachricht (Typ 1). Sie wird vom Correspondent Node an den mobilen Knoten geschickt. Sie enthält ein Cookie und ein Home Keygen Token für die Autorisierung im Return Routability Prozess. Diese Nachricht wird über den Tunnel via Home Agent geschickt.	RFC 6275
4	Care-of Test Message	Die Antwort auf eine Care-of Test Init Nachricht (Typ 2). Sie wird vom Correspondent Node an den mobilen Knoten geschickt. Sie enthält ein Cookie und ein Care-of Keygen Token für die Autorisierung im Return Routability Prozess. Diese Nachricht wird direkt an den mobilen Knoten geschickt.	RFC 6275
5	Binding Update	Wird vom mobilen Knoten verschickt, um eine Änderung seiner Care-of-Adresse bekanntzugeben. Diese Nachricht wird nachfolgend detaillierter beschrieben.	RFC 6275

Tabelle 9.1 – Mobility-Nachrichtentypen (Fortsetzung)

Wert	Message Typ	Beschreibung	RFC
6	Binding Ack	Wird als Bestätigung für den Erhalt eines Binding Updates verschickt. Diese Nachricht wird nachfolgend detaillierter beschrieben.	RFC 6275
7	Binding Error	Wird vom Correspondent Node verschickt, um einen Fehler im Zusammenhang mit Mobility zu signalisieren. Dies kann z.B. ein unzulässiger Versuch sein, eine Home Address Destination Option ohne bestehendes Binding zu benutzen. Das Status-Feld kann folgende Werte enthalten: 1 = Unknown Binding for Home Address Destination Option 2 = Unrecognized MH Type Value	RFC 6275
8	Fast Binding Update	Entspricht der Binding Update Nachricht, mit leicht veränderten Verarbeitungsregeln	RFC 5568
9	Fast Binding Ack	Wird als Bestätigung für den Erhalte einer Fast Binding Update Nachricht verschickt.	RFC 5568
10	Fast Neighbor Advertisement	Deprecated.	RFC 5568
11	Experimental Mobility Message	Wurde definiert, um das Testen von neuen Nachrichtentypen zu ermöglichen, ohne Kollisionen mit standardisierten Werten zu riskieren.	RFC 5096
12	Home Agent Switch Message	Wird vom Home Agent an mobile Knoten verschickt. Fordert sie auf, sich einen neuen Home Agent zu konfigurieren.	RFC 5142
13	Heartbeat Nachricht	Wird von Mobile Access Gateways und Local Mobility Anchor verwendet, um den Status der Erreichbarkeit zu verifizieren. Gehört in die Proxy Mobile IPv6 Spezifikation.	RFC 5847
14	Handover Initiate Nachricht	Wird zwischen Access Routern verschickt, um den Prozess des Handovers von mobilen Knoten zu initialisieren.	RFC 5568
15	Handover Acknowledge Nachricht	Wird zwischen Access Routern verschickt, um den Empfang der Handover Initiate Nachricht zu bestätigen.	RFC 5568
16	Binding Revocation	Wird vom mobilen Knoten verschickt um ein Binding zu beenden: 1 – Binding Revocation Indication 2 – Binding Revocation Ack	RFC 5846
17	Localized Routing Initiation	Wird vom LMA oder MAG versandt um localized Routing zu initialiseren (Proxy Mobile IPv6)	RFC 6705
18	Localized Routing Ack	Wird vom LMA oder MAG als Antwort auf Localized Routing Initiation versandt.	RFC 6705

Um das Binding besser zu verstehen, wollen wir zwei dieser Nachrichtentypen etwas detaillierter anschauen: die Binding Update Nachricht und das entsprechende Binding Acknowledgement.

Note
Unter *www.iana.org/assignments/mobility-parameters* können diese und weitere in diesem Abschnitt beschriebene Nachrichtentypen, Optionstypen und Statuswerte gefunden werden.

9.2.2 Die Binding Update Nachricht

Registration und Verwaltung von Bindings

Mit einer Binding Update Nachricht informiert ein mobiler Knoten über eine neue Care-of-Adresse, die er beim Home Agent oder bei einem Correspondent Node registrieren will. Die Nachricht wird auch benutzt, um die Lifetime eines bestehenden, nicht veränderten Bindings zu verlängern.

Die Nachricht hat den MH Typ 5. Abbildung 9.3 zeigt das Format.

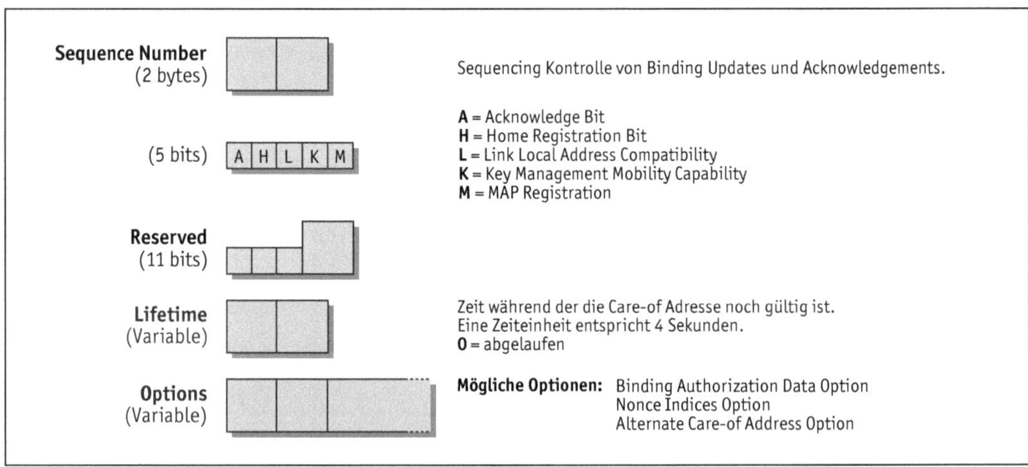

Abbildung 9.3 – Format der Binding Update Nachricht

Die Sequence-Nummer enthält eine Zahl, die vom erhaltenden Knoten für das Sequenzieren von Binding Updates benutzt wird. Der sendende Knoten benutzt sie, um zu verifizieren, ob erhaltene Binding Acknowledgements seinen Binding Updates entsprechen. Sequence-Nummer

Das Acknowledge-Bit (A-Bit) wird vom mobilen Knoten gesetzt, wenn er ein Acknowledgement als Antwort auf sein Binding Update erwartet. A-Bit

Das Home Registration Bit (H-Bit) wird vom mobilen Knoten gesetzt um anzuzeigen, dass er vom Empfänger des Updates erwartet, dass er die Funktion eines Home Agents übernimmt. Dies setzt voraus, dass sich der Empfänger dieses Updates am Home Link des mobilen Knotens befindet. H-Bit

Das Link-Local Address Compatibility Bit (L-Bit) wird gesetzt, wenn die vom mobilen Knoten gemeldete Home-Adresse denselben Interface Identifier hat, wie die Link-Local Adresse des mobilen Knotens. L-Bit

Das Key Management Mobility Capability Bit (K-Bit) ist nur in Binding Updates gültig, die an den Home Agent geschickt werden. IPsec Security Associations sollten in der Regel das Wechseln des mobilen Knotens in ein anderes Netzwerk überstehen. Ist dies der Fall, so ist dieses Bit gesetzt. Ist dies nicht möglich ist, ist das Bit auf 0 gesetzt. Correspondent Nodes müssen dieses Bit ignorieren. K-Bit

Das M-Bit wurde nachträglich definiert. Es identifiziert Local Binding Updates, die zu einem lokalen HA gesandt werden. Der lokale HA wird Mobility Anchor Point (MAP) genannt. Dieser neue Knoten wurde definiert, um Mobile IPv6 Performance beim Handover, das Routing innerhalb einer geografischen Region und Privacy innerhalb einer Lokation zu optimieren. Dies ist in RFC 5380 spezifiziert und wird später in diesem Kapitel näher beschrieben. M-Bit

Die Lifetime zeigt in 4-Sekunden-Einheiten an, wie lange das Binding für die Care-of-Adresse noch gültig ist. Ist die Lifetime auf 0 gesetzt, muss der Empfänger seinen Eintrag im Binding Cache löschen. In diesem Fall muss sich der mobile Knoten an seinem Home Link befinden. Das bedeutet, dass die angegebene Care-of-Adresse identisch ist mit der Home-Adresse. Lifetime von Bindings

Folgende Optionen können in einem Binding Update vorkommen:

Optionen in Binding Updates

- Binding Authorization Data Option (zwingend vorgeschrieben in Binding Updates, die an Correspondent Nodes geschickt werden)
- Nonce Indices Option
- Alternate Care-of Address Option

9.2.3 Das Binding Acknowledgement

Bestätigung von Binding Update

Das Binding Acknowledgement wird versandt, um den Erhalt eines Binding Updates zu bestätigen. Es muss immer dann versandt werden, wenn im Binding Update das A-Bit gesetzt ist. Ist das A-Bit nicht gesetzt (das heisst, der mobile Knoten verlangt nicht zwingend ein Ack), so wird das Acknowledgement nur geschickt, wenn im Binding Update ein Problem besteht. Akzeptiert der Empfänger das Binding Update, und das A-Bit war im Update nicht gesetzt, so wird kein Acknowledgement versandt.
Das Binding Acknowledgement hat den MH-Typ 6.

Abbildung 9.4 zeigt das Format des Binding Acknowledgements.

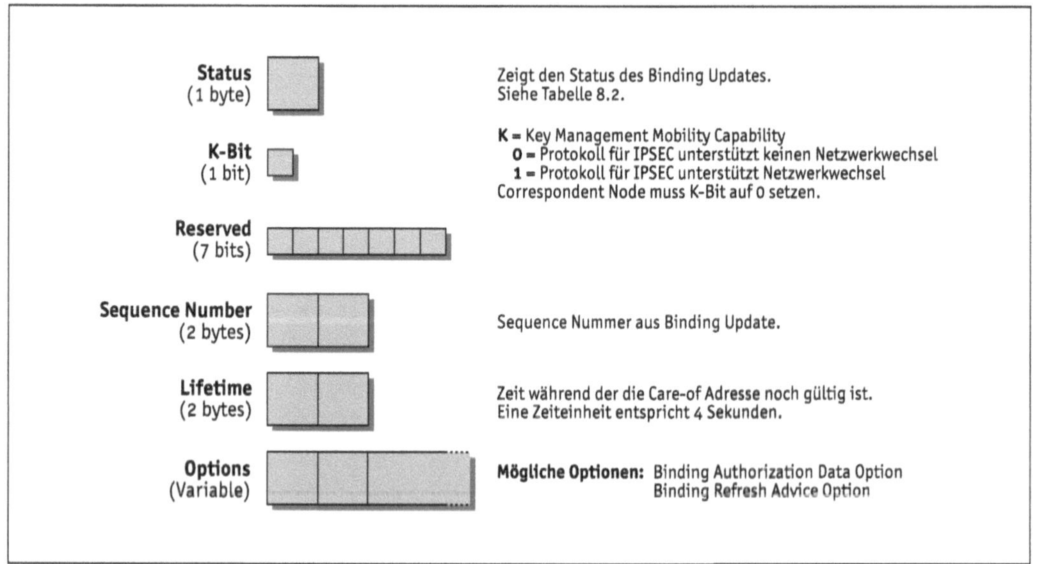

Abbildung 9.4 – Format des Binding Acknowledgements

Statusfeld

Das Statusfeld zeigt den Zustand des Bindings an. Tabelle 9.2 zeigt die möglichen Statuswerte. Statuswerte zwischen 0 und 127 zeigen an, dass der Binding Update akzeptiert wurde. Statuswerte von 128 und höher zeigen an, dass der Binding Update nicht akzeptiert wurde.

Tabelle 9.2 - Statusfeld im Binding Acknowledgement

Wert	Beschreibung
0	Binding Update akzeptiert (Binding Update accepted)
1	Binding Update akzeptiert aber Präfix Discovery nötig (Accepted but prefix discovery necessary)
128	Ursache nicht angegeben (Reason unspecified)
129	Administrativ nicht zugelassen (Administratively prohibited)
130	Ungenügende Ressourcen (Insufficient resources)
131	Home Registration nicht unterstützt (Home registration not supported)
132	Entspricht nicht Heimsubnetz (Not home subnet)
133	Nicht Home Agent für diesen mobilen Knoten (Not home agent for this mobile node)
134	DAD nicht bestanden (Duplicate Address Detection failed)
135	Sequenz-Nummer nicht im Bereich (Sequence number out of window)
136	Abgelaufener Home Nonce Index (Expired home nonce index)
137	Abgelaufener Care-of Nonce Index (Expired care-of nonce index)
138	Abgelaufene Nonces (Expired nonces)
139	Registrationstyp kann nicht geändert werden (Registration type change disallowed)

Das sind die Statusmeldungen, die in RFC 6275 beschrieben sind. Es gibt aus anderen Spezifikationen, z.B. NEMO oder Enhanced Route Optimization weitere Statuscodes. Die vollständige und aktualisierte Liste ist auf *www.iana.org/assignments/mobility-parameters* zu finden.

K-Bit

Das K-Bit steht für Key Management Mobility Capability. Es wurde bereits im Binding Update beschrieben. Dieses Bit ist nur in Bindings zwischen mobilem Knoten und Home Agent von Bedeutung. Correspondent Nodes ignorieren dieses Bit.

Sequence-Nummer

Die Sequence-Nummer im Binding Acknowledgement wird aus dem Binding Update übernommen. Aufgrund dieser Nummer erkennt der mobile Knoten, zu welchem Binding Update dieses Acknowledgement gehört.

Lifetime und Binding Cache

Die Lifetime zeigt in 4-Sekunden-Einheiten an, wie lange das Binding für die Care-of-Adresse noch gültig ist. Während der hier angegebenen Zeit wird der Home Agent, resp. der Correspondent Node, das Binding in seinem Binding Cache behalten. In einem Binding Acknowledgement, welches anzeigt, dass der Binding Update nicht akzeptiert wurde (Wert 128 oder höher), ist die Lifetime nicht definiert.

Folgende Optionen können in einem Binding Acknowledgement vorkommen:

Optionen in Binding Acknowledgements

- Binding Authorization Data Option (zwingend vorgeschrieben in Binding Acknowledgements, die von einem Correspondent Node kommen)
- Binding Refresh Advice Option

9.2.4 Mobility-Optionen

Zukünftige Erweiterungen möglich

Eine Mobility-Nachricht kann eine, mehrere oder auch keine Option enthalten. Diese Optionen werden im variablen Datenfeld des Mobility Headers transportiert. Diese Architektur ist sehr flexibel. Optionen werden so nur eingefügt, wenn sie notwendig sind und es können in Zukunft problemlos neue Optionen definiert werden, um die Funktionalität zu erweitern.

Das Vorhandensein von Optionen wird im Header Length Feld des Mobility Headers angezeigt. Die Optionen haben das bereits in Kapitel 5 beschriebene TLV-Format (Type 1 Byte, Length 1 Byte, Value variabel).

Tabelle 9.3 zeigt einen Überblick über die gegenwärtig für Mobility-Nachrichten definierten Optionen.

Tabelle 9.3 – Übersicht über Mobility-Optionen

Wert/Länge	Bezeichnung	Beschreibung
Type 0	Pad1	Wird benutzt, um ein Padding Byte einzufügen. Diese Option hat ein spezielles Forma (nur ein Type-Feld). Kein Feld für Option Length und Option Data.
Type 1	PadN	Wird benutzt, um zwei oder mehr Padding Bytes einzufügen.
Type 2 Length 2	Binding Refresh Advice	Enthält das Refresh Intervall und kommt nur in Binding Acks vor, welche vom Home Agent aufgrund einer Home Registrierung gesandt werden. Es gibt das Intervall an, in welchem der mobile Knoten sein Binding durch eine Home Registrierung erneuern sollte. Das Intervall muss kürzer sein, als der Lifetime Wert im Binding Acknowledgement. Eine Zeiteinheit entspricht 4 Sekunden.
Type 3 Length 16	Alternate Care-of Address	Zeigt eine Care-of-Adresse an, die statt der Absenderadresse im IPv6 Header benutzt werden soll. Kommt nur in Binding Update Nachrichten vor.
Type 4 Length 4	Nonce Indices	Diese Option hat neben Type und Length zwei Felder. Das Home Nonce Index Feld zeigt dem Correspondent Node, welchen Nonce-Wert er nehmen soll, um das Home Keygen Token zu erzeugen. Das Care-of Nonce Feld zeigt den Wert für die Erzeugung des Care-of Keygen Tokens. Kommt nur in Binding Updates mit Correspondent Nodes und im Zusammenhang mit einer Binding Authorization Data Option vor.
Type 5 Length var	Binding Authorization Data	Das Authenticator-Feld enthält einen kryptografischen Wert, der anzeigt, ob die Nachricht von einer autorisierten Stelle kommt. Für die Berechnung des Wertes werden die Care-of-Adresse des mobilen Knotens, die IPv6-Adresse des Correspondent Nodes und Daten aus dem Mobility Header verwendet. Kommt in Binding Updates und Acknowledgements vor. Wird für den Return Routability Prozess verwendet. Ist in Binding Updates und Acks mit einem Correspondent Node zwingend vorgeschrieben.
Type 201 Length 16	Home Address	Enthält die Home-Adresse des mobilen Knotens. Wird vom mobilen Knoten versandt während er sich in einem fremden Netzwerk befindet und gibt dem Empfänger seine Home-Adresse an. Wird in einem Destination Options Header transportiert.

Diese Optionen können mit Ausnahme der Binding Authorization Data Option in beliebiger Reihenfolge erscheinen. Ist diese vorhanden, muss sie an letzter Stelle stehen. Auch hier gibt es aus anderen Mobility Spezifikationen und Erweiterungen eine ganze Liste von zusätzlichen Optionen, welche auf *www.iana.org/assignments/mobility-parameters* zu finden sind.

Note
Die Home Address Option ist ein Spezialfall. Sie erscheint nicht im Mobility Header, sondern in einem Destination Options Header.

9.2.5 Routing Header Type 2

Ermöglicht direkten Datenaustausch mit CN

Für Mobile IPv6 wurde ein neuer Routing Header definiert. Dieser Extension Header erlaubt es, dass ein Datenaustausch zwischen der Care-of-Adresse eines mobilen Knotens und einem Correspondent Node direkt ohne Umweg über den Home Agent geroutet werden kann. Es ist ein Type 2 Routing Header. Er ist in RFC 6275 beschrieben und ermöglicht z.B., dass auf Firewalls für Mobile IPv6 Pakete spezielle Regeln konfiguriert werden können.

Verwendung

Schickt ein Correspondent Node ein IPv6-Datagramm an einen mobilen Knoten, so steht im Empfängeradressfeld des IPv6 Headers die Care-of-Adresse des mobilen Knotens. Der eingefügte Routing Header Type 2 enthält die Home-Adresse des mobilen Knotens. Der Routing Header Type 2 kann nur eine Adresse enthalten. IPv6-Knoten, welche Routing Header des Typs 2 verarbeiten, müssen verifizieren, dass die enthaltene IPv6-Adresse der Home-Adresse des mobilen Knotens entspricht.

Header-Format

Das Format des Routing Headers Typ 2 entspricht dem in Abbildung 2.6 in Kapitel 2 gezeigten Routing Header. Das Header Extension Length Feld hat den Wert 2, dieser Header hat immer dieselbe Länge. Im Routing Type Feld steht der Wert 2 und das Segments Lefts Feld steht immer auf 1, da nur ein Adresseintrag erlaubt ist. Im Home-Adressfeld steht die Home-Adresse des mobilen Knotens. Wie dieser Routing Header eingesetzt und verarbeitet wird, wird im letzten Abschnitt dieses Kapitels besprochen.

9.3 ICMPv6 and Mobile IPv6

Nachstehend werden zwei neue ICMPv6-Nachrichtenpaare sowie einige Modifikationen von Neighbor Discovery (ND) beschrieben.

9.3.1 Home Agent Address Discovery

Finden von Home Agent Adressen

Mit dem Home Agent Address Discovery Prozess kann ein mobiler Knoten die Adressen von Home Agents an seinem Home Link ermitteln. Dazu gehören ein neues ICMPv6-Nachrichtenpaar sowie die Home Agent Liste, die von jedem Home Agent geführt werden muss.

ICMPv6 Home Agent Address Discovery Nachrichten

Dieses Nachrichtenpaar besteht aus einer Home Agent Address Discovery Request Nachricht und einer Home Agent Address Discovery Reply Nachricht. Wie es der Name schon sagt, kann damit ein mobiler Knoten seinen Home Agent dynamisch ermitteln.

Ablauf

Dabei schickt der mobile Knoten eine Discovery-Nachricht an die Home Agent Anycast Adresse (Anycast ID dezimal 126, 0x7E, siehe Kapitel 3) an seinem Home Link. Im Absenderadressfeld des IPv6 Headers steht die Care-of-Adresse des mobilen Knotens. Die Home Agents am Home Link, die für die Home Agent Anycast Adresse konfiguriert sind, antworten mit einer Home Agent Address Discovery Reply Nachricht.

Abbildung 9.5 zeigt das Format dieses Nachrichtenpaars.

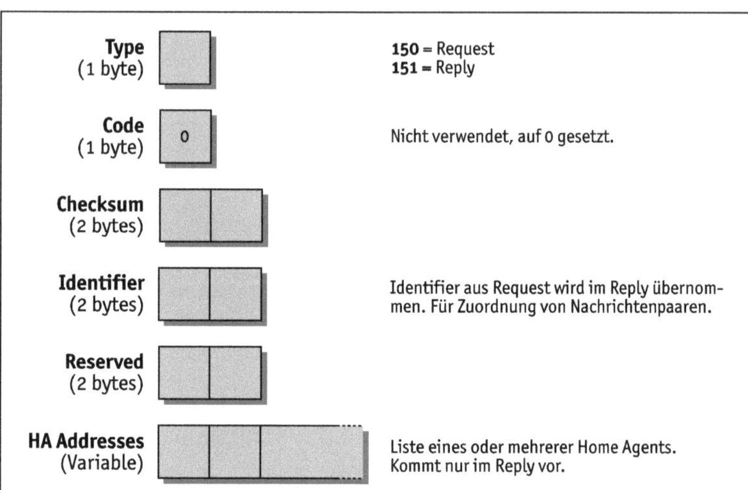

Abbildung 9.5 – Home Agent Address Discovery Nachrichten

Der Type 150 zeigt einen Home Agent Discovery Request an, der Type 151 den entsprechenden Reply. Das Code Feld ist immer auf 0 gesetzt. Der Identifier wird vom mobilen Knoten eingefügt und vom Home Agent im Reply übernommen. Somit können die Requests und Replies einander zugeordnet werden. Das Home-Adressfeld kommt selbstverständlich nur im Reply vor. Dieses Feld kann eine oder mehrere Home Agent Adressen enthalten.

Die Home Agent Liste

Home Agent Liste aufgrund H-Bit

Jeder Home Agent muss eine Home Agent Liste führen. Darin muss jeder Router aufgelistet sein, der am selben Link ist und die Funktion eines Home Agents ausübt. Einen Router, der gleichzeitig Home Agent ist, erkennt man am gesetzten H-Bit im Router Advertisement. Ein Router führt eine separate Home Agent Liste für jeden Link, für den er die Home Agent Funktion ausübt. Die Liste wird aufgrund von Router Advertisements nachgeführt.

Die Home Agent Liste enthält folgende Informationen:

Inhalt Home Agent Liste

- Die Link-Local IPv6-Adresse der Home Agents an diesem Link. Sie wird dem Absenderadressfeld im IPv6 Header des Router Advertisements entnommen.
- Eine oder mehrere globale IPv6-Adressen für diesen Home Agent. Sie werden der Präfixoption in Router Advertisements entnommen.
- Die verbleibende Lifetime für diesen Home Agent Eintrag. Läuft die Lifetime ab, muss der Eintrag für diesen Home Agent aus der Liste gelöscht werden.
- Die Präferenz für diesen Home Agent. Höhere Werte bedeuten eine höhere Präferenz. Der Präferenzwert wird dem Home Agent Preference Feld in der Home Agent Information Option eines Router Advertisements entnommen (sofern vorhanden). Bei Nichtvorhandensein dieser Option wird die Präferenz auf 0 gesetzt. Ein Home Agent benutzt diese Präferenz, um die Home Agent Liste zu sortieren, wenn er einen Home Agent Address Discovery Reply schickt.

Erhält der Home Agent vom mobilen Knoten einen Home Address Discovery Request, beantwortet er diesen mit einem entsprechenden Home Agent Address Discovery Reply. In diesem Reply listet er alle Home Agent Adressen aus seiner Liste, sortiert nach ihrer Präferenz. Dieser Reply darf nicht grösser als 1280 Bytes sein. Hat nicht die ganze Liste Platz, so müssen die Adressen mit der höchsten Priorität aufgelistet sein.

9.3.2 Mobile Prefix Solicitation

Präfixänderung im Heimnetz dynamisch ermitteln

Die Mobile Prefix Solicitation Nachricht wird von einem mobilen Knoten, der sich in einem fremden Netzwerk befindet, an seinen Home Agent geschickt. Damit löst er ein Präfix-Advertisement aus und kann sich so über allfällige Änderungen in der Präfixkonfiguration seines Heimnetzes informieren, um seine Home-Adressen zu aktualisieren.

Solicitation

Der mobile Knoten schickt eine ICMP Mobile Prefix Solicitation Message an seinen Home Agent. Im IPv6 Header setzt er seine Care-of-Adresse als Absenderadresse ein. Eine Home Address Destination Option muss eingefügt werden. IPsec Header müssen unterstützt sein und sollten verwendet werden. Die Mobile Prefix Solicitation kann Optionen haben, die dem in Kapitel 5 beschriebenen Format (RFC 4861) entsprechen. Zur Zeit sind noch keine speziellen Optionen definiert. Die Solicitation hat dasselbe Format wie der Home Agent Discovery Request in Abbildung 9.5. Das Type-Feld enthält den Wert 146 und den Code 0.

Advertisement

Der Home Agent antwortet mit einer ICMP Mobile Prefix Advertisement Nachricht an die Care-of-Adresse des mobilen Knotens. Der Home Agent kann auch unaufgefordert, in regelmässigen Intervallen, solche Prefix Advertisements versenden. Das Advertisement muss einen Routing Header Type 2 enthalten.

Das Format des Mobile Prefix Advertisements ist in Abbildung 9.6 gezeigt.

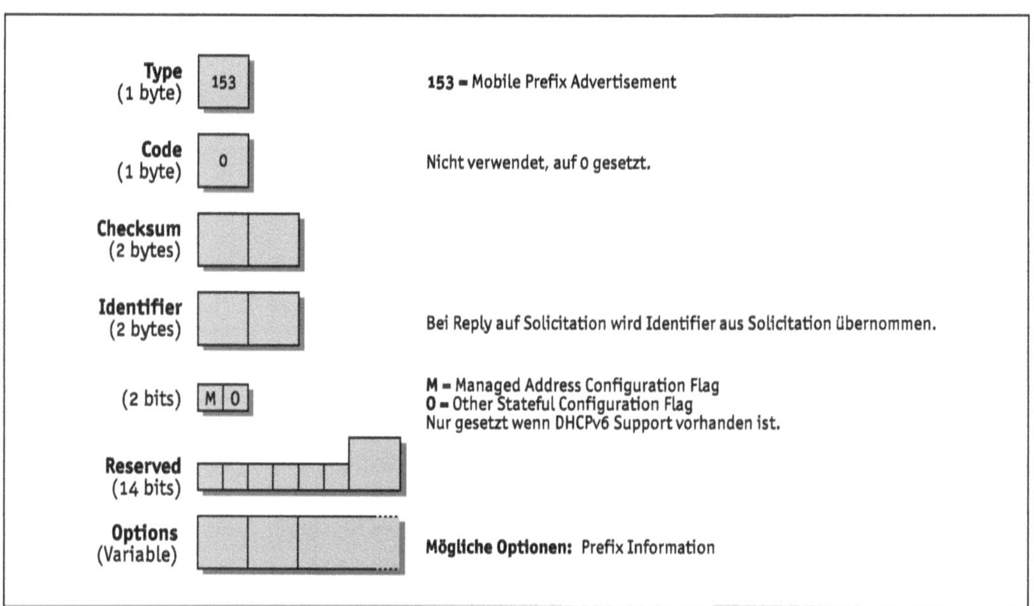

Abbildung 9.6 – Das Format des ICMP Mobile Prefix Advertisements

Bei einer Antwort auf eine Solicitation steht im Empfängeradressfeld des IPv6 Headers die Absenderadresse der Solicitation. Handelt es sich um ein unaufgefordertes Advertisement, wird es an die Care-of-Adresse des mobilen Knotens geschickt.

Adressen im IP Header

Das Type-Feld enthält den Wert 147 für das Mobile Prefix Advertisement. Ist das Mobile Prefix Advertisement eine Antwort auf eine Solicitation, so wird der Identifier aus der Solicitation in den Reply übernommen. Das M-Flag (Managed Address Configuration Flag) wird für die Autokonfiguration mit DHCPv6 eingesetzt. Ist das O-Flag (Other Stateful Configuration Flag) gesetzt, so wird DHCPv6 für nicht adress-bezogene Konfiguration eingesetzt. Wird kein DHCPv6 eingesetzt, so sind diese beiden Flags auf 0 gesetzt.

Type und Flags

Das Mobile Prefix Advertisement enthält die bereits in Kapitel 5 beschriebene, jedoch leicht modifizierte, Präfixoption. Diese Option enthält alle Präfixe, die der mobile Knoten für die Konfiguration seiner Home-Adressen verwenden sollte.

Enthält Präfixoption

9.3.3 Änderungen in Neighbor Discovery für Mobile IPv6

Für den Einsatz von Mobile IPv6 wurden einige Änderungen in Neighbor Discovery vorgenommen und neue Optionen definiert.

Modifiziertes Router Advertisement Format

Wie bereits in Kapitel 5, Abbildung 5.2 dargestellt, wurde für das Router Advertisement ein neues Flag definiert. Dem M-Flag und O-Flag folgt nun das H-Flag, welches für Home Agent steht. Setzt ein Router dieses Flag, so zeigt er damit an, dass er an seinem Link auch die Rolle eines Home Agents ausübt.

Neues Flag für Router Advertisement

Modifizierte Präfixoption

Damit ein mobiler Knoten aufgrund eines Router Advertisements eine aktuelle Home Agent Liste erstellen kann, muss er die globale Unicast-Adresse des Routers kennen. Ein normales Router Advertisement gibt jedoch nur

Präfixoption enthält globale IPv6-Adresse des Routers

Auskunft über die Link-Local Adresse des Routers. Zu diesem Zweck wurde die in Kapitel 5, Abbildung 5.7 beschriebene Präfixoption modifiziert. Es wurde ein drittes Flag eingeführt, das R-Flag (Router Address). Ist dieses Flag in einem Router Advertisement gesetzt, so bedeutet dies, dass das Präfixoptionsfeld nicht ein Präfix, sondern eine vollständige, globale IPv6-Adresse des Routers enthält.

Neue Advertisement Interval Option

Wird für Movement Detection verwendet

Die Advertisement Interval Option wird in Router Advertisements verwendet. Sie gibt das Intervall an, in welchem der Router unaufgeforderte Multicast Router Advertisements senden wird. Sie folgt dem bekannten TLV-Format (Type, Length, Value). Der Type-Wert für die Advertisement Interval Option ist 7. Das Advertisement Interval Feld hat 4 Bytes und enthält die Zeit in Millisekunden zwischen unaufgeforderten Router Advertisements. Der mobile Knoten benutzt diese Information in seinem Movement Detection Algorithmus.

Neue Home Agent Information Option

Feld für Konfiguration von HA Präferenzen

Die Home Agent Information Option wird in Router Advertisements verwendet. Auch diese folgt dem TLV-Format. Der Type-Wert für die Home Agent Information ist 8. Das Home Agent Preference Feld hat eine Länge von 2 Bytes. Schickt der Home Agent ein Router Advertisement, kann er in dieser Option angeben, mit welcher Präferenz die Adressen im Home Agent Adress-Feld sortiert werden sollen. Höhere Werte bezeichnen eine höhere Präferenz. Ist diese Option in einem Router Advertisement mit gesetztem H-Flag nicht enthalten, so hat dieser Router eine Home Agent Präferenz von 0.

Dynamische Anpassung an veränderte Bedingungen

Die Home Agent Präferenz kann auf diesem Weg dynamisch konfiguriert werden. Damit kann sich ein Home Agent veränderten Situationen anpassen, z.B. basierend auf der Anzahl mobiler Knoten, die er gerade bedient, oder abhängig davon, wieviel Ressourcen er noch hat, um zusätzliche mobile Knoten zu bedienen. Alternativ kann die Home Agent Präferenz auch manuell konfiguriert werden.

Das Home Agent Lifetime Feld hat ebenfalls eine Länge von 2 Bytes. Es gibt die Lifetime für diesen Home Agent in Sekunden an. Der Default-Wert entspricht dem Router Lifetime Feld im Basis Router Advertisement Header. Der maximal mögliche Wert beträgt 18.2 Stunden. Ein Wert von 0 ist nicht zulässig. Das Home Agent Lifetime Feld bezieht sich nur auf die Lifetime bezüglich der Home Agent Funktion dieses Routers. Diese Option kann nur in einem Router Advertisement vorkommen, in dem das H-Bit (Home Agent) gesetzt ist.

HA Lifetime

Änderungen im Router Advertisement Interval

Die Neighbor Discovery Spezifikation schreibt vor, dass das Minimum Interval für unaufgeforderte Multicast Router Advertisements 3 Sekunden betragen muss. Mobile Knoten sind darauf angewiesen, möglichst schnell zu entdecken, wenn sie sich in einem neuen Netzwerk befinden, um entsprechend neue Care-of-Adressen zu generieren und Binding Updates zu schicken. Dies entdecken sie aufgrund von Router Advertisements von neuen Routern, die sie noch nicht kennen.

Minimum Interval für unaufgeforderte Router Advertisements

Das bedeutet, dass Router, welche Mobile IPv6 unterstützen, mit einem kürzeren Intervall konfigurierbar sein müssen. Das minimale Intervall in diesem Fall ist auf 0.03 Sekunden festgelegt. Dies kann Sinn machen auf einem Router, der eigens für die Unterstützung von mobilen Knoten eingesetzt wird (z.B. Wireless Router).

Kürzere Intervalle für Mobile IPv6

9.4 Mobile IPv6-Kommunikation

In diesem Abschnitt beschreiben wir bisher nicht besprochene Prozesse und Kommunikationsmuster.

9.4.1 Binding Cache

Jeder Correspondent Node und Home Agent führt einen Binding Cache für jede seiner globalen IPv6-Adressen. Dieser Cache führt eine Liste aller mobilen Knoten, mit denen er aktuelle Bindings hat. Will dieser Knoten

Liste aktueller Bindings

Daten an einen bestimmten Empfänger verschicken, so durchsucht er zuerst den Binding Cache und danach den Destination Cache nach dieser Adresse. Ein Binding Cache Eintrag enthält folgende Informationen:

Inhalt Binding Cache

- Die Home-Adresse des mobilen Knotens, auf den sich dieser Eintrag bezieht. Dieses Feld ist der Schlüssel, um für das Versenden eines Paketes die Empfängeradresse zu ermitteln.
- Die Care-of-Adresse des mobilen Knotens, der durch das Home Address Feld identifiziert wird.
- Einen Lifetime-Wert für dieses Binding.
- Ein Flag welches anzeigt, ob dieser Eintrag ein Home Registration Eintrag ist. Dieses Feld ist nur auf einem Knoten mit Home Agent Funktionalität vorhanden.
- Den maximalen Wert des Sequenznummernfelds aller bisherigen Binding Updates für diese Home-Adresse.
- Information über Gebrauch dieser Cache Entry (wann zuletzt gebraucht).

9.4.2 Binding Update Liste

Liste der versandten Binding Updates

Jeder mobile Knoten führt eine Binding Update Liste. Diese beinhaltet einen Eintrag für jeden Binding Update, den er für Bindings, deren Lifetime noch nicht abgelaufen ist, an seine Home Agents und an Correspondent Nodes versandt hat. Hat er an einen Empfänger mehrere Binding Updates gesandt, so muss nur die letzte Nachricht, also jene mit der höchsten Sequenznummer, eingetragen sein.

Die Binding Update Liste enthält folgende Einträge:

Inhalt Binding Update Liste

- IPv6-Adresse des Knotens, an den der Binding Update gesandt wurde.
- Home-Adresse, für welche dieser Binding Update gesandt wurde.
- Care-of-Adresse, welche in diesem Binding Update angegeben wurde.
- Lifetime, welche in diesem Binding Update angegeben wurde.
- Die verbleibende Lifetime dieses Bindings.
- Die höchste bisher verwendete Sequenznummer für dieses Binding.
- Die Zeit, zu welcher der Binding Update versandt wurde.
- Den Status für die Notwendigkeit von Retransmissions für dieses Binding.
- Ein Flag welches anzeigt, ob an diesen Empfänger weiterhin Binding Updates gesandt werden sollen.

9.4.3 Verhalten des Home Agents

HA ist Stellvertreter am Home Link

Ist der mobile Knoten nicht zuhause, muss der Home Agent am Home Link stellvertretend alle Pakete für den mobilen Knoten abfangen und sie an die aktuelle Care-of-Adresse weiterleiten. Er benutzt dazu Proxy Neighbor Discovery.

Proxy Neighbor Discovery

HA gibt sich als MN aus

Um am Home Link die Pakete für den mobilen Knoten abfangen zu können, muss sich der Home Agent sozusagen als der mobile Knoten ausgeben. Er schickt stellvertretend für den mobilen Knoten ein Neighbor Advertisement an die All-Nodes Multicast-Adresse. Damit gibt er auf dem Link Layer seine eigene MAC-Adresse als Adresse für die Home-Adresse des mobilen Knotens bekannt.

Dies macht er wie folgt:

Ablauf

- Die Absenderadresse im IPv6 Header des Neighbor Advertisements ist die Adresse des Home Agents.
- Das Target Address Feld in der ND-Nachricht enthält die IPv6-Adresse des mobilen Knotens.
- Das Advertisement enthält eine Target Link-Layer Address Option, in der die Link-Layer Adresse des Home Agents steht.
- Das Router Flag (R-Flag) muss auf 0 gesetzt sein.
- Das O-Flag (Override-Flag) muss gesetzt sein, damit alle Knoten am Link ihren Neighbor Cache aktualisieren und die Link Layer Adresse eintragen.

Verhalten des HA

Jetzt werden alle Pakete an diesem Link, die für die IPv6-Adresse des mobilen Knotens bestimmt sind, an den Home Agent gesandt. Der Home Agent agiert am Link sozusagen als Proxy für den mobilen Knoten. Er muss auf alle Neighbor Solicitations für den mobilen Knoten reagieren. Er checkt alle Neighbor Solicitations am Link und prüft, ob die Target-Adresse einem Home Registration Eintrag in seinem Binding Cache entspricht. Wenn ja, antwortet er mit einem Neighbor Advertisement, in welchem er wiederum seine eigene Link-Layer Adresse als Link-Layer Adresse für die IPv6-Adresse des mobilen Knotens angibt. Entsprechend muss er auch als Proxy für den mobilen Knoten auf Duplicate Address Detection (DAD) reagieren.

Bidirectional Tunneling

Weiterleitung an MN über Tunnel

Der Home Agent leitet die an die Home-Adresse des mobilen Knotens adressierten Pakete über einen IPv6-Tunnel weiter, indem er einen zweiten IPv6 Header, den sogenannten Tunnel-Header, einfügt. Die Absenderadresse im Tunnel-Header ist die IPv6-Adresse des Home Agents. Die Empfängeradresse ist die Primary Care-of-Adresse des mobilen Knotens. Der mobile Knoten wird den Tunnel-Header verarbeiten und dann das ursprüngliche Paket entsprechend intern an die Upper Layer Protokolle oder Applikationen weiterleiten.

Abbildung 9.7 veranschaulicht dies.

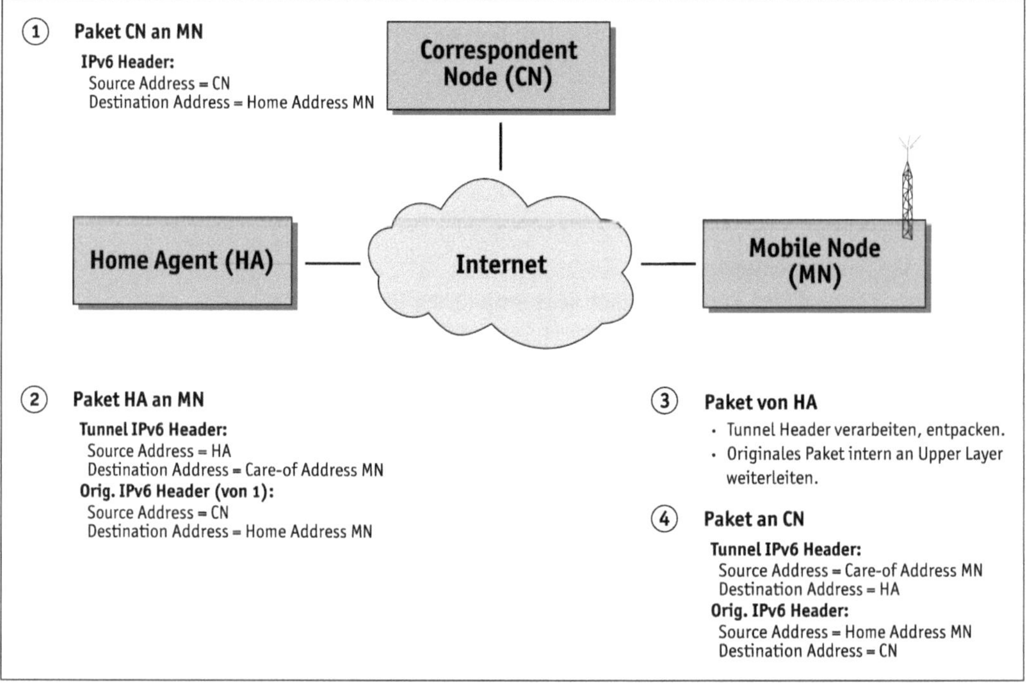

Abbildung 9.7 - Bidirectional Tunneling

Folgende Pakete werden nicht an den mobilen Knoten weitergeleitet:

Pakete, die nicht weitergeleitet werden

- Pakete, die an die Link-Layer Adresse des mobilen Knotens adressiert sind. Sie werden in der Regel mit einer ICMPv6 Destination Unreachable Nachricht beantwortet.
- Pakete, die an eine Site-Local Adresse des mobilen Knotens adressiert sind.
- Multicast-Pakete, die an eine Multicast-Adresse mit Link-Local, Site-Local oder Organization-Local Scope gesandt wurden.

Behandlung von Multicast

Um während seines Aufenthalts in einem fremden Netzwerk Multicast-Pakete zu erhalten, muss sich der Mobile Knoten für diese Multicast Group Membership registrieren. Dafür bestehen verschiedene Möglichkeiten:

Lokale MLD-Registration

- Er kann sich bei lokalen Routern normal registrieren. Dafür benutzt er als Absenderadresse seine Care-of-Adresse ohne Home Address Destination Option. In diesem Fall kann er Pakete an diese Multicast-Adresse auch direkt empfangen. Diese Multicast Memberships würden einen Wechsel des mobilen Knotens in ein anderes Netzwerk jedoch nicht überstehen. Zukünftige Erweiterungen für Mobile IPv6 werden dieses Szenario voraussichtlich ermöglichen.

MLD-Registration am Home Link

- Er kann sich via Tunnel über seinen Home Agent für Multicast Group Memberships an seinem Home Link registrieren. Dafür schickt er seine MLD-Registrierungen an seinen Home Agent, welcher ihm für ihn bestimmte Multicast-Pakete via Tunnel weiterleitet. Dieser Weg funktioniert immer, egal wie oft der mobile Knoten das Netzwerk wechselt.

Tunneling von Multicast-Paketen

Tunneling von Multicast-Paketen erfolgt nur, wenn der Home Agent Multicast Group Membership Control Nachrichten des mobilen Knotens verarbeiten kann. Die MLD-Nachrichten werden direkt zwischen Home Agent und mobilem Knoten ausgetauscht und genauso getunnelt, wie andere Pakete.

Weiterleitung an CN

Pakete, die der mobile Knoten via Reverse Tunnel an den Home Agent schickt, werden vom Home Agent entpackt und mit normalen Routing-Mechanismen an den Empfänger weitergeleitet.

Direkte Kommunikation von HA mit MN

Schickt der Home Agent selbst Daten an den mobilen Knoten, so verhält er sich wie ein normaler Correspondent Node. Das heisst, er benutzt nicht den Tunnel, sondern fügt einen Routing Header Type 2 ein, der die Home-Adresse des mobilen Knotens enthält.

9.4.4 Kommunikation mit Correspondent Node

Befindet sich der mobile Knoten in seinem Heimnetzwerk, ist keine Mobile IPv6 Funktion erforderlich.

Wahl der Absenderadresse

Ist der mobile Knoten in einem fremden Netzwerk (away from home), benutzt er sowohl seine Home-Adresse, als auch seine Care-of-Adresse. Für jede Kommunikation muss er wählen, welche seiner Adressen er als Absenderadresse benutzen soll. Applikationen und Protokolle oberhalb IP kommunizieren in der Regel mit der Home-Adresse des mobilen Knotens.

Soll eine Kommunikation einen Wechsel des Netzwerks überstehen, so muss die Home-Adresse verwendet werden. Steht der mobile Knoten in Kommunikation mit einem Correspondent Node, zu dem ein Binding besteht, sollte die Kommunikation direkt laufen (Route Optimization). Besteht kein Binding, so wird die gesamte Kommunikation über den Home Agent getunnelt. Der mobile Knoten hat für bestimmte Kommunikationen auch die Wahl, direkt seine Care-of-Adresse zu benutzen, ohne Mobile IPv6 zu beanspruchen.

Die Wahl des besten Kommunikationspfades und der entsprechenden Adresse hängt von den Anforderungen der Applikation ab und muss dort geregelt werden. Diese Definition ist nicht Bestandteil der Mobile IPv6 Spezifikation.

Nachbarn im fremden Netzwerk

Kommuniziert der mobile Knoten mit lokalen Nachbarn in seinem fremden Netzwerk, z.B. im Rahmen von Neighbor Discovery, sollte er direkt kommunizieren und nicht die Home Address Destination Option verwenden.

Kommunikation mit Route Optimization

Kommuniziert der mobile Knoten aus einem fremden Netzwerk mit einem Correspondent Node, für den kein Binding besteht, so überprüft er zuerst mittels dem Return Routability Prozess (wird nachfolgend beschrieben) die Übereinstimmung der Care-of-Adresse mit der Home-Adresse des mobilen Knotens. In der Kommunikation mit einem CN, für den ein Binding besteht, kann er Route Optimization einsetzen.

Ablauf

Zuerst überprüft er in seiner Binding Update Liste, ob ein Eintrag seiner Home-Adresse für diesen Correspondent Node besteht. Damit stellt er sicher, dass der Correspondent Node die Home Address Destination Option verarbeiten kann. In der Binding Update Liste verifiziert er folgende Punkte:

- Ob die Absenderadresse, die er verwenden will, der Home-Adresse im Eintrag entspricht.
- Ob die Empfängeradresse, die er verwenden will, der Adresse des Correspondent Nodes in seiner Liste entspricht.
- Ob seine gegenwärtige Care-of-Adresse in diesem Eintrag als Care-of-Adresse erscheint.
- Ob das Binding gültig ist und die Lifetime grösser als 0.

Sind alle diese Voraussetzungen gegeben, so weiss der mobile Knoten, dass der Correspondent Node einen passenden Binding Cache Eintrag hat.

Paket an CN

Schickt er nun ein Paket an diesen Correspondent Node, so sieht das Paket wie folgt aus:

- Im Absenderadressfeld des IPv6 Headers steht die Care-of-Adresse.
- Das Paket enthält einen Destination Options Header mit einer Home Address Option, in welcher die Home-Adresse des mobilen Knotens steht.

Behandlung Destination Option

Empfängt der Correspondent Node dieses Paket, so wird er die Home-Adresse des mobilen Knotens als Absenderadresse einsetzen, um die Daten an Protokolle und Applikationen in höheren Schichten weiterzuleiten. Die Home-Adresse des mobilen Knotens muss als Source IPv6-Adresse erscheinen. Für die Applikationen sieht es aus, als ob das Paket direkt vom mobilen Knoten aus seinem Heimnetzwerk verschickt worden wäre. Dies schliesst mit ein, dass Checksummen für Upper-Layer Protokolle die Home-Adresse für die Kalkulation berücksichtigen.

Antwort von CN

Schickt der Correspondent Node die Antwort zurück an den mobilen Knoten, so funktioniert die Umsetzung der Adressen wie folgt:

- Die Empfängeradresse im IPv6 Header entspricht der Care-of-Adresse des mobilen Knotens.
- Das Paket enthält einen Routing Header Type 2. Im Adressfeld des Routing Headers steht als einziger Eintrag die Home-Adresse des mobilen Knotens.
- Der mobile Knoten tauscht die Adresse im Empfängeradressfeld des IPv6 Headers durch die Home-Adresse aus dem Routing Header aus, reduziert das Segments Left Feld im Routing Header um 1 auf 0 und leitet das Paket intern weiter. Für das Protokoll oder die Applikation, die dieses Paket nun erhält, sieht es aus, als sei es direkt an die Home-Adresse gesandt worden.
- Will ein Correspondent Node Daten an einen mobilen Knoten versenden, so checkt er seinen Binding Cache nach einem Eintrag für die gewünschte Empfängeradresse. Findet er diesen Eintrag im Binding Cache, so fügt er dem Paket einen Typ 2 Routing Header an.

Abbildung 9.8 zeigt die wichtigsten Header und Einträge bei Route Optimization.

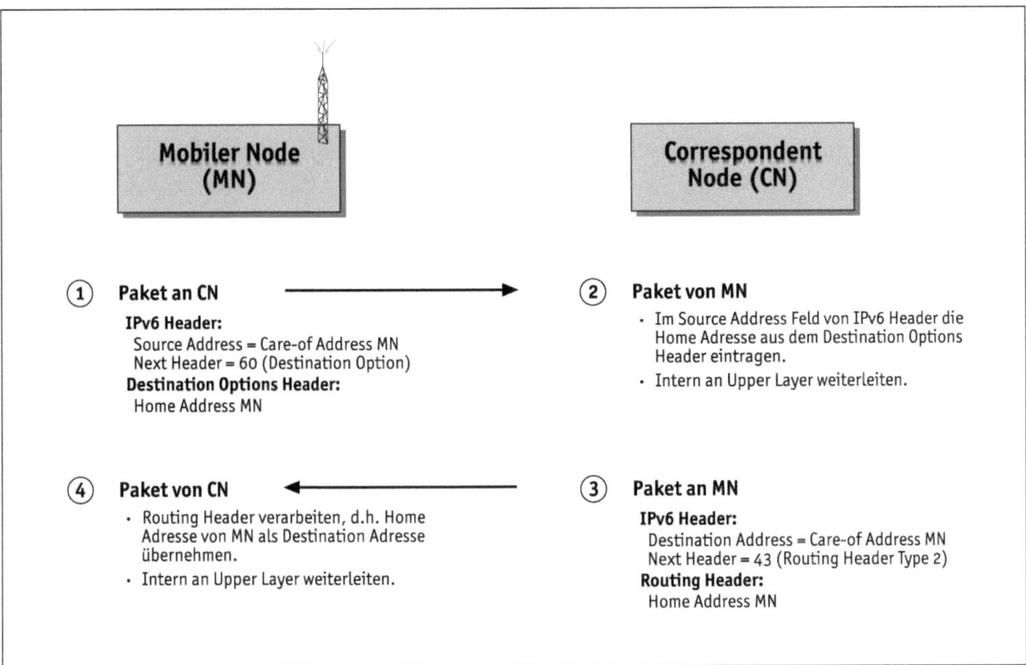

Abbildung 9.8 - Header Information bei Route Optimization

Diese Abbildung veranschaulicht den vorgängig beschriebenen Ablauf. Hauptziel von Mobile IPv6 ist es ja, dass der mobile Knoten unabhängig von seiner aktuellen Netzwerkverbindung und IP-Adresse, stehende Verbindungen zu Applikationen und Diensten nicht verliert. Route Optimization hat das Ziel, dass ein direktes Routing zwischen Correspondent Node und mobilem Knoten trotzdem möglich ist. Mit dem Einsatz von Destination Options Header und Routing Header Typ 2 können beide Knoten die Pakete so an den Upper Layer weitergeben, dass es für den Dienst oder die Applikation aussieht, als seien sie in direkter Kommunikation mit dem mobilen Knoten in seinem Heimnetzwerk.

Route Optimization mit MIPv4 nicht möglich

Damit wird auch verständlich, warum die Mobile IPv4 Spezifikation nicht so gut skaliert. Weil IPv4 keine Extension Header kennt, ist Route Optimization nicht möglich.

Return Routability Prozess

CN akzeptiert Binding nach erfolgreichem Return Routability Prozess

Der Return Routability Prozess gibt dem Correspondent Node die Möglichkeit zu überprüfen, ob der mobile Knoten tatsächlich sowohl über seine Care-of-Adresse als auch über seine Home-Adresse erreichbar ist. Damit stellt er sicher, dass der mobile Knoten wirklich Eigentümer beider IP-Adressen und somit das Binding legitim ist. Erst wenn dies bestätigt ist, akzeptiert der Correspondent Node Binding Updates des mobilen Knotens und schickt ab diesem Zeitpunkt weitere Daten direkt an die Care-of-Adresse des mobilen Knotens.

Ablauf

Der Nachrichtenfluss für den Return Routability Prozess:

Home Test Init

1. Der mobile Knoten schickt eine Home Test Init Message (MH Type 1) via Home Agent an den Correspondent Node. Diese Nachricht enthält ein Home Init Cookie. Auf diese Art erhält der Correspondent Node die Home-Adresse des mobilen Knotens.

Care-of Test Init

2. Der mobile Knoten schickt gleichzeitig eine Care-of Test Init Message (MH Type 2) an den Correspondent Node. Diese Nachricht enthält ein Care-of Init Cookie. Sie wird direkt an den Correspondent Node gesandt (nicht über den Home Agent). Mit dieser Nachricht erhält der Correspondent Node die Care-of-Adresse des mobilen Knotens.

Home Test Nachricht

3. Der Correspondent Node beantwortet die Home Test Init Message mit einer Home Test Message (MH Type 3). Diese wird über den Home Agent geschickt. Sie enthält das Home Init Cookie, das Home Keygen Token und den Home Nonce Index. Nun kann der mobile Knoten ein Home Keygen Token generieren.

Care-of Test Nachricht

4. Der Correspondent Node beantwortet die Care-of Test Init Message mit einer Care-of Test Message (MH Type 4). Diese wird direkt an die Care-of-Adresse des mobilen Knotens versandt und enthält das Care-of Init Cookie, das Care-of Keygen Token und den Care-of Nonce Index. Der mobile Knoten generiert nun ein Care-of Keygen Token.

Hat der mobile Knoten sowohl die Home Test als auch die Care-of Testnachricht erhalten, ist der Return Routability Prozess abgeschlossen. Der mobile Knoten hashed die beiden Tokens zusammen und bildet einen 20-Byte Binding Management Key.

Bildung Binding Management Key

Dieses Vorgehen bringt einige Vorteile. Es ist einfach zu implementieren und ermöglicht einen breiten Einsatz. Es setzt keine Public Key Infrastruktur und keine bereits existierende Beziehung zwischen mobilem Knoten und CN voraus. Die Nachteile liegen darin, dass der Return Routability Prozess die Handoff Delay Zeit verlängert. Der Home Address Test und der Care-of-Adress Test brauchen Zeit, insbesondere da ein Teil der Kommuikation über den Home Agent laufen muss. Dies kann für zeitsensitive Applikationen ein Problem darstellen. Zusätzlich muss der Return Routability Prozess mindestens alle 7 Minuten wiederholt werden, auch wenn keine Veränderung in der IP-Verbindung stattgefunden hat.

Vor- und Nachteile

Enhanced Route Optimization

RFC 4866 definiert darum die Enhanced Route Optimization, welche einen anderen Prozess zur Legitimierung der Adresszugehörigkeit verwendet. Dabei werden Cryptographically Generated Adresses (CGA) verwendet. Die Home Adresse eines mobilen Knotens wird dabei durch einen Interface Identifier gesichert, der kryptografisch und nachweisbar an die Public Komponente des Public/Private Key Paares des mobilen Knoten's gebunden ist. Der mobile Knoten beweist seine Ownership über die Home Adresse durch seinen Nachweis, dass er den private Key kennt. Ein initialer Home Adress Test validiert das Home Adress Präfix. Weitere Home Adress Tests erübrigen sich damit.

Sicherung durch CGAs

Enhanced Route Optimization erlaubt es auch dem mobilen Knoten und den CNs voraus, während der Care-of-Adress Test läuft, via den bidirectional Tunnel weiter zu kommunizieren. Somit kann die Latenzzeit des Home- und Care-of-Adress Tests in den meisten Fällen eliminiert werden.

Elimination Latenzzeit für Adresstest

Kommunikation mit Bidirectional Tunneling

Bidirectional Tunnel wenn kein Binding besteht

Will der mobile Knoten mit einem Correspondent Node kommunizieren, für den kein Binding besteht, so muss er den Reverse Tunneling Mechanismus verwenden. In diesem Fall wird das Paket über den Tunnel an den Home Agent gesandt.

9.4.5 Movement Detection

Wie erkennt der mobile Knoten, dass er das Netzwerk gewechselt hat?

Basiert auf Neighbor Unreachability Detection

Basis für diesen Prozess ist Neighbor Unreachability Detection. Damit kann der mobile Knoten erkennen, wenn sein Default Router nicht mehr erreichbar ist. In diesem Fall versucht der mobile Knoten einen neuen Default Router zu entdecken. Er führt Duplicate Address Detection (DAD) für seine Link-Local Adressen durch und wählt aufgrund der Router Advertisements einen neuen Default Router aus. Anschliessend führt er mit dem neuen Router Präfix-Discovery aus, um neue Care-of-Adressen zu bilden. Sind die neuen Care-of-Adressen bekannt, macht er einen Binding Update mit seinem Home Agent und anschliessend mit allen Correspondent Nodes, mit denen er aktuelle Bindings hat.

Neue Präfixe weisen nicht zwingend auf ein neues Netzwerk hin

Die Tatsache, dass neue Router neue Präfixe anzeigen, bedeutet noch nicht zwingend, dass der mobile Knoten sich in einem neuen Netzwerk befindet. Um zu verhindern, dass ein mobiler Knoten unnötig alle Bindings aktualisiert, sollten Mechanismen eingebaut sein, die erst bei Bestätigung Updates auslösen.

- Erhält der mobile Knoten Router Advertisements von neuen Routern mit neuen Präfixen, ist aber sein bisheriger Default Router noch erreichbar, sollte er keine Änderung vornehmen.

- Router Advertisements können die Advertisement Interval Option enthalten. Dies ermöglicht es dem mobilen Knoten aufgrund des Intervalls und dem Vergleich mit erhaltenen Router Advertisements zu eruieren, ob dieser Router noch vorhanden ist.

- Mit Neighbor Unreachability Detection kann er herausfinden, ob sein Default Router noch erreichbar ist.

- Beantwortet der Default Router eine Neighbor Solicitation nicht, so sollte eine Multicast Router Solicitation ausgelöst werden.

9.4.6 Returning Home

Erkennt der mobile Knoten aufgrund des Movement Detection Mechanismus, dass er wieder an seinem Home Link ist, so schickt er ein Binding Update an seinen Home Agent, damit dieser weiss, dass er Pakete für den mobilen Knoten nicht mehr durch den Tunnel weiterleiten muss und auch keine Pakete zuhanden des mobilen Knotens abfangen muss.

Mit einer Home Registration meldet sich der MN zurück

Diese Home Registration sieht wie folgt aus:

- Das A-Bit (Acknowledge) und das H-Bit (Home Registration) müssen gesetzt sein.
- Das Lifetime-Feld wird auf 0 gesetzt.
- Die Care-of-Adresse muss der Home-Adresse entsprechen.
- Die Absenderadresse im IPv6 Header muss die Home-Adresse des mobilen Knotens sein.

9.5 Security

Wird der Datenverkehr zwischen Home Agent und mobilem Knoten nicht gesichert, so bestehen viele Möglichkeiten für Sicherheitsattacken wie z.B. Man-in-the-Middle Attacken, Hijacking, passives Abhören oder Denial-of-Service Attacken.

Soll der Tunnel zwischen dem Home Agent und dem mobilen Knoten gesichert sein, so wird ein IPsec Tunnel konfiguriert. Dies ist in der Basisspezifikation von Mobile IPv6 beschrieben. Es wird ein ESP (Encapsulating Security Payload) Extension Header benutzt und im Mobility Header integriert.

IPsec Tunnel

Im Speziellen sind folgende Datenflüsse zu schützen:

Zu schützende Nachrichten

- Binding Update und Binding Acknowledgement Nachrichten zwischen mobilem Knoten und Home Agent.
- Home Test Init und Home Test Nachrichten, die über den Home Agent zwischen mobilem Knoten und Correspondent Node im Zusammenhang mit dem Return Routability Prozess ausgetauscht werden.
- ICMPv6-Nachrichten, die im Zusammenhang mit Präfix-Discovery zwischen mobilen Knoten und dem Home Agent ausgetauscht werden.

Volle Sicherheit nur mit IKE

Der Kontrollverkehr zwischen dem mobilen Knoten und dem Home Agent braucht Nachrichten-Authentication, Integrität, korrekte Reihenfolge und Anti-Replay Schutz. Dafür ist eine Security Association zwischen dem Home Agent und dem mobilen Knoten notwendig. IPsec gibt keine Kontrolle über die Reihenfolge von Nachrichten. Eine korrekte Reihenfolge von Nachrichten ist durch die Sequenznummer in Binding Update und Binding Acknowledgement Nachrichten gegeben. Volle Sicherheit vor Replay-Attacken ist jedoch nur möglich, wenn IKE (Internet Key Exchange, RFC 7296) eingesetzt wird. RFC 4555, «IKEv2 Mobility and Multihoming Protocol» und RFC 4621, «Design of the IKEv2 Mobility and Multihoming (MOBIKE) Protocol», beschreiben Erweiterungen zu IKEv2, welche das Management von IKE und Security Associations erleichtert, in Fällen wo Knoten mehrere, und vor allem wechselnde IP-Adressen besitzen.

Schutz von Binding Updates

Binding Updates zwischen dem mobilen Knoten und dem Correspondent Node brauchen keine Security Association, sie sind durch den Return Routability Prozess geschützt. Binding Updates können auch durch die Binding Authorization Data Option geschützt werden. Diese Option beinhaltet einen sogenannten Binding Management Key, der während des Return Routability Prozesses generiert wird.

Eine detaillierte Diskussion der Security-Möglichkeiten für Mobile IPv6 sprengt den Rahmen dieses Kapitels. Ausführlichere Informationen findet man im RFC 6275 über Mobile IPv6 und in diversen allgemeinen Sicherheits-RFCs und Drafts. Insbesondere sei hier RFC 3776 mit dem Titel «Using IPsec to Protect Mobile IPv6 Signaling between Mobile Nodes and Home Agents» erwähnt.

Weitere Informationen

RFC 4285, «Authentication Protocol for Mobile IPv6», definiert einen zusätzlichen Mechanismus um MIPv6-Nachrichten in 3GPP2 Netzwerken zu schützen. Es beinhaltet eine MIPv6-spezifische Authentication Option.

Authentication Protocol für Mobile IPv6

Note
Security und IPsec werden in Kapitel 8 beschrieben.

9.6 Erweiterungen zu Mobile IPv6

Es wurden einige Erweiterungen zur Mobile IPv6 Spezifikation definiert, um die Mobilität flexibler zu machen und ihre Skalierbarkeit zu erhöhen. Die folgenden Abschnitte beschreiben diese Erweiterungen. Falls Sie sich über die neusten Entwicklungen in diesem Bereich informieren wollen, so ist der beste Ort die Arbeitsgruppe «Mobility EXTensions for IPv6» auf *www.ietf.org/dyn/wg/charter/mext-charter.html*.

9.6.1 NEMO

Network Mobility (NEMO) ist eine Erweiterung zu Mobile IPv6 und wurde in RFC 3963 spezifiziert. Das NEMO Protokoll erlaubt es mobilen Netzwerken, sich im Internet zu bewegen, ohne Verbindungen zu verlieren. Es ermöglicht die Kontinuität von Sessions für jeden Knoten innerhalb des Netzwerkes, während der mobile Router seinen Verbindungspunkt im Internet ändert. Jeder Knoten im mobilen Netzwerk ist stets erreichbar während der mobile Router sich bewegt. Die einzelnen Knoten im mobilen Netzwerk brauchen kein Mobility Protokoll.

Mobile Netzwerke

Router als mobiler Knoten

Die Protokolle und Nachrichten sind im Wesentlichen dieselben wie in Mobile IPv6, mit dem Unterschied, dass in diesem Fall der mobile Knoten ein mobiler Router ist. In der aktuellen Spezifikation von NEMO geht die Kommunikation der einzelnen Knoten mit dem CN immer über den Home Agent. Route Optimization für NEMO wurde bisher nicht definiert.

Verschachtelte Mobilität

Mit diesem Modell lässt sich verschachtelte Mobilität konfigurieren, indem ein mobiler Router einem weiteren mobilen Router erlaubt, sich zu verbinden. Dies eröffnet viele mögliche Szenarien für einen hohen Grad an Mobilität.

9.6.2 Hierarchical Mobile IPv6

Performance-Verbesserung

Mit Hierarchical Mobile IPv6 Mobility Management (HMIPv6), in RFC 5380 definiert, wird die Skalierbarkeit von Mobilität erweitert. Das Design bezweckt eine signifikante Verbesserung der Performance, sowie eine Reduktion der Anzahl Nachrichten, die für das Unterhalten von Binding Updates zwischen mobilem Knoten und seinem Home Agent, resp. seinen CNs notwendig sind.

Neuer Knotentyp MAP

HMIPv6 führt einen neuen Knotentypen ein, den Mobility Anchor Point (MAP). Der MAP kann sich irgendwo im hierarchischen Netzwerk der Router befinden. Er stellt eigentlich einen lokalen Home Agent in der geografischen Region des mobilen Knotens dar. Der mobile Knoten schickt nun seine Binding Updates zum MAP, statt zum Home Agent oder den CNs. Wenn der mobile Knoten eine Update Nachricht an den MAP schickt, so wird jeder weitere Verkehr vom Home Agent und von den CNs zur neuen Lokation des mobilen Knotens geroutet. Das Verhalten von Home Agent und CNs ist davon nicht betroffen, hier sind keine Anpassungen notwendig.

Abbildung 9.9 zeigt das Konzept.

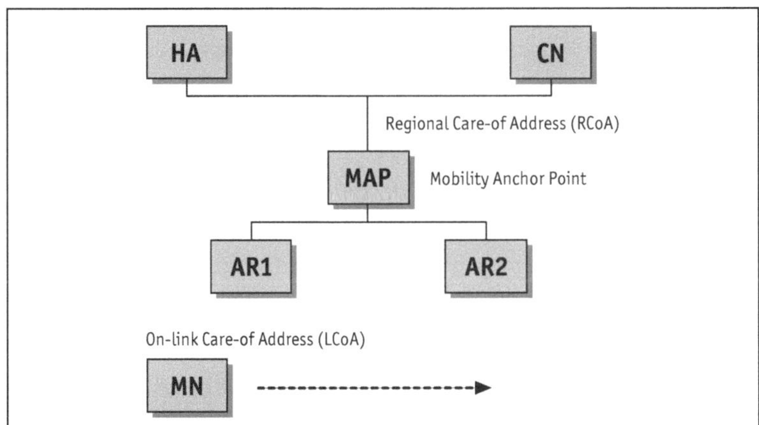

Abbildung 9.9 - Hierarchical Mobile IPv6

Funktionalität und Ablauf

Wenn der mobile Knoten eine MAP Domain betritt, so erhält er Router Advertisements mit Informationen über einen oder mehrere MAPs (MAP Option). Die regionale Care-of-Adresse (RCoA) des MAPs entspricht der Care-of-Adresse in der Mobile IPv6 Spezifikation. Nachdem der mobile Knoten sich beim MAP registriert hat, registriert er die RCoA bei seinem Home Agent und seinen CNs. Die RCoA wird nun von diesen als seine Care-of-Adresse benützt. Wenn der mobile Knoten sich innerhalb der MAP Domain von einem Netzwerk zum anderen bewegt, so registriert er seine neue On-link Care-of-Adresse (LCoA) bei seinem MAP. Der MAP, der sich wie ein lokaler Home Agent verhält, erhält alle Pakete die für den mobilen Knoten bestimmt sind und leitet diese an den mobilen Knoten weiter. Die Grenzen einer MAP Domain werden durch die Access Router (AR1 und AR2 in diesem Beispiel) definiert. Mit diesem Design wird die Performance deutlich erhöht, da der mobile Knoten, solange er sich innerhalb der MAP Domain bewegt, keine Binding Updates an seinen Home Agent und seine CNs schicken muss.

Neues Bit in Binding Update Nachricht

Wie im Abschnitt über Binding Updates erklärt, gibt es mit dieser Spezifikation ein neues Bit in der Binding Update Nachricht, das M-bit, welches anzeigt, dass es sich um eine MAP Registration handelt. Es gibt auch eine Erweiterung von Neighbor Discovery, um die globale IPv6-Adresse des MAPs anzuzeigen.

Der MAP kann sich irgendwo im Netzwerk befinden. Mehrere MAPs können sich unabhängig innerhalb derselben MAP Domain befinden. Überlappende MAP Domains sind möglich und empfohlen.

9.6.3 Proxy Mobile IPv6

Netzwerk-basierte Mobilität

Proxy Mobile IPv6, RFC 5213, beschreibt ein netzwerk-basiertes Mobility Management Protokoll. Dieses ermöglicht Mobility auf dem Netzwerklayer. Das bedeutet, dass Netzwerkkomponenten sich stellvertretend um das Tracken der Bewegungen von mobilen Knoten kümmern und das Handling der Mobility-Nachrichten übernehmen.

LMA und MAG

Die notwendigen Elemente sind der Local Mobility Anchor (LMA) und das Mobile Access Gateway (MAG). Der LMA ist zuständig für das Verwalten des Erreichbarkeitsstatus des mobilen Knotens, sowie für seine Heimnetzwerk-Präfixe. Er ist sozusagen der topologische Ankerpunkt des mobilen Knotens. Das MAG übernimmt stellvertretend für den mobilen Knoten das Mobility Management. Es befindet sich am Access Link des mobilen Knotens und ist verantwortlich dafür, die Bewegungen des mobilen Knotens zu tracken und die entsprechenden Binding-Nachrichten mit dem LMA zu initialisieren. Es können mehrere LMA's in einer Mobile IPv6 Domain sein, von denen jeder eine andere Gruppe von mobilen Knoten verwaltet.

9.6.4 Multiple Care-of Addresses Registration

Binding von mehreren Care-of-Adressen

Wenn ein mobiler Knoten mehrere aktive Interfaces hat, so kann er mit der Basis-Spezifikation von Mobile IPv6 nur eine Care-of-Adresse mit seiner Home-Adresse verbinden. Diese Spezifikation in RFC 5648 definiert Erweiterungen, die es dem mobilen Knoten möglich machen, mehrere Care-of-Adressen mit der Home-Adresse zu verbinden. Für jedes Binding, das der mobile Knoten macht, wird eine neue Binding Identification Nummer (BID) kreiert und im Binding Update mitgeschickt. Der Home Agent erstellt dann ein separates Binding für jede BID und speichert dies entsprechend in seinem Binding Cache. Derselbe Mechanismus wird auch in Binding Updates mit dem Correspondent Node verwendet.

9.6.5 Flow Binding

Separate Policies pro Binding Flow

Die vorgängig beschriebene Multiple Care-of Addresses Registration ermöglicht die Verbindung mehrerer Care-of-Adressen mit der Home-Adresse. Mit der Flow Binding Spezifikation wird es möglich, für jedes Binding separate Policies zu definieren. Somit kann der mobile Knoten einen spezifischen Flow an eine Care-of-Adresse binden, ohne dass die anderen Bindings mit seiner Home-Adresse davon betroffen sind. Dieser Mechanismus ist auch in Bindings mit Correspondent Nodes oder Mobility Anchor Points möglich. Diese Spezifikation ist in RFC 6089 definiert.

9.6.6 Fast Handover

Reduktion Latenzzeit bei Handover

RFC 5568 definiert ein Protokoll, das die Handover-Latenzzeit von mobilen Knoten vermindert, wenn sie sich von einem Netzwerk in ein anderes bewegen. Es wird «Fast Handover for Mobile IPv6» genannt. Der Handover-Prozess setzt sich zusammen aus Movement Detection, Adresskonfiguration und Adressupdate. Die kombinierte Handoverzeit für diese Prozesse ist für real-time Applikationen, wie z.B. Voice over IP, zu lange. Diese Spezifikation definiert ein Set von Protokollen um die Handover Latenzzeit deutlich zu verkürzen. Alle Applikationen, welche empfindlich auf Durchsatz reagieren, profitieren von dieser Spezifikation. RFC 5568 wird durch RFC 7411 aktualisiert. RFC 5949 definiert Fast Handover für Proxy Mobile IPv6.

9.6.7 Support für Dual-Stack Hosts und Router

Roaming von IPv6- zu IPv4-Netzwerk möglich

Die ursprüngliche Mobile IPv6 und Network Mobility (NEMO) Spezifikation beschreibt nur den Einsatz mit IPv6. RFC 5555 erweitert diese Standards und erlaubt die Registration von IPv4-Adressen und Präfixen, sowie den Transport von IPv4- und IPv6-Paketen über den Tunnel zum Home Agent. Der mobile Knoten kann sich auch von einem IPv4- zu einem IPv6-Netzwerk oder umgekehrt bewegen, selbst im Fall, wo zwischen dem mobilen Knoten und dem Home Agent NAT im Einsatz ist.

Das nächste Kapitel zeigt einen Überblick über Transitionsmechanismen.

9.7 Referenzen

Dies ist eine Zusammenstellung der wichtigen, im Kapitel erwähnten RFCs und Drafts. Zusätzlich erwähnen wir einzelne RFCs und Drafts, die im Zusammenhang mit dem Thema stehen, falls Sie sich vertiefter damit befassen möchten. Informationen über den Standardisierungs-Prozess, RFCs und Drafts finden Sie im Appendix. Auf folgendem Link findet man eine gute, vollständige Übersicht über den aktuellen Status aller RFCs: *http://tools.ietf.org/rfc/index*.

RFCs

- RFC 2409 «The Internet Key Exchange (IKE)», 1998
- RFC 2710 «Multicast Listener Discovery (MLD) for IPv6», 1999
- RFC 3344 «IP Mobility Support for IPv4», 2002
- RFC 3753 «Mobility Related Terminology», 2004
- RFC 3776 «Using IPsec to Protect Mobile IPv6 Signaling Between Mobile Nodes and Home Agents», 2004
- RFC 3810 «Multicast Listener Discovery Version 2 (MLDv2) for IPv6», 2004
- RFC 3963 «Network Mobility (NEMO) Basic Support Protocol», 2005
- RFC 4260 «Mobile IPv6 Fast Handovers for 802.11 Networks», 2005
- RFC 4285 «Authentication Protocol for Mobile IPv6», 2006

- RFC 4555 «IKEv2 Mobility and Multihoming Protocol», 2006
- RFC 4303 «IP Encapsulating Security Payload (ESP)», 2005
- RFC 4584 «Extension to Sockets API for Mobile IPv6», 2006
- RFC 4621 «Design of the IKEv2 Mobility and Multihoming (MOBIKE) Protocol», 2006
- RFC 4831 «Goals for Network-Based Localized Mobility Management (NETLMM)», 2007
- RFC 4866 «Enhanced Route Optimization for Mobile IPv6», 2007
- RFC 4877 «Mobile IPv6 Operation with IKEv2 and the Revised IPsec Architecture», 2007
- RFC 4885 «Network Mobility Support Terminology», 2007
- RFC 4887 «Network Mobility Home Network Models», 2007
- RFC 4908 «Multihoming for Small-Scale Fixed Networks Using Mobile IP and Network Mobility (NEMO)», 2008
- RFC 5094 «Mobile IPv6 Vendor Specific Option», 2007
- RFC 5096 «Mobile IPv6 Experimental Messages», 2007
- RFC 5142 «Mobility Header Home Agent Switch Message», 2008
- RFC 5149 «Service Selection for Mobile IPv6», 2008
- RFC 5164 «Mobility Services Transport: Problem Statement», 2008
- RFC 5213 «Proxy Mobile IPv6», 2008
- RFC 5269 «Distributing a Symmetric Fast Mobile IPv6 (FMIPv6) Handover Key Using SEcure Neighbor Discovery (SEND)», 2008
- RFC 5270 «Mobile IPv6 Fast Handovers over IEEE 802.16e Networks», 2008
- RFC 5271 «Mobile IPv6 Fast Handovers for 3G CDMA Networks», 2008
- RFC 5380 «Hierarchical Mobile IPv6 (HMIPv6) Mobility Management», 2008
- RFC 5555 «Mobile IPv6 Support for Dual Stack Hosts and Routers», 2009
- RFC 5568 «Mobile IPv6 Fast Handovers», 2009
- RFC 5637 «Authentication, Authorization, and Accounting (AAA) Goals for Mobile IPv6», 2009
- RFC 5648 «Multiple Care-of Addresses Registration», 2009
- RFC 5677 «IEEE 802.21 Mobility Services Framework Design (MSFD)», 2009
- RFC 5678 «Dynamic Host Configuration Protocol (DHCPv4 and DHCPv6) Options for IEEE 802.21 Mobility Services (MoS) Discovery», 2009

- RFC 5679 «Locating IEEE 802.21 Mobility Services Using DNS», 2009
- RFC 5844 «IPv4 Support for Proxy Mobile IPv6», 2010
- RFC 5846 «Binding Revocation for IPv6 Mobility», 2010
- RFC 5847 «Heartbeat Mechanism for Proxy Mobile IPv6», 2010
- RFC 5949 «Fast Handovers for Proxy Mobile IPv6», 2010
- RFC 6058 «Transient Binding for Proxy Mobile IPv6», 2011
- RFC 6089 «Flow Bindings in Mobile IPv6 and Network Mobility (NEMO) Basic Support», 2011
- RFC 6275 «Mobility Support in IPv6», 2011
- RFC 6276 «DHCPv6 Prefix Delegation for Network Mobility (NEMO)», 2011
- RFC 6463 «Runtime Local Mobility Anchor (LMA) Assignement Support for Proxy Mobile IPv6», 2012
- RFC 6543 «Reserved IPv6 Interface Identifier for Proxy Mobile IPv6», 2012
- RFC 6572 «RADIUS Support for Proxy Mobile IPv6», 2012
- RFC 6610 «DHCP Options for Home Information Discovery in Mobile IPv6 (MIPv6)», 2012
- RFC 6611 «Mobile IPv6 (MIPv6) Bootstrapping for the Integrated Scenario», 2012
- RFC 6618 «Mobile IPv6 Security Framework Using Transport Layer Security for Communication between the Mobile Node and Home Agent», 22012
- RFC 6705 «Localized Routing for Proxy Mobile IPv6», 2012
- RFC 7077 «Update Notifications for Proxy Mobile IPv6», 2013
- RFC 7109 «Flow Bindings Initiated by Home Agents for Mobile IPv6», 2014
- RFC 7148 «Prefix Delegation Support for Proxy Mobile IPv6», 2014
- RFC 7156 «Diameter Support for Proxy Mobile IPv6 Localized Routing», 2014
- RFC 7222 «Quality-of-Service Option for Proxy Mobile IPv6», 2014

Kapitel 10

Integration von IPv6

Dieses Kapitel beschreibt die gängigen Transition-Mechanismen und erklärt, wie sie für einen möglichst sanften und risikofreien Übergang zu einem dual-stack oder IPv6-only Netzwerk eingesetzt werden können. IPv6 und IPv4 werden während vieler Jahre gemeinsam in unseren Netzwerken und im Internet vorkommen. Bei der Entwicklung von IPv6 wurde deshalb viel Wert auf Techniken gelegt, welche die Koexistenz und einen sanften Übergang ermöglichen. Es gibt drei Hauptkategorien: Kapitelübersicht

Übersicht Integrationsmöglichkeiten

1. **Dual-Stack** erlaubt die Koexistenz von IPv4 und IPv6 in denselben Geräten und Netzwerken.
2. **Tunneltechniken** erlauben den Transport von IPv6-Paketen über eine bestehende IPv4-Infrastruktur bzw. den Transport von IPv4-Paketen über eine IPv6-Infrastruktur.
3. **Translation-Techniken** erlauben die Kommunikation von IPv6-only Knoten mit IPv4-only Knoten.

Intensive Weiterentwicklung im Gang

In den vergangenen Jahren wurde in diesem Bereich sehr intensiv gearbeitet. Es gibt spezielle Arbeitsgruppen, die sich ausschliesslich dem Erarbeiten von sinnvollen und praktikablen Szenarien widmen. In der Praxis wird in der Regel eine Kombination von verschiedenen Techniken vorkommen, je nach Ausgangslage und Anforderungen.

Sanfte Einführung

Eine Migration zu IPv6 kann und darf keine Hauruck-Umstellung übers Wochenende sein. Sie kann schrittweise vollzogen werden und das ist in vielen Fällen wahrscheinlich der sinnvollste Ansatz. Anfänglich können einzelne Knoten oder Subnetze umgestellt, oder einfach als Dual-Stack Knoten/Subnetze aufgesetzt werden. Es ist durchaus möglich, einzelne Subnetze auf IPv6 umzustellen, solange der Backbone noch IPv4-only ist, oder das gesamte Firmennetz auf IPv6 umzustellen, solange der ISP noch eine IPv4-only Infrastruktur hat. Umgekehrt kann Ihr ISP auf IPv6 umstellen, während Ihr Firmennetz noch immer IPv4-only ist. Dieses Kapitel beschreibt die Techniken, die diese Integration von IPv6 ermöglichen.

Weiterentwicklung ähnlich wie bei IPv4

RFC 4213, «Transition Mechanisms for IPv6 Hosts and Routers», beschreibt einen anfänglichen Satz von Übergangsmechanismen. Weitere Übergangsmechanismen wurden seither entwickelt und in separaten RFCs definiert. Die Entwicklung von IPv6 gestaltet sich ähnlich wie die Entwicklung von IPv4. Als IPv4 in den frühen 80er-Jahren eingeführt wurde, steckte es noch in den Kinderschuhen und wurde vorwiegend im universitären Bereich und in Regierungsnetzwerken eingesetzt. Heute ist es die Grundlage fast aller Netzwerke. Viele der Möglichkeiten, die wir als alltäglich hinnehmen, wurden erst im Verlauf der Zeit entwickelt. So wurden z.B. Spezifikationen für Path MTU Discovery, CIDR (Classless Inter Domain Routing), DHCP (Dynamic Host Configuration Protocol), private Adressen und NAT (Network Address Translation) erst im Verlauf der 90er-Jahre erarbeitet.

10.1 Dual-Stack

In vielen Fällen der einfachste Weg

In einer Dual-Stack Umgebung haben Hosts und Router sowohl einen IPv4 als auch einen IPv6 Stack. Ein Dual-Stack Knoten wird auch IPv6/IPv4 Knoten genannt. Er hat somit sowohl IPv4-Adressen wie auch IPv6-Adressen. Kommuniziert er mit einem Gegenüber, das für IPv4 konfiguriert ist, so benutzt er seinen IPv4 Stack und eine IPv4-Adresse. Kommuniziert er mit einem Gegenüber, das für IPv6 konfiguriert ist, so benutzt er seinen IPv6 Stack und eine seiner IPv6-Adressen. Voraussetzung ist in in beiden Fällen, dass die gesamte Infrastruktur zwischen Absender und Empfänger das gewählte Protokoll unterstützt. Wenn nicht, muss dort ein zusätzlicher Übergangs-Mechanismus, z.B. ein Tunnel-Mechanismus, eingesetzt werden. Ein Dual-Stack Host wird mit IPv4-Mechanismen für eine IPv4-Adresse konfiguriert (manuell oder via DHCP) und mit IPv6-Mechanismen für seine IPv6-Adressen (manuell, SLAAC oder DHCPv6).

DNS wird von beiden Protokollen für Namensauflösung benutzt. Ein Resolver auf einem Dual-Stack Client muss DNS Requests für beide Record-Typen (A-Typ für IPv4, AAAA-Typ für IPv6) absetzen können.

DNS

In der DNS werden Dienste oder Hosts mit einer IPv4-Adresse eingetragen, wenn sie über IPv4 erreichbar sind, mit einer IPv6-Adresse, wenn sie über IPv6 erreichbar sind oder mit zwei Einträgen, wenn sie über beide Protokolle erreichbar sind. Gibt DNS für einen gesuchten Host sowohl eine IPv4- als auch eine IPv6-Adresse zurück, so muss entweder der DNS Resolver, die Applikation oder der IP-Stack wählen können, mit welchem Protokoll kommuniziert werden soll.

Note
Weiterführende Informationen über DNS im Zusammenhang mit IPv6 finden Sie in Kapitel 7.

10.1.1 Vor- und Nachteile der Dual-Stack

Für viele Übergangssituationen ist dies eine der einfachsten Techniken. Es ist unwahrscheinlich, dass man in einem grösseren Netzwerk von einem Tag auf den anderen alle Applikationen über IPv6 zur Verfügung stellen kann. Es wird in vielen Netzwerken auch Applikationen geben, die gar nie portiert werden und solange noch über IPv4 erreichbar sein müssen, bis sie von neueren Applikationen mit IPv6-Unterstützung abgelöst werden. In solchen Umgebungen ist der Dual-Stack Ansatz denkbar einfach, weil ein Host auf neuere und portierte Applikationen mit IPv6 zugreifen kann und auf alte, nicht portierte Applikationen weiterhin mit IPv4. Dual-Stack bedeutet, dass beide Protokolle native eingesetzt werden. Wenn alles migriert ist, kann man IPv4 abschalten.

Einfacher Zugriff auf IPv4- und IPv6-Applikationen

Der Dual-Stack Ansatz ist allerdings nur einsetzbar, wenn genügend IPv4-Adressen vorhanden sind. In Situationen, wo auf IPv6 umgestellt werden muss, weil zuwenig IPv4-Adressen verfügbar sind, muss ein anderer Ansatz gefunden werden.

Nur möglich wenn genügend IPv4-Adressen vorhanden

Separate Verwaltung beider Protokolle

Zu bedenken ist bei diesem Ansatz, dass auf den Hosts und den Routern zwei Protokolle zu konfigurieren, zu unterhalten und zu verwalten sind. Auch Security Policies, Firewalls, Netzwerk Management Produkte, Proxies und Loadbalancer müssen beide Protokolle unterstützen. Jeder Router hat dann sowohl eine IPv4 als auch eine IPv6 Routingtabelle und die Routing-Protokolle müssen für beide IP-Versionen separat konfiguriert werden. Nicht alle IGPs (Internal Gateway Protokolle) unterstützen IPv6 Routing. Ist beispielsweise OSPFv2 im Einsatz, so muss für IPv6 Routing ein anderes Protokoll gewählt werden, z.B. OSPFv3 oder IS-IS.

Note
Routing-Protokolle werden in Kapitel 6 besprochen.

Kein Risiko für IPv4-Umgebung

Die beiden Protokoll-Stacks sind unabhängig voneinander, sodass das Hinzufügen des IPv6 Stacks auf Hosts und Routern die bestehende IPv4-Infrastruktur nicht gefährdet. Kommt der Tag, an dem IPv4 nicht mehr benötigt wird, so kann der IPv4 Stack einfach ausgeschaltet oder entfernt werden.

10.2 Tunneltechniken

Zum Überbrücken von IPv4-Strecken

Tunneltechniken werden vor allem dort eingesetzt, wo eine gut funktionierende IPv4-Infrastruktur besteht, die unangetastet bleiben soll. Darüber kann nun mit Hilfe von Tunnels eine IPv6-Weiterleitungsinfrastruktur gelegt werden, ohne dass die IPv4 Router umkonfiguriert werden müssen.

Vorgang

Tunneling wird auch Encapsulation genannt. Dabei wird ein Protokoll (in unserem Beispiel IPv6), in den Header eines anderen Protokolls verpackt (in unserem Beispiel IPv4), und nun so über die Infrastruktur des zweiten Protokolls (IPv4) weitergeleitet. Dieser Prozess hat drei Komponenten:

- Encapsulation (das Einpacken des Originalpakets beim Tunneleingang)
- Decapsulation (das Auspacken des Pakets am Tunnelausgang)
- Tunnelmanagement

Integration möglich auch wenn ISP oder Backbone noch auf IPv4 läuft

Wenn Ihr Provider (ISP) beispielsweise noch keine IPv6-Dienste anbietet, so können Sie intern ein IPv6-Netzwerk betreiben und via einen IPv4-Tunnel über die Infrastruktur Ihres ISPs mit entfernten IPv6-Netzwerken und Knoten IPv6-Pakete austauschen. Ebenso ist es möglich, im firmeninternen Netzwerk einzelne IPv6-Inseln zu betreiben, auch wenn der Backbone noch auf IPv4 läuft. Die Knoten in den IPv6-Inseln können mit anderen IPv6-Subnetzen IPv6-Pakete austauschen, indem diese mit Hilfe eines Tunnels über den IPv4 Backbone geroutet werden.

Es werden zwei Typen von Tunnels unterschieden:

- **Manuell konfigurierte Tunnel**
  IPv6-Pakete werden in IPv4-Pakete eingepackt und über eine IPv4 Routing-Infrastruktur weitergeleitet. Es handelt sich dabei um Point-to-Point Tunnel, die beidseitig manuell konfiguriert werden müssen und in der Regel bi-direktional sind.

- **Automatische Tunnel**
  IPv6-Knoten können bestimmte Adressen benutzen, wie zum Beispiel 6to4-, 6rd- oder ISATAP-Adressen, um dynamisch IPv6-Pakete in einem Tunnel über eine IPv4-Infrastruktur weiterzuleiten. Diese speziellen IPv6 Unicast-Adressen haben in der Regel eine IPv4-Adresse in einem Feld der IPv6-Adresse. Damit kann ein Tunnelendpunkt die IPv4-Adresse des anderen Tunnelendpunktes der IPv6-Adresse entnehmen.

10.2.1 Wie Tunneling funktioniert

Die nachfolgende Darstellung beschreibt die Funktionsweise eines Tunnels im Allgemeinen. Anschliessend werden wir auf die Details bezüglich manuell konfigurierten und automatischen Tunnels eingehen.

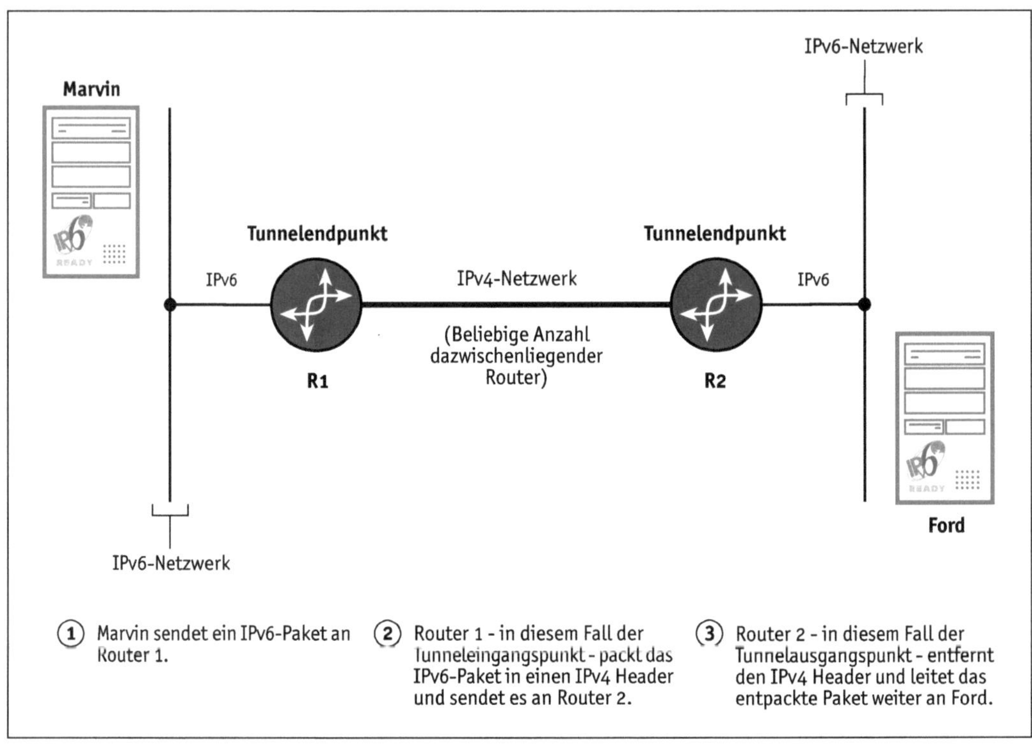

Abbildung 10.1 – Encapsulation und Tunneling

Wie ein IPv6-Paket über den Tunnel gelangt

Der Host Marvin ist in einem IPv6-Subnetz und möchte ein IPv6-Paket zu Ford in einem entfernten IPv6-Netzwerk schicken. Das Netzwerk zwischen Router R1 und Router R2 ist ein IPv4-only Netzwerk (Backbone oder Internet). Router R1 ist in diesem Fall der Tunneleingangspunkt (Tunnel Entry Point). Marvin schickt sein IPv6-Paket an Router R1 (Schritt 1 in Abbildung 10.1). Router R1 erhält das Paket mit der Empfängeradresse von Ford, verpackt es in ein IPv4-Paket und leitet es an Router R2 weiter (Schritt 2 in Abbildung 10.1). Router R2 ist in diesem Beispiel der Tunnelausgangspunkt (Tunnel Exit Point). Router R2 entpackt das Paket (das heisst, entfernt den IPv4 Header) und leitet das IPv6-Paket an Ford weiter. Zwischen Router R1 und Router R2 kann es eine beliebige Anzahl von IPv4 Routern (Hops) geben. Aus der Sicht des IPv6-Paketes ist die Strecke zwischen R1 und R2 lediglich 1 Hop.

In diesem Beispiel sind Tunneleingangspunkt und Tunnelausgangspunkt zwei Router. Der Tunnel könnte jedoch auch anders konfiguriert sein. Es gibt vier verschiedene Möglichkeiten:

Tunnelvarianten

- Router zu Router
- Host zu Router
- Host zu Host
- Router zu Host

Konfigurierter Tunnel

Die Einteilung in diese vier Kategorien basiert auf der Art und Weise, wie der Tunneleingangspunkt die Adresse des Tunnelausgangspunktes ermittelt. In den ersten beiden Kategorien ist der Tunnelausgangspunkt ein Router. Also muss der Tunnelausgangspunkt das Paket auspacken und an den endgültigen Empfänger weiterleiten. Die IPv4-Adresse des Tunnelausgangspunktes kann nicht in jedem Fall dem IPv6-Paket entnommen werden und muss darum auf dem Tunneleingangspunkt konfiguriert werden. Dies nennt man einen konfigurierten Tunnel.

Automatischer Tunnel

Bei den letzten beiden Kategorien (Host zu Host und Router zu Host), ist der Tunnelausgangspunkt identisch mit dem Empfänger des ursprünglichen IPv6-Paketes. Das heisst, der Tunnel endet auf der endgültigen Empfängeradresse. Mit den IPv6-Adressformaten, die eine IPv4-Adresse eingebettet haben, ist es für den Tunneleingangspunkt möglich, die IPv4-Adresse des Tunnelausgangspunktes der IPv6-Adresse im ursprünglichen IPv6-Paket zu entnehmen. Auf dieser Grundlage ist automatisches Tunneling aufgebaut.

Die Schritte für Encapsulation und Decapsulation sind die folgenden:

Ablauf Encapsulation

1. Der Tunneleingangspunkt vermindert das IPv6 Hop Limit Feld um 1, verpackt das Paket in einen IPv4 Header und schickt dieses IPv4-Paket über den Tunnel. Wenn nötig, wird das Paket fragmentiert.

Ablauf Decapsulation

2. Der Tunnelausgangspunkt empfängt das IPv4-Paket. Wenn es fragmentiert war, wird es wieder zusammengefügt. Dann entfernt der Tunnelausgangspunkt den IPv4 Header und schickt das IPv6 Paket weiter zum endgültigen Empfänger.

Fragmentierung sollte innerhalb des Tunnels auf ein Minimum reduziert werden. Dafür definiert RFC 4213 Regeln:

Regeln um Fragmentierung im Tunnel zu minimieren

- **IPv4 Path MTU kleiner als 1280 Bytes**
  - Paket grösser als 1280 Bytes: Paket Too Big an Absender.
  - Paket kleiner als 1280 Bytes: Paket wird über Tunnel versandt, das Don't Fragment Bit im IPv4 Header darf nicht gesetzt sein, um Fragmentierung im Tunnel zu ermöglichen.
- **IPv4 Path MTU grösser als 1280 Bytes**
  - Paket grösser als Tunnel MTU plus 20 Bytes (für IPv4 Header): Paket Too Big an Absender.
  - Paket kleiner als 1280 Bytes: Paket wird über Tunnel versandt, Don't Fragment Bit gesetzt.

Mit den Paket Too Big Nachrichten übergibt der Tunneleingangspunkt die Aufgabe der Fragmentierung dem Absender des Paketes. Ist das Paket kleiner als 1280 Bytes, so ist dies nicht möglich, weil ein IPv6-Knoten ein Paket nicht unter die minimale IPv6 MTU von 1280 Bytes fragmentieren kann. In diesen Fällen muss die Fragmentierung im Tunnel geschehen.

Note
Die Fragmentierung im Tunnel kann weiter kontrolliert werden, indem man via Router Advertisement den MTU Size für alle Knoten am Link um die Grösse des IPv4-Headers reduziert, damit die Pakete im Tunnel nicht fragmentiert werden müssen. Mehr dazu im Kapitel 5.

Abbildung 10.2 zeigt die Encapsulation eines IPv6-Paketes in IPv4:

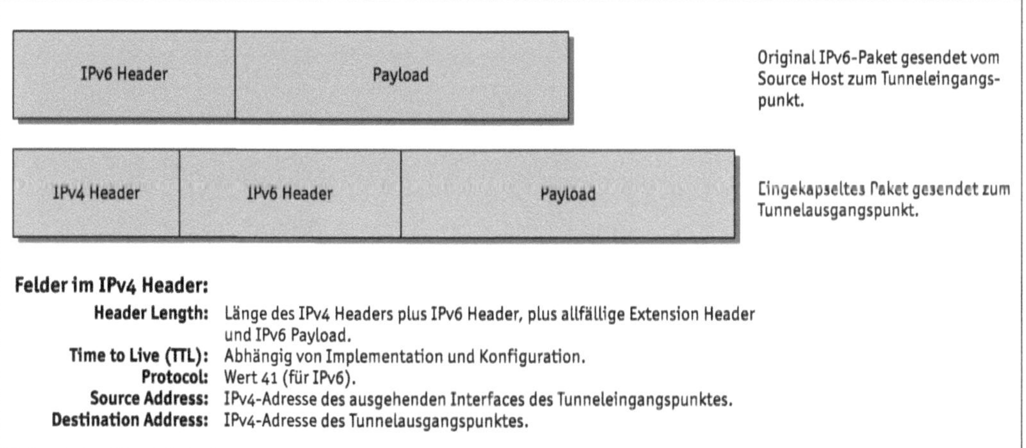

Abbildung 10.2 - Encapsulation

Spezielle Felder im IPv4-Tunnel-Header

Folgende Felder im IPv4 Header sind interessant: Das Header Length Feld enthält die Länge des IPv4 Headers plus die Länge des ganzen IPv6-Paketes. Falls das Paket über den Tunnel fragmentiert werden muss, wird es entsprechende Werte in den Fragmentierungsfeldern wie Flags-Feld und Fragment Offset Feld haben. Der Wert im Time to Live Feld (TTL) ist je nach Betriebssystem unterschiedlich. Die Protokollnummer ist auf den Wert 41 für IPv6 gesetzt. Wenn Sie also zum Beispiel den Tunnelverkehr in Ihrem Netz analysieren möchten, so können Sie einen Filter auf dieses Protokollfeld mit Wert 41 setzen. Die IPv4-Absenderadresse ist die IPv4-Adresse des ausgehenden Interfaces des Tunneleingangspunktes. Die IPv4-Empfängeradresse entspricht der IPv4-Adresse des Tunnelausgangspunktes. Der Tunnel wird aus der Perspektive von IPv6 als Single Hop gerechnet. Darum wird das Hop Limit Field im IPv6 Header um 1 reduziert. Die Länge des IPv4-Tunnels ist somit für den Empfänger nicht ersichtlich und kann auch mit Tools wie Traceroute nicht eruiert werden.

Abbildung 10.3 zeigt ein Trace File eines Tunnelpaketes.

No.	St	Source Address	Dest Address	Summary
1	M	2002:3e02:5473::3e02:5473	2002:836b:9820::836b:9820	ICMPv6: Echo Request Message Code=0
2		2002:836b:9820::836b:9820	2002:3e02:5473::3e02:5473	ICMPv6: Echo Reply Message Code=0

```
DLC: Ethertype=0800, size=114 bytes
IP: ----- IP Header -----
  IP:
  IP: Version = 4, header length = 20 bytes
  IP: Type of service = 00
  IP:       000. ....  = routine
  IP:       ...0 ....  = normal delay
  IP:       .... 0...  = normal throughput
  IP:       .... .0..  = normal reliability
  IP:       .... ..0.  = ECT bit - transport protocol will ignore the CE bit
  IP:       .... ...0  = CE bit - no congestion
  IP: Total length     = 100 bytes
  IP: Identification   = 26173
  IP: Flags            = 0X
  IP:       .0.. ....  = may fragment
  IP:       ..0. ....  = last fragment
  IP: Fragment offset  = 0 bytes
  IP: Time to live     = 128 seconds/hops
  IP: Protocol         = 41 (IPv6)
  IP: Header checksum  = 2633 (correct)
  IP: Source address       = [62.2.84.115]
  IP: Destination address  = [131.107.152.32]
  IP: No options
  IP:
IPv6: Priority=0 Flow=0x000000
ICMPv6: Echo Request Message Code=0
```

Abbildung 10.3 – Trace File eines Tunnelpaketes

Beschreibung Trace File

Dieses Trace File zeigt einen Ping von Marvin auf einen Host im Internet. Die TTL ist auf 128 gesetzt (Windows Default). Das Protokollfeld enthält den Wert 41, was bedeutet, dass es sich bei diesem Paket um ein eingepacktes IPv6-Paket handelt. Die Absenderadresse `62.2.84.115` ist die IPv4-Adresse von Marvin. Die Empfängeradresse entspricht der IPv4-Adresse eines 6to4 Relay Routers im Internet (6to4 Konzepte werden später in diesem Kapitel erläutert). Dies ist der Tunnelausgangspunkt. Wenn Sie die IPv4-Adressen mit den IPv6-Adressen vergleichen (sie sind im hervorgehobenen Summary-Feld des Traces sichtbar) und dabei die IPv4-Adressen in Hexadezimal umrechnen, so können Sie sehen, dass die IPv4-Adresse in der IPv6-Adresse enthalten ist. Nach dem Präfix `2002` folgt zweimal die IPv4-Adresse im hexadezimalen Format. Zweimal darum, weil in diesem Fall der Tunnel von Host zu Host geht, da wir vom Tunneleingangspunkt aus den Tunnelausgangspunkt anpingen. Das bedeutet, dass der Sender des Paketes identisch ist mit dem Tunneleingangspunkt und der Empfänger identisch ist mit dem Tunnelausgangspunkt. Darum ist in beiden Fällen die IPv4-Adresse des lokalen Hosts zweimal in die IPv6-Adresse eingebettet, einmal als Netzwerkpräfix und einmal als Interface Identifier.

Note
Adressierungskonzepte sind in Kapitel 3 und 11 näher beschrieben.

Was geschieht mit ICMPv4-Nachrichten aus dem Tunnel?

Wenn ein Router innerhalb des Tunnels eine ICMPv4-Fehlermeldung generiert, so schickt er diese an den Tunneleingangspunkt, weil das für ihn die Absenderadresse des Paketes ist (Absender des IPv4-Paketes). Wenn die ICMP-Nachricht genügend Informationen über das ursprüngliche IPv6-Paket enthält, so kann der Tunneleingangspunkt eine ICMPv6-Nachricht an den ursprünglichen IPv6-Absender schicken.

Der Tunnelausgangspunkt erkennt ein in IPv4 verpacktes IPv6-Paket am Protokollwert 41 (hervorgehoben in Abbildung 10.3) im IPv4 Header. Falls das IPv4-Paket fragmentiert wurde, fügt er es zusammen und entfernt den IPv4 Header. Bevor er das Paket an den Endknoten weiterleitet, verifiziert er, ob die Source-Adresse gültig ist. Bei einem konfigurierten Tunnel vergleicht der Tunnelausgangspunkt die IPv4-Absenderadresse mit seinen vorkonfigurierten Adressen. Erhält der Tunnelausgangspunkt ein Paket von einer IPv4-Adresse, für die er nicht konfiguriert ist, so soll er das Paket nicht weiterleiten. Defaultmässig ist diese Liste leer, das bedeutet, dass der Tunnelausgangspunkt explizit konfiguriert werden muss, um überhaupt Pakete weiterzuleiten. Beide Tunnelendpunkte brauchen eine link-lokal IPv6-Adresse.

Sicherheitsmassnahmen

Es gibt Regeln für Tunnel Source Address Verifikation und Ingress Filtering (RFC2827 und RFC 3704). Für weiterführende Sicherheitsmassnahmen können authentisierte Tunnels eingesetzt werden, zum Beispiel IPsec oder GRE (Generic Routing Encapsulation) mit einem vorkonfigurierten Schlüssel (RFC 2890).

Folgende Source-Adressen sind generell ungültig:

- Alle Multicast-Adressen (`ff00::/8`)
- Die Loopback-Adresse (`::1`)
- Alle IPv4-kompatiblen IPv6-Adressen (`::/96`), mit Ausnahme der All-Zero Adresse für Duplicate Address Detection (`::/128`)
- Alle IPv4-mapped IPv6-Adressen (`::ffff:0:0/96`)

10.2.2 Konfigurierte Tunnel

Bessere Kontrolle bei konfigurierten Tunneln

Konfigurierte Tunnel sind in RFC 4213 beschrieben. In diesem Fall wird der Tunneleingangspunkt mit der Adresse des Tunnelausgangspunktes oder einer Liste mehrerer Tunnelausgangspunkte vorkonfiguriert. Dies sind manuell konfigurierte Punkt-zu-Punkt-Tunnel. Der Konfigurationsaufwand ist aus Sicherheitsgründen gerechtfertig, weil es kontrollierbar ist, wohin IPv6-Pakete weitergeleitet werden.

Eintrag eines Tunnelendpunktes als Default Route

Ein isolierter IPv4/IPv6-Knoten, der an einem Subnetz ohne IPv6-fähigen Router sitzt, kann mit einer statischen Default Route zu einem IPv6-Router auf der anderen Seite eines IPv4-Tunnels konfiguriert werden. Das ermöglicht die Kommunikation mit der IPv6-Welt. Alle IPv6-Destinationen werden über diese Default Route über die IPv4-Tunnelinfrastruktur versandt. Da die Subnetzmaskenlänge einer solchen Route 0 ist, wird sie nur dann benutzt, wenn keine andere Route mit einer längeren passenden Maske vorhanden ist.

10.2.3 Automatische Tunnel

Einsatz von 6to4

Eine frühere Version von RFC 4213 (RFC 2893) beschrieb automatische Tunnels, welche IPv4-kompatible IPv6-Adressen benutzen. Mit dem Update auf RFC 4213 wurden diese entfernt und es wird für automatische Tunnels auf 6to4 verwiesen, welches ohne diese IPv4-kompatiblen IPv6-Adressen auskommt. 6to4 ist heute keine gängiger Mechanismus und wird weitgehend durch 6rd ersetzt. Dazu mehr später in diesem Kapitel.

Generell versteht man unter automatischen Tunnels Tunnels, bei denen eine oder zwei IPv4-Adresse(n) in einer IPv6-Adresse enthalten sind. Damit kann sich ein Tunneleingangspunkt die IPv4-Adresse des Tunnelausgangspunktes der IPv6-Adresse entnehmen ohne dass eine Vorkonfiguration notwendig ist.

10.2.4 Encapsulation in IPv6 (RFC 2473)

Tunneling von IPv4-Daten über IPv6-Strecken

RFC 2473, «Generic Packet Tunneling in IPv6 Specification», beschreibt die Mechanismen für die Encapsulation von Daten in IPv6. Die meisten in diesem Kapitel bisher besprochenen Regeln über Tunneling gelten auch für Tunneling in IPv6. Der Hauptunterschied besteht darin, dass hier die Daten in einen IPv6 Header verpackt werden und über ein IPv6-Netzwerk getunnelt werden. Das Paket, welches verpackt wird, kann ein IPv6-Paket, ein IPv4-Paket oder ein anderes Protokoll sein. Der Tunneleingangspunkt verpackt das Paket in einen IPv6 Header und fügt wenn nötig Extension Header ein. Dieser Header oder der Satz von Headern, der vom Tunneleingangspunkt angefügt wird, wird Tunnel IPv6 Header genannt.

Verarbeitung der Header

Im IPv6 Header, der vom Tunneleingangspunkt angefügt wird, entspricht die Absenderadresse der IPv6-Adresse des Tunneleingangspunktes und die Empfängeradresse der IPv6-Adresse des Tunnelausgangspunktes. Das ursprüngliche Paket wird zum Payload des Tunnelpaketes. Der Header des ursprünglichen Paketes wird nach normalen Routingregeln behandelt. Handelt es sich um ein IPv4-Paket, so wird die TTL (Time to Live) um 1 reduziert. Ist es ein IPv6-Paket, wird das Hop Limit um 1 reduziert. Der Tunnel ist aus der Perspektive von Absender und Empfänger 1 Hop.

Tunnelpaket wird nach IPv6 Routing Regeln verarbeitet

Der Tunnel IPv6 Header wird nach den gültigen IPv6 Routing Regeln verarbeitet. Hat das Paket z.B. einen Hop-by-Hop Extension Header, so wird dieser Header von jedem Router, der im Hop-by-Hop Optionsfeld aufgelistet ist, verarbeitet. Hat das Paket einen Destination Options Header, so wird dieser vom Empfänger – in diesem Fall der Tunnelausgangspunkt – verarbeitet. Diese Optionen werden auf dem Tunneleingangspunkt konfiguriert.

Tunnel Encapsulation Limit Option

Ein Beispiel für einen Destination Options Header ist die Tunnel Encapsulation Limit Option. Diese Option kann eingesetzt werden, wenn mehrere Tunnels verschachtelt sind. Ein Hop im Tunnel kann der Eingangspunkt zu einem nächsten Tunnel sein. In diesem Fall nennt man den ersten Tunnel äusseren Tunnel, den zweiten Tunnel inneren Tunnel. Der innere Tunneleingangspunkt behandelt das ganze, bereits getunnelte Paket als ursprüngliches Paket und wendet die normalen Regeln für Encapsulation in IPv6 an.

Endlose Verschachtelung

Dies kann theoretisch fast endlos so weitergehen. Die einzig natürliche Grenze für die Zahl der verschachtelten Tunnels ist die maximal mögliche IPv6-Paketgrösse, da jeder Tunneleingangspunkt wieder mindestens einen IPv6 Header anfügt. So wären theoretisch bis zu 1600 verschachtelte Tunnel möglich, was natürlich keinen Sinn macht. Muss das Paket zusätzlich noch fragmentiert werden, so wird es noch schwieriger, weil jeder Fragmentierungsvorgang die Zahl der Pakete vervielfacht.

Möglichkeit, Verschachtelung zu limitieren

Aus diesen Gründen hat man in RFC 2473 die Tunnel Encapsulation Limit Option definiert, welche in einem Destination Options Header transportiert wird. Die Tunnel Encapsulation Limit Option hat das bekannte TLV-Format (Type, Length, Value). Der Options Type Wert für diese Option ist 4. Das Value-Feld definiert, wieviele Tunnelebenen zulässig sind. Ist der Wert 0, so wird das Paket verworfen und eine ICMPv6 Parameter Problem Nachricht an den vorhergehenden Tunneleingangspunkt geschickt. Ist der Wert ungleich 0, so wird er um 1 vermindert und das Paket getunnelt. Erhält ein Tunneleingangspunkt ein Paket ohne diese Option, ist aber selber dafür konfiguriert, so muss er einen Destination Options Header mit seinem vorkonfigurierten Wert einfügen.

Format Tunnel-Header

Abbildung 10.4 zeigt den IPv6 Header, der vom Tunneleingangspunkt angefügt wird.

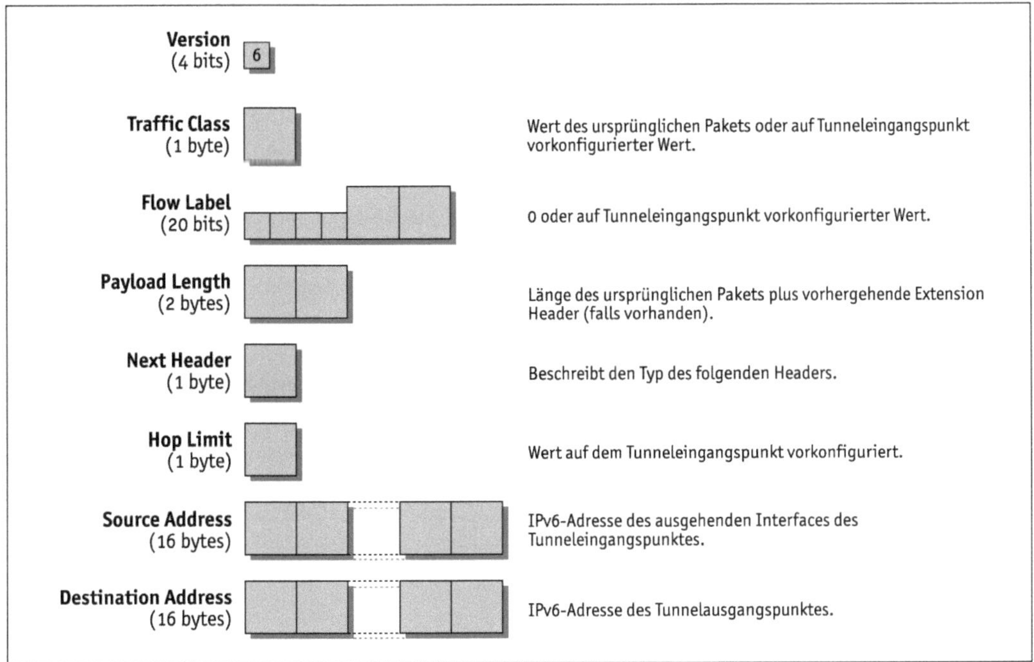

Abbildung 10.4 - Der Tunnel IPv6 Header

Felder im Tunnel-Header

Die Standardfelder des IPv6 Headers werden in Kapitel 2 besprochen. In diesem Beispiel sind folgende Felder von Interesse: Die Werte für Traffic Class, Flow Label und Hop Limit können auf dem Tunneleingangspunkt vorkonfiguriert werden. Das Payload Length Feld enthält die Länge des ursprünglichen Paketes plus die Länge aller angefügten Extension Header. Die Felder für Absender- und Empfängeradresse enthalten die Adressen von Tunneleingangs- und Tunnelausgangspunkt. Zu beachten ist, dass ein Router, der Tunneleingangspunkt ist, fragmentieren können muss, da das verpackte Paket die Path MTU des Tunnels überschreiten kann. Da der Tunneleingangspunkt als Absender des getunnelten Paketes gesehen wird, muss er Fragmentierung unterstützen. Entsprechend muss der Tunnelausgangspunkt die Fragmente wieder zusammenfügen können, da er der Empfänger des Tunnelpaketes ist. Erhält der Tunneleingangspunkt ein IPv4-Paket, in welchem das Don't Fragment Bit gesetzt ist, so verwirft er das

Paket und schickt eine ICMP Destination Unreachable Nachricht mit dem Code «fragmentation needed and DF set» an den ursprünglichen Absender des Paketes.

Anfangs vorwiegend Tunnel über IPv4

Übergang zu Tunnel über IPv6

In der Anfangszeit von IPv6 wird es viele IPv6-in-IPv4-Tunnel geben, indem das hauptsächlich auf IPv4 basierende Internet als Transport für IPv6-Pakete verwendet wird. In dieser Zeit werden wir noch nicht gross vom effizienteren Routing mit IPv6 profitieren können. Mit der Zeit werden wir vermehrt direkten Zugang zum Internet über IPv6 haben und IPv4 in IPv6 tunneln, um das IPv6-Internet als Transport für IPv4-Daten zu benutzen. Bereits heute (2015) zeigen Vergleichsmessungen häufig via IPv6 eine schnellere Zugriffsperformance auf Websites als via IPv4.

10.2.5 Tunnel-Übergangsmechanismen

Nachfolgend beschreiben wir mögliche Übergangsmechanismen. Betrachten Sie diese Mechanismen als Toolbox, welche in unterschiedlichen Integrationsszenarien eingesetzt werden können.

6to4 (RFC 3056)

6to4-Tunnel

RFC 3056, «Connection of IPv6 Domains via IPv4 Clouds», definiert einen Mechanismus, der es IPv6 Sites erlaubt, miteinander über ein IPv4-Netzwerk zu kommunizieren, ohne explizit einen Tunnel aufsetzen zu müssen. Dieser Mechanismus wird 6to4 genannt. 6to4 hat einige Einschränkungen und wird darum aktuell nicht mehr eingesetzt. Wir beschreiben den Mechanismus trotzdem, einerseits weil er aus historischen Gründen interessant ist und zweitens, weil er als Grundlage für den heute eingesetzten 6rd Mechanismus dient, den wir im Anschluss beschreiben.

6to4 Router

6to4-Präfix

Das IPv4-Netzwerk wird dabei, wie im Abschnitt über Tunneling erklärt, als Punkt-zu-Punkt-Link behandelt. Die native IPv6 Domains kommunizieren über 6to4 Router, auch 6to4 Gateways genannt. 6to4 ist als Übergangsmechanismus zu sehen, der Sinn macht, solange wir beide Protokolle im Einsatz haben. Die IPv6-Pakete werden am 6to4 Router in IPv4 verpackt. Mindestens eine offizielle IPv4 Unicast-Adresse ist deshalb für diese Konfiguration notwendig. Die IANA hat für 6to4 ein spezielles IPv6-Präfix zugewiesen (`2002::/16`).

Abbildung 10.5 zeigt das Format des 6to4-Präfixes.

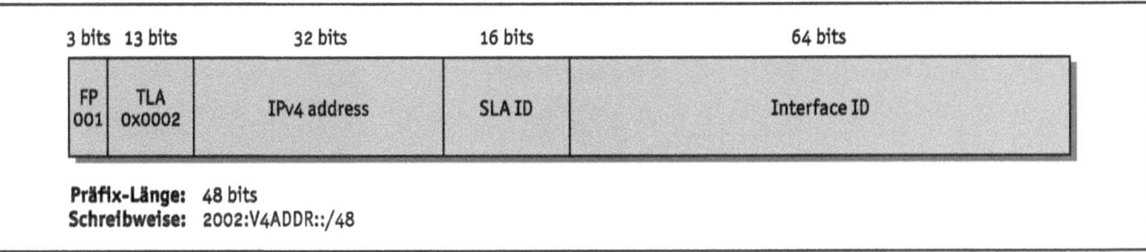

Abbildung 10.5 - Format des 6to4-Präfixes

Überholte Ausdrücke

Im Format der 6to4-Adresse kommen die Begriffe FP (Format Prefix), TLA (Top Level Aggregator) und SLA (Site Level Aggregator) vor. Diese entstammen einer überholten IPv6-Adressarchitektur (RFC 2374), welche jedoch zur Zeit der 6to4-Definition noch gültig war.

Format 6to4-Präfix

Die 6to4-Adressen kommen aus dem heute für globale IPv6-Adressen gültigen Bereich mit dem binären Präfix 001. Als TLA für 6to4 wurde `0x0002` zugewiesen. Stellen wir dies in binärer Weise dar, so erhalten wir `0010 0000 0000 0010`, was hexadezimal dargestellt `2002` ergibt. Die folgenden 32 Bits enthalten die offizielle IPv4-Adresse des 6to4 Routers in hexadezimaler Darstellung. Das 6to4-Präfix hat also für die damit verbundene Site das Format `2002:IPv4Adresse/48.` Es verbleiben somit 16 Bits für die Aufteilung im internen Netzwerk (SLA ID), was die Bildung von 65'536 Subnetzen (216) mit theoretisch je 2^{64} Hosts pro Subnetz erlaubt.

Kommunikation über 6to4

Will ein Knoten in einem 6to4-Netzwerk mit einem Knoten in einem anderen 6to4-Netzwerk kommunizieren, so ist keine Tunnelkonfiguration notwendig. Der Tunneleingangspunkt entnimmt die IPv4-Adresse des Tunnelausgangspunktes der IPv6-Adresse des Empfängers. Wenn die 6to4-Knoten in einem Netzwerk mit IPv6-Knoten in entfernten IPv6-Netzwerken kommunizieren wollen, so brauchen sie einen Relay Router. Der Relay Router ist ein Router, der sowohl für 6to4, als auch für native IPv6 konfiguriert ist. Er verbindet unser 6to4-Netzwerk mit dem native IPv6-Netz. Er kündigt das 6to4-Präfix `2002::/16` ins native IPv6-Netzwerk an, damit die IPv6-Knoten die 6to4-Knoten erreichen können.

Abbildung 10.6 zeigt die 6to4-Komponenten.

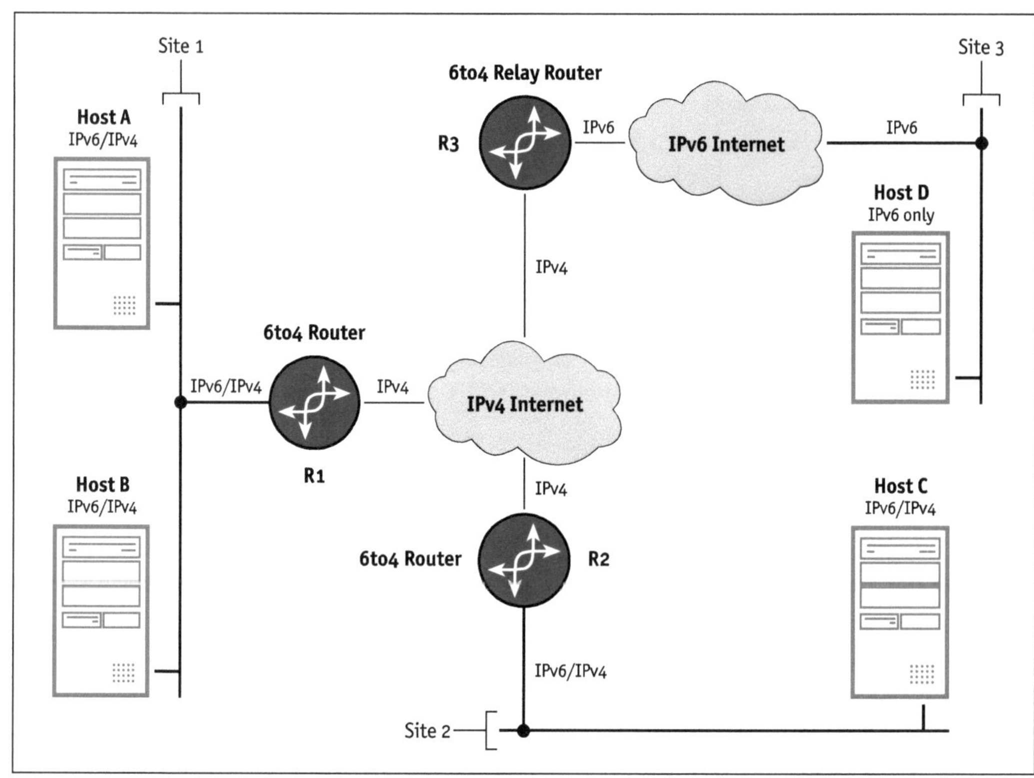

Abbildung 10.6 – 6to4-Komponenten

Kommunikation 6to4 mit 6to4

Die Abbildung zeigt die möglichen Kommunikationspfade. Innerhalb von Site 1 können die beiden Hosts A und B direkt miteinander über IPv6 kommunizieren. Will einer der beiden Hosts mit Host C in Site 2 kommunizieren, welche auch eine 6to4 Site ist, so werden die IPv6-Pakete an den 6to4 Router R1 in Site 1 geschickt. Dieser verpackt sie in IPv4 und schickt die IPv4-Pakete an den 6to4 Router R2 in Site 2. Dessen IPv4-Adresse entnimmt er der IPv6-Empfängeradresse. R2 entpackt das Paket und leitet das ursprüngliche IPv6-Paket an Host C weiter.

Kommunikation 6to4 mit native IPv6

Will ein Host aus Site 1 mit einem IPv6-Host im IPv6-Internet kommunizieren, so schickt er sein IPv6-Paket an Router R1. Dieser verpackt es in IPv4 und schickt es an den Relay Router R3. R3 entpackt das Paket und leitet das ursprüngliche IPv6-Paket über die IPv6 Routing-Infrastruktur an Host D weiter.

Router R1 in Site 1 gibt in seinen Router Advertisements das interne 6to4-Präfix für die Autokonfiguration bekannt (sofern gewünscht). Dieses lautet `2002:IPv4-Adresse-R1:Subnetz::/64`. Mit diesem Präfix können die Hosts in der Site 1 ihre IPv6-Adressen autokonfigurieren.

Router Advertisements

Um ein 6to4-Netzwerk mit dem IPv6 Internet zu verbinden, kann ein geeigneter 6to4 Relay gesucht und manuell konfiguriert werden. Die manuelle Konfiguration lässt Kontrolle über die verwendeten Relays zu, ist aber mit erhöhtem administrativen Aufwand verbunden. Ist der konfigurierte Relay nicht erreichbar, so muss auf dem 6to4 Router ein alternativer Relay konfiguriert werden.

Konfiguration von 6to4 Relays

Wie bereits erwähnt, hat 6to4 zuviele Kommunikationsprobleme und wird darum nicht eingesetzt. RFC 6343, «Advisory Guidelines for 6to4 Deployment» beschreibt erfolgte Tests und Messungen sowie die Verbindungsprobleme, insbesondere auch mit dem Gebrauch der ur sprünglich definierten Anycast Adresse für 6to4 Relays (RFC 3068, mit RFC 7526 deprecated). Es enthält Vorschläge für das Optimieren der 6to4 Kommunikation für Provider, die es bereits im Einsatz haben. Neue Deployments sollten auf keinen Fall 6to4 einsetzen.

6to4 kein empfohlener Mechanismus

IPv6 Rapid Deployment (6rd)

In Frankreich sind Internetbenützer aktiv geworden. Sie starteten eine Initiative, weil sie IPv6-Zugang zum Internet wünschten. Im August 2005 haben innert kürzester Zeit über 10'000 Leute eine Erklärung unterzeichnet, dass sie bereit sind für IPv6-Internetzugang pro Monat 1 Euro zu bezahlen. Insgesamt haben rund 25'000 Leute die Erklärung unterzeichnet. Diese Petition haben sie ihrem Internetprovider Free zugestellt, den sie als innovativ bezeichneten und von dem sie darum erwarteten, dass er Zugang über IPv6 zur Verfügung stellt. Auf *http://ipv6pourtous.free.fr/rani* finden Sie den Initiativtext (in Französisch).

Internet User in Frankreich verlangten IPv6

Der zur Iliad Group gehörende Service Provider Free (*www.free.fr*) entsprach den Erwartungen seiner Kunden und zeigte sich als höchst innovativ und marktorientiert. Innerhalb von fünf Wochen Ende 2007 ermöglichte Free über 1.5 Millionen Nutzern den IPv6-Internetzugang. Dabei haben sie eine modifizierte Version von 6to4 entwickelt, welche einige der Probleme von 6to4 löst und sich somit im Providerumfeld mit

ISP Free zeigt sich innovativ und kommt dem Wunsch nach

minimalem Aufwand und Kosten, sowie auf normalem CPE-Equipment einsetzen lässt. Dieser Mechanismus wird heute IPv6 Rapid Deployment, kurz 6rd genannt und wurde in der Folge als IETF Standard ausgearbeitet.

6rd basiert auf 6to4

Viele Provider zögerten, 6to4 als Mechanismus einzusetzen, um ihren Kunden IPv6-Dienste anzubieten. Hauptgrund dafür waren die Einschränkungen von 6to4. Ein ISP, der 6to4-Tunnel anbietet kann sicherstellen, dass Pakete aus dem 6to4-Netz jede IPv6 Destination im Internet erreichen. Er kann auch sicherstellen, dass Pakete aus einer externen 6to4 Site ankommen. Für Pakete jedoch, die aus einem externen IPv6-Netz kommen ist es nicht garantiert, da diese Pakete auf ihrem Weg zum 6to4-Netzwerk an einem 6to4 Relay Router vorbeikommen müssen und dies ist nicht in jedem Fall möglich. 6rd baut auf 6to4 auf. Der Grund für die Wahl von 6to4 als Grundlage von 6rd ist, dass es ein offizieller und breit implementierter Standard ist. Die Limitationen von 6to4 löst 6rd wie folgt:

Lösung der 6to4 Limitationen

- Das 6to4 Präfix (`2002::/16`) wird durch ein offizielles IPv6-Präfix aus dem Adressbereich des Providers ersetzt.
- Die 6to4 Anycast-Adresse wird durch eine vom Provider wählbare Anycast-Adresse ersetzt.
- Der Provider unterhält ein oder mehrere 6rd Gateways an der Grenze zwischen seiner IPv4-Infrastruktur und dem IPv6 Internet. Die 6rd Gateways sind modifizierte 6to4 Router.
- Auf der Kundenseite stehen IPv6-fähige CPE Router, welche 6rd unterstützen. Auch dies ist eine modifizierte 6to4 Funktion.

In den fünf Wochen vom 7. November bis 11. Dezember 2007 hat Free folgende Arbeiten ausgeführt:

In 5 Wochen von Null auf Hundert

- Vom RIR ein /32 Präfix angefordert und erhalten
- Die Software auf den Freebox Homegateways modifiziert, sodass diese 6rd unterstützen. Dabei wurde der vorhandene 6to4 Code upgraded.
- PC-kompatible Plattform mit 6to4 Gateway Software versehen und diese modifiziert, sodass sie 6rd unterstützt.
- IPv6-Betrieb mit diversen Betriebssystemen und Applikationen getestet.
- Neue Software für Freeboxen zum Download angeboten.
- IPv6 Connectivity ohne Zusatzkosten für den Kunden angekündigt.

Anfangs war der IPv6-Zugang limitiert auf einen Link pro Kunde (jeder Kunde erhielt eine /64 Zuweisung). Nach einigen Monaten erhielten sie ein /26 Präfix von RIPE NCC und wiesen in der Folge jedem Kunden ein /60 zu, womit dieser 16 Links konfigurieren konnte.

Standardisierung 6rd

Dieses Deployment bei Free ist in RFC 5569 «IPv6 Rapid Deployment on IPv4 Infrastructures (6rd)» beschrieben. RFC 5969, «IPv6 via IPv4 Service Provider Networks» ist die Protokollspezifikation für 6rd. 6rd wurde vom Markt schnell aufgenommen, in vielen Geräten implementiert und von vielen ISPs (u.a. von Swisscom in der Schweiz) eingesetzt. Es ist der geeignete Mechanismus für Provider, die aktuell noch einen IPv4-Backbone haben und den nicht in kurzer Zeit auf IPv6 umstellen können. Zur Überbrückung dieser Zeit kann der ISP den Kunden IPv6 mittels dem automatischen Tunnel 6rd zur Verfügung stellen und die IPv6-Pakete über den IPv4-Backbone tunneln.

Nachfolgend eine kurze Übersicht über die Funktionsweise von 6rd.

6rd-Terminologie aus dem RFC:

- **6rd Prefix**
  Ein vom ISP gewähltes Präfix. Es gibt genau ein Präfix pro 6rd Domain. Ein ISP kann 6rd mit einer oder mehreren Domains anbieten.

- **6rd Customer Edge (CE)**
  Customer Edge Router in einem 6rd Deployment. Manchmal auch CPE (Customer Premises Equipment) genannt. Das CE hat in der Regel ein WAN Interface, ein oder mehrere LAN Interfaces und ein virtuelles 6rd Interface.

- **6rd Delegated Prefix**
  Das vom CE automatisch kalkulierte IPv6-Präfix, das im Kundenetzwerk benützt wird. Es wird berechnet, indem das 6rd Präfix mit der IPv4-Adresse des CE's kombiniert wird. Die IPv4-Adresse wird über normale IPv4-Konfiguration verteilt. Die Konfiguration des IPv6 Delegated Präfixes erfolgt über Prefix Delegation (RFC 3633, in Kapitel 7 beschrieben).

- **6rd Domain**
  Ein mit demselben Virtual 6rd Link verbundener Satz von 6rd CE's und BRs. Jede 6rd Domain benötigt ein eigenes 6rd Präfix.

- **CE LAN-seitig**
  Dieses Interface ist auf der Kundenseite des CE's und ist IPv6-fähig.

- **CE WAN-seitig**
  Dieses Interface ist auf der WAN-Seite des CE's und ist IPv4-only.

- **6rd Border Relay (BR)**
  Ein vom ISP verwalteter 6rd-Router an der Grenze zwischen dem IPv4-Netzwerk des ISPs und dem IPv6-Internet (oder einem anderen native IPv6-Netzwerk). Der BR hat mindestens ein IPv4-Interface zum ISP-Netzwerk, ein 6rd Virtual Interface als Endpunkt des 6rd-Tunnels und ein IPv6-Interface mit Verbindung zum native IPv6-Netzwerk.

- **6rd Virtual Interface**
  Ein internes Tunnelinterface das IPv6-Pakete ein- und auspackt. Ein typisches CE oder BR benötigt lediglich ein 6rd Virtual Interface und nie mehr als eines pro 6rd Domain.

Globales Präfix

Eine der offensichtlichsten Änderungen ist, dass 6rd nicht das spezielle 6to4-Präfix (`2002::/16`) benützt. Der Provider kann sein eigenes, offizielles IPv6-Präfix benützen. Damit ist die 6rd Domain auf sein Netzwerk beschränkt und er hat die administrative Kontrolle darüber. Gemäss RFC wird 6rd aus Sicht des Kunden und des Internets als äquivalent zu nativem IPv6-Zugang betrachtet. Adressen, die aus dem 6rd-Präfix zugewiesen sind, werden gemäss den Default Address Selection Regeln in RFC 6724 wie native IPv6-Adressen behandelt.

Abbildung 10.7 zeigt das Layout eines 6rd-Netzwerkes.

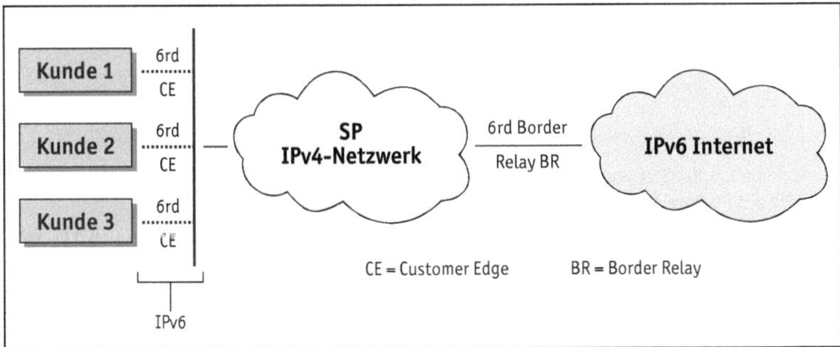

Abbildung 10.7 - Ein 6rd Netzwerk

Ein 6rd-Netzwerk besteht aus Customer Edge Routern (CE) und einem oder mehreren Border Relays (BR). 6rd-Pakete werden in einen IPv4-Header verpackt und folgen innerhalb des ISP-Netzwerkes IPv4-Routingregeln. Der BR wird traversiert, wenn die Pakete von aussen kommen oder nach aussen gehen. 6rd funktioniert stateless. Das bedeutet, ähnlich wie bei 6to4, der BR kann für Failover auch via Anycast-Adressen erreicht werden. Da 6rd das Präfix des ISP benützt, werden keine speziellen Routes nach aussen angekündigt.

Bildung Delegated Präfix

Das 6rd Delegated Präfix wird auf dem CE aus der Kombination von ISP-Präfix und der ganzen oder einem Teil der IPv4-Adresse des CE gebildet. Es verhält sich wie ein Delegated Präfix das via DHCPv6 konfiguriert wurde.

Note
DHCPv6 und Präfix Delegation werden in Kapitel 7 besprochen.

Subnetze im Heimnetzwerk

6to4 benützt ein well-known Präfix (`2002::/16`) gefolgt von 32-bit mit der öffentlichen IPv4-Adresse des 6to4-Routers. Das 6to4-Präfix ist ein /48-Präfix. In 6rd kann die Länge des Präfixes und auch die Länge und Position der IPv4-Adresse innerhalb des Präfixes variieren. Der ISP kann wählen, wie lange das 6rd Präfix ist und wieviele Bits der IPv4-Adresse benützt werden. Das dem Kunden zugewiesen Präfix sollte natürlich im Minimum ein /64 sein. Ein kürzeres Präfix (z.B. ein /60 oder /56) wäre vorzuziehen, damit der Kunde die Möglichkeit hat, Subnetze einzurichten. Dies wird in Zukunft gebräuchlich werden. Heimnetzwerke werden möglicherweise ein Gast-Netzwerk für WiFi-Benützung haben, sowie allfällige Subnetze für Heimautomation, Gebäudemanagement und Multimedia.

Abbildung 10.8 zeigt das Format der 6rd-Adresse.

n bits		64 - n bits	64 bits
6rd Prefix		Subnet ID	Interface ID
ISP Prefix	IPv4 addr		

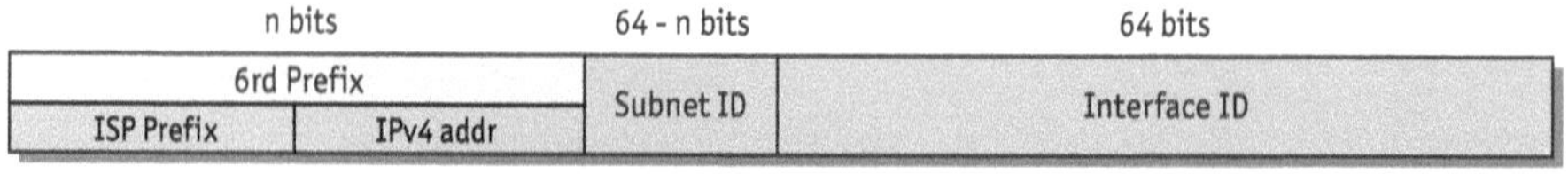

6rd Prefix:	Identifiziert den einer 6rd Site zugewiesenen Adressbereich, vom Provider gewählt
└ ISP Prefix:	Globales Präfix des Providers
└ IPv4-Adresse:	Die ganze oder Teile der IPv4-Adresse des CE
Subnet ID:	Identifiziert einen Link innerhalb einer Site
Interface ID:	Interface Identifier, 64 Bit

Abbildung 10.8 – Das Format der 6rd-Adresse

Aufteilung Präfix

Die Länge des 6rd Delegated Präfix entspricht der Summe der Anzahl Bits des 6rd Präfixes plus der Anzahl der benützten Bits der IPv4-Adresse des CE. Wenn der ISP ein /32-Präfix und die ganzen 32 Bit der IPv4-Adresse einsetzt, so erhält der Kunde ein /64-Präfix. Möchte der ISP ein kürzeres Präfix zuweisen, z.B. ein /60 oder /56, so kann er die Länge des Präfixes verkürzen. Er kann z.B. nur einen Teil der IPv4-Adresse des CE benützen, wenn er eine Gruppe von aggregierbaren IPv4-Adressen zusammenfassen kann (das hängt von seinem IPv4-Adressplan ab).

Ein Beispiel: Wenn die IPv4-Adressen auf ein 10.1.0.0./8 aggregiert werden können, so ist das 6rd-Präfix ein /56 (32 + 24 = 56). In diesem Fall erhält der Kunde ein /56 und hat somit 8 Bits für Subnetting zur Verfügung.

Note
Da das 6rd Delegated Präfix algorithmisch aus einer IPv4-Adresse generiert wird, bedeutet eine Änderung der IPv4-Adresse auch eine Änderung des 6rd-Präfixes. Es empfiehlt sich darum, die IPv4-Adressen entweder statisch oder mit langen Lifetimes zuzuweisen.

RIR Policies

Um den ISPs die Zuweisung kürzerer Präfixe als /64 zu vereinfachen gibt es in den verschiedenen Regionen unterschiedliche Policies. In der RIPE Region z.B. erhält ein ISP problemlos ein /29, womit er seinen 6rd-Kunden ein /30 zuweisen kann. In der ARIN Region gibt es aktuell eine Policy, die eine spezielle /24-Allokation erlaubt. Andere Regionen mögen andere Policies haben. Dies kann weiterentwickelt werden und sollte in jedem Fall vor der Implementierung aktuell mit der lokalen Registry abgeklärt werden.

Die 6rd CEs und BRs müssten mit den folgenden Elementen konfiguriert werden:

- **IPv4 Mask Length**
  Die Zahl der high-order Bits die innerhalb der 6rd-Domain über alle CEs hinweg identisch sind. Als Beispiel: Wenn es keine identischen Bits gibt, so ist die IPv4 Mask Länge null und die volle IPv4-Adresse (32 Bits) wird im 6rd Delegated Präfix benützt. Wenn es 8 identische Bits gibt, so ist die IPv4 Mask Länge 8 und die 8 high-order Bits der IPv4-Adresse werden gestrichen bevor das 6rd Delegated Präfix gebildet wird.

- **6rd Prefix**
  Das 6rd Präfix für die 6rd Domain.

- **6rd Prefix Length**
  Die Länge des 6rd Präfix für die 6rd Domain.

- **6rd BR IPv4 address**
  Die IPv4Adresse des 6rd BR für die 6rd Domain.

Für die Konfiguration der IPv4-Adresse gibt es eine DHCPv6-Option mit Option Code 212.

DHCPv6-Option

Abbildung 10.9 zeigt das Format:

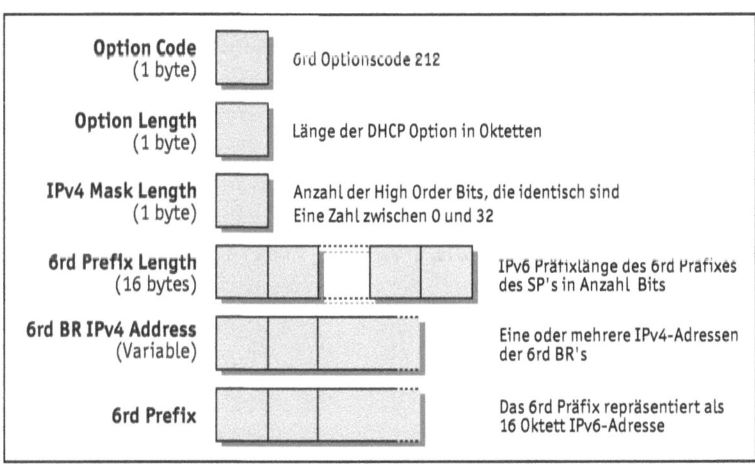

Abbildung 10.9 - Das Format der 6rd DHCPv4-Option

Der Option Code ist auf 212 gesetzt. Das Option Length Feld zeigt die Länge der DHCP Option in Octets. Das IPv4 Mask Length Feld zeigt die Anzahl high-order Bits, die über alle CEs in der 6rd Domain identisch sind. Das kann ein Wert zwischen 0 und 32 sein. Das 6rd Prefix Length Feld zeigt die Anzahl Bits des ISP 6rd Präfixes und hat eine variable Länge. Das 6rd BR IPv4 Address Feld enthält eine oder mehrere IPv4-Adressen des 6rd BRs für die 6rd Domain(s). Das 6rd Präfix Feld enthält das 6rd-Präfix als 16-Octet IPv6-Adresse. Die Zahl der Bits im Präfix, nach der Anzahl der im 6rd Präfix Length Feld definierten Bits muss vom Sender auf null gesetzt und vom Empfänger ignoriert werden.

Wenn 6rd aktiviert ist erstellt das CE eine Default Route zum BR, eine Black Hole Route für das 6rd Delegated Präfix, sowie Routen für jede LAN-seitig zugewiesenen und angekündigten Präfixe.

Note
Die Softwires Arbeitsgruppe definiert Mechanismen für die Verbindung von IPv4-Netzwerken über IPv6-Netzwerke und umgekehrt. Die Arbeitsgruppe ist unter *https://datatracker.ietf.org/wg/softwire/documents/* zu finden. Dort sehen Sie auch die aktuellen RFCs und Drafts.

ISATAP

IPv6-Kommunikation in IPv4-Netzwerken ohne IPv6 Router

Das Intra-Site Automatic Tunnel Addressing Protocol (ISATAP) ist in RFC 5214 definiert. ISATAP wurde entwickelt, um IPv6-Knoten die Kommunikation über IPv6 zu ermöglichen, auch wenn sie sich in IPv4-Netzwerken ohne IPv6-fähige Router befinden. ISATAP betrachtet das IPv4-Netzwerk als Link Layer für IPv6. Mit ISATAP kann man daher in einem internen Netzwerk IPv6 einführen, auch wenn noch keine IPv6 Router vorhanden sind. ISATAP ermöglicht einen automatischen Tunnelmodus, auch wenn private IPv4-Adressen und NAT benutzt werden. Bei ISATAP-Adressen ist die IPv4-Adresse in der Interface ID der IPv6-Adresse enthalten.

Abbildung 10.10 zeigt das Format der ISATAP-Adressen.

64 bits
32 bits
32 bits
Prefix
00 00 5E FE
00 02 5E FE
IPv4 address
0000 private IPv4-Adresse
0002 offizielle IPv4-Adresse
5E IANA's OUI
FE Der Typ Identifier zeigt an, dass es sich um eine IPv6-Adresse mit eingebetteter IPv4-Adresse handelt

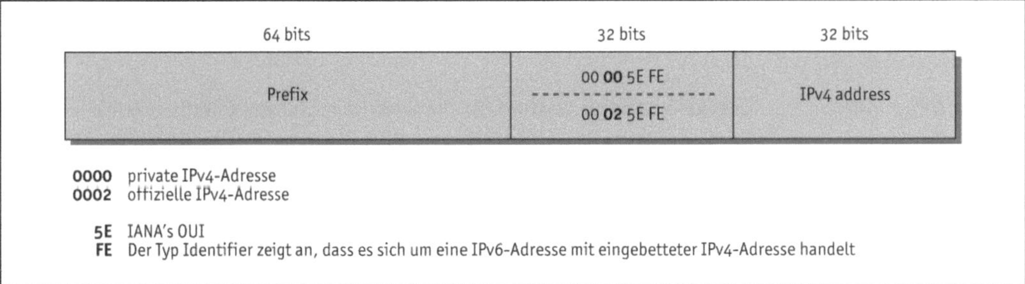

Abbildung 10.10 - Format von ISATAP-Adressen

IPv4-Adressen können aus dem privaten Bereich sein

Die ISATAP-Adresse hat ein Standardpräfix, welches ein globales, ein Link-Local oder auch ein 6to4-Präfix sein kann. Die ersten 24 Bits nach dem 64-Bit Präfix enthalten den IEEE Organizationally Unique Identifier (OUI) von IANA (`0x00 00 5E`). In den ersten 16 Bits davon wird angezeigt, ob die eingebettete IPv4-Adresse eine private Adresse (`0x0000`) oder eine offizielle Adresse (`0x0200`) ist. Die nächsten 8 Bits enthalten den Identifier FE, der anzeigt, dass es sich um eine IPv6-Adresse mit eingebetteter IPv4-Adresse handelt. Die letzten 32 Bits enthalten die IPv4-Adresse des Interfaces.

Ein Beispiel:

Beispiel

Ihr Netzwerk hat das Präfix `2001:db8:10:3a::/64`.
Ein Knoten in diesem Netzwerk hat die IPv4-Adresse `62.2.84.115` (eine offizielle IPv4-Adresse). Die entsprechende ISATAP-Adresse lautet `2001:db8:10:3a:2:5efe:62.2.84.115`. Die entsprechende Link-Lokal Adresse lautet `fe80::2:5efe:62.2.84.115`.

Abbildung 10.11 zeigt die ISATAP-Adresse unseres Interfaces.

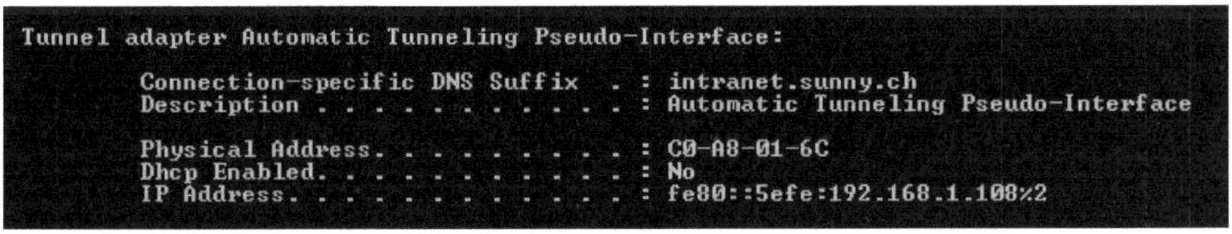

Tunnel adapter Automatic Tunneling Pseudo-Interface:
Connection-specific DNS Suffix . : intranet.sunny.ch
Description . . . . : Automatic Tunneling Pseudo-Interface
Physical Address. . . . . : C0-A8-01-6C
Dhcp Enabled. . . . . : No
IP Address. . . . . : fe80::5efe:192.168.1.108%2

Abbildung 10.11 - Konfiguration des ISATAP Interfaces

Aufgrund der IPv4-Adresse unseres Interfaces wird automatisch die ISATAP-Adresse `fe80::5efe:192.168.1.108` generiert. Dies ist ein virtuelles Interface mit dem Identifier 2 (%2) und wird Pseudo Interface genannt.

Konfiguration der ISATAP-Adressen

ISATAP-Knoten brauchen für die Link-Lokal Adresse keine manuelle Konfiguration. Wenn über ISATAP auch Kommunikation ausserhalb des Firmennetzwerks stattfinden soll, so braucht es dazu mindestens einen IPv6-fähigen Router. Dieser wird dann mit Router Advertisements den ISATAP-Knoten ein global gültiges Präfix zuweisen. Durch Autokonfiguration bildet nun jeder Knoten zusätzlich zur Link-Local ISATAP-Adresse eine entsprechende ISATAP-Adresse mit dem globalen Präfix.

Wie ISATAP funktioniert

Die interne Kommunikation zwischen den ISATAP-Knoten läuft direkt und benutzt das IPv4-Netz als Link-Layer. Das bedeutet, dass auch wenn die interne IPv4-Infrastruktur geroutet ist, die ISATAP-Knoten direkt über die Link-Local IPv6-Adresse kommunizieren können. Wenn ein Knoten ein Paket über IPv6 an einen ISATAP-Kollegen schicken will, so entnimmt der ISATAP-Treiber die entsprechende IPv4-Adresse der IPv6-Adresse (die er in den letzten 4 Bytes der Empfängeradresse findet), packt das IPv6-Paket in einen IPv4 Header ein und schickt es über das IPv4-Netzwerk. Somit wird das übliche IPv4 Routing für das Weiterleiten des Paketes benutzt. Der Empfänger entfernt den IPv4 Header und gibt das Paket intern als IPv6-Paket weiter.

Ein ISATAP Router ist ein IPv6-Router, der auch über IPv4 erreichbar ist und folgende Funktionen ausführt:

- Kündigt das Präfix des logischen ISATAP Subnetzes an, in dem ISATAP Hosts vorhanden sind.
- Leitet Pakete zwischen ISATAP Hosts im ISATAP Subnetz und IPv6-Hosts in anderen Netzen (IPv4- oder IPv6-Subnetze) weiter.
- Ist Default Router für ISATAP Hosts.
- Konfiguriert die IPv6 Hosts im ISATAP-Subnetz mit Router Advertisements.

Abbildung 10.12 zeigt das Trace File eines Ping-Befehls.

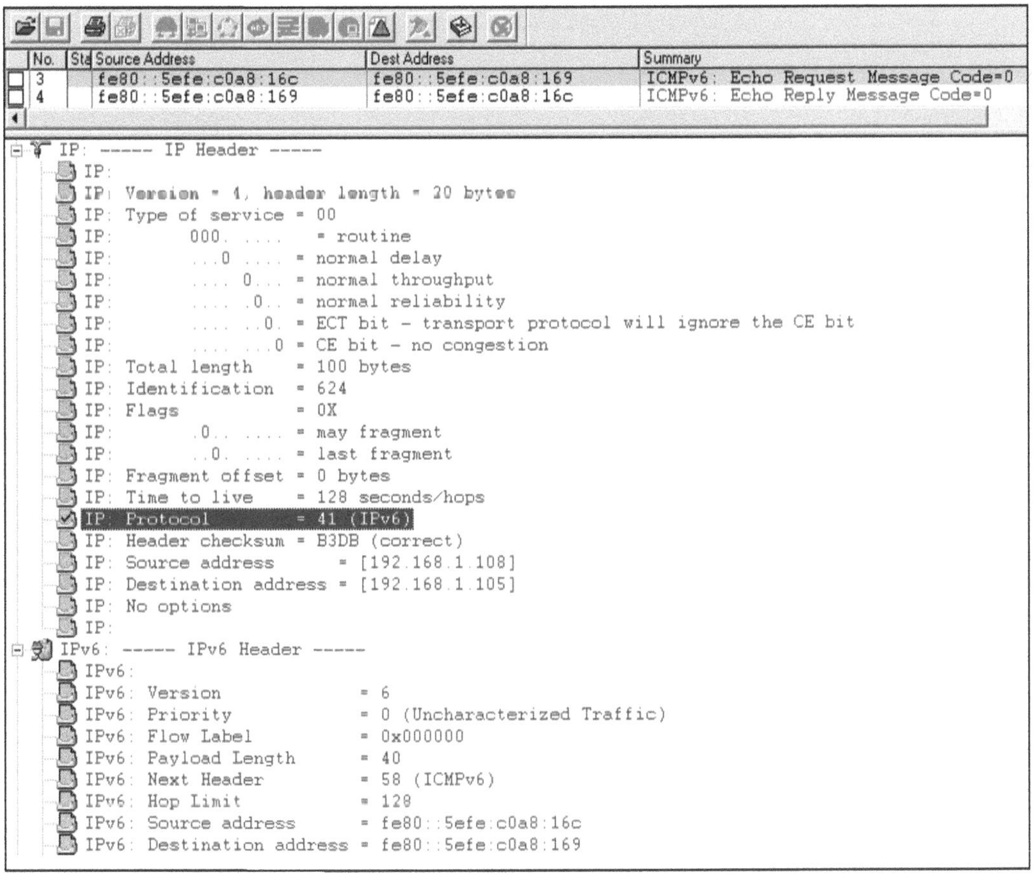

No.	St	Source Address	Dest Address	Summary
3		fe80::5efe:c0a8:16c	fe80::5efe:c0a8:169	ICMPv6: Echo Request Message Code=0
4		fe80::5efe:c0a8:169	fe80::5efe:c0a8:16c	ICMPv6: Echo Reply Message Code=0

```
IP: ----- IP Header -----
  IP:
  IP: Version = 4, header length = 20 bytes
  IP: Type of service = 00
  IP:        000. ....  = routine
  IP:        ...0 ....  = normal delay
  IP:        .... 0...  = normal throughput
  IP:        .... .0..  = normal reliability
  IP:        .... ..0.  = ECT bit - transport protocol will ignore the CE bit
  IP:        .... ...0  = CE bit - no congestion
  IP: Total length     = 100 bytes
  IP: Identification   = 624
  IP: Flags            = 0X
  IP:        .0.. ....  = may fragment
  IP:        ..0. ....  = last fragment
  IP: Fragment offset = 0 bytes
  IP: Time to live    = 128 seconds/hops
  IP: Protocol         = 41 (IPv6)
  IP: Header checksum = B3DB (correct)
  IP: Source address       = [192.168.1.108]
  IP: Destination address = [192.168.1.105]
  IP: No options
  IP:
IPv6: ----- IPv6 Header -----
  IPv6:
  IPv6: Version              = 6
  IPv6: Priority             = 0 (Uncharacterized Traffic)
  IPv6: Flow Label           = 0x000000
  IPv6: Payload Length       = 40
  IPv6: Next Header          = 58 (ICMPv6)
  IPv6: Hop Limit            = 128
  IPv6: Source address       = fe80::5efe:c0a8:16c
  IPv6: Destination address = fe80::5efe:c0a8:169
```

Abbildung 10.12 – ISATAP Ping

Beschreibung Trace File

Der Ping wurde von einem Notebook mit der IPv4-Adresse `192.168.1.108` (entspricht dem Interface in Abbildung 10.11) ausgeführt. Die IPv6-Absenderadresse des Notebooks wird mit `fe80::5efe:C0a8:16c` (hexadezimale Repräsentation der IPv4-Adresse) dargestellt. Dies entspricht der in Abbildung 10.11 gezeigten IPv6-Adresse `fe80::5efe:192.168.1.108`. Ich habe meine Workstation mit der ISATAP-Adresse `fe80::5efe:192.168.1.105` angepingt. Diese Empfängeradresse wird als `fe80::5efe:c0a8:169` dargestellt. Wie Abbildung 10.12 zeigt, packt der ISATAP-Treiber das IPv6-Paket in einen

IPv4 Header ein. In diesem IPv4 Header ist das Protokollfeld auf 41 für IPv6 gesetzt. Die Absenderadresse ist die IPv4-Adresse des Notebooks und die Empfängeradresse ist die IPv4-Adresse der Workstation.

Kommunikation mit internen IPv6-Netzwerken

Gibt es im internen Netz auch native IPv6-Segmente, so kann einer der native IPv6-Knoten mit einem ISATAP Interface konfiguriert werden und so als Router zwischen dem IPv6-Subnetz und dem ISATAP-Netz funktionieren. Die ISATAP-Knoten brauchen eine Default Route zum ISATAP Router oder zum 6to4 Gateway (falls vorhanden).

Kommunikation mit externen IPv6-Netzwerken

Wollen die IPv6-Knoten mit IPv6-Knoten in einem anderen IPv6-Netzwerk kommunizieren, so braucht es dazu einen Border Router. Es kann sich dabei um einen ISATAP Router oder um einen 6to4 Router handeln. Auch wenn die Hosts intern private IPv4-Adressen haben, können sie mit externen Knoten mit ihrer ISATAP-Adresse kommunizieren. Durch das Präfix sind die Adressen global eindeutig und können geroutet werden.

Note
ISATAP ist einer der Mechanismen, die auf gewissen Betriebssystemen automatisch aktiviert werden und damit zu Sicherheitslücken führen können. Beim Konfigurieren von Systemen, vor allem in nicht für IPv6 konfigurierten Netzwerken, ist dies zu überwachen und die virtuellen ISATAP Interfaces zu deaktivieren.

ISATAP nicht produktiv einsetzen

ISATAP ist einer der früh entwickelten Transitionsmechanismen und eignet sich nicht für den Einsatz in Produktionsnetzwerken.

Teredo

Tunneling über NAT

Viele Internetsurfer kommen nur über NAT (Network Address Translation) ins Internet. NATs erschweren das Tunneling von IPv6 über ein IPv4-Netzwerk hauptsächlich aus zwei Gründen: Die Benutzer haben eine IPv4-Adresse aus dem privaten Adressraum und viele NATs sind so konfiguriert, dass sie Ingress Filtering (Filter für eingehende Pakete) machen und viele Arten von Payload nicht akzeptieren. Beim Tunneling ist jedoch das IPv6-Paket der Payload von IPv4. Mechanismen wie 6to4 sind in solchen Fällen oft nicht einsetzbar, da sie globale IPv4-Adressen voraussetzen. 6to4 kann in Kombination mit NAT eingesetzt werden, wenn der 6to4 Router auf

6to4 setzt globale IPv4-Adressen voraus

derselben Box läuft wie NAT. In allen anderen Fällen aber muss ein anderer Mechanismus eingesetzt werden. In der kommenden IPv6-Welt werden hoffentlich keine NATs mehr gebaut, aber wir werden noch eine gute Zeit mit unseren bestehenden IPv4 NATs leben müssen. Darum hat man einen Mechanismus entwickelt, der Internetbenutzern, die hinter einem oder gar mehreren NATs sitzen, den Zugang zum IPv6-Netz ermöglicht. Dabei wird das IPv6-Paket in UDP verpackt. Dieser Mechanismus wird Teredo Service genannt. Teredo ist in RFC 4380 definiert.

Teredo tunnelt über UDP

Folgende Ausdrücke werden im Zusammenhang mit Teredo verwendet:

Teredo-Begriffe

- **Teredo Service**
  Die Übertragung von IPv6-Paketen über UDP.
- **Teredo Client**
  Ein Client mit IPv4-Internet, der Zugang zum IPv6-Internet braucht.
- **Teredo Server**
  Ein Knoten, der Zugang zum IPv4-Internet und eine offizielle IPv4-Adresse hat. Er wird als Helfer eingesetzt, um Teredo Clients den Zugang zum IPv6-Internet zu ermöglichen.
- **Teredo Relay**
  Ein IPv6 Router, der Daten, welche für Teredo Clients bestimmt sind empfangen und über den Teredo Service an die Clients weiterleiten kann.
- **Teredo IPv6 Service Präfix**
  Ein IPv6-Präfix, welches benutzt wird, um die IPv6-Adressen von Teredo Clients zu bilden.
- **Teredo UDP Port**
  Die UDP Port Nummer auf der Teredo Server auf Pakete hören. Die Port Nummer ist 3544.
- **Teredo Bubble**
  Ein Teredo Bubble ist ein minimales IPv6-Paket. Es enthält einen IPv6 Header und ein Next Header Feld von 59 (no next header). Es hat keinen Payload. Teredo Clients und Teredo Relays benutzen Bubbles, um Mappings in NAT zu erstellen.

- **Teredo Service Port**
  Über den Teredo Service Port schicken Teredo Clients ihre Pakete. Dieser Port gehört zu einem der IPv4 Interfaces des Clients.

- **Teredo Server Address**
  Die IPv4-Adresse des Teredo Servers.

- **Teredo mapped Adresse und Teredo mapped Port**
  Eine offizielle IPv4-Adresse und ein UDP Port für einen Teredo Client. Diese werden aus der Übersetzung der IPv4-Adresse und eines UDP Ports eines Teredo Clients durch einen oder mehrere NATs gebildet. Der Client lernt diese Werte über das Teredo-Protokoll.

- **Teredo IPv6 Client Präfix**
  Ein globales IPv6-Präfix, das sich aus dem Teredo IPv6 Service Präfix und der Teredo-Serveradresse zusammensetzt.

- **Teredo Node Identifier**
  Ein 64-Bit Identifier, der den UDP Port und die IPv4-Adresse enthält, über welche der Client via Teredo Service erreicht werden kann. Der Identifier enthält auch ein Flag, welches anzeigt, was für ein NAT-Typ im Einsatz ist.

- **Teredo IPv6-Adresse**
  Die Kombination von Teredo IPv6 Client Präfix und Teredo Node Identifier ergibt die Teredo IPv6-Adresse.

- **Teredo IPv6 Discovery Adresse**
  Eine IPv4 Multicast-Adresse, welche benutzt wird, um die Teredo Clients innerhalb eines IPv4-Subnetzes zu entdecken. Die Multicast-Adresse ist 224.0.0.253 eingesetzt.

Der Teredo Service transportiert IPv6-Pakete als Payload von UDP. TCP und UDP haben die grösste Chance, die verschiedensten Arten von NAT traversieren zu können. Aus Performance-Gründen wurde UDP gewählt.

Die verschiedenen NAT-Typen unterteilen sich in folgende Hauptkategorien:

NAT-Kategorien

- **Cone NATs**
  In diesem Fall gibt es ein direktes Mapping zwischen dem internen Port, definiert durch eine interne IPv4-Adresse und einen entsprechenden UDP Port, zu einem externen Port, definirt durch eine globale IPv4-Adresse und eine für diese Adresse gültige Port-Nummer. Dieses Mapping wird aufrechterhalten, solange der Port aktiv ist und wird nach Ablauf eines Inactivity Timers entfernt. Solange das Mapping aktiv ist, werden alle Daten, die von extern an den entsprechenden externen Port gesandt werden, durch den NAT an den internen Port weitergeleitet.

- **Restricted Cone NATs**
  Diese NATs folgen denselben Regeln wie Cone NATs. Zusätzlich führt der NAT Device pro Mapping eine Liste von externen Adressen, welche von diesem Port Daten erhalten haben. Kommen Daten von externen Knoten, welche nicht in dieser Liste zu finden sind, werden sie nicht weitergeleitet.

- **Port-restricted Cone NATs**
  Dieser Typ NAT hält eine Liste von autorisierten Host- und Port-Paaren. UDP-Pakete, welche von externen Adressen kommen, zu denen der interne Knoten keine Daten geschickt hat, werden nicht durchgelassen.

- **Symmetric NATs**
  Dieser Typ NAT mappt dasselbe interne Adress-Port-Paar zu verschiedenen externen Adress-Port-Paaren, je nach Adresse des externen Kommunikationspartners.

Symmetrische NATs nicht unterstützt

Untersuchungen haben gezeigt, dass der Grossteil an implementierten NATs entweder Cone NATs oder Restricted Cone NATs sind. Teredo unterstützt Cone NATs, Restricted Cone NATs und Port-restricted Cone NATs. Symmetrische NATs werden von Teredo nicht unterstützt.

Teredo nicht einsetzen

Das Teredo-Design ist darauf ausgelegt, Knoten hinter NATs robusten Zugriff auf IPv6-Netzwerke zu gewähren und war ursprünglich gedacht für Heimnetze mit privaten IPv4-Adressen. Teredo sollte wenn möglich nicht in Produktionsnetzen eingesetzt werden.

Eine Teredo-Adresse hat das in Abbildung 10.13 dargestellte Format.

32 bits	32 bits	16 bits	16 bits	32 bits
Prefix	Server IPv4 address	Flags	Port	Client IPv4 address

Prefix Teredo Präfix
Server IPv4 address IPv4-Adresse eines Teredo Servers
Flags Definiert den Adresstyp, sowie den NAT-Typ, welcher eingesetzt wird
Port UDP Port des Teredo Services auf dem Client
Client IPv4 address IPv4-Adresse des Clients

Abbildung 10.13 – Format von Teredo-Adressen

Teredo Präfix

Das Teredo Service Präfix umfasst 32 Bits und lautet `2001:0000:/32`. Das Server IPv4 Feld hat eine Länge von 32 Bits und enthält die IPv4-Adresse des Teredo Servers. Das Flags-Feld umfasst 16 Bits und definiert den Adresstyp, sowie den NAT-Typ der im Einsatz ist. Das 16-Bit Port-Feld beinhaltet den gemappten UDP Port des Teredo Services auf dem Client, das Client IPv4 Feld enthält die gemappte IPv4-Adresse des Clients. Die Bits im Port und Client Adressfeld sind alle invertiert.

Wie der Teredo Client den Server findet

Ein Teredo Client muss mit der IPv4-Adresse seines Teredo Servers vorkonfiguriert sein. Wenn ein Teredo Client startet, so schickt er von seiner Link-Local Adresse eine Router Solicitation an die All-Routers Multicast-Adresse. Diese Router Solicitation wird über UDP an die IPv4-Adresse des Teredo Servers geschickt. Das Router Advertisement, welches der Client als Antwort vom Teredo Server erhält, enthält das Teredo IPv6 Service Präfix. Diesem Router Advertisement kann der Client die Teredo mapped Adresse und den Teredo mapped Port entnehmen. Der Client bildet aus dem Präfix und den invertierten Werten für Adresse und Port seine Teredo IPv6-Adresse.

Wie der Teredo Server Pakete weiterleitet

Leitet der Teredo Server Daten von Teredo Clients weiter, so verpackt er das IPv6-Paket in ein neues UDP-Paket. Die IPv4-Adresse und den UDP Port des Empfängers entnimmt er der IPv6-Empfängeradresse. Als IPv4-Absenderadresse nimmt er seine eigene IPv4-Adresse. Der UDP Port des Absenders ist der Teredo UDP Port (3544). Die Aufgabe des Teredo Servers ist es also, Pakete von Teredo Clients über UDP an die richtige Adresse weiterzuleiten und Daten, die von aussen kommen und für Teredo Clients bestimmt sind, intern an den richtigen Client weiterzuleiten.

Der Teredo Relay ist ein IPv6 Router, der die Erreichbarkeit des Teredo Service Präfixes nach aussen über normale IPv6 Routing-Mechanismen bekannt gibt.

Teredo Relay für Erreichbarkeit von Aussen

Note
Teredo ist einer der Mechanismen, die auf gewissen Betriebssystemen automatisch aktiviert werden und damit zu Sicherheitslücken führen kann. Beim Konfigurieren von Systemen, vor allem in nicht für IPv6 konfigurierten Netzwerken, ist dies zu überwachen und die virtuellen Teredo Interfaces zu deaktivieren.

Tunnel Broker

Tunnel Broker können als virtuelle IPv6 Provider gesehen werden, die für User, die bereits IPv4-Verbindung zum Internet haben, die Verbindung zum IPv6 Internet ermöglichen. Der Tunnel Broker ist in RFC 3053 beschrieben.

Tunnelmethode bei Einsatz von globalen IPv4-Adressen

Abbildung 10.14 zeigt die Funktionsweise des Tunnel Broker Modells.

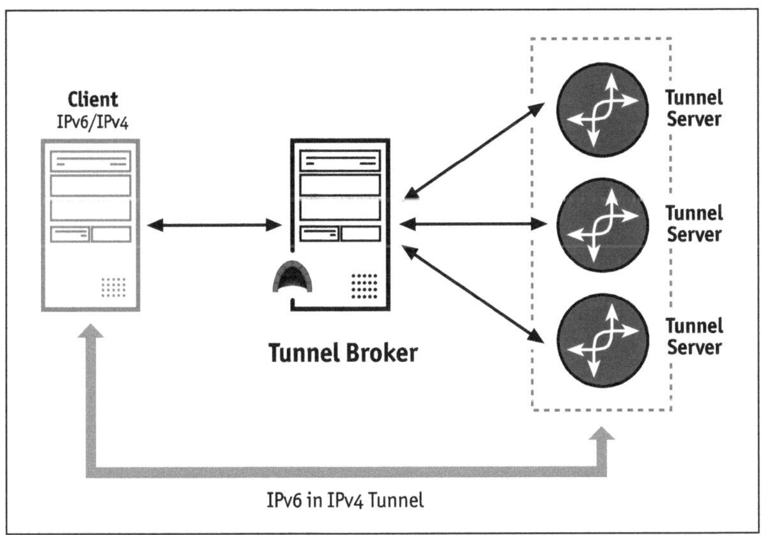

Abbildung 10.14 - Funktionsweise des Tunnel Brokers

Client registriert sich beim Tunnel Broker

Tunnel Broker konfiguriert Tunnel zum Tunnel Server

Ein Benutzer, der eine IPv6-Verbindung wünscht, registriert sich beim Tunnel Broker. Dieser verwaltet die Erstellung, den Unterhalt und die Löschung des Tunnels für den Benutzer. Der Tunnel Broker kann die Datenlast auf mehrere Tunnel Server verteilen. Der Tunnel Broker schickt die Konfigurationsinformation an einen entsprechenden Tunnel Server, wenn er einen Tunnel erstellen, ändern oder löschen will. Der Tunnel Broker trägt auch die IPv6-Adressen in der DNS ein, sofern er entsprechend konfiguriert ist. Ein Tunnel Broker muss über eine IPv4-Adresse erreichbar sein. Er kann auch eine IPv6-Adresse haben, dies ist jedoch nicht vorgeschrieben. Die Kommunikation zwischen dem Tunnel Broker und den Tunnel Servern kann über IPv4 oder IPv6 stattfinden.

Tunnel Server leitet Pakete vom Client ins IPv6-Netz weiter

Ein Tunnel Server ist ein Dual-Stack Router, der mit dem globalen Internet verbunden ist. Bekommt er vom Tunnel Broker-Konfigurationsinformationen, so erstellt, ändert oder löscht er die Serverseite des Tunnels.

Der Client des Tunnel Brokers ist ein Dual-Stack Host oder Router, der mit dem IPv4 Internet verbunden ist. Will er sich beim Tunnel Broker für eine IPv6-Verbindung registrieren, so sollte er sich nach bekannten Regeln zuerst beim Tunnel Broker authentifizieren (z.B. mit RADIUS). Damit kann unautorisierte Benutzung des Tunnel Services verhindert werden. Der Tunnel Broker erfüllt damit auch die Funktion einer Zugangskontrolle zum Tunnel Service. Ist der Client autorisiert, so liefert er seine IPv4-Adresse, einen Namen, der für die Registrierung seiner IPv6-Adresse in der DNS eingetragen wird, sowie seine Funktion (Host oder Router). Ist der Client ein Router, so ist es wünschenswert, dass er zusätzliche Informationen über die Zahl der IPv6-Adressen liefert, die er bedienen will. Damit weiss der Tunnel Broker, was für ein Präfix er diesem Client zuweisen muss.

Der Tunnel Broker führt folgende Aufgaben aus:

Aufgaben des Tunnel Brokers

- Er bestimmt einen Tunnel Server als Tunnelausgangspunkt. Stehen mehrere Tunnel Server zur Verfügung, so wählt er einen aufgrund vom Administrator definierter Loadsharing-Kriterien aus.
- Er wählt das Präfix, das er diesem Client zuweisen will. Das Präfix kann eine beliebige Länge haben. Die häufigsten Werte werden /48 (Site-Präfix), /64 (Subnetzpräfix) oder /128 (einzelner Host) sein.
- Er definiert eine Lifetime für den Tunnel.
- Er registriert die globalen IPv6-Adressen, die er zugewiesen hat, in DNS.
- Er konfiguriert den Tunnel Server.

- Er schickt dem Client die Konfigurationsinformation zusammen mit den Tunnel-Parametern und DNS Namen.

Damit ist die Tunnelkonfiguration abgeschlossen. Die Clients haben nun Zugang zu allen IPv6-Netzwerken, zu denen der Tunnel Server Zugang hat.

ISP-Angebote

Es gibt verschiedentlich ISPs, die Tunnel Broker Dienste anbieten. Oft registriert sich der User über den Browser (HTTP), füllt ein Formular aus und erhält anschliessend die Tunnelinformation angezeigt oder per Email zugestellt. Der Client kann seinen Tunnelausgangspunkt nun entweder manuell konfigurieren oder erhält vom Provider Script Files, welche die Konfiguration automatisieren.

Geeignet für kleine, isolierte Netzwerke

Das Tunnel Broker Modell ist geeignet für kleinere, isolierte IPv6-Netzwerke und speziell für einzelne, isolierte IPv6 Hosts. Er funktioniert jedoch nur mit offiziellen IPv4-Adressen. Sind private IPv4-Adressen im Einsatz, muss ein anderer Mechanismus eingesetzt werden.

Softwire Mesh Framework

Dual-Stack nur möglich wenn genügend IPv4-Adressen verfügbar

Der im ersten Abschnitt dieses Kapitels beschriebene Dual-Stack Ansatz ist nur möglich, solange genügend IPv4-Adressen vorhanden sind. Da es nun absehbar ist, dass der IPv4-Adresspool erschöpft sein wird, lange bevor IPv6 verbreitet eingeführt ist, arbeiten die Entwicklergruppen an neuen Mechanismen, um für diese Situation Lösungen bereitstellen zu können.

Transit-Dienste in Single-Protocol Netzwerken

In der Softwires Arbeitsgruppe wurde das Softwire Mesh Framework definiert, welches davon ausgeht, dass es in Zukunft viele Single-Protocol Netzwerke geben wird. Die einen sind rein IPv4-basierend und können nur IPv4 Routing Informationen verarbeiten, andere sind IPv6-basierend und können nur IPv6 Routing Informationen verarbeiten. Um eine gute Konnektivität im Internet aufrechtzuerhalten ist es notwendig, dass jedes Single-Protocol Netzwerk Transit-Dienste für das andere Protokoll zur Verfügung stellen kann.

Beschreibung Funktionsweise

Dies wird erreicht, indem die Routing Information vom einen Edge des Single-Protocol Netzwerkes zum anderen Edge übergeben wird und die Datenpakete in einem Tunnel über das Netzwerk transportiert werden. Diese Tunnel nennt man Softwires. Dies kann teilweise mit bereits bekannten Technologien umgesetzt werden, teilweise ist die Entwicklung von neuen Technologien notwendig. Das Framework deckt beide Varianten ab, den Transport von IPv4-Paketen über IPv6-Netzwerke und den Transport von IPv6-Paketen über IPv4-Netzwerke. Das Softwire Mesh Framework ist in RFC 5565 beschrieben. RFC 5571 beschreibt die Softwires «Hub and Spoke» Methode unter Einsatz des Layer Two Tunneling Protokolls Version 2 (L2TPv2).

Dual-Stack Lite

Einsatz von Tunnels und NAT

Dual-Stack Lite (DS-Lite) wurde ebenfalls in der Softwires Arbeitsgruppe entwickelt. Ein richtiger Dual-Stack Knoten hat beide Protokolle vollständig implementiert hat und kann jedes unabhängig vom anderen benützen. Ein solcher Knoten wird «dual-stack capable» genannt. Die DS-Lite Spezifikation spricht von sogenannten «dual-stack provisioned» Knoten. Das sind Knoten, welche sowohl eine IPv4- als auch eine IPv6-Adresse haben, für die jedoch der Zugang zu IPv4-Diensten über ein IPv6-Netzwerk durch den Einsatz von Tunnels und NAT in Kombination gewährleistet wird. Die Autoren dieser Spezifikation sind Engineers von Providern, und die Lösung somit vor allem für den Einsatz in Broadband-Providernetzwerken entwickelt. Das bedeutet nicht, dass DS-Lite nicht auch in anderen Umgebungen eingesetzt werden kann.

Ziele von DS-Lite:

Ziele der Spezifikation

- Die Möglichkeit schaffen, dass globale IPv4-Adressen von mehreren Kunden benützt werden können.
- Transport von IPv4-Daten über ein IPv6-only Netzwerk ermöglichen.

Kombination von Tunnel und NAT

Anstatt mehrere NATs hintereinanderzuschalten werden die IPv4-Daten bei DS-Lite durch einen IPv4-in-IPv6 Tunnel zu einem Carrier Grade IPv4-IPv4 NAT transportiert. Dem Provider bringt dies den Vorteil, nur ein IPv6-Netzwerk unterhalten zu müssen und dem Kunden bringt es den Vorteil, nur hinter einem NAT Layer zu sitzen.

RFC 6333 beschreibt DS-Lite und folgende neuen Begriffe:

- **DS-Lite Basic Bridging BroadBand Element (B4)**
  B4 ist eine auf einem Dual-Stack Knoten implementierte Funktion. Dieser Knoten kann entweder ein direkt angeschlossener Knoten oder ein CPE (Customer Premise Equipment) sein.

- **DS-Lite Address Family Transition Router (AFTR)**
  Ein AFTR ist eine Kombination eines IPv4-in-IPv6-Tunnelendpunktes und einem IPv4-IPv6-NAT, beide auf demselben Knoten implementiert. Der AFTR kann mit verschiedenen NAT-Pools provisioniert werden und verschiedene Gruppen von Kundennetzwerken mit verschiedenen Adresspools bedienen.

DS-Lite ist in Abbildung 10.15 gezeigt:

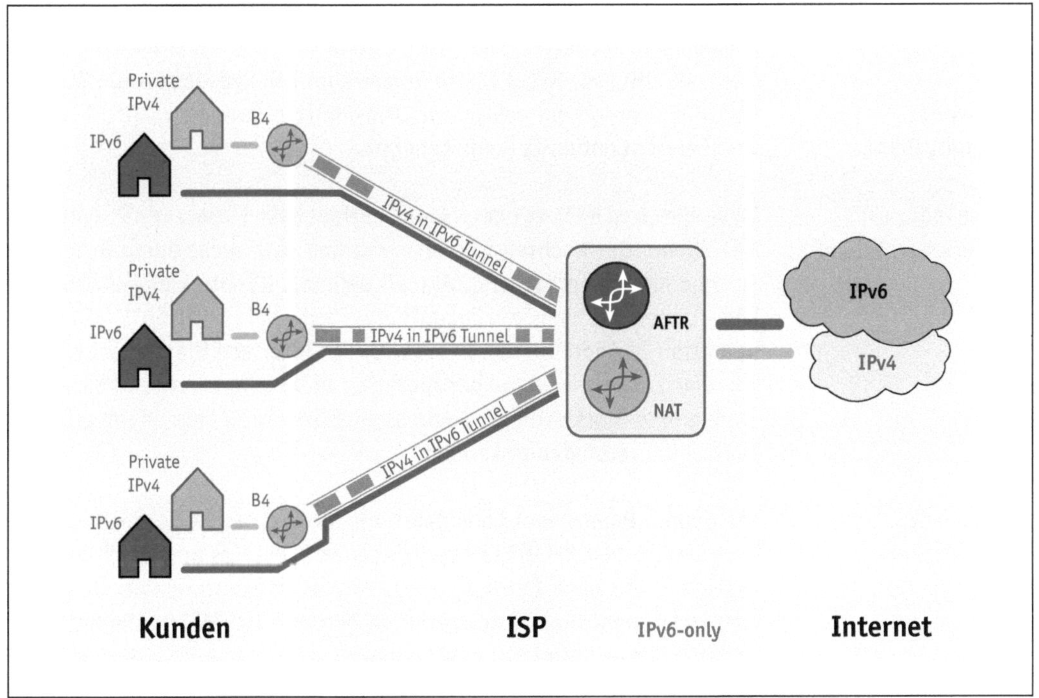

Abbildung 10.15 - DS-Lite

DS-Lite Kommunikation

Die Abbildung zeigt, dass das private IPv4-Netzwerk des Kunden durch einen IPv6-Tunnel zum privaten IPv4-Netzwerk beim ISP verbunden ist. Der NAT mapt in diesem Fall die IPv6 Source Adresse, die IPv4 Source Adresse sowie den Port zur öffentlichen IPv4-Adresse mit Port. Somit teilen sich mehrere Kunden eine öffentliche IPv4-Adresse. Alle IPv4-in-IPv6-Tunnel enden auf dem AFTR. Wenn Kunden mit IPv6 kommunizieren werden keine Tunnel benützt, der AFTR wird umgangen und der IPv6-Traffic geht native direkt raus. Der Trick hier liegt darin, dass die IPv4 Source Adressen eindeutig sein müssen. Wenn viele Kunden privaten RFC 1918 Adressraum benützen, dann ist dies nicht mehr gewährleistet. Dieses Problem löst DS-Lite, indem die IPv4 Source Adresse mit der eindeutigen IPv6-Adresse des Tunnels verlinkt wird.

Adressprovisionierung

Üblicherweise hat ein CPE DHCPv4-Funktionalität und konfiguriert die Knoten im Heimnetzwerk mit privaten IPv4-Adressen. Es funktioniert meist auch als DNS Proxy um DNS-Anfragen der IPv4-Knoten im Heimnetzwerk über IPv6 mit dem DNS-Server im ISP Netzwerk aufzulösen. Das B4 Element wird mit der IPv6-Adresse des AFTR konfiguriert, entweder manuell oder mit DHCPv6. RFC 6334 definiert eine DHCPv6-Option für DS-Lite.

IPv4 Service Continuity Präfix

RFC 7335 definiert ein well-known IPv4-Präfix im Range `192.0.0.0/29` IPv4 Service Continuity Prefix genannt.

DS-Lite reduziert NAT-Verschachtelung

Im Vergleich zu NAT444 oder NAT464 entfällt beim Einsatz von DS-Lite eine NAT-Ebene. Der Nachteil ist, dass einzelne User nicht durch ihre IPv4-Adresse identifizierbar sind. Aktuell definiert DS-Lite lediglich IPv4-in-IPv6-Tunnel. Das könnte in Zukunft erweitert werden. RFC 6619, «Scalable Operation of Address Translators with Per-Interface Bindings» definiert z.B. eine Lösung, während der Migration zu IPv6 Translation einzusetzen, ohne grosse Blöcke von IPv4-Adressen einsetzen zu müssen um grössere Userzahlen verbinden zu können.

Deployment Considerations

RFC 6908, «Deployment Considerations for DS-Lite» bezieht sich auf die im Appendix von RFC 6333 beschriebenen Szenarios und beschreibt die Probleme, die beim Einsatz von DS-Lite entstehen und wie sie gelöst werden können. Diese Informationen beruhen auf DS-Lite Deployments und sind darum hilfreich und praxisbezogen.

Lightweight 4over6

Erweiterung von DS-Lite

Lightweight 4over6 ist eine Erweiterung von DS-Lite, die in RFC 7596 definiert ist. Der Unterschied zu DS-Lite liegt darin, dass die in Abbildung 10.15 gezeigte NAT-Funktion auf dem zentralen Device AFTR auf der Client Seite, auf demselben Gerät wie die B4-Funktion (CPE) läuft. Damit ist keine Carrier Grade NAT Funktion auf dem Tunnelgerät mehr nötig, was den Bedarf an zentralisiertem State pro User stark reduziert.

IPv4/IPv6 Koexistenz mit VLANs

IPv6 über IPv4-Infrastruktur mit VLANs

VLANs (Virtuelle LANs) können für das Deployment von IPv6 in Netzwerken eingesetzt werden, wo noch kein IPv6-fähiges Core Equipment (Router, Switches) vorhanden ist. VLANs sind logisch isolierte Ethernet Netzwerke, also reine Layer 2 Netzwerke. Sie werden in Ethernet Switches definiert. Ein Switchport kann entweder genau in einem oder in mehreren VLANs liegen. Liegt ein Switchport in mehreren VLANs, dann werden die Ethernet Pakete mit der VLAN Nummer markiert (VLAN Tagging), damit das am Port angeschlossene Gerät die verschiedenen VLANs unterscheiden kann. IPv6 kann genauso wie IPv4 in VLANs eingesetzt werden, d.h. pro VLAN gibt es ein IPv6 Subnetz. Es können eigene VLANs für IPv6 eingerichtet werden falls die Netzwerkstruktur für IPv6 anders sein muss als für IPv4. Dies ist z.B. nötig wenn die IPv4 Core Router kein IPv6 unterstützen und IPv6 damit andere Routingwege benötigt. In einer Dual Stack Umgebung benutzen IPv4 und IPv6 die gleichen VLANs. RFC 4554, «Use of VLANs for IPv4-IPv6 Coexistence in Enterprise Networks» spielt solche VLAN-Szenarien durch.

IPv6 in MPLS-Netzwerken

MPLS gute Grundlage für IPv6-Integration

MPLS-Netzwerke stellen eine gute Ausgangslage für eine Integration von IPv6 dar. In Backbone-Netzwerken, die bereits MPLS implementiert haben, sind folgende Szenarien möglich:

MPLS-Szenarien

- **Layer 2 Tunneling über MPLS**
  Die Layer 2 Pakete (z.B. Ethernet oder ATM) werden über das MPLS-Netzwerk geswitched, das heisst Layer 3 ist transparent. Dieses Feature ist auf den meisten gängigen Plattformen verfügbar.

6PE

- **Native IPv6 Tunnel über IPv4 MPLS Core – 6PE**
  6PE ist in RFC 4798 definiert und beschreibt, wie Traffic aus IPv6-Inseln dynamisch über einen IPv4 MPLS Backbone getunnelt wer-den kann. Mit Hilfe von Multiprotocol BGP werden zwischen Dual-Stack Edge Routern des MPLS-Netzes IPv6 Routen mit einer IPv4 Zieladresse zum Austrittspunkt aus dem MPLS-Netz ausgetauscht.
  Das IPv6-Paket wird in einen MPLS Frame verpackt und über einen Label Switched Path transparent über den MPLS Core weitergelei-tet. Dies erfordert keinerlei Änderungen am MPLS Core.

- **IPv6 Layer 3 VPNs over MPLS – 6VPE**

6VPE

6VPE, in RFC 4659 definiert, ermöglicht es, VPN-Dienste für IPv6-Kunden einzusetzen. Hier wird Multiprotocol BGP eingesetzt, um IPv6 VPN Routen zwischen den Edge Routern des MPLS-Netzes zu verteilen. Wie bei 6PE werden die IPv6 VPN-Pakete dann mittels MPLS Switching transparent über den Backbone transportiert. 6VPE ist eine elegante Lösung, unterschiedliche IPv6-Dienste für verschiedene Kunden und User zur Verfügung zu stellen.

6PE

Das Konzept für 6PE basiert auf der hierarchischen Routing-Struktur von MPLS, welche in Abbildung 10.16 vereinfacht dargestellt ist. Auf Basis eines bestehenden MPLS-Netzwerks wird so eine einfache Integration von IPv6 ermöglicht. 6PE ist in RFC 4798, «Connecting IPv6 Islands over IPv4 MPLS Using IPv6 Provider Edge Routers (6PE)» beschrieben.

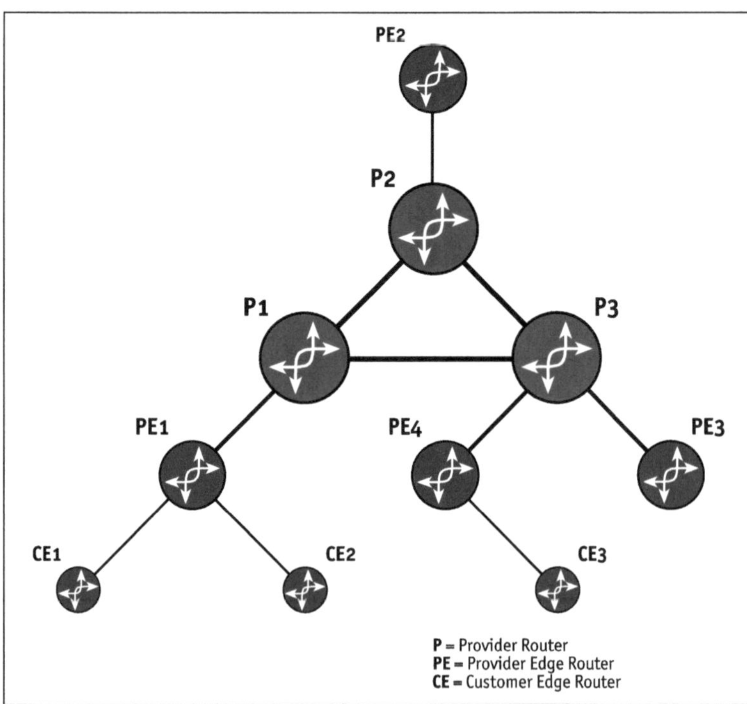

Abbildung 10.16 - MPLS Routing Hierarchie

In einem MPLS-Netzwerk werden, ähnlich dem VP/VC-basierten Switching in ATM-Netzen, Pakete auf Basis eines Label-Feldes im MPLS Header weitergeleitet. Im Gegensatz zu ATM-Netzen werden bei MPLS IP-basierte Kontrollprotokolle zum Aufsetzen der Label Switching Tabellen verwendet.

Weiterleitung von Paketen auf Basis von Label

Im MPLS-Netz wird zwischen sogenannten Provider Edge (PE) Routern am Eingang bzw. Ausgang des MPLS-Netzes und Provider Routern (P) im Kern des Netzes unterschieden. PE Router empfangen normale IPv4-, IPv6-, Ethernet-, Frame-Relay oder andere Pakete vom Customer Edge (CE) Router bzw. Switch, versehen sie mit einem oder, je nach Anwendung, mehreren geschachtelten MPLS Labeln und senden sie zum Provider Router (P) ins MPLS-Netz. Das Switching auf den P-Routern erfolgt rein auf Basis der Labelinformationen und den durch Kontrollprotokolle aufgesetzten Switchingtabellen. Die hinter dem MPLS Header kommenden Nutzdaten der eingepackten IP-Pakete, Ethernet Frames oder anderer Daten sind hier irrelevant und werden vom P-Router nicht beachtet.

Dies eröffnet eine einfache Möglichkeit, IPv6 Pakete mit hoher Leistung und ohne jegliche Hard- oder Softwareänderung an den P-Routern über einen MPLS Backbone zu transportieren. 6PE basiert auf den 1999 von Rosen und Rekhter in RFC 2547 dokumentierten Prinzipien zum verbindungslosen Transport von IPv4 VPN-Paketen über MPLS, dies wurde später in RFC 4364 standardisiert.

Keine Hard- oder Softwareänderungen im Core

Bei 6PE sind die Provider-Edge Router dual-stacked, das heisst sie routen sowohl IPv4- als auch IPv6-Pakete. Um diese von IPv4 Edge Routern auch in der Bezeichnung zu unterscheiden, werden sie – als Namensgeber des Protokolls – als 6PE bezeichnet.

6PE Router sind dual-stack

Bei 6PE geschieht das Routing auf mehreren Ebenen:

- Zwischen den 6PE und CE Routern werden die üblichen IPv6 Routing-Protokolle (RIP, IS-IS, OSPF, BGP oder auch statisches Routing) eingesetzt. Über diese Routing-Protokolle lernt der 6PE Router die Präfixe, die über den CE Router erreichbar sind.
- 6PE Router verbreiten diese gelernten Präfixe untereinander über interne Multiprotocol BGP Sessions. Jeder 6PE Router kündigt die Präfixe, die er von seinen CE Routern gelernt hat, für alle anderen 6PE Router über iBGP an und trägt seine eigene IPv4 Adresse im MPLS-Netz als Next-Hop für diese Präfixe ein.

- Jeder 6PE Router ist demzufolge in der Lage, die IPv6 Routen zu den anderen IPv6 Inseln über die 6PE Router zu ermitteln. Er versieht IPv6-Pakete mit einem entsprechenden MPLS Header, der sie auf einen Label Switched Path zum Ziel-6PE Router führt. Der Ziel-6PE-Router entfernt die MPLS Header und schickt die nun «nackten» IPv6-Pakete zum anderen CE Router.

P-Router müssen nicht für IPv6 konfiguriert sein

So können IPv6-Pakete über eine MPLS-Infrastruktur geroutet werden, ohne dass die Provider Router für IPv6 konfiguriert werden müssen. Die Provider Edge Router müssen Dual-Stack Router sein. Die Customer Edge Router können dual-stack oder IPv6-only sein.

6PE wird breit eingesetzt

Da die P-Router weder Hard- noch Softwareänderungen benötigen, hat sich diese Technik bei praktisch allen MPLS-Betreibern, typischerweise IP Carrier und Service Provider, durchgesetzt. Auch auf den 6PE Routern ist die Komplexität deutlich geringer als bei IPv4-basierten MPLS VPNs gemäss RFC 4364. Bei 6PE kommen keine virtuellen Routing-Tabellen zum Einsatz, IPv6 nutzt eine globale Routing-Tabelle. Ein Nachteil der Technik stellt die fehlende Eignung für IPv6 Multicast dar.

Die Möglichkeit, IPv6 über ein MPLS-Netzwerk zu transportieren bedeutet nicht, dass Sie MPLS implementieren sollten, um dies zu ermöglichen. Wenn Sie kein MPLS-Netzwerk unterhalten, sind andere Tunneling-Möglichkeiten wahrscheinlich geeigneter. Haben Sie jedoch bereits ein implementiertes MPLS-Netzwerk, so stellt dies eine gute Basis dar, um IPv6 relativ einfach einzuführen.

6VPE

Einsatz der Technik mit VPNs

Zum Zeitpunkt der 6PE-Entwicklung um 2000/2001 erschien die Unterstützung einer globalen Routing-Tabelle für IPv6 ausreichend, schliesslich sollte IPv6 sich zunächst einmal global verbreiten. Mit der zunehmenden IPv6-Verbreitung kam jedoch schnell der Wunsch auf, die bei 6PE eingesetzte Technik mit den unter IPv4 geschätzten MPLS-basierten, verbindungslosen VPNs gemäss RFC 4364 zu kombinieren. Dies ist in RFC 4659, «BGP-MPLS IP Virtual Private Network (VPN) Extension for IPv6 VPN» standardisiert worden.

PE-Router werden hier zur Verdeutlichung als 6VPE-Router bezeichnet. 6VPE-Router sind, wie auch 6PE-Router, dual-stacked mit IPv4 und IPv6. Auch hier geschieht das Routing auf mehreren Ebenen:

- Zwischen den 6VPE und CE Routern werden die üblichen IPv6 Routing-Protokolle (RIP, IS-IS, OSPF, BGP oder auch statisches Routing) eingesetzt. Über diese Routing-Protokolle lernt der 6VPE Router die Präfixe, die über den CE Router erreichbar sind.
- 6VPE Router führen mehrere IPv6 Virtual Routing and Forwarding Instanzen zur Trennung der unterschiedlichen IPv6 VPNs. Hierzu wird, ähnlich der VPN IPv4-Adressfamilie, eine VPN IPv6-Adressfamilie eingeführt. Eine VPN IPv6-Adresse besteht aus einem 8 Oktett langen Route Distinguisher und einer 16 Oktett langen IPv6-Adresse.
- 6VPE Router verbreiten diese gelernten VPN IPv6 Präfixe untereinander über interne Multiprotocol BGP Sessions. Jeder 6VPE Router kündigt die Präfixe, die er von seinen CE Routern in seinen VPNs gelernt hat, für alle anderen 6VPE Router über iBGP an und trägt seine eigene IPv4-Adresse im MPLS-Netz als Next Hop für diese Präfixe ein.

Jeder 6VPE Router ist demzufolge in der Lage, die IPv6 Routen zu den anderen IPv6 VPN Destinationen über die 6VPE Router zu ermitteln. Er versieht IPv6-Pakete mit einem entsprechenden MPLS Header, der sie auf einen Label Switched Path zum Ziel-6VPE Router führt. Der Ziel-Router entfernt die MPLS Header und schickt die nun «nackten» IPv6-Pakete zum entsprechenden CE Router.

Einsatzbereich

6VPE wird typischerwiese von Carriern und Service Providern eingesetzt, die verschiedene IPv6-Kunden aus Behörden oder Unternehmen haben, die intern schon IPv6 einsetzen und dementsprechende skalierbare MPLS VPN-Dienste auch für IPv6 benötigen.

Generic Routing Encapsulation (GRE)

Ein weiterer Tunneling-Mechanismus ist Generic Routing Encapsulation, kurz GRE genannt. GRE ist in RFC 2784 beschrieben.

IPv6 als Passenger Protocol

Mit GRE kann grundsätzlich jedes Protokoll in ein anderes Protokoll verpackt und getunnelt werden. Das Protokoll, welches eingepackt wird – in unserem Fall IPv6 – nennt man Passenger Protocol. Das Protokoll, in welches eingepackt wird – in unserem Fall IPv4 – nennt man Carrier Protocol. So kann GRE eingesetzt werden, um IPv6 über IPv4 zu transportieren.

Manuell konfigurierter Tunnel mit GRE

Die Konfiguration des Tunnels entspricht der Konfiguration eines manuell konfigurierten Tunnels. Auf beiden Tunnelendpunkten (den GRE Routern) wird die IPv4-Adresse des anderen Tunnelendpunktes vorkonfiguriert. Das heisst, ein Tunnel besteht immer nur zwischen zwei Endpunkten. Handelt es sich um ein komplexeres Netzwerk, muss für jede Route, auf der IPv6 getunnelt werden muss, ein Tunnel separat konfiguriert werden.

IPv4 Residual Deployment via IPv6 (4rd)

4rd wurde entwickelt, um ISPs eine stateless Lösung für das Deployment von IPv6-only Netzwerken zur Verfügung zu stellen, während sie ihren Kunden immer noch IPv4-Dienste anbieten müssen. 4rd ist umgekehrt wie 6rd. Bei 6rd werden IPv6-Pakete über einen IPv4-Backbone getunnelt. Bei 4rd werden IPv4-Pakete über einen IPv6-Backbone getunnelt. 4rd ist in RFC 7600 definiert.

IPv4-Header wird in IPv6-Header gemapt

6rd packt IPv6-Pakete in IPv4-Header ein. Das ist nötig, weil ein IPv6-Header länger ist und nicht in einen IPv4-Header gemapt werden kann. Bei 4rd kann der IPv4-Header in einen IPv6-Header gemapt werden. Dies wird so gemacht, dass die Pakete im Tunnel gültige IPv6-Pakete sind. Middleboxen, die Deep Packet Inspection machen können die Pakete normal verarbeiten. Beim Tunnelausgang kann der IPv6-Header wieder in den ursprünglichen IPv4-Header gemapt werden.

10.3 Netzwerk Adress- und Protokoll-Translation

Kommunikation von IPv4-Knoten mit IPv6-Knoten dank Translation

Adress- und Protokoll-Translation ermöglicht die Kommunikation zwischen IPv6-Knoten in IPv6-Netzwerken und IPv4-Knoten in IPv4-Netzwerken. Die ursprüngliche Spezifikation in RFC 2766, «Network Address Translation – Protocol Translation (NAT-PT)» wurde mit RFC 4966 ins Museum verschoben. Das RFC liefert die Begründungen. Es waren hauptsächlich eine Vielzahl von Security Problemen, welche teilweise nicht lösbar waren oder deren Lösung so komplex gewesen wäre, dass es nicht mehr praktikabel war. Gleichzeitig war die Spezifikation unverträglich mit DNSsec und hätte möglicherweise deren Deployment beeinträchtigt.

Note
Während bei Tunneling-Mechanismen das ursprüngliche IPv6-Paket unberührt bleibt (es wird eingepackt und wieder ausgepackt), wird ein Paket beim Einsatz von Translation vom Gateway modifiziert. Insbesondere beim Übersetzen von IPv6-Headern in IPv4-Header können hierbei Informationen verlorengehen.

Ausarbeitung neuer Lösungen als Ersatz für NAT-PT

Da wir leider in der Praxis kaum gänzlich auf den Einsatz von NAT und Translation verzichten werden können – bitte tun sie es wo immer möglich – arbeitet man an Lösungen, welche Translation ermöglichen, ohne die Nachteile der ursprünglichen Spezifikation. So z.B. die Definition von Stateful NAT in RFC 6146. Es laufen auch viele Diskussionen, es wird von NAT64, NAT46 und Carrier Grade NAT gesprochen.

Einschränkungen

Translation ist ein Mechanismus, der einige grundsätzliche Nachteile mit sich bringt und darum nur dann eingesetzt werden sollte, wenn kein anderer Übergangsmechanismus möglich ist. Das Gateway stellt einen Flaschenhals dar und seine Übersetzungsarbeit beeinträchtigt die Performance. Es gelten die gleichen Einschränkungen, wie beim Einsatz von IPv4 NAT. Zusätzlich gehen in diesem Fall die Vorteile von IPv6 verloren, da sie nicht in IPv4 übersetzt werden können. IPsec und DNSsec kann über NAPT nicht eingesetzt werden, da keine End-to-End Verbindung möglich ist. Translation macht höchstens dann Sinn, wenn für einen vorübergehenden Zeitraum Zugriff auf ein IPv4-Netzwerk oder eine IPv4-Applikation notwendig ist, welche nicht oder noch nicht portiert werden kann.

In diesem Abschnitt besprechen wir kurz die Translationmethode (SIIT) und fassen anschliessend die wichtigsten NAT-Mechanismen zusammen.

10.3.1 Stateless IP-ICMP Translation (SIIT)

Übersetzung von IP und ICMP Header

Auch wenn die ursprüngliche NAT-PT Spezifikation nicht mehr gültig ist werden wir nicht ohne Translator auskommen. Die Spezifikation der Übersetzungsalgorithmen, die in RFC 6145 definiert wurden sind nach wie vor gültig und werden eingesetzt. Ein Translator muss die IP und ICMP Header übersetzen können, um die direkte Kommunikation zwischen einem IPv4-Knoten und einem IPv6-Knoten zu ermöglichen. RFC 6052 beschreibt die Adressierung. Die IPv4-Adresse wird dem Adresspool des Translators entnommen, der sie dem IPv6-Knoten zuweist. Das genaue Format der IPv4-embedded Adressen wird in RFC 6052 in einer Tabelle beschrieben. Das Format hängt von der Länge des variablen Präfix, der eingebettteten IPv4-Adresse und der Länge des Suffix ab. Die Tabelle zeigt alle Varianten auf.

Adressierung

Präfixwahl

Als Präfix kann entweder ein netzwerk-spezifisches Präfix oder das in RFC 6052 definierte well-known Präfix `64:ff9b::/96` benützt werden.

IPv6 UDP Header braucht Checksumme

Die TCP und UDP Header müssen in der Regel nicht übersetzt werden. Die Ausnahme ist, wenn ein IPv6 UDP Header eine Checksumme braucht. Für ICMPv4-Nachrichten muss eine ICMPv6-Checksumme kalkuliert werden. ICMP-Fehlermeldungen enthalten im Payload den IP Header der ursprünglichen Nachricht, welcher vom Translator übersetzt werden muss. IPv4-Optionen, sowie IPv6 Extension Header werden nicht übersetzt. Translation kann auch nicht für Multicast-Verkehr benutzt werden, da IPv4 Multicast-Adressen nicht direkt IPv6 Multicast-Adressen zugeordnet werden können.

IPv4-Optionen und IPv6 Extension Header werden nicht übersetzt

Übersetzung von IPv4 zu IPv6

Ein IPv4-zu-IPv6 Translator erhält ein IPv4-Paket. Er weiss, dass er das Paket übersetzen muss, weil er den Pool von IPv4-Adressen kennt, die von den IPv6-Knoten benutzt werden. Er entfernt den IPv4 Header und ersetzt ihn durch einen IPv6 Header, indem er die Informationen aus dem IPv4 Header zu IPv6 übersetzt.

Fragmentierung

Path MTU Discovery ist in IPv4 optional, in IPv6 vorgeschrieben. Wenn ein IPv4-Knoten Path MTU Discovery durchführt und dabei das Don't Fragment Bit setzt, so funktioniert dies auch über den Translator hinaus. Ein Absender kann Paket Too Big Nachrichten sowohl von IPv4 als auch von

IPv6 Routern erhalten. Ist das Don't Fragment Bit nicht gesetzt, so muss der Translator sicherstellen, dass das Paket sicher über das IPv6-Netzwerk transportiert werden kann. Dies erreicht er, indem er – sofern nötig – das Paket fragmentiert und Pakete von höchstens 1280 Bytes über das IPv6-Netzwerk schickt. Er fügt in diesem Fall einen Fragment Header ein, um zu signalisieren, dass der Absender Fragmentierung erlaubt. Geht ein solches Paket über einen IPv6-zu-IPv4 Translator, so weiss dieser, dass das Paket fragmentiert werden darf.

Übersetzung von IPv6 zu IPv4

Diese Übersetzung ist nicht viel anders, als die vorher besprochene, einfach in umgekehrter Richtung. In diesem Fall erkennt der Translator an der IPv4-mapped IPv6-Adresse, dass er übersetzen muss. Er entfernt den IPv6 Header und ersetzt ihn durch einen IPv4 Header. Die minimale MTU für ein IPv4-Netzwerk ist 68 Bytes. Die minimale MTU für ein IPv6-Netzwerk ist 1280 Bytes. Erhält der Translator ein Paket für ein IPv4-Netzwerk mit einer kleineren MTU, so erstellt er 1280-Byte Pakete und fragmentiert diese nach der Übersetzung.

IPv4 as a Service

Der Trend geht in Richtung Deployment von IPv6-only Diensten und Datacenters. Drei RFCs wurden veröffentlicht, welche Techniken zur Verfügung stellen, um den Einsatz von «IPv4 as a Service» in einer solchen Umgebung zu vereinfachen. Es sind dies RFC 7755, «SIIT-DC: Stateless IP/ICMP Translation for IPv6 Data Center Environments», RFC 7756, «Stateless IP/ICMP Translation for IPv6 Internet Data Center Environments (SIIT-DC): Dual Translation Mode» und RFC 7757, «Explicit Address Mappings for Stateless IP/ICMP Translation».

10.3.2 NAT-Mechanismen zur Dehnung des IPv4-Adressraums

Dieser Abschnitt handelt nicht eigentlich von IPv6. Er erklärt, wie heute NAT häufig eingesetzt wird, um den IPv4-Adressraum zu dehnen (dafür wurde NAT ursprünglich auch entwickelt). Die hier beschriebenen Technologien werden vermehrt von ISPs weltweit eingesetzt um ihren Kunden Zugang zum IPv4-Internet zu gewährleisten. Sie haben einen wesentlichen Einfluss auf die Performance von IPv4 im Internet.

Carrier Grade NAT (CGN)

IPv6 native

Wenn ISPs ihre Kundenbasis ausbauen wollen, so können sie IPv6 einsetzen und vom unlimitierten Adressraum Gebrauch machen. Die Kunden werden sich in der Regel jedoch nicht mit einem IPv6-only Internetzugang zufrieden geben, da ein grosser Teil des Internets immer noch nur über IPv4 erreichbar ist. Die ISPs sind dadurch gezwungen, den Kunden Dual-Stack Anschlüsse anzubieten.

IPv4 via NAT

Dies führt dazu, dass viele Internetbenützer gute native IPv6-Verbindungen haben, und für den Zugriff auf das IPv4-Internet NAT-Zugänge benützen, weil die ISPs keine oder zuwenig IPv4-Adressen mehr haben.

CGN – Zwei NAT-Ebenen

Dies kann mit Carrier Grade NAT (CGN) implementiert werden. CGN wird manchmal auch Large Scale NAT (LSN) genannt. Bis heute waren Internetanschlüsse häufig mit sogenanntem NAT44 angeschlossen (interner privater IPv4-Adressraum wird nach aussen auf eine öffentliche IPv4-Adresse gemapped, darum der Name NAT44). Bei CGN wird nun eine zweite NAT-Ebene eingeführt. Im internen Netz werden private IPv4-Adressen benützt, die von NAT nach aussen auf eine wiederum private IPv4-Adresse gemapped werden. Eine Mehrzahl von Kunden werden dann durch ein weiteres NAT-Gateway im Providernetzwerk nach aussen auf eine öffentliche IPv4-Adresse gemapped (darum der Name NAT444).

Abbildung 10.17 veranschaulicht das.

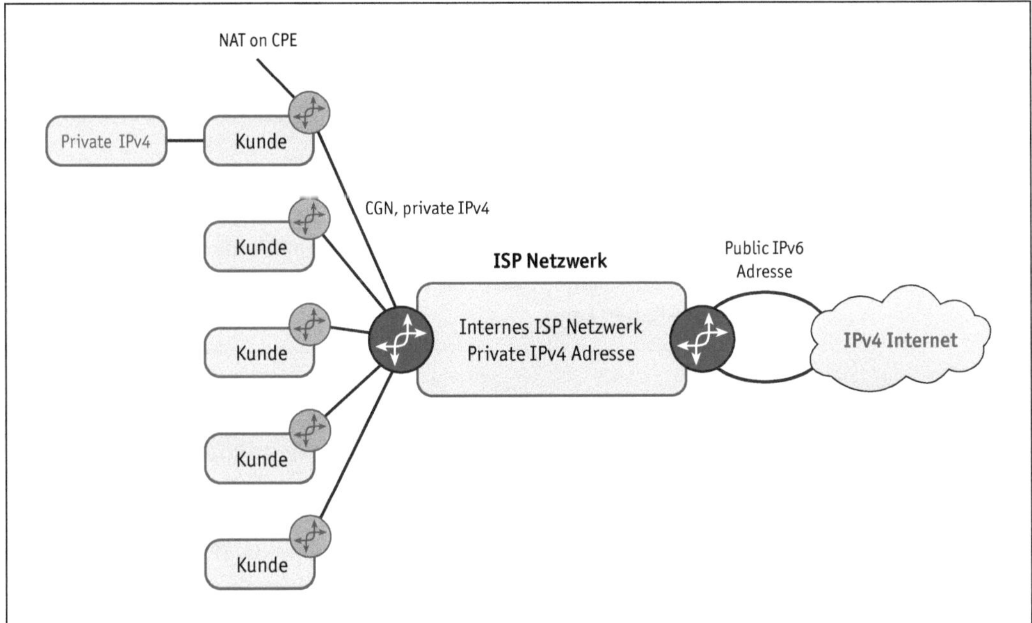

Abbildung 10.17 - Carrier Grade NAT

Links sehen wir traditionelle NATs auf den CPEs beim Kunden, welche das interne private IPv4-Netz nach aussen auf eine IPv4-Adresse mappen. In diesem NAT444-Szenario wird nun aber auf dem CPE auf eine private IPv4-Adresse gemappt. Somit kann der ISP eine Vielzahl von Kunden auf eine öffentliche IPv4-Adresse mappen. Jedes IPv4-Paket durchläuft so zweimal ein NAT-Gateway mit Adress- und Porttranslation. Dieser Mechanismus hat den einzigen Zweck, den Pool an IPv4-Adressen auszudehnen und ist relativ einfach einzuführen, da er bekannte Mechanismen einsetzt, die verbreitet implementiert sind.

Einfluss auf IPv4-Performance

Wie sich das bewährt und welchen Einfluss es auf die Performance hat, wird sich zeigen. Das hängt natürlich auch davon ab, wieviele Kunden ein ISP über ein NAT-Gateway anschliesst. Beim Abschluss von ISP-Verträgen ist es ratsam, sich darüber genau zu informieren und entsprechende SLA's abzuschliessen.

Ein weiterer Engpass kann es sein, dass nun all diese Kunden über ein NAT mit einer limitierten Anzahl verfügbarer Ports gemappt werden. Heutige Applikationen benützen immer mehr Ports. Wenn zuviele Kunden auf einem NAT-Gateway laufen, kann dies dazu führen, dass keine freien Ports für neue Verbindungen mehr verfügbar sind. Das führt z.B. zum bekannten «leeren Kacheleffekt» auf Google Maps, Applikationen funktionieren nicht mehr korrekt oder gar nicht mehr.

Guter Grund für Dual-Stack Websites

Ein von diesem Effekt betroffener Kunde wundert sich und nimmt an, dass die Website des Anbieters nicht korrekt funktioniert. Er ist sich nicht bewusst, dass sein Provider für IPv4 CGN einsetzt und was das für Konsequenzen haben kann.

Note
Dies ist einer der Hauptgründe, warum alle Anbieter von Websites diese baldmöglichst Dual-Stack anbieten sollten. Nur so können sie ihre Website für alle Internet User mit bester Performance anbieten. Ein User mit einer langsamen und nicht gut funktionierenden CGN-Verbindung für IPv4 hat dann möglicherweise eine gut funktionierende IPv6-Anbindung und erreicht die Dual-Stack Website dann über IPv6 mit guter Performance und ohne Kommunikationsprobleme.

Öffentliche IPv4-Adresse für mehrere Kunden

Mit CGN sind nun mehrere Kunden durch eine öffentliche IPv4-Adressse repräsentiert. Dies kann zu verschiedenen kritischen Situationen führen. Wenn die öffentliche IPv4-Adresse gehacked oder attackiert wird, so sind nun alle Kunden davon betroffen. Wenn einer dieser Kunden ein «bad guy» ist und auf Blacklists gesetzt wird, so sind alle anderen Kunden ebenfalls davon betroffen.

Tests von CGN Einfluss

Es gibt ein interessantes RFC, das die Performance von CGNs beschreibt. CableLabs, Time Warner Cable und Rogers Communications haben Tests durchgeführt, um den Einfluss von CGN auf verschiedene Szenarien, Topologien und Herstellerequipment. RFC 7021, «Assessing the Impact of Carrier-Grade NAT on Network Applications» identifiziert Bereiche, wo ein zweiter NAT-Layer typische Internet-Applikationen beeinträchtigt.

NAT464

Variante IPv6-only Netzwerk

Eine weitere Variante das Problem der Adressknappheit zu lösen besteht darin, zwischen dem Kundennetzwerk und dem Providernetzwerk ein IPv6-only Netzwerk zu benützen. Das setzt Translation von IPv4 auf IPv6 auf der Kundenseite (CPE), sowie Translation von IPv6 auf IPv4 auf Providerseite (CGN) voraus. Dies ist komplexer als NAT444, da Translation von einer Protokollfamilie auf eine andere (IPv4-IPv6) komplexer ist, als Translation innerhalb einer Protokollfamilie.

In diesem Fall spart der ISP IPv4-Adressen, nicht indem er dem CPE private IPv4-Adressen zuweist, sondern indem er dem CPE gegenüber dem ISP-Netzwerk IPv6-Adressen zuweist. In beiden Fällen, beim Einsatz von CGN und NAT464 teilen sich mehrere Kunden eine öffentliche IPv4-Adresse. Im Normalfall kann vor allem bei Translation von IPv6 auf IPv4 wichtige Information verlorengegangen werden. In diesem speziellen Fall jedoch, wo Translation eingesetzt wird, um ursprüngliche IPv4-Pakete über eine IPv6-Strecke zu transportieren ist diese Gefahr nicht so gross.

DS-Lite

Tunnel statt Translation

DS-Lite (RFC 6333) ist ein ähnlicher Mechanismus. Es ist eine Kombination aus Tunnel und CGN. Im Unterschied zu NAT464 werden die IPv4-Pakete aus dem Kundennnetzwerk hier nicht in IPv6 übersetzt, sondern über die IPv6-only Strecke getunnelt. Das bedeutet, der ISP kann auch hier dem CPE gegen aussen eine IPv6-Adresse zuweisen und das CPE packt die IPv4-Pakete in IPv6 ein. Beim Ausgang zum CGN werden dann die Pakete wieder ausgepackt und als IPv4-Pakete weitertransportiert. Auch hier teilen sich mehrere Kunden eine öffentliche IPv4-Adresse.

DS-Lite ist im Absatz über Tunneling ausführlicher beschrieben.

10.3.3 NAT als Translation-Mechanismus

Wie bereits erwähnt wurde die ursprüngliche NAT-PT Spezifikation (RFC 2766) als historisch erklärt. Seither werden laufend neue Translation-Mechanismen definiert, um Lösungen für unterschiedliche Szenarien und Anforderungen anzubieten.

Translation nur wenn nicht anders möglich

Bevor hier eine Übersicht über die gängigsten Mechanismen gemacht wird, soll nochmals festgehalten werden, dass diese Mechanismen nur eingesetzt werden sollen, wenn es nicht anders möglich ist. Sie sind nicht dafür vorgesehen, eine Einführung von IPv6 zu umgehen. Wie in Kapitel 11 ausführlicher besprochen, ist die Hauptstrategie wo immer möglich native IPv6 einzusetzen.

Stateless NAT64

Stateless NAT ist ein Mechanismus, der IPv6-Header in IPv4-Header und umgekehrt übersetzt. Er basiert auf RFC 6144, welches ein Framework für IPv4/IPv6-Translation darstellt und eine gute Übersicht über mögliche Szenarien und die zur Verfügung stehenden Lösungen bietet. Die Tatsache dass der Mechanismus stateless ist, macht ihn sehr effizient. Er unterstützt End-zu-End Transparenz und skaliert besser als Stateful Translation. Es können mehrere Translator parallel aufgesetzt werden, ohne dass sie untereinander State synchronisieren müssen.

Wie Stateless NAT64 funktioniert

Für diesen stateless Mechanismus wird die Information für die Translation in der Adresse transportiert. Die Regeln wie diese Adressen zu bilden sind, werden in RFC 6052 beschrieben. Ein spezieller IPv6-Adressrange repräsentiert die IPv4-Systeme in der IPv6-Welt. Das well-known Präfix für das Mapping der Adressen ist `64:ff9b::/96`. Dieser Range wird auf dem

NAT-Gateway manuell konfiguriert. Die meisten Implementationen erlauben es auch, ein individuell definiertes Präfix zu verwenden. In der IPv4-Welt haben alle IPv6-Systeme entsprechende IPv4-Adressen, die auf ein Subset der IPv4-Adressen des ISP gemappt werden. Die IPv6 Hosts werden entweder manuell oder mit DHCPv6 konfiguriert.

Einsatzbereich

Mit Stateless NAT64 können Sessions von beiden Seiten initialisiert werden. Der Nachteil dieses Mechanismus ist, dass er für jedes IPv6-Gerät, das Translation braucht, eine IPv4-Adresse benötigt. Er kann somit nicht eingesetzt werden, um IPv4-Adressen zu sparen. Er kann z.B. eingesetzt werden, um öffentlichen Servern je eine IP-Adresse für beide Protokolle zuzuweisen. Um jedoch eine Vielzahl von IPv6-Usern auf eine einzige IPv4-Adresse zu aggregieren, muss Stateful NAT64 eingesetzt werden. Eine weitere Einschränkung von Stateless NAT64 ist, dass nur IPv4-Optionen, die direkte Entsprechungen in IPv6 haben übersetzt werden und mit Ausnahme des Fragmentation Headers werden keine Extension Header übersetzt. Der beste Use Case für Stateless NAT64 ist es, einen IPv6-Server für IPv4 Clients zur Verfügung zu stellen.

Stateful NAT64 und DNS64

IPv4-Dienste für IPv6-only Hosts

Dieser Mechanismus wird verwendet, wenn es darum geht, IPv6-only Clients Zugang zu IPv4-Systemen oder zum IPv4-Internet zu gewährleisten. Eine oder mehrere öffentliche IPv4-Adressen werden auf dem Translator zugewiesen. Die IPv6 Clients teilen sich diese Adressen. Wenn Stateful NAT64 zusammen mit DNS64 eingesetzt wird, so ist in der Regel keine Anpassung an den IPv6 Clients oder an den IPv4-Systemen notwendig. DNS64 ist seit BIND 9.8.0 unterstützt. Stateful NAT64 ist in RFC 6146 und DNS64 in RFC 6147 definiert.

Abbildung 10.18 zeigt, wie NAT64 mit DNS64 funktioniert.

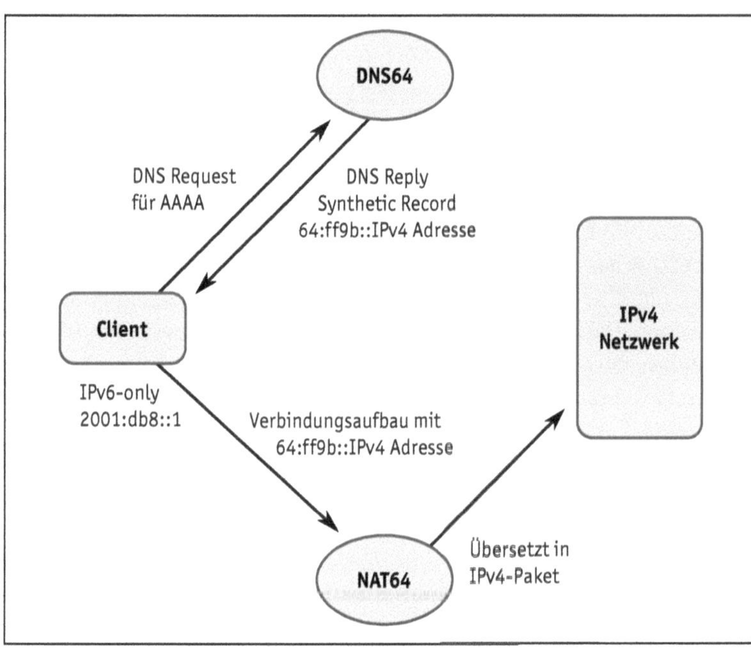

Abbildung 10.18 - Stateful NAT64 und DNS64

Wie Stateful NAT64 funktioniert

Der IPv6 Host schickt eine Anfrage für einen AAAA Record eines bestimmten Dienstes an DNS. Da er ausser IPv6 nichts kennt, schickt er keine Anfrage für einen A Record. Die Anfrage kommt zum DNS64 Server. Gibt es für den betreffenden Dienst einen AAAA Record, so erhält der Host diese IPv6-Adresse und baut eine native IPv6-Verbindung auf. Wenn es für diesen Dienst keinen AAAA Record gibt, weil der Dienst kein IPv6 unterstützt, so sucht der DNS64 Server einen A Record für denselben Dienst. Findet er einen, so erstellt er einen synthetischen Record mit dem Präfix `64:ff9b::/96` (oder einem anderen Präfix sofern entsprechend konfiguriert). In die letzten 32 Bits dieses Records trägt er die IPv4-Adresse des Dienstes ein. Wenn der A Record die Adresse `203.10.20.1` enthielt, so heisst der synthetische Record `64:ff9b::203.10.20.1`.

Wenn nun der Host zu dieser IPv6-Adresse eine Verbindung aufbaut, so wird die Anfrage zum NAT64 Gateway geroutet, das nun eine IPv4-Adresse aus seinem Pool nimmt, mit einer Port-Nummer assoziiert und einen Mapping-Eintrag für diese Verbindung erstellt. Dann wird es den IPv6-

Header gemäss den Regeln von RFC 6145 übersetzen und an die IPv4-Adresse schicken, die es der IPv6-Adresse der Destination entnehmen kann (die letzten 32 Bits).

Nur IPv6-only Hosts können Verbindung initialisieren

Stateful NAT64 unterstützt nur Verbindungen, die von den IPv6-only Hosts initialisiert werden und eignet sich darum nur, um IPv6-only Hosts Zugang zu IPv4-Servern zu gewähren. Der Vorteil ist, dass so viele IPv6-only Hosts über eine öffentliche IPv4-Adresse auf IPv4-Dienste zugreifen können. Soll eine Verbindung von einem IPv4-Dienst zu einem IPv6-only Host aufgebaut werden, so muss die Translation manuell konfiguriert werden.

Einsatzbereich

Dieses Szenario wurde ausführlich getestet und funktioniert gut für allgemeinen Internet-Zugang. Probleme entstehen dann, wenn IPv4-Adressen in Applikationen eingebaut sind. RFC 7050 definiert eine Methode, wie ein IPv6-only Host ein NAT64 Präfix auflösen kann, wenn kein DNS64 Server vorhanden ist. Dies wird vor allem von Hosts benötigt, welche keine DNS unterstützen oder beim Einsatz von DNSsec. Applikationsentwickler sollten stets FQDNs (Fully Qualified Domain Names) in ihren Applikationen verwenden. Viele Hersteller haben NAT64 implementiert. Dieser Mechanismus wird voraussichtlich in der Mobilen Welt breit engesetzt werden, da ein IPv6-only Gerät weniger Batterie benötigt, als ein Dual-Stack Gerät.

NAT64-Szenarien

RFC 6144, «Framework for IPv4/IPv6 Translation» listet acht verschiedene Szenarien in denen NAT64 eingesetzt werden kann. Nachstehend eine Zusammenfassung der verschiedenen Verbindungen. Die Unterschiede liegen darin, welche Netze verbunden werden, als auch, von welcher Seite die Verbindung initialisiert wird (IPv4 oder IPv6).

Szenarien für Einsatz von Stateless oder Stateful NAT64

- **IPv6-Netzwerk zum IPv4 Internet**
  Sowohl Stateful als auch Stateless NAT64 kann eingesetzt werden.
- **IPv4 Internet zu IPv6-Netzwerk**
  Für dieses Szenario müsste beim Einsatz von Stateful NT64 ein Application Level Gateway (ALG) eingesetzt werden. Diese Kombination wurde jedoch mit RFC 4966 abgeschafft. Es kann in diesem Fall Stateless NAT64 eingesetzt werden, da auch hier mittels IPv4-translatable Adressen eine Verbindung von IPv4 zu einem IPv6-Netzwerkknoten aufgebaut werden kann.

- **IPv6 Internet zu IPv4-Netzwerk**
  Stateless NAT64 kann in diesem Fall nicht eingesetzt werden, da es nur 1:1 Adresstranslation unterstützt. Der IPv4-Adressraum unterstützt nur einen kleinen Teil des IPv6-Adressraums. IPv6-initialisierte Verbindungen können mit Stateful NAT64 ermöglicht werden. Der Translator wird mit einem netzwerkspezifischen Präfix konfiguriert und weist den IPv4-Knoten daraus IPv4-konvertierte Adressen zu. DNS kann mit statischen AAAA Records für die IPv4-only Hosts konfiguriert werden.

- **IPv4-Netzwerk zum IPv6 Internet**
  Für dieses Szenario müsste Stateful NAT64 mit einem ALG eingesetzt werden, das mit RFC 4966 abgeschafft wurde. Im RFC wird erwähnt, dies sei kein wichtiges Szenario, da es erst zu einem späteren Zeitpunkt aktuell würde. Heute würde man ein solches Szenario wohl am einfachsten mit einem Dual-Stack Proxy lösen.

- **IPv6-Netzwerk zu IPv4-Netzwerk**
  Bei diesem Szenario befinden sich beide Netzwerke innerhalb einer Organisation. Es entspricht in Bezug auf Translation Szenario 1 in dieser Liste, das heisst, es können beide, Stateful und Stateless NAT64 eingesetzt werden.

- **IPv4-Netzwerk zu IPv6-Netzwerk**
  Auch hier befinden sich beide Netze in der administrativen Hoheit einer Organisation. Das Szenario entsspricht in Bezug auf Translation dem Szenario 2 in dieser Liste. Es folgt entsprechend denselben Regeln, es kann Stateless NAT64 eingesetzt werden.

- **IPv6 Internet zu IPv4 Internet und umgekehrt**
  Aufgrund des grossen Unterschiedes in der Grösse des IPv6 und IPv4 Adressraums gibt es keine gangbare Translationlösung für dieses Szenario.

Erfahrung im Betrieb von NAT64

Wer sich für den Betrieb von NAT64 Lösungen interessiert, kann RFC 7269, «NAT64 Deployment Options and Experience» konsultieren. Es beschreibt die Konfiuration und den Betrieb, sowie Testresultate eines IPv6-only Netzwerkes, das mit dem IPv4 Internet verbunden wird. Die Tests beziehen sich auf den Einsatz von NAT64-CGN, NAT64 Server Front End (FE), Koexistenz mit traditionellem NAT44, Robustheit, Zuverlässigkeit, MTU Issues und ULA-bezogene Issues.

RFC 6889, «Analysis of Stateful 64 Translation» beschreibt inwiefern NAT64 die Probleme löst, aufgrund derer die ursprüngliche NAT-PT Lösung historisch erklärt wurde.

464XLAT

464XLAT ist kein neuer Translationmechanismus. Die Spezifikation in RFC 6877 beschreibt eine Technik für die Kombination von stateful Translation im Core mit stateless Translation an der Peripherie des Netzwerks. Damit wird auf relativ einfache und effiziente Art IPv4-Konnektivität für IPv4-only Applikationen über ein IPv6-Netzwerk zur Verfügung gestellt.

Die folgenden Begriffe werden in der 464XLAT-Spezifikation definiert:

- **PLAT**
  Dies ist der Translator auf der Providerseite. Er folgt den in RFC 6146 definierten Regeln für Stateful Translation. Er übersetzt N:1 globale IPv6-Adressen zu globalen IPv4-Adressen und umgekehrt.

- **CLAT**
  Dies ist der Translator auf er Clientseite. Er folgt den in RFC 6145 definierten Regeln für stateless Translation. Er übersetzt 1:1 private IPv4-Adressen zu globalen IPv6-Adressen und umgekehrt. Der CLAT kann auf einem Router oder auf einem Endgerät wie z.B. einem Smart Phone betrieben werden. Er routet IP und leitet so Pakete via Translation weiter.

Einsatzbereich

464XLAT ist einfach einzusetzen, da es keine neuen Protokolle voraussetzt. Es fördert das Deployment von IPv6-only Netzwerken, welche einfacher und günstiger zu betreiben sind als Dual-Stack Netzwerke. Es bietet auch eine Lösung in Szenarien, wo IPv6-only Knoten Zugriff auf IPv4-Applikationen brauchen und keine IPv4-Adressen mehr verfügbar sind. Damit bietet es eine Entflechtung von Wachstum an der Netzwerkperipherie und Verfügbarkeit von IPv4-Adressen.

Abbildung 10.19 zeigt die 464XLAT Architektur:

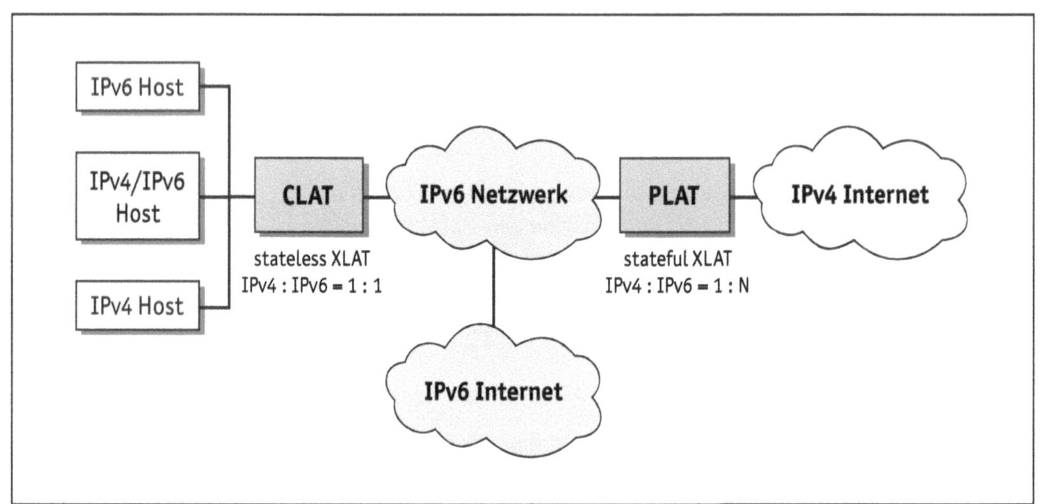

Abbildung 10.19 - 464XLAT Architektur

Wie 464XLAT funktioniert

Auf der linken Seite sieht man drei unterschiedlich konfigurierte Clients. Ein IPv6-Host, ein Dual-Stack Host mit einer privaten IPv4-Adresse und ein IPv4-only Host ebenfalls mit einer privaten IPv4-Adresse. IPv6-Hosts erreichen das IPv6 Internet direkt, ohne Translation. IPv6 Hosts erreichen globale IPv4 Hosts via PLAT (NAT64). IPv4 Hosts erreichen globale IPv4 Hosts via stateless Translation auf dem CLAT und statefull Translation auf dem PLAT.

Adressformat

Das 464XLAT Adressformat folgt dem IPv4-embedded IPv6 Adressformat, das in RFC 6052 spezifiert ist (Abschnitt 2.2). Der CLAT benötigt ein /64 Präfix für das Uplink Interface, ein /64 Präfix für jedes Downlink Interface und ein dediziertes /64 Präfix für das Senden und Empfangen von stateless übersetzten Paketen.

Dynamische Auflösung NAT64 Präfix

Ein IPv6 Host, der ein NAT64 Präfix braucht, schickt eine AAAA Anfrage für die Domain `ipv4only.arpa` (RFC 7050) an seinen DNS Server. Wenn es ein NAT64 Präfix gibt, erhält der Host einen synthetisierten DNS Record, der das Präfix sowie die darin eingebettete IPv4-Adresse für die Domain `ipv4only.arpa` enthält. Dieses Präfix benützt der CLAT um Pakete zum Translator zu schicken.

Diese Architektur unterstützt IPv4 im Client-Server-Modell. Sie ist nicht gedacht für IPv4 Peer-to-Peer Kommunikation oder für von aussen initiierte IPv4-Verbindungen. Sie basiert auf IPv6-Transport und native IPv6-Kommunikation. Sie funktioniert auch mit IPv4-Applikationen, welche Literals enthalten, da nur der IP-Header übersetzt wird und der Payload in einem übersetzten Header eingepackt wird.

464XLAT produktiv im Einsatz

464XLAT wird im grossen Stil bereits mit Erfolg eingesetzt. Als T-Mobile in den USA keine IPv4-Adressen mehr hatte und eine IPv6-Strategie suchte, entschieden sie sich, IPv6-only mit 464XLAT einzusetzen. Android hat mit Version 4.3 464XLAT Support gestestet, seit Android 4.4 ist es implementiert. T-Mobile hat 5 verschiedene Android-Geräte im Einsatz. Innert kurzer Zeit waren über 8 Mio. IPv6-only Geräte angebunden, mittlerweile sind es weit mehr. Dank 464XLAT funktionieren sogar Applikationen wie Skype, die lokal eine IPv4-Adresse benötigen. Gemäss einer Präsentation von T-Mobile an Apricot 2014 war bereits anfangs 2014 mehr als 50% des User Traffics dieser IPv6-only Geräte IPv6 End-to-End ohne Translation. Das macht das Netzwerk einfacher und schneller.

MAP

Zwei Varianten

MAP ist ein Mechanismus, der in zwei Varianten entwickelt wurde. RFC 7597 beschreibt MAP-E mit algorithmischem Adress- und Portmapping, bei dem die IPv4-Pakete in IPv6 getunnelt werden. Die zweite Variante heisst MAP-T (RFC 7599), benützt dieselben Adress- und Portmapping Mechanismen aber hier werden die IPv4-Pakete übersetzt, statt getunnelt. Die Grundfunktionalität ist bei beiden dieselbe. Sie wurden entwickelt, um den Transport von IPv4-Diensten über IPv6-only Netzwerke zu ermöglichen, eine Anforderung die immer häufiger wird.

Vorteil vom MAP

Der Hauptvorteil von MAP im Vergleich mit CGN, NAT464 und DS-Lite ist, dass in diesem Fall kein zentraler stateful Translator im ISP Netzwerk gebraucht wird. Dies ermöglicht dem ISP native IPv6 auszurollen, was für ihn die schlankste und kostengünstigste Variante ist, und die knappen IPv4-Ressourcen mit viel weniger Aufwand einzusetzen.

Abbildung 10.20 zeigt die MAP-Architektur.

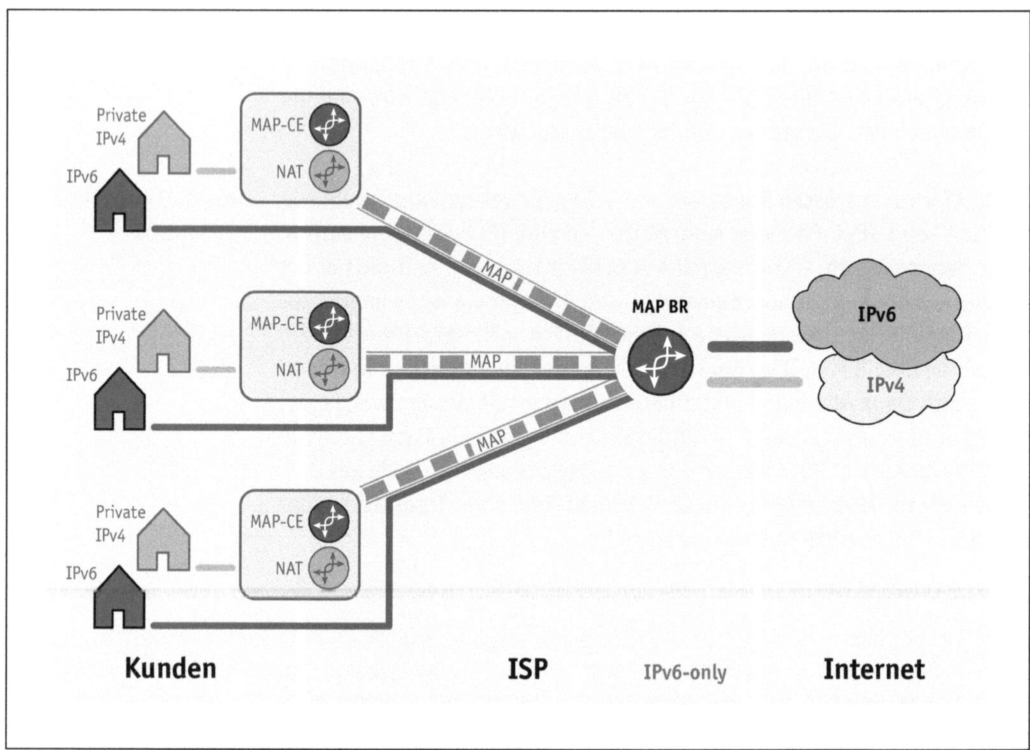

Abbildung 10.20 – MAP Architektur

NAT-Funktion verteilt auf CPE

Wie man in der Abbildung sieht, ist hier, im Unterschied zur Abbildung 10.15 bei DS-Lite die NAT-Komponente nicht mehr zentral im ISP-Netzwerk, sondern verteilt auf den Kunden-CPEs. Der ganze Verkehr durch das ISP-Netzwerk ist nun IPv6-only. Damit entfällt der Bedarf für stateful CGN. Der MAP-BR (Border Router) leitet den IPv6-Verkehr weiter. Er kann von jeder MAP Domain via Anycast erreicht werden.

IPv6-Pakete native

Zu beachten ist in der Zeichnung dass nur IPv4-Pakete durch den NAT gehen und dabei entweder übersetzt oder getunnelt werden. IPv6-Pakete gehen direkt und native durch das ISP-Netzwerk.

MAP benützt ein IPv6-Adress-zu-IPv4-Adress-Mapping mit einem Port Mapping Algorithmus. Spezielle Bits in der IPv6-Adresse werden benützt um die IPv4-Adresse und den Port zu mappen. Bei MAP-T wird der Header übersetzt (T=Translation), bei MAP-E wird das Paket in IPv6 getunnelt (E=Encapsulation). NAT44, wie es hier im Zusammenhang mit MAP benützt wird, wurde gegenüber traditionellem NAT44 leicht modifiziert, indem es möglich ist, jedem der CPEs, die eine gemeinsame öffentliche IPv4-Adresse teilen, einen Portrange zuzuweisen. Diese Adress- und Portkombination wird dann in den IPv6-Adressbereich des CPEs gemappt. Dieses stateless Adressmapping auf dem CPE erspart einen zentralen stateful Translator im ISP-Netzwerk.

Adressmapping

Alle Knoten in einer MAP Domain müssen mit einigen Parametern konfiguriert werden. Diese können manuell oder via DHCP zugewiesen werden. Es sind drei Regeln, a) die Basic Mapping Rule (BMR), b) die Default Mapping Rule (DMR) und c) die Forwarding Mapping Rules (FMR). Diese Regeln definieren das Weiterleitungsverhalten innerhalb der MAP Domain und sind die Basis für die Mapping Rule Table (MRT), die als Routingtabelle für den BR und CE dient. RFC 7598 definiert DHCPv6-Optionen für diese Konfiguration.

Konfiguration

10.3.4 NPTv6 und NAT66

Eine häufig gestellte Frage ist, ob es in IPv6 ein Pendant zu NAT mit IPv4 gibt. In diesem Fall beziehen sich die Leute meist auf das was wir NAT44 nennen. Davon ausgehend, dass NAT urprünglich als Mechanismus zum Einsparen von IPv4-Adressen entwickelt wurde, müsste man meinen, es gibt nur eine einfach Antwort: nein. Dies weil IPv6 bekanntlich die Langzeitlösung für das Adressproblem ist. Die Entwickler von IPv6 planten ein End-zu-End Netzwerk ohne NAT.

Gibt es ein Pendant zu NAT44?

Unglücklicherweise haben sich die Leute sehr an NAT gewöhnt und es gab einige Szenarien, in denen sich NAT über die Adresssituation hinaus als ganz praktisch erwies. Darum kommen wir leider nicht drum herum, an dieser Stelle NAT mit IPv6 anzuschauen.

IPv6-to-IPv6 Prefix Translation (NPTv6)

In der Einführung zu RFC 6296, das NPTv6 definiert steht folgendes: «For reasons discussed in [RFC2993] and Section 5, the IETF does not recommend the use of Network Address Translation technology for IPv6. Where translation is implemented, however, this specification provides a mechanism that has fewer architectural problems than merely implementing a traditional stateful Network Address Translator in an IPv6 environment.»

IETF rät davon ab, NAT einzusetzen

Auf Deutsch: «Die IETF rät davon ab, in einem IPv6-Netzwerk NAT einzusetzen». Warum gibt es dann ein RFC? Einer der Gründe ist, dass die IETF aus den Erfahrungen bei IPv4 gelernt hat. Sie war auch damals dagegen, NAT einzuführen und hat darum keine Spezifikation publiziert. Das führte dazu, dass die Hersteller selber etwas definierten. Darum haben wir heute im IPv4-Bereich verschiedene Varianten und Implementationen von NAT, was die Sache noch viel komplexer macht. Also sagte sich IETF, wir raten zwar klar davon ab, aber wenn der Markt trotzdem NAT für IPv6 will, dann sollten es wenigstens alle gemäss derselben Spezifikation implementieren. Hier ist sie.

Unabhängigkeit von globalem Präfix

NPTv6 ist ein stateless IPv6-zu-IPv6 Netzwerkpräfix-Übersetzungsmechanismus. Er stellt Präfixunabhängigkeit für ein Netzwerk zur Verfügung. Das bedeutet, dass die Adressen innerhalb eines Firmennetzwerks nicht neu nummeriert werden müssen, sollte das globale Präfix ändern (z.B. im Fall eines Providerwechsels). Sessions können auf beiden Seiten des Gateways initialisiert werden. Es können auch mehrere NPTv6 Translator eingesetzt werden und sie unterstützen auch Multihomingszenarios. Sektion 2 in RFC 6296 beschreibt einige Use Cases.

Hauptunterschied zu NAT44

Der wesentlichste Unterschied zu NAT44 basiert darauf, dass beim Einsatz von NPTv6 keine Adressen gespart werden müssen. Das heisst, die Übersetzung ist 1:1, was das Portmapping und das Umschreiben von Transportheadern erspart. So ist NPTv6 in dieser Hinsicht bedeutend einfacher als NAT44, löst aber nicht alle Probleme.

Probleme

Der IPsec Authentication Header kann nicht mit NPTv6 eingesetzt werden. Ebenso werden Applikationen, die IP-Adressen im Payload transportieren nicht funktionieren. Das Deployment von NPTv6 muss in Kombination mit Split DNS erfolgen, da Hosts, die von aussen Adressen auflösen das globale Präfix benützen und Hosts die von innen Adressen auflösen, das interne Präfix.

Es kommt immer wieder vor, dass NAT44 als Sicherheitselement betrachtet wird, da es die interne Topologie nach aussen nicht zeigt. NPTv6 erfüllt diese Funktion nicht, da das Adressmapping 1:1 ist. Nur das Präfix wird übersetzt und es muss die gleiche Länge haben. Wenn also ein internes /48 übersetzt werden soll. so muss das globale Präfix ebenfalls ein /48 sein. Es ist jedoch möglich, nur einige Subsets des internen Präfixes zu übersetzen, so z.B. die Clientsubnetze, die Internetzugang benötigen.

Präfix muss gleiche Länge haben

Eine andere Variante für ein ISP-unabhängiges Präfix ist, sich PI (Provider Independent) Adressraum zu besorgen. In der RIPE Region wird PI-Space von RIPE NCC vergeben. Wenn man dort nicht selbst Mitglied werden möchte kann man für die vertragliche Abwicklung ein bestehendes RIPE-Mitglied, eine sogenannte Sponsoring LIR bemühen. Die Sponsoring LIR regelt dann den vertraglichen Teil mit RIPE NCC und leitet das PI Assignment weiter an den Endkunden.

PI Präfix

Wichtig ist es in diesem Fall sicherzustellen, dass die ISPs bei denen man den Internetzugang bezieht auch bereit sind, dieses Präfix zu routen, da es nicht aus ihrem Adressraum stammt. Solche Regeln sind in jeder RIR Region leicht unterschiedlich, also in ARIN oder APNIC anders als in RIPE. Man muss sich in jedem Fall lokal informieren.

Stateful NAT66

Stateful NAT66 wäre die Entsprechung zu NAT44. Es gibt heute (2016) keine IETF Spezifikation für NAT66 und es wird verbreitet davon abgeraten, dies einzusetzen. Verschiedene Hersteller stellen jedoch proprietäre Implementationen von NAT66 zur Verfügung. Der Kunde hat die Wahl.

10.3.5 Load Balancing

Um IPv6 Clients Zugang zu IPv4-Applikationen oder IPv4 Servern zu geben, stehen zwei Varianten zur Verfügung:

- Stateless NAT64, respektive NAT46
- Load Balancer

Testen unter Last

Stateless NAT64 ist relativ einfach einzuführen und benötigt nicht viel Ressourcen. Die Lösung mit einem Load Balancer ist eine häufig gewählte Variante, da sie für das Frontend eines Datacenters ohnehin eine Voraussetzung sind. Sie stellen eine gute kurzfristige Lösung dar. Verschiedene Hersteller bieten High Performance Load Balancer mit vielen verschiedenen Mechanismen an, die in unterschiedlichen Szenarien eingesetzt werden können. Wichtig ist es, die Load Balancer für das geplante Szenario ausführlich zu testen, vor allem unter Last und im dual-stack Modus.

10.4 Vergleich

Nachdem wir eine ausführliche Übersicht über die zur Verfügung stehenden Wahlmöglichkeiten gemacht haben fassen wir sie hier nochmals nach Kategorien zusammen und stellen Vor- und Nachteile gegenüber.

10.4.1 Dual-Stack

Einfach und flexibel

Dual-Stack ist einfach einzusetzen und flexibel. In vielen Fällen ist es eine gute Wahl. Hosts benützen IPv4 um mit IPv4 Hosts oder Applikationen zu kommunizieren und sie benützen IPv6 um mit IPv6 Hosts oder Applikationen zu kommunizieren. Am Tag wo alles IPv6 unterstützt, kann IPv4 einfach abgeschalten werden. Dual-Stack Hosts und Router bieten die grösste Flexibilität um Inseln von IPv4-Applikationen, Equipment oder Netzwerken zu integrieren. Dual-Stack ist auch die Basis für andere Übergangsmechanismen. Tunnel brauchen Dual-Stack Endpunkte und Translator brauchen Dual-Stack Gateways.

Nachteile

Zu den Nachteilen dieser Variante gehören die folgenden: Es laufen zwei separate Protokollstacks. Das braucht zusätzliche CPU Ressourcen und Memory. Alle Tabellen werden doppelt geführt. Die Applikationen auf einem Dual-Stack Host müssen intelligent entscheiden können, ob mit einer IPv4- oder IPv6-Gegenstelle kommuniziert wird. Es braucht zwei Routingprotokolle und zwei Security Konzepte, die gut aufeinander abgestimmt sein müssen.

Troubleshooting in einem Dual-Stack Netzwerk ist komplexer. Hat zum Beispiel die Applikation, die über IPv6 keine Verbindung aufbaut fälschlicherweise versucht, diese über IPv4 aufzubauen? Wie müssen Testing und Troubleshooting Vorgehensweisen angepasst werden, um solche neuen Situationen erfassen zu können? Helpdesk und Support Teams müssen ausgebildet werden und Tools für beide Protokolle kennen, um Vergleiche anstellen zu können. Aus einer Betriebs- und Supportperspektive kostet ein Dual-Stack Netzwerk mehr. Dies ist einer der Hauptgründe für viele grössere Unternehmen, möglichst bald eine IPv6-only Infrastruktur zu betreiben.

Troubleshooting komplexer

Note
Es ist zu beachten, dass Dual-Stack nur einsetzbar ist, wenn ausreichend IPv4-Adressen vorhanden sind.

10.4.2 Tunneling

Dank dem Einsatz von Tunnels sind wir relativ frei in der Reihenfolge wie wir zu IPv6 migrieren wollen. Es können sogar einzelne Hosts oder Subnetze migriert werden und via Tunnel miteinander verbunden werden. So können z.B. separate IPv6 Clouds durch einen Tunnel miteinander kommunizieren. Kann der ISP noch kein IPv6 (wäre es evtl. Zeit einen ISP zu suchen, der das kann?) so kann der IPv6-Verkehr via Tunnel über die IPv4-Infrastruktur des Providers geleitet werden. Ist der Lifecycle des Backbone erst in 2 Jahren fällig, man möchte aber gewisse Subnetze migrieren, so kann der IPv6-Verkehr auch in diesem Fall über den IPv4-Backbone geleitet werden. Oder umgekehrt, der Backbone Lifecycle ist fällig, aber in den Subnetzen ist man mit Servern, Clients oder Applikationen noch nicht so weit. In dem Fall könnte man den Backbone auf IPv6-only migrieren (spart Komplexität und Kosten) und den IPv4-Verkehr in einem Tunnel über den IPv6-only Backbone leiten.

Frei in der Reihenfolge der Migration

Die Nachteile sind von anderen Tunneltechniken in der Vergangenheit her bekannt. Für die Router bedeutet das eine zusätzliche Last. Generell sind stateless Tunnel den stateful Tunnel vorzuziehen, da sie weniger Overhead

Nachteile

generieren. Die Tunneleingangs- und -ausgangspunkte brauchen für Encapsulation und Decapsulation zusätzliche CPU Resourcen und Zeit. Sie stellen auch Single Points of Failure dar. Troubleshooting wird komplexer, es kann Probleme geben mit Hop Counts, MTU-Grössen und Fragmentation. Das Management von getunneltem Verkehr ist auch komplexer, so z.B. wenn Abrechnung pro Protokoll gefragt ist. Tunnel bieten auch neue Möglichkeiten für Security Attacken, was im Security Konzept berücksichtigt werden muss.

Note
RFC 7059, «A Comparison of IPv6-over-IPv4 Tunnel Mechanisms» bietet eine gute Übersicht über bestehende Tunnelmechanismen mit vielen Hinweisen und Tipps, welcher Mechanismus welche Vor- und Nachteile hat und in welchem Szenario er sich am besten bewährt.

10.4.3 Translation

Letzte Wahl

Translation sollte nur dann eingesetzt werden, wenn kein anderer Mechanismus möglich ist und nur als kurzzeitige Lösung. Die grösste Einschränkung besteht darin, dass bei der Übersetzung die erweiterten Funktionen von IPv6, wie zum Beispiel die Informationen in Extension Headern, nicht unterstützt sind, weil sie in IPv4 nicht dargestellt werden können. Translation setzt auch häufig Designgrenzen, weil Replies über dasselbe Gateway kommen müssen, das den Request rausgeschickt hat. Der NAT Router ist ein Single Point of Failure und flexible Routingmechanismen funktionieren nicht. Applikationen, die IP-Adressen im Payload führen funktionieren ebenfalls nicht.

Vorteil: kann Deployment von IPv6-only Netzwerken unterstützen

Der Vorteil von Translation liegt darin, dass IPv4 Hosts direkt mit IPv6 Hosts kommunizieren können (und umgekehrt). Wie vorgängig beschrieben, gibt es NAT Technologien, die das Deployment von IPv6-only Netzwerken unterstützen. Dies kann in gewissen Szenarien ein sinnvoller Zwischenschritt sein.

Nachdem wir die zur Verfügung stehenden Übergangsmechanismen kennen, soll das nächste und letzte Kapitel die Puzzleteile zusammenfügen, das beste Vorgehen bei der Planung erläutern und mögliche Migrationsstrategien diskutieren.

10.5 Referenzen

Dies ist eine Zusammenstellung der wichtigen, im Kapitel erwähnten RFCs und Drafts. Zusätzlich erwähnen wir einzelne RFCs und Drafts, die im Zusammenhang mit dem Thema stehen, falls Sie sich vertiefter damit befassen möchten. Informationen über den Standardisierungs-Prozess, RFCs und Drafts finden Sie im Appendix. Auf folgendem Link findet man eine gute, vollständige Übersicht über den aktuellen Status aller RFCs: *http://tools.ietf.org/rfc/index*.

RFCs

- RFC 2185 «Routing Aspects Of IPv6 Transition», 1997
- RFC 2473 «Generic Packet Tunneling in IPv6 Specification», 1998
- RFC 2529 «Transmission of IPv6 over IPv4 Domains without Explicit Tunnels», 1999
- RFC 2663 «IP Network Address Translator (NAT) Terminology and Considerations», 1999
- RFC 2784 «Generic Routing Encapsulation (GRE)», 2000
- RFC 2827 «Network Ingress Filtering: Defeating Denial of Service Attacks which employ IP Source Address Spoofing», 2000
- RFC 3022 «Traditional IP Network Address Translator (Traditional NAT)», 2001
- RFC 3053 «IPv6 Tunnel Broker», 2001
- RFC 3056 «Connection of IPv6 Domains via IPv4 Clouds», 2001
- RFC 3142 «An IPv6-to-IPv4 Transport Relay Translator», 2001
- RFC 3162 «RADIUS and IPv6», 2001
- RFC 3178 «IPv6 Multihoming Support at Site Exit Routers», 2001
- RFC 3493 «Basic Socket Interface Extensions for IPv6» 2003
- RFC 3542 «Advanced Sockets Application Program Interface (API) for IPv6», 2003
- RFC 3582 «Goals for IPv6 Site-Multihoming Architectures», 2003
- RFC 3704 «Ingress Filtering for Multihomed Networks», 2004
- RFC 3756 «IPv6 Neighbor Discovery (ND) Trust Models and Threats», 2004
- RFC 3964 «Security Considerations for 6to4», 2004
- RFC 3971 «SEcure Neighbor Discovery (SEND)», 2005

- RFC 4029 «Scenarios and Analysis for Introducing IPv6 into ISP Networks», 2005
- RFC 4038 «Application Aspects of IPv6 Transition», 2005
- RFC 4177 «Architectural Approaches to Multi-homing for IPv6», 2005
- RFC 4213 «Basic Transition Mechanisms for IPv6 Hosts and Routers», 2005
- RFC 4215 «Analysis on IPv6 Transition in Third Generation Partnership Project (3GPP) Networks», 2005
- RFC 4218 «Threats Relating to IPv6 Multihoming Solutions», 2005
- RFC 4219 «Things Multihoming in IPv6 (MULTI6) Developers Should Think About», 2005
- RFC 4241 «A Model of IPv6/IPv4 Dual Stack Internet Access Service», 2005
- RFC 4380 «Teredo: Tunneling IPv6 over UDP through Network Address Translations (NATs)», 2006
- RFC 4554 «Use of VLANs for IPv4-IPv6 Coexistence in Enterprise Networks», 2006
- RFC 4659 «BGP-MPLS IP Virtual Private Network (VPN) Extension for IPv6 VPN», 2006
- RFC 4787 «Network Address Translation (NAT) Behavioral Requirements for Unicast UDP», 2007
- RFC 4798 «Connecting IPv6 Islands over IPv4 MPLS Using IPv6 Provider Edge Routers (6PE)», 2007
- RFC 4852 «IPv6 Enterprise Network Analysis – IP Layer 3 Focus», 2007
- RFC 4864 «Local Network Protection for IPv6», 2007
- RFC 4890 «Recommendations for Filtering ICMPv6 Messages in Firewalls», 2007
- RFC 4891 «Using IPsec to Secure IPv6-in-IPv4 Tunnels», 2007
- RFC 4966 «Reasons to Move the Network Address Translator – Protocol Translator (NAT-PT) to Historic Status», 2007
- RFC 5214 «Intra-Site Automatic Tunnel Addressing Protocol (ISATAP)», 2008
- RFC 5220 «Problem Statement for Default Address Selection in Multi-Prefix Environments: Operational Issues of RFC 3484 Default Rules», 2008
- RFC 5533 «Shim6: Level 3 Multihoming Shim Protocol for IPv6», 2009

- RFC 5565 «Softwire Mesh Framework», 2009
- RFC 5569 «IPv6 Rapid Deployment on IPv4 Infrastructures (6rd)», 2010
- RFC 5571 «Softwire Hub and Spoke Deployment Framework with Layer Two Tunneling Protocol Version 2 (L2TPv2)», 2009
- RFC 5572 «IPv6 Tunnel Broker with the Tunnel Setup Protocol (TSP)», 2010
- RFC 5619 «Softwire Security Analysis and Requirements», 2009
- RFC 5632 «Comcast's ISP Experiences in a Proactive Network Provider Participation for P2P (P4P) Technical Trial», 2009
- RFC 5902 «IAB Thoughts on IPv6 Network Address Translation», 2010
- RFC 5963 «IPv6 Deployment in Internet Exchange Points», 2010
- RFC 5969 «IPv6 Rapid Deployment on IPv4 Infrastructures (6rd) Protocol Specification», 2010
- RFC 5991 «Teredo Security Updates», 2010
- RFC 6052, «IPv6 Addressing of IPv4/IPv6 Translators», 2010
- RFC 6144 «Framework for IPv4/IPv6 Translation», 2011
- RFC 6145 «IP/ICMP Translation Algorithm», 2011
- RFC 6146 «Stateful NAT64: Network Address and Protocol Translation from IPv6 Clients to IPv4 Servers», 2011
- RFC 6147 «DNS64: DNS Extensions for Network Address Translation from IPv6 Clients to IPv4 Servers», 2011
- RFC 6180 «Guidelines for Using IPv6 Transition Mechanisms during IPv6 Deployment», 2011
- RFC 6204 «Basic Requirements for IPv6 Customer Edge Routers», 2011
- RFC 6269 «Issues with IP Address Sharing», 2011
- RFC 6296 «IPv6-to-IPv6 Network Prefix Translation», 2011
- RFC 6333 «Dual-Stack Lite Broadband Deployments Following IPv4 Exhaustion», 2011
- RFC 6334 «Dynamic Host Configuration Protocol for IPv6 (DHCPv6) Option for Dual-Stack Lite», 2011
- RFC 6343 «Advisory Guidelines for 6to4 Deployment», 2011
- RFC6434 «IPv6 Node Requirements», 2011
- RFC 6459 «IPv6 in 3rd Generation Partnership Project (3GPP) Evolved Packet System (EPS)», 2012
- RFC 6619 «Scalable Operation of Address Translators with Per-Interface Bindings», 2012
- RFC 6791 «Stateless Source Address Mapping for ICMPv6 Packets», 2012

- RFC 6724 «Default Address Selection for Internet Protocol version 6 (IPv6)», 2012
- RFC 6866 «Problem Statement for Renumbering IPv6 Hosts with Static Addresses in Enterprise Networks», 2013
- RFC 6877 «464XLAT: Combination of Stateful and Stateless Translation», 2013
- RFC 6888 «Common Requirements for Carrier-Grade NATs (CGNs)», 2013
- RFC 6889 «Analysis of Stateful 64 Translation», 2013
- RFC 6908 «Deployment Considerations for Dual-Stack Lite», 2013
- RFC 6911 «RADIUS Attributes for IPv6 Access Networks», 2013
- RFC 7021 «Assessing the Impact of Carrier-Grade NAT on Network Applications», 2013
- RFC 7040 «Public IPv4-over-IPv6 Access Network», 2013
- RFC 7050 «Discovery of the IPv6 Prefix Used for IPv6 Address Synthesis», 2013
- RFC 7051 «Analysis of Solution Proposals for Hosts to Learn NAT64 Prefix», 2013
- RFC 7059 «A Comparison of IPv6-over-IPv4 Tunnel Mechanisms», 2013
- RFC 7084 «Basic Requirements for IPv6 Customer Edge Routers», 2013
- RFC 7225 «Discovering NAT64 IPv6 Prefixes Using the Port Control Protocol (PCP)», 2014
- RFC 7269 «NAT64 Deployment Options and Experience», 2014
- RFC 7335 «IPv4 Service Continuity Prefix», 2015
- RFC 7526 «Deprecating the Anycast Prefix for 6to4 Relay Routers», 2015
- RFC 7596 «Lightweight 4over6: An Extension to the Dual-Stack Lite Architecture», 2015
- RFC 7597 «Mapping of Address and Port with Encapsulation (MAP-E)», 2015
- RFC 7598 «DHCPv6 Options for Configuration of Softwire Address and Port-Mapped Clients», 2015
- RFC 7599 «Mapping of Address and Port using Translation (MAP-T), 2015
- RFC 7600 «IPv4 Residual Deployment via IPv6 – A Stateless Solution (4rd)», 2015
- RFC 7755 «SIIT-DC: Stateless IP/ICMP Translation for IPv6 Data Center Environments», 2016

- RFC 7756 «Stateless IP/ICMP Translation for IPv6 Internet Data Center Environments (SIIT-DC): Dual Translation Mode», 2016
- RFC 7757 «Explicit Address Mappings for Stateless IP/ICMP Translation», 2016
- RFC 7785 «Recommendations for Prefix Binding in the Context of Softwire Dual-Stack Lite», 2016

Drafts

Drafts sind im Verzeichnis *www.ietf.org/id-info* zu finden. Um schnell die aktuellste Version eines Draftes zu finden, geht man am besten auf *https://datatracker.ietf.org/doc*. Dort kann man den Filenamen ohne Versionsnummer eingeben und erhält automatisch die aktuellste Version angezeigt. Wird ein Draft nicht mehr aufgeführt, wurde es entweder gelöscht, ist temporär inaktiv oder ist als RFC erschienen.

- Host Address Availability Recommendations
  draft-ietf-v6ops-host-addr-availability-06

Kapitel 11

Planung der Einführung von IPv6

Nach all den Informationen über technische Features setzt dieses Kapitel alles zusammen und zeigt auf, wie man bei der Planung der Einführung von IPv6 am besten vorgeht.

Kapitelübersicht

Es fasst meine Erfahrung von mehr als 15 Jahren Beratung und Schulung von mittleren und grossen Organisationen auf dem Silbertablett zusammen. Es beinhaltet die Antworten auf die am häufigsten gestellten Fragen und inspiriert hoffentlich auch, die Vorteile und Chancen dieser Einführung zu sehen und wahrzunehmen.

Chance neue Netzwerkarchitektur zu definieren

Tatsächlich bedeutet die Einführung von IPv6 in einem grösseren Netzwerk einige Herausforderungen und setzt eine umsichtige Planung voraus. Es gibt aber keinen Grund zur Panik und die Erfahrung von vielen Organisationen, die im Planungs- und Deploymentprozess schon in einem fortgeschrittenen Stadium sind zeigt, dass es bei näherer Betrachtung einfacher ist, als man im Voraus dachte und dass es viele positive Chancen eröffnet. Jeder durchschnittlich begabte Engineer der es geschafft hat, DHCP, VPNs oder NAT einzuführen und konfigurieren, wird es auch schaffen, IPv6 zu verstehen und einzuführen. Der Hauptunterschied bei einem IPv6 Projekt ist der Scope, da jede Komponente im Netzwerk betroffen ist. Die Komplexität liegt darin, dass alle Netzwerkkomponenten, Dienste und Abteilungen in den Prozess integriert sein müssen, damit alle Schnittstellen berücksichtigt werden. Die Herausforderung und auch die Chancen, liegen in den organisatorischen Aspekten, sowie im Design der zukünftigen Netzwerk- und Servicearchitektur. Das setzt voraus, dass alle Gruppen und Abteilungen vertreten sind.

Deployment in Teilschritten

Der Prozess kann jedoch in viele überschaubare Teilschritte unterteilt werden. Bei vorausschauender Planung lassen sich durch Berücksichtigung von natürlichen Lebenszyklen von Produkten und Diensten Kosten sparen und die Deployment Kosten auf mehrere Jahre verteilen. Viel Spass beim Lesen und Planen.

11.1 Integrations-Szenarien

Viele Wege führen nach Rom

Wie dieses Kapitel zeigt, gibt es eine Vielzahl von Mechanismen, die eine schrittweise Einführung von IPv6 in ein IPv4-Netzwerk ermöglichen. Es gibt nicht ein Szenario, das für alle Umgebungen das Richtige ist und es wird in vielen Fällen auch eine Kombination von Übergangsmechanismen zum Einsatz kommen. Welches der beste Weg oder die richtige Kombination von Mechanismen ist, lässt sich nicht verallgemeinernd beschreiben und hängt von der gegebenen Infrastruktur, den Anforderungen und der IT-Strategie ab. Die nachfolgenden Beispiele sind im Sinne einer Anregung zu sehen und nicht in der Absicht, pfannenfertige Rezepte zu liefern.

11.1.1 Organisationen

Einzelne Hosts und kleine Netzwerke

Einen einzelnen Host oder ein kleines Netzwerk mit dem IPv6-Internet zu verbinden ist kein Kunststück und kann mit einem der beschriebenen Tunnelmechanismen mit den meisten Betriebssystemen relativ einfach umgesetzt werden. Einzelne Hosts, z.B. im privaten Netzwerk zuhause können mit einem der offiziell verfügbaren Tunnelbroker konfiguriert werden.

Kleinere Firmen, die offizielle IPv4-Adressen haben, können einen Tunnel aufsetzen, solange der ISP kein native IPv6 anbietet. In dieser Situation sollte man sich allerdings auch fragen, ob dies ein Grund sein könnte, einen moderneren ISP zu wählen. Wenn der ISP IPv6 voll unterstützt, kann eine normale Dual-Stack Internetverbindung eingesetzt werden.

Dual-Stack häufig am einfachsten

Wünscht man zuhause oder im internen Firmennetzwerk IPv6 zu benutzen und hat man Geräte, die IPv6 unterstützen, so ist der Dual-Stack Mechanismus die einfachste Lösung, vorausgesetzt es gibt genügend IPv4-Adressen. Generell gilt die Empfehlung, alles was mit dem globalen Internet verbunden sein soll, auf viele Jahre hinaus dual-stack anzubieten. Dies gilt sowohl für Internet-Verbindungen, wie auch für Contentangebote wie Websites, eCommerce-Sites, eGovernment-Angebote, Cloud-Dienste und alles was mit Internet of Things (IoT) zu tun hat. Grössere Firmen mit komplexeren Netzwerken tendieren immer häufiger dazu, intern möglichst schnell eine IPv6-only Infrastruktur zu bauen, da es im Betrieb und im Troubleshooting deutlich einfacher und günstiger ist.

Einsatz von VLANs

Viele Organisationen setzen intern eine IPv4 VLANs (Virtual LANs) ein. In solchen Situationen kann ein IPv6 Router ein einziges IPv6-Präfix in alle VLANs ankündigen, die dual-stack sind. Die Knoten in diesen VLANs können so mittels Autokonfiguration oder DHCPv6 zusätzlich eine IPv6-Adresse konfigurieren und miteinander über IPv6 kommunizieren.

IPv4 Backbone und IPv4 Internet sind kein Hinderungsgrund für Einführung von IPv6

Die verschiedenen Tunnelmechanismen erlauben nicht nur den Transport von IPv6 über das IPv4-basierende Internet, sondern auch innerhalb einer Organisation über einen noch IPv4-basierenden Backbone. Ein Backbone Upgrade ist nicht etwas, was man alle Jahre tut, man wird den Lebenszyklus der Backbone Router ausnutzen wollen. Das hindert nicht daran, in Segmenten im äusseren Bereich des Firmennetzwerks bereits IPv6 einzuführen. Solange der Backbone auf IPv4 basiert, konfiguriert man Tunnel, damit IPv6-Benutzer in verschiedenen IPv6-Segmenten über den Backbone kommunizieren können.

Internet-Präsenz dual-stack

Für das Anbieten von Diensten oder Applikationen im Internet ist es ratsam, diese baldmöglichst auch über IPv6 anzubieten. Da der IPv4-Adressraum 2011 zu Ende ging, werden mehr und mehr Internetbenützer keine direkten IPv4-Zugänge mehr haben. Für dual-stack Internetuser wird darum der Zugang zu Websites über IPv6 häufig die bessere Performance bieten als über IPv4.

Die Strategie sollte es sein, für die nächsten Jahre öffentliche Dienste dual-stack anzubieten. Nur so kann sichergestellt werden, dass möglichst viele Internetbenützer die Dienste performant erreichen können, je nach ihrer Internetanbindung über IPv4 oder über IPv6.

Bei komplexen Strukturen ist es möglich, die Erreichbarkeit über IPv6 kurzfristig mittels eines Loadbalancers oder Proxies zur Verfügung zu stellen, während das Backend noch über IPv4 kommuniziert. Damit schafft man sich Zeit im Hintergrund im Backend Schritt für Schritt IPv6 zu aktivieren. In einem späteren Stadium, wenn ein Grossteil der Internetbenützer IPv6 benützt, kann das Backend IPv6-only betrieben werden und IPv4 mittels Loadbalancer oder Proxy zur Verfügung gestellt werden.

RFC 6883, «IPv6 Guidance for Internet Content Providers and Application Service Providers» bietet eine gute Beschreibung der Anforderungen und möglichen Strategien und Vorgehensweisen.

11.1.2 Internet Service Provider

ISPs werden ihre Dienste über beide Protokolle anbieten müssen

Internet Service Provider (ISPs) werden in den nächsten Jahren nicht darum herumkommen, ihre Dienste sowohl über IPv4 als auch über IPv6 anzubieten.

Um den ersten Kunden Zugang zu IPv6-Netzwerken zu ermöglichen, können Tunnelmechanismen eingesetzt werden. Swisscom hat z.B. in der Schweiz für diese erste Phase erfolgreich 6rd eingesetzt. Steht der nächste Backbone Upgrade an, so kann Dual-Stack eingeführt werden. Mit der Zeit sollten auch alle Dienste wie Webhosting, Email, FTP etc. sowohl über IPv4 als auch über IPv6 angeboten werden. Das Ziel der IPv6-Integration in einem ISP-Netzwerk ist ein Dual-Stack Angebot aller Dienste. Aufgrund nicht mehr verfügbaren IPv4-Adressen werden ISPs wohl bald dazu übergehen, CGNs (Carrier Grade NAT) zu implementieren oder den Kunden wo möglich IPv6-only Zugang anzubieten, da bei Dual-Stack immer noch IPv4-Adressen im Einsatz sein müssen.

Der Weg dahin sollte sorgfältig geplant und eine sinnvolle Kombination von Übergangsmechanismen gewählt werden. Gerade für ISPs stellt IPv6 eine Möglichkeit dar, sich Marktvorteile zu verschaffen und neue Dienstleistungsbereiche zu erschliessen.

11.1.3 Mobile Netzwerke

Lange Zeit bewegte sich in mobilen Netzwerk nichts bezüglich IPv6. Frühe Smartphones hatten z.T. bereits IPv6-fähige Stacks (wie zum Beispiel frühe Symbian-basierte Geräte). Aber keiner der Mobile Provider bot IPv6 an.

Lange keine IPv6-Angebote

Das hat sich in den letzten Jahren geändert. Zwei der gut bekannten und vieldiskutierten Deployments sind von T-Mobile U.S. und Verizon Wireless. T-Mobile hatte bereits 2014 mehrere Millionen IPv6-fähige Benützer auf unterschiedlichen Geräten. Andere Provider, wie z.B. China Mobile und auch einige europäische Provider haben IPv6 im Einsatz oder in der Planung. Mit der Implementation von XLAT464 in Android 4.3 und höher wird es für Mobile Anbieter attraktiv, IPv6-only auszurollen. Die Praxis beweist, dass selbst total IPv4-abhängige Applikationen wie Skype auf einem IPv6-only Smartphone mit XLAT464 gut funktionieren.

Millionen von Smartphone Benützern IPv6-only unterwegs

11.1.4 Heimnetzwerke

In den frühen Tagen des Internets bestand ein Heimnetzwerk aus einem einzigen PC mit einem Dial-up Modem. Die Verbindung hatte eine einzige IP-Adresse. Dieses Szenario heute sieht völlig anders aus. Jedes Gerät, ob Haushalt-, Küchen- oder Multimediagerät hat mittlerweile WiFi- und Internet-Verbindung. Damit werden die Herausforderungen im Heimnetzwerk zunehmend komplexer und die Zukunft heisst, dass auch ein Heimnetzwerk geroutet ist. Jetzt kommt noch IPv6 dazu. Es braucht fürs Heimnetzwerk neue Strategien und Designs, neue Adressierungsprinzipien und Betriebsmassnahmen.

Frühe Heimnetzwerke ein PC mit Dial-Up Modem

Die IPv6-Architektur einerseits ermöglicht die Adressierung von Interfaces mit mehreren Adressen. Hat nun ein Heimnetzwerk mehrere ISPs, so kann es geschehen, dass Geräte mehrere Adressen und mehrere Präfixe kennen. Diese Präfixe können auch noch unterschiedlich in der Länge sein, vielleicht ein /60 von einem Provider und ein /48 vom anderen Provider.

Heute komplexe Netzwerke, teils dual-stack

Um diesen neuen Herausforderungen aktiv zu begegnen, wurde in der IETF die Homenet Arbeitsgruppe gegründet. Mit RFC 7368 werden die Architekturprinzipien des zukünftigen und komplexen Heimnetzwerkes definiert. Es zeigt auf, was für einen Einfluss IPv6 zusätzlich hat und wie sich die

Neue Heimnetzwerk-Architektur

aktuellen IPv6-Mechanismen verhalten. Die Arbeitsgruppe zeigt auf, was für Mechanismen fehlen und definiert entsprechende Protokollerweiterungen. Das Dokument geht davon aus, dass ein typisches Heimnetzwerk nicht aktiv verwaltet wird und entweder dual-stack oder IPv6-only ist. Für ISPs, die ihre Residential User Strategie definieren eine lesenswerte Grundlage. Zusätzlich ist es wertvoll, die laufende Arbeit dieser Gruppe zu verfolgen.

Note
Unter *https://datatracker.ietf.org/wg/homenet/* ist die Homenet Arbeitsgruppe zuhause.

11.2 Planung IPv6-Einführung

Das Ende der IPv4-Adressen 2011 war ein Weckruf

Im Februar 2011 wurden die letzten IPv4-Adressblöcke aus dem IANA-Pool vergeben. Jede regionale Registry erhielt ein letztes /8. Damit hatte jede Region noch einen gewissen Restpool. APNIC war die erste RIR, die aus diesem letzten /8 schöpften (bereits im April 2011). Die nächste Registry war RipeNCC, die die Ankündigung im September 2012 machte. Und 2015 wurde sogar der Pool von ARIN geleert.

Planung und Deployment in Grossunternehmen kann 3 – 5 Jahre dauern

Das tatsächliche Ende des IPv4-Pools war ein Weckruf für die ganze Industrie. Seit diesem Tag haben viele namhafte Unternehmen die Planung der IPv6-Einführung in Angriff genommen. Planungsphasen in Grossunternehmen können bei sorgfältigem und kostenbewusstem Vorgehen einige Zeit in Anspruch nehmen (1 bis 2 Jahre). Das effektive Ausrollen von IPv6 kann dann je nach Roadmap, welche sich im günstigsten Fall nach bestehenden Lebenszyklen und anderen anstehenden IT-Projekten ausrichtet, durchaus weitere 2 – 3 Jahre dauern.

Businesscase verstanden

Die meisten Firmen haben die grosse Frage nach Businesscase überwunden. Es gibt viele Gründe IPv6 einzuführen und es jetzt zu tun. Jetzt heisst: mit der Planung beginnen. Am Ende der Planung hat man die wichtigen Konzepte, die man in Ruhe erarbeiten muss definiert (Adressierung, Security, RFC-Anforderungen) und versteht, was es braucht, um IPv6 in den verschiedenen Bereichen einzuführen und was eine sinnvolle Reihenfolge und Roadmap ist. Je nach Roadmap kann man dann diese Konzepte in die Schublade legen und sie zücken, wenn der geeignete Zeitpunkt da ist. Ohne diese Planung kann es passieren, dass man ganz plötzlich IPv6 einführen muss, und dann keine Zeit mehr hat, einen Adressplan sorgfältig auszuarbeiten.

Note
Frühzeitige Planung bietet eine einzigartige Möglichkeit, das Netzwerk von Altlasten zu befreien und die Grundlage für ein zukünftiges Netzwerk zu legen, das den Anforderungen zukünftiger Technologien und Dienste gewachsen ist.

Die folgende Liste zeigt die meistgenannten Gründe von Organisationen, die die Einführung angepackt haben:

- Businesskontinuität
- Erreichbarkeit (von aussen)
- Lifecycle Management
- Investitionsschutz
- Ausreichend Zeit für Ausbildung und Erfahrungsaufbau

Vorteile einer frühen Planung

Was sind denn die Vorteile einer frühzeitigen Planung? Es gibt viele Bereiche, in denen frühe Planung viel Geld sparen kann und Möglichkeiten eröffnet werden, die bei Vorgehen unter Zeitdruck nicht ausgeschöpft werden können:

- **Ausnützen von Produkt-Lebenszyklen, Refreshzyklen und Ausrichtung an anderen IT-Projekten.**

  Kosten reduzieren

  Wenn z.B. in einem Jahr ein Redesign der DMZ geplant ist und man dies ohne Berücksichtigung von IPv6 macht, so wird man vor Ablauf des Lebenszyklus gezwungen sein, diese IPv4-zentrische gebaute DMZ auf IPv6 zu migrieren (resp. evtl. Dual-Stack). Möglicherweise hätte man bei einer Berücksichtigung von IPv6 von anfang an eine andere Architektur gewählt und damit den Aufwand deutlich reduziert. Oder es gibt nun Anforderungen, die gar nicht mehr optimal berücksichtigt werden können.

Investitionsschutz

- **Investitionsschutz**
  Aufgrund einer definierten Zielarchitektur können klare RFC-Anforderungen für neue Produkte, Tools und Applikationen definiert werden. Ebenso neue Anforderungen für Outsourcing-Verträge und SLAs. Der Einkauf kann entsprechend dokumentiert und geschult werden.

Betriebskosten reduzieren

- **Konzepte sorgfältig ausarbeiten reduziert langfristig Betriebskosten**
  Die Erfahrung zeigt, dass die Ausarbeitung eines neuen Adressplans zusammen mit einem neuen Sicherheitskonzept einige Zeit in Anspruch nimmt und nach ausführlicher Ausbildung der Beteiligten mehrere Iterationen braucht. Versucht man dies unter Zeitdruck möglichst schnell zu erledigen, führt es dazu, dass man zuviel IPv4-Denken mit in den neuen Plan einbaut, was zu operationellen Engpässen, möglicher Fragmentierung des IPv6-Adressraums, unnötig aufwendigen Sicherheitsregeln und unnötigen Risiken führt. Es gab auch schon einige Bespiele, wo der IPv6-Adressplan nach kurzer Zeit im Betrieb total überarbeitet werden musste, weil man zuviele Möglichkeiten übersehen hatte. Das kann gerade bei Abhängigkeiten verschiedener Projekte zu hohen Kosten führen.

Ausbildung

- **Ausbildung braucht Zeit**
  IPv6 bietet viele neue Möglichkeiten. Es braucht Zeit, diese zu lernen und zu verinnerlichen. Es muss auch ausreichend Zeit und die nötigen Ressourcen bereitgestellt werden, um Labs und Tests durchführen zu können. Nur so kann im Voraus Erfahrung aufgebaut und die Grundlage geschaffen werden, betriebsfähige Konzepte zu erarbeiten.

Bugfixing

- **Zeit für Bugfixing**
  Für Bugfixing mit Herstellern muss ausreichend Zeit eingerechnet werden. Wir kennen Projekte wo man über ein Jahr auf einen gewissen Bugfix warten musste und der IPv6 Rollout musste solange in Warteposition versetzt werden.

11.2.1 Vorgehensweisen – Best Practices

Die Komplexität eines IPv6-Projektes kommt daher, dass jede Komponente im Netzwerk davon betroffen ist, was eine unglaubliche Vielzahl von Abhängigkeiten zur Folge hat. So ist es nicht verwunderlich, dass viele sich fragen, wo man denn am besten beginnt.

IPv6-Projektmanager Haupterfolgsfaktor

Einer der Haupterfolgsfaktoren eines IPv6-Projektes ist es, Managementunterstützung und einen IPv6-Projektmanager zu haben. Da alle Geräte, Dienste und Aspekte des Netzwerkes betroffen sind, braucht es eine Person (oder mehrere für Vertretung), die alle diese Schnittstellen (technisch und organisatorisch) im Überblick hat und abteilungsübergreifend koordinieren kann.

Abbildung 11.1 zeigt ein Schema einer häufig angewendeten und bewährten Vorgehensweise.

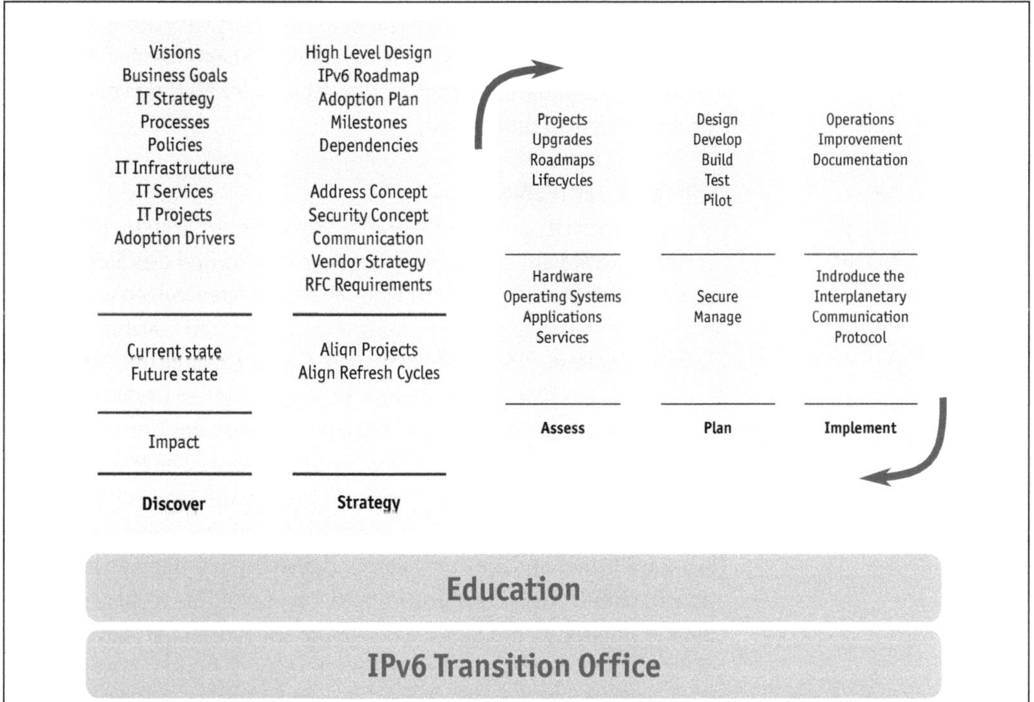

Abbildung 11.1 - Vorgehensweisen IPv6-Planung

Die ersten zwei Säulen, «Discover» und «Strategie» genannt bezeichnen die Planungsphase. Diese kann je nach Intensität und gewünschter Detaillierung ein bis zwei Jahre dauern. Voraussetzung für den Start eines Projektes in dieser Art ist es, Management Attention und ein IPv6 Transition Office zu haben. Alle die an diesen Planungsarbeiten beteiligt sind, sollten vorgängig eine gute Grundausbildung besucht haben. Ebenso sollten alle IT-Teams, inklusive Security, Datacenter, Clients, Applikationen und Dienste vertreten sein. Die rechten drei Säulen «Assess», «Plan» und «Implement» werden dann individuell und gemäss dem in der Roadmap definierten Zeitplan in verschiedenen Bereichen der IT-Organisation durchgeführt und können auch parallel laufen.

Die folgenden Schritte sind empfohlen:

Auslegeordnung Status Quo

- **Zusammentragen eines Layouts der aktuellen Situation**
  Im ersten Schritt werden die Business und die IT Strategie, die aktuelle Infrastruktur mit geplanten Veränderungen, das Portfolio der IT Dienste und Projekte, die Lebenszyklen von Hard- und Software, Tools, Verträge und Service Agreements zusammengestellt. Die bestehenden Prozesse, Policies und Standards werden analysiert und der Einfluss von IPv6 auf alle diese Aspekte untersucht.

Definition Strategie und Zielarchitektur

- **Definieren der IPv6-Strategie**
  Im zweiten Schritt wird die Zielarchitektur definiert und die High-level Strategie, sowie ein erster Draft des Adressplans und des Sicherheitskonzept erarbeitet. Dann wird ausgerichtet an Lebenszyklen und IT-Projekten eine Roadmap definiert. Davon können nun RFC-Anforderungen abgeleitet werden, die als Grundlage für neue Einkaufsrichtlinien und Assessment von IPv6-Funktionalität von bestehenden Geräten benützt werden können. Im Rahmen der Strategie wird auch das Hersteller-Portfolio analysiert um zu identifizieren, ob die bestehenden Hersteller den Anforderungen auch in Zukunft gerecht werden können. Es ist sinnvoll, die strategischen Anbieter frühzeitig auf Managementebene über die IPv6-Einführung und die damit verbundenen Erwartungen an produktionsreife IPv6-Unterstützung zu informieren. Gehen Sie nicht davon aus, dass ein Hersteller, der gute IPv4-Dienste angeboten hat, automatisch auch gute IPv6-Dienste anbietet. Hinterfragen Sie und testen Sie.

- **Assessment bestehender Geräte auf IPv6 Readiness**
  Bestehende Geräte, die im Rahmen der Einführung nicht unbedingt ersetzt werden müssen (weil der Lebenszyklus noch nicht abgelaufen ist), müssen getestet werden, ob sie die RFC-Anforderungen erfüllen. Erst nach erfolgtem Assessment können die Kosten der nächsten Schritte genauer geplant werden, da erst jetzt bekannt ist, welche Geräte IPv6-tauglich sind, welche aktualisiert werden müssen (hardware- oder softwaremässig) und welche Geräte ausgetauscht werden müssen. Es kann auch vorkommen, dass man aufgrund der Erkenntnisse dieses Assessments Änderungen an der Roadmap vornimmt, um Kosten zu reduzieren oder Chancen wahrzunehmen.

  Assessment Infrastruktur

- **Detaillierte Deploymentkonzepte definieren und testen**
  Dies sind die drei Säulen rechts in Abbildung 10.1. Basierend auf den in den ersten Schritten definierten Grundlagenkonzepten, insbesondere Adressplan und Sicherheitskonzept, können nun entsprechend der Roadmap für die einzelnen Bereiche im geeigneten Zeitpunkt detaillierte Migrations- und Rolloutkonzepte ausgearbeitet und ausführlich getestet werden. Ebenso müssen Fallbackszenarien vorhanden sein, falls beim Rollout kritische Bereiche nicht erwartungsgemäss funktionieren. Wichtig ist es, auch Supportprozesse, Testen von Upgrades, Implementieren von neuen Sicherheitsmechanismen, Change Management, Monitoring, Administration von Adressvergabe, Troubleshootingprozesse etc. zu berücksichtigen.

  Deploymentkonzept ausarbeiten und testen

- **Rollout und Dokumentation nach Bereichen**
  Wie bereits erwähnt kann die IPv6-Einführung nicht als Paukenschlag in allen Bereichen gleichzeitig erfolgen. Um Kosten zu sparen und Lebenszyklen auszunutzen wird der Rollout phasenweise zu unterschiedlichen Zeiten in unterschiedlichen Bereichen durchgeführt. Dies ermöglicht auch das Verteilen der Einführungskosten auf verschiedene Budgetphasen. Wichtig hier ist, dass voraussichtlich bei jedem Rollout gewisse Erfahrungen, oder auch Änderungen am geplanten Design oder Vorgehen gemacht werden. Diese müssen unbedingt sorgfältig dokumentiert und mit dem Transition Office ausgetauscht werden, da es möglicherweise Auswirkungen oder Einflüsse auf andere Rollout-Bereiche hat oder die Erfahrungen auch für andere Teams hilfreich sind.

  Rollout

11.2.2 Einführungsszenarien

Beliebige Reihenfolge bei schrittweiser Einführung möglich

Auf IPv6 werden wir nie auf einmal umstellen und IPv4 abschalten, wie beim Flagday von IPv4 im Jahre 1983. Alle in Kapitel 10 beschriebenen Mechanismen sind dazu gedacht, diese schrittweise Einführung oder schrittweise Umstellung zu ermöglichen. Sie machen uns damit auch unabhängig von einer bestimmten Reihenfolge. Das bedeutet, die Reihenfolge wie wir IPv6 in unser Netzwerk einführen wird in der Strategie definiert.

Abbildung 11.2 zeigt eine Übersicht über mögliche Stadien einer IPv6-Einführung.

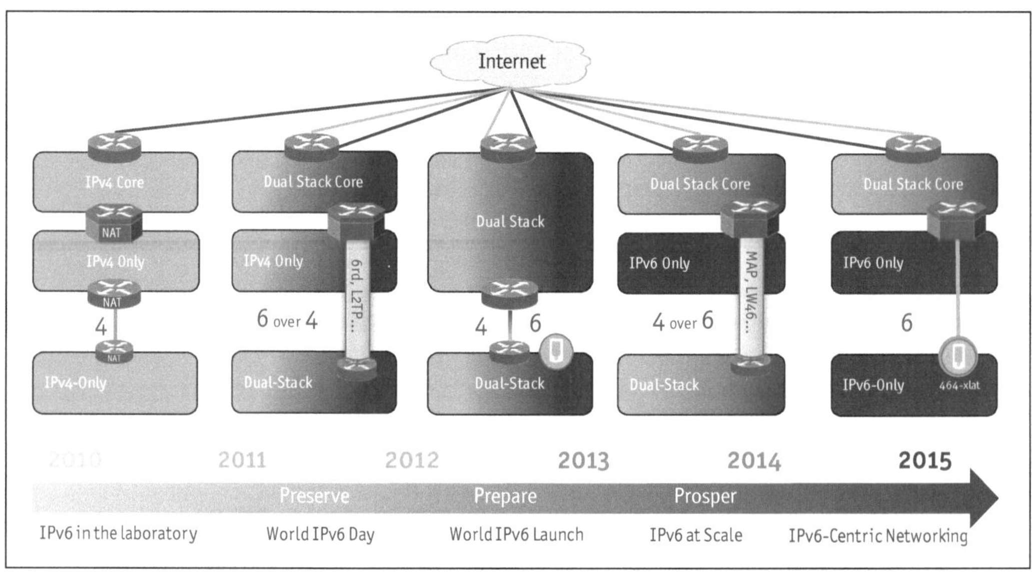

Abbildung 11.2 - Unterschiedliche Szenarien für IPv6-Einführung

Die links aussen beschriebene Situation ist die Ausgangslage, die wir alle haben oder hatten, ein IPv4-only Netzwerk häufig mit NAT und privaten Adressen. In frühen Zeiten waren häufig die ersten gewählten Schritte, IPv6-Daten über diese IPv4-Infrastruktur zu tunneln. Man ging davon aus, dass es mittelfristig und auf lange Zeit hinaus am einfachsten sein wird, eine dual-stack Infrastruktur aufzubauen und zu betreiben, um möglichst problemlos ältere Applikationen, die unter Umständen gar nicht auf IPv6 portiert werden können, zu unterstützen.

Nachteile Dual-Stack

Aufgrund von Erfahrungen in Organisationen, die diese Strategie umgesetzt haben, zeigt es sich, dass dies nicht in allen Fällen sinnvoll ist. Die Aufwände, Komplexität und Umtriebe die sich im Parallelbetrieb beider Protokolle ergeben sind zu hoch. Das führt dazu, dass viele Organisationen heute die mittleren Säulen in Abbildung 11.2 auslassen und möglichst direkt eine IPv6-only Infrastruktur anstreben. Das kann durchaus zu vorübergehendem dual-stack Betrieb in gewissen Bereichen führen.

IPv6-centric Strategie

Die Tendenz im Markt in den letzten zwei Jahren weist darauf hin, dass Unternehmen, die konkret an der Umsetzung arbeiten zum Schluss kommen, dass dual-stack, so attraktiv es auf den ersten Blick aussieht, im Betrieb und Troubleshooting zu aufwendig ist. Sie suchen darum Strategien, Dual-Stack Betrieb möglichst zu vermeiden. Diese Strategie wird IPv6-centric genannt. Das bedeutet, dass man wo immer möglich versucht, schnell auf IPv6-only umzustellen und IPv4 als Dienst betreibt (IPv4 as a Service). Beispiel sind wie an anderen Stellen schon erwähnt Provider wie z.B. T-Mobile USA und Verizon Wireless, die Smartphones IPv6-only betreiben und IPv4 mit Mechanismen wie XLAT464 und NAT64 unterstützen. Facebook ist daran, seine Datacenter IPv6-only zu betreiben und IPv4 zu entfernen. Auch Swisscom Schweiz plant, den Backbone möglichst bald auf IPv6-only umzustellen und IPv4 Traffic mit Tunnelmechanismen darüber zu transportieren.

Facebook betreibt IPv6-only Datacenter

11.2.3 Case Studies

IPv6-Einführung verursacht nicht nur Kosten, bringt auch Nutzen und Einsparungen

Case Studies aus verschiedenen Bereichen zeigen, dass IPv6 bereit ist für den Einsatz, dass die Einführung bei guter Planung durchaus zu bewältigen ist und dass es somit auch Erfahrung gibt im Markt. Die Erfahrungen, die solche Early Adopters machen zeigen auch, dass IPv6 nicht nur ein Kostenfaktor ist, sondern auch klare Vorteile mit sich bringt. So sagt Lorenzo Colitti, Netzwerkengineer bei Google in einem Interview mit Networkworld im März 2009: «It is refreshingly simple to look at a network with globally addressable devices.» Zu Deutsch: «Es ist erfrischend einfach, in einem Netzwerk mit global adressierten Geräten zu arbeiten.» Google hat anfangs 2009 bekanntgemacht, dass alle Google-Dienste vollen IPv6-Support haben. Die Einführung wurde von einem kleinen Kernteam von Google Engineers in einem Zeitraum von rund 18 Monaten in ihrer 20%-Zeit durchgeführt. Das bedeutet, diese Leute haben diese Arbeiten zusätzlich zu ihren normalen Hauptaufgaben gemacht. Der IT-Leiter der Bechtel Corporation, einer Baufirma mit Hauptsitz in San Francisco sagte in einem Interview, die Einführung von IPv6 hätte weniger als 1% seines IT-Budgets ausgemacht und damit seien die Kosten im Vergleich mit dem Nutzen und den daraus resultierenden Einsparungen gering. Über das Deployment bei Facebook sind viele Videos und Präsentationen online verfügbar. Facebook hat IPv4 aus dem Datacentre entfernt und der Traffic im internen Netzwerk ist hauptsächlich IPv6. Applikationen werden auf IPv6-Infrastrukturen entwickelt und sind für IPv6 optimiert.

Diese Case Studies würden den Rahmen dieses Kapitels sprengen. Wer sich dafür interessiert, kann sich das entsprechende Buch beschaffen.

Note
Business-Aspekte und eine Vielzahl sorgfältig dokumentierter Case Studies finden sich im Buch «Global IPv6 Strategies» von Patrick Grossetete, Ciprian Popoviciu und Fred Wettling (Cisco Press).

11.3 Was fehlt uns noch?

Entwickler und Hersteller warten auf Markt-Feedback

In diesem Abschnitt möchten wir einen kurzen Überblick geben, was denn noch fehlt, damit IPv6 verbreitet eingeführt werden kann. Das Basisprotokoll ist stabil und ausgereift, Bereiche in denen es noch fehlt sind eher in Interoperabilität, Management und Sicherheit der Netzwerke. Das sind aber keine Hinderungsgründe, IPv6 jetzt einzuführen. Vielmehr fehlt es hier gerade darum an Ausgereiftheit, weil die Hersteller ohne Rückmeldungen vom Markt ihre Produkte nicht weiterentwickeln können und z.B. Interoperabilitätsprobleme erst zu Tage treten, wenn IPv6 verbreiteter eingesetzt wird und die Kunden den Herstellern die Probleme rapportieren können.

11.3.1 IPv6 Routing

IPv6 Routing ist grundsätzlich stabil und performant. Die Implementationen in den gängigen Routertypen sind gut getestet und optimiert. Voraussetzung ist natürlich, dass Sie darauf achten, Routermodelle einzusetzen, die hardwarebasierendes IPv6 Routing unterstützen.

Routing stabil und performant

Verschiedene Tests zeigen immer wieder, dass der Internetzugriff auf verschiedenste dual-stack Webseiten über IPv6 etwa gleich schnell ist wie der Zugriff über IPv4. Mit dem zunehmenden Deployment von CGN und Translation für IPv4-Dienste wird sich die Performance über IPv4 verschlechtern.

IPv6 Performance im Internet zunehmend schneller

Klären Sie, wie Ihr ISP mit dem native IPv6-Internet verbunden ist und wie er die IPv4-Dienste zur Verfügung stellt. Insbesondere sollte er offenlegen, wenn er CGN einsetzt. Es ist für Sie relevant zu wissen, ob Sie öffentliche IPv4-Adressen mit anderen Kunden teilen. Nebst den Sicherheits-Risiken hat dies möglicherweise einen Einfluss auf die IPv4 Performance.

11.3.2 Protokollwahl auf Dual-Stack Knoten

Wie schon im Kapitel über DNS angesprochen, gilt es, griffige Mechanismen zu finden, um die Adressauswahl auf Dual-Stack Knoten zu optimieren. Das Verhalten eines Dual-Stack Knotens hängt weitgehend von der Implementation ab. Sind beide Protokolle möglich, so muss entweder der IP-Stack oder die Applikation entscheiden, welche Adresse zu benutzen ist. Das Vorhandensein von A- oder AAAA-Einträgen in DNS ist allein noch kein Indikator, welches für den Dual-Stack Knoten die bessere Wahl darstellt, resp. ob überhaupt beide Protokolle für eine spezifische Applikation in Frage kommen. In diesem Bereich gibt es soviele mögliche Kombinationen und Situationen, dass es nicht möglich ist, ein generelles Vorgehen zu empfehlen. Man kommt nicht darum herum, im individuellen Fall die Situation zu analysieren, testen und die bestmögliche Konfiguration zu erarbeiten.

Protokollwahl auf Dual-Stack Knoten muss noch optimiert werden

Mechanismen wie Happy Eyeballs (je nach Browser unterschiedlich implementiert) sind zu berücksichtigen. Es ist auch sicherzustellen, dass Betriebssysteme die aktuelle Version der Default Address Selection Spezifikation (RFC 6724, RFC 3484 ist obsolet) implementiert haben. Im Firmenbereich lohnt es sich allenfalls, die Prefix Policies in den Clientstacks der spezifischen Situation anzupassen.

Default Address Selection Policy aktualisieren

Komplexität durch mehrere IPv6-Adressen pro Interface

Es kursieren Empfehlungen, IPv6 so zu konfigurieren, dass es nur eine IPv6-Adresse pro Interface gibt, um die Komplexität der Adresswahl zu reduzieren. Das Konzept, mehrere IPv6-Adressen pro Interface zu haben ist ein zentraler Bestandteil der IPv6-Adressarchitektur und es ist meiner Ansicht nach nicht praktikabel, das auf diese Art ändern zu wollen. Es wird sich langfristig nicht durchsetzen lassen. So investiert man die Energie besser in das Finden von praktikablen Konfigurationen, die das Problem lösen.

Note
Aktuell wird an einem Draft mit dem Titel «Host Address Availability Recommendations» gearbeitet, das die Vorteile der Möglichkeit einem Interface mehrere Adressen zuzuweisen ausführlich beschreibt und aufzeigt, was die Risiken sind, wenn man diese Möglichkeit begrenzt.

11.3.3 Multihoming mit IPv6

Definition

Unter Multihoming versteht man die Situation, wo ein Host oder eine ganze Site über verschiedene Adressen erreichbar ist. Ein multihomed Host ist ein Host mit mehreren globalen IP-Adressen. Diese Adressen können von einem oder von verschiedenen ISPs kommen und alle einem oder mehreren Interfaces des Hosts zugewiesen sein. Eine multihomed Site ist eine Site, die über mehrere globale IP-Adressen mit dem Internet verbunden ist. Diese Adressen können ebenfalls von einem oder von mehreren ISPs kommen.

Hauptgründe, warum man Multihoming konfiguriert, sind die folgenden:

Gründe für Multihoming

- Es wird Redundanz gewünscht. Wenn ein Link ausfällt, kann die Verbindung über den/die alternativen Links aufrechterhalten bleiben.
- Es wird Load Balancing gewünscht. Um einen höheren Durchsatz zu erreichen, wird der Traffic über zwei oder mehrere Links verteilt.
- Aus Kostengründen wünscht man je nach Dienst verschiedene ISPs zu berücksichtigen, weil der eine z.B. für einen bestimmten Dienst ein günstigeres Angebot hat.

Vorteil durch Autokonfiguration

Die Autokonfigurationsmöglichkeiten von IPv6 erleichtern die Multihoming-Szenarien, da Geräte flexibler sind im Erkennen von Netzwerkpräfixen und sich aufgrund von Router Advertisements mehrere IPv6-Adressen konfigurieren können.

PI Adressraum wird nicht mehr so restriktiv gehandhabt

Im gegenwärtig üblichen IPv4 Multihoming Ansatz wird das lokale Präfix einer Site ins Routing System eingespiesen und an die Top-Level Hierarchie des Routing Systems propagiert. Dies funktioniert relativ gut, wenn das Präfix provider-unabhängig ist. Aber es skaliert nicht mit der stark zunehmenden Zahl von multihomed Sites im Internet. Dass die Grösse der globalen Routing Tabellen ein Problem darstellt, ist schon länger bekannt. Dies war auch einer der Hauptgründe, warum anfänglich für IPv6 kein provider-unabhängiger (PI) Adressraum erhältlich war. Diese Praxis musste man ändern und es ist heute relativ einfach möglich, PI-Adressen zu erhalten.

Note
RFC 3582, «Goals for IPv6 Site-Multihoming Architectures» befasst sich damit, welche Ziele eine neue Multihoming-Architektur mit IPv6 verfolgen sollte und RFC 4177, «Architectural Approaches to Multi-homing for IPv6» beschreibt diese Architektur.

Multihoming ohne NAT

NPTv6 (Network Prefix Translation) scheint auf den ersten Blick eine attraktive Lösung für Multihoming zu sein, insbesondere weil es keine Port Translation machen muss, da die Präfixe 1:1 übersetzt werden. RFC 7157, «IPv6 Multihoming without NAT» analysiert die Herausforderungen von Multihoming mit IPv6 und bietet Varianten und Richtinien, Multihoming wo immer möglich ohne den Einsatz von NAT zu realisieren.

11.3.4 DNS

DNS Namensauflösung über IPv6 weitgehend problemlos

Die DNS-Namensauflösung über IPv6 ist weitgehend problemlos. Bei Windows XP war die Unterstützung nicht vorhanden, aber heute ist das offiziell kein produktiv eingesetztes Betriebssystem mehr. Ein XP Client brauchte zwingend einen DNS Server der über IPv4 erreichbar ist. Die Kommunikation über IPv6 war dann kein Problem. Für Windows Vista und Windows Server 2008 und die nachfolgenden Betriebssysteme hat Microsoft einen neuen Stack entwickelt, der diese Limitationen des XP-Stacks löst. Mit den neuen Betriebssystemen ist es nun möglich, Windows Clients und Server über IPv6 zu betreiben und den IPv4 Stack abzuschalten. Das heisst auch DNS-Auflösung über IPv6 ist nun möglich. Es gibt heute einige Funktionen in Windows Server, respektive in Exchange, welche den IPv6 Stack voraussetzen. Microsoft rät darum vom Deaktivieren des IPv6 Stacks ab und verweigert teilweise sogar Support wenn er nicht aktiviert ist.

11.3.5 DHCPv6

Unterschiede zu DHCPv4 nicht unwesentlich

Obwohl IPv6 Autoconfiguration möglich ist (SLAAC), wird vor allem im Firmenumfeld verbreitet DHCPv6 gewählt. Dies häufig aus Gründen der Nachvollziehbarkeit (z.B. Logfiles). DHCPv6 wurde auf Basis von DHCPv4 entwickelt. Die Unterschiede sind jedoch einiges grösser, als man auf den ersten Blick annehmen würde. Eine der Änderungen ist, dass DHCPv6 einen Client auf Basis der DUID identifiziert, während DHCPv4 dies aufgrund der MAC-Adresse macht. Dies muss insbesondere im Parallelbetrieb berücksichtigt werden. DHCPv6 kennt auch keine Option für das Default Gateway. Diese Konfiguration kann ein IPv6 Stack nur über ein Router Advertisement erhalten. Dies sind nur zwei der Änderungen. Eine sorgfältig definiertes Adress- und Provisionierungskonzept sowie ausführliche Tests sind für den Betrieb wichtig. Mehr Informationen zu DHCPv6 finden Sie in Kapitel 7.

Ein Draft mit dem Titel «DHCPv6/SLAAC Interaction Problems on Address and DNS Configuration» ist unterwegs. Es beschreibt die Herausforderungen beim Parallelbetrieb von DHCPv6 und SLAAC.

11.4 Sicherheitsaspekte

Neue Angriffsmethoden durch neue Architektur

Die Möglichkeiten, ein IPv6-Netzwerk zu attackieren, respektive es entsprechend vor Attacken zu schützen, sind den Mechanismen mit IPv4 ähnlich. Neu ist, dass die IPv6-Adressarchitektur im Zusammenhang mit der Autokonfiguration neue Formen von Attacken ermöglicht, für die wirksame Schutzmassnahmen gefunden werden müssen. Dies gilt auch für die Extension Header, welche neue Formen von Attacken ermöglichen. Die Tatsache, dass in vielen Netzwerken IPv4 und IPv6 parallel vorkommen werden bedeutet auch, dass es zwei Wege in unsere Netzwerke gibt. Wir müssen zusätzlich zu den Schutzmassnahmen für das IPv4-Netzwerk separat Schutzmassnahmen für das IPv6-Netzwerk implementieren. Der dritte Bereich, den es zu beachten gilt, sind die verschiedenen Übergangsszenarien und Tunneling-Möglichkeiten, welche separate Türen für mögliche Attacken darstellen können.

IPv6 häufig by default aktiviert

Wichtig ist es auch, sich bewusst zu sein, dass IPv6 in den meisten Betriebssystemen vorhanden und häufig by default aktiviert ist. So können sich IPv4-Administratoren in falscher Sicherheit wiegen und denken, sie müssten sich keine Gedanken über IPv6 machen, während Hacker schon fröhlich das nicht absichtlich konfigurierte IPv6 als Eingangstür zum IPv4-Netzwerk benützen.

Note
Sie können IPv6 Traffic in Ihrem Netzwerk finden, indem Sie Trace Files aufzeichnen und auf 0x86DD im MAC Header, sowie auf Protocol 41 im IPv4 Header filtern.

Eine ausführlichere Beschreibung der Aspekte die bei einem IPv6-Sicherheitskonzept speziell zu berücksichtigen sind, finden Sie in Kapitel 8.

11.5 Applikationen

Das Netz ist für die Applikationen da

IPv6 im Netzwerk zu aktivieren ist keine Hexerei. Aber was hilft ein IPv6-Netzwerk, wenn die Applikationen kein IPv6 unterstützen? Da es Applikationen und Dienste gibt, deren Anpassung möglicherweise komplex ist, lohnt es sich, diesem Aspekt früh in der Planung Aufmerksamkeit zu widmen.

Viele Applikationen laufen ohne Anpassung über IPv6

Bezüglich der IPv6-Unterstützung bei Applikationen muss eingangs klar gesagt werden, dass es viele Applikationen gibt, die problemlos und ohne Anpassungen über IPv6 einsetzbar sind. Es sind dies alle Applikationen, die sich an das OSI-Modell halten und keine direkten Aufrufe aus der Applikation an den IP-Layer machen, sondern nur an UDP oder TCP. Leider halten sich viele Applikationen nicht an diese Regel und es wird eine Weile dauern, bis diese alle auf IPv6 portiert sein werden. Wir werden vermutlich selbst nach einer Umstellung auf IPv6 noch IPv4-Applikationen auf die eine oder andere Art unterstützen müssen, weil sie vielleicht nicht portierbar sind oder der Aufwand zu gross und nicht wirtschaftlich wäre.

Hersteller-applikationen

Viele der gebräuchlichen Herstellerapplikationen laufen heute über IPv6. Falls nicht, sollte mindestens eine klare Roadmap vorhanden sein. Klären Sie das mit dem Hersteller ab, testen Sie es und schauen Sie wenn nötig nach Alternativen. Eine Herstellerapplikation sollte sich, sofern sie IPv6-fähig ist, sowohl in einem IPv4-Netzwerk, in einem IPv6-Netzwerk und in einem dual-stack Netzwerk betreiben lassen.

Selbstentwickelte Applikationen

Eine andere Geschichte ist es, wenn die Applikationen selbst entwickelt werden, unabhängig davon ob das inhouse oder extern geschieht. Hier ist frühzeitig zu prüfen, ob die Applikationen IPv6-fähig sind, da eine Anpassung unter Umständen länger dauert. Es ist sicherzustellen, dass die Entwickler sich des Einflusses von IPv6 bewusst sind. Hierbei stellen wir fest, dass viele Applikationsentwickler der Meinung sind, sich nicht um die Netzwerkebene kümmern zu müssen, da ihr Applikationsframework sich darum kümmere. Leider ist dies nicht immer ausreichend der Fall und sie werden nicht darum herumkommen, sich damit auseinanderzusetzen. Allenfalls müssen auch die Entwicklungsrichtlinien aktualisiert werden um die IPv6-Anforderungen angemessen abzudecken. Für den Einkauf von extern entwickelter Software sind die Anforderungen entsprechend klar zu definieren.

Frameworks für App-Entwicklung machen nicht automatisch alles richtig für IPv6

Worauf zu achten ist

Dieser Abschnitt soll keine Anleitung zum Portieren von Applikationen sein. Er soll lediglich aufzeigen, welche Situationen auftreten werden und worauf zu achten ist.

Folgende Situationen werden auftreten:

Applikationen in gemischten Netzwerken

- IPv4-Applikationen auf Dual-Stack Knoten
- IPv6-Applikationen auf Dual-Stack Knoten
- Applikationen mit IPv4- und IPv6-Unterstützung auf Dual-Stack Knoten
- Applikationen mit IPv4- und IPv6-Unterstützung auf IPv4-only Knoten
- Applikationen mit IPv4- und IPv6-Unterstützung auf IPv6-only Knoten

Applikationen sollten für alle Szenarien optimiert sein

Für Applikationen, die öffentlich am Markt angeboten werden liegt die Herausforderung darin, sie so zu entwickeln, dass sie möglichst in allen Situationen funktionieren und sich sinnvoll verhalten. Diese Applikationen müssen für alle oben aufgelisteten Szenarien optimiert sein. Eine Applikation sollte herausfinden können, ob lokal beide Protokolle möglich sind und welche Protokolle der Kommunikationspartner unterstützt und dann die bestmögliche Wahl treffen.

DNS-Auflösung

Applikationen sollten generell DNS-Namen benützen, und nicht mit IP-Adressen arbeiten. Damit sind sie flexibler im Einsatz in unterschiedlichen Netzwerken. DNS ist jedoch nicht immer ein geeigneter Indikator, welches Protokoll zu benützen ist. Es können z.B. Situationen auftreten, wo ein Dual-Stack Knoten einen IPv4-Dienst anbietet. Wenn ein Client den Hostnamen auflöst, so erhält er zwei Adressen, eine IPv4-Adresse für den A Record und eine IPv6-Adresse für den AAAA Record. Folgt der Client den Default Address Selection Regeln, so wird er versuchen, die Applikation über IPv6 aufzurufen. Dies ist jedoch nicht möglich, wenn die Applikation nur IPv4 unterstützt. Ein solches Szenario lässt sich lösen, indem man in der DNS nicht den Hostnamen, sondern den Dienst entsprechend einträgt.

Wichtig ist es, in DNS nur Dienste mit AAAA Records einzutragen, die für die Clients auch über IPv6 erreichbar sind. Ansonsten entstehen häufig lange Wartezeiten bis ein Fallback auf IPv4 möglich ist.

Happy Eyeballs

Das Vorhandensein von Happy Eyeballs Mechanismen in Browsern ist ebenfalls zu berücksichtigen, da es das Verhalten von Clients bezüglich Protokollwahl verändern kann. Happy Eyeballs wurde entwickelt, um das Fallbackverhalten zu optimieren. In so einem Fall wird beim Zugriff auf eine Dual-Stack Applikatione nicht by default IPv6 gewählt, sondern das schnellere Protokoll. Happy Eyeballs ist in Kapitel 7 beschrieben.

Die folgende Liste zeigt die wichtigsten IP-Versionsabhängigkeiten in Applikationen.

IP-Versionsabhängigkeiten in Applikationen

- Format der IP-Adresse (32-Bit dezimal mit Punkten getrennt oder 128-Bit hexadezimal mit Doppelpunkten getrennt).
- API-Funktionen für das Erstellen von Verbindungen und für Datenaustausch.
- DNS, Host-Name zu IP-Adresse oder umgekehrt.
- Detailliertere Abhängigkeiten wie Auswahl der IP-Adresse, Speicherung von Adressen.
- Multicast-Applikationen: je nach Situation. Entsprechung von IPv4 und IPv6 Multicast-Adressen und die entsprechende Wahl der richtigen Socket Konfigurations-Optionen.
- Applikationen, die Lizenzkontrolle über IPv4-Adressen machen
- IP-Adressen in Logfiles und Session Cookies

Applikationen sollten IP-versionsunabhängig sein

Applikationen sollten möglichst IP-versionsunabhängig sein. Das bedeutet, dass im Source Code keine IP Abhängigkeiten enthalten sein dürfen. Sie sollten eine Kommunikations-Library haben, die IP-versionsunabhängige APIs zur Verfügung stellt.

Note
Eine ausführliche Beschreibung der verschiedenen Abhängigkeiten von Übergangsmechanismen und Empfehlungen für Applikationsentwickler findet man in RFC 4038, «Application Aspects of IPv6 Transition». ARIN hat einen Guide für Applikationsentwickler mit dem Titel «Preparing Applications for IPv6» geschrieben. Er ist auf der ARIN Website zu finden: *https://www.arin.net/knowledge/preparing_apps_for_v6.pdf*.

Tools für das Testen von IPv6-Kompatibilität

Die Universität von Tokyo hat 1998 zusammen mit der Yokogawa Electric Corporation das TAHI-Projekt gestartet. Sie entwickelten Tests, mit denen IPv6-Entwickler ihre IPv6-Implementationen auf Konformität mit den Standards, sowie auf Interoperabilität verifizieren konnten. Diese Tests stellen sie kostenlos zur Verfügung, um ihren Beitrag zu einer effizienten Weiterentwicklung und Verbreitung von IPv6 zu leisten. Die Resultate ihrer Arbeit werden ebenfalls kostenlos der Entwicklergemeinschaft zur Verfügung gestellt. Auf der Website des TAHI-Projektes sind die Tests aufgelistet und für jeden Test dokumentiert, wie genau getestet wird. Das TAHI Projekt wurde 2012 stillgelegt, da die Mission, Entwickler beim Entwickeln von hochwertigen und kompatiblen IPv6-fähigen Applikationen erreicht worden sei. Die Tests und Tools stehen weiterhin zur Verfügung.

Note
Die Website des TAHI-Projektes ist unter *www.tahi.org* zu finden. Dort finden Sie Tools für das Testen von IPv6-Kompatibilität.

Die auf der TAHI-Website zur Verfügung gestellten Tools sind sehr zu empfehlen und vereinfachen das Testen von Applikationen deutlich. Es gibt von verschiedenen Herstellern käufliche Suites, deren Preise jedoch hoch sind und keinen eindeutigen Mehrwert bieten. Das TAHI-Projekt arbeitet übrigens mit drei anderen bekannten Projekten zusammen: dem WIDE-Projekt (*www.wide.ad.jp*), dem KAME-Projekt (*www.kame.net*) und dem USAGI-Projekt (*www.linux-ipv6.org*).

Note
Ein modernes Testszenario für Applikationsentwickler beinhaltet einen Test in einem IPv6-only Netzwerk. Softwareentwicklung mit agilen Methoden (Scrum) unterstützt und vereinfacht den Prozess.

11.6 Do's und Don'ts

Dieser Abschnitt fasst meine mehrjährige Erfahrung in der Beratung von Grossfirmen im In- und Ausland zusammen. Sie enthält Empfehlungen für sinnvolle Vorgehensweisen, die sich bewährt haben und mögliche Fallstricke. Jedes Projekt hat individuelle Anforderungen und Rahmenbedingungen. Picken Sie sich aus diesen Optionen das Passende heraus.

Unterschiedliche Sichtweisen

11.6.1 IPv6 ist fast wie IPv4

Häufig haben Leute, die sich noch nicht näher mit IPv6 auseinandergesetzt haben eine von zwei vorgefassten Meinungen. Entweder denken sie, dass IPv6 fast gleich ist wie IPv4 und dass sie es darum, wenn die Zeit kommt, einführen können, indem sie ihre IPv4-Konzepte einfach auf den grösseren Adressraum anpassen. Basierend auf dieser Annahme entscheiden sie häufig, dass sie das Projekt ohne externes Knowhow durchführen können oder wählen Berater, die einen guten IPv4-Hintergrund haben, aber keine Erfahrung mit IPv6 aufweisen können. Die andere Gruppe denkt, IPv6 ist ein Killer, viel zu kompliziert, schwierig zu meistern und dass sie nicht die nötigen Ressouren haben, es einführen zu können. So stecken sie den Kopf in den Sand, konzentrieren sich auf wichtigere und dringendere Probleme (wie z.B. die Einführung von Cloud Services mit IPv4) und hoffen, dass sich das Problem selber löst oder warten bis ein Nachfolger sich dann damit beschäftigen muss.

Beide Standpunkte sind extrem und die Wahrheit liegt irgendwo in der Mitte. Die erste Gruppe wäre gut beraten, mindestens die neue IPv6-Strategie, den Adressplan und das Sicherheitskonzept von jemand reviewen lassen, der damit einige Erfahrung aufweisen kann. Es ist viel einfacher, vor einem Deployment noch einige Parameter zu ändern, als sie nachträglich im Betrieb ändern zu müssen, oder gar viele Jahre damit leben zu müssen, weil es sich nachträglich kaum mehr ändern lässt. Und wenn die Review ergibt, dass alles gut ist, ist auch das eine gute Ausgangslage.

Wahrheit liegt in der Mitte

Die zweite Gruppe hat nur teilweise recht. Obwohl IPv6 eine Weiterentwicklung von IPv4 ist gibt es architektonisch einige Änderungen, die neue Chancen bieten und neuartige Designs ermöglichen. So z.B. die Adressarchitektur. Es ist darum ratsam, sich Zeit zu nehmen für die

IPv6 ist mehr als IPv4 mit 128 Adressbits

Planung der zugrundeliegenden Konzepte wie Adressplan und Sicherheitskonzept und vorgängig die beteiligten Mitarbeiter ausführlich auszubilden und ihnen die Möglichkeit geben, sich auch im Testlab mit IPv6 vertraut zu machen. Nur so ist es möglich, die Chancen der IPv6-Einführung zu nutzen. Wartet man mit der Planung bis zur letzten Minute, wird man die nötige Zeit nicht mehr haben, diese Grundlagen sorgfältig auszuarbeiten. Wenn ich mit Leuten rede, die IPv6 bereits eingeführt haben höre ich häufig die Aussage «es war viel einfacher und hat weniger gekostet als wir uns vorgestellt hatten». Aber man muss es mit Sorgfalt angehen.

11.6.2 Unausweichliche Bugs und allgemeine Assessments

IPv6 Stacks haben Kinderkrankheiten

IPv6 Stacks sind viel jünger als die meisten IPv4 Stacks. Während wir heute noch Bugs und Sicherheitslücken in IPv4 Stacks finden, können wir davon ausgehen, dass dies anfänglich bei IPv6 viel häufiger vorkommt. Dies aus dem einfachen Grund, dass die IPv6 Stacks noch nicht soviele Jahre Betrieb, Testing und Bugfixing auf dem Buckel haben. Dazu zwei Bemerkungen.

Genügend Zeit für Bugfixing einplanen

Dies bedeutet dass man in der Planung genügend Zeit für Bugfixing mit Herstellern einrechnen muss. Die Bugs treten erst im Testlab oder während dem Pilotbetrieb auf und der Hersteller braucht dann ausreichend Zeit, das Problem zu beheben. Wir kennen Projekte, wo sich das Deployment aus diesen Gründen um Monate verzögert hat.

Bugs sind keine Designgrundlage

Eine Aussage die ich bei der Diskussion um die geplante IPv6-Strategie immer wieder höre ist, «diese Technologie setzen wir nicht so ein, sie funktioniert nicht, wir haben es im Lab getestet». Es ist keine gute Idee, Designs und Architekturen auf Bugs in aktuellen Stacks abzustimmen.

Note
Designen Sie Ihr Netzwerk und Ihre Applikationen optimiert auf Ihre Businessanforderungen und erwarten Sie von Ihren Herstellern, dass sie ihre Bugs fixen.

Assessments sollten spezifisch sein

Ich treffe immer wieder Firmen an, in denen man ein generisches Assessment von Hard- und Software vornimmt, bevor eine IPv6-Strategie vorliegt. Dabei liegt der Fokus häufig auf der Frage «kann ich IPv6 aktivieren oder nicht». Das führt dann häufig dazu, dass man die Zielarchitektur und das Design auf vorhandenen IPv6 Features basiert, statt sie an den Businessanforderungen auszurichten. Die Reihenfolge im Vorgehen sollte so sein, dass man erst die IPv6-Strategie definiert, sodass sie das Business optimal unterstützt, davon die RFC-Anforderungen ableitet und dann auf dieser Basis Assessments durchführt und Einkaufsrichtlinien anpasst.

RFC-Anforderungen von IPv6-Strategie ableiten

11.6.3 Vendorstrategie und RFC-Anforderungen

Wenn Sie Hersteller oder Dienstleister haben, bei denen Sie professionelle und zuverlässige IPv4-Dienste bezogen haben (das können Produkte, Internet-Zugang, Data Center Hosting, Outsourcing, Cloud Services oder Consulting und Engineering sein), so gehen Sie nicht einfach davon aus, dass diese auch für IPv6 dieselbe Professionalität und Zuverlässigkeit anbieten. Einige Kunden haben die IPv6-Einführung als Chance genutzt, ihre Vendorstrategie grundsätzlich zu überdenken.

Gutes IPv4-Knowhow impliziert nicht gutes IPv6-Knowhow

Die folgenden Punkte sollten dabei berücksichtigt werden:

- Die Hersteller und Anbieter sehen sich denselben Herausforderungen gegenübergestellt. Als Anbieter sollten sie jedoch früher angefangen haben, spricht weiter sein und Erfahrung haben. Realität ist leider, dass dies auf viele nicht zutrifft. Also gehen Sie nicht selbstverständlich davon aus, hinterfragen Sie.

Hersteller haben dieselben Herausforderungen

- Viele Kunden denken, dass ihre Hersteller und Anbieter schon wissen was sie brauchen und dass sie sich darum auf deren Empfehlungen verlassen können. Auch dies ist leider in vielen Fällen nicht wahr. Es wird viele Situationen geben, wo Ihr Einkaufsteam (das wahrscheinlich nicht allzu technisch ist und sich mit den Feinheiten von IPv6 auch nicht so gut auskennt) mit einem Verkäufer von Herstellern am Tisch sitzt, der kaum weiss, was IPv6 ist. Wenn Sie keine klar formulierten

Hersteller weiss nicht, was Sie brauchen

Anforderungen auch in Form von RFC-Listen (und je nach Dienst mit SLA's) mit an den Tisch bringen, ist die Chance, dass Sie erhalten was Sie brauchen klein.

Hersteller frühzeitig informieren

- Es empfiehlt sich in der frühen Phase der Planung auf Geschäftsleitungsebene Absichtserklärungen an die strategischen Hersteller zu schicken, sie darüber zu informieren, dass die IPv6-Einführung geplant ist und man produktionsfähige IPv6-Unterstützung erwartet. Das hilft auch, die Implementationen zu beschleunigen. Die meisten Hersteller reden sich ja damit heraus, dass die Kunden kein IPv6 verlangen und sie darum das Budget für die Produktentwicklung nicht erhalten.

Outsourcing Verträge

- Auch Outsourcing-Verträge und SLA's sollten berücksichtigt und entsprechend angepasst werden.

Hersteller-Checkliste

Bei der Evaluation von Herstellern und Anbietern von IPv6-fähigen Produkten und Diensten sollten die folgenden Punkte geklärt werden:

Technische Features

- Check der technischen Features basierend auf RFC-Anforderungen. Für jedes Gerät/Produkt eine Liste der implementierten RFCs verlangen, überprüfen ob diese auf dem aktuellen Stand sind und ob alle dabei sind, die für die geplante Strategie nötig sind. Die RFC-Anforderungen müssen geräte-, resp. dienstspezifisch sein. Ein IPAM Tool braucht andere Funktionen als eine Firewall. Im Lab testen ob sie auch erwartungsgemäss und auch unter Last und sofern geplant im dual-stack Modus funktionieren.

IPv6 Knowhow

- Check des IPv6 Knowhows beim Personal des Herstellers. Gibt es da eine einzige Person, die etwas von IPv6 versteht. Wenn ja, wird der Support des Herstellers kaum ausreichend sein. Es muss sichergestellt sein, dass der Hersteller ausreichend ausgebildetes Personal in allen Kanälen hat (Sales, Engineering, Support).

Prozesse

- Sicherstellen dass der Hersteller IPv6 auch in all seinen Prozessen implementiert hat, wie z.B. Upgrade Prozesse für Konsistenz in zukünftigen Releases, Incident Management etc.

- Trauen Sie keinen Broschüren und Fact Sheets. Testen Sie die Funktionalität in Ihrem Lab, auch unter Last. Es gibt Situationen, wo ein Gerät, z.B. eine Firewall mit IPv4 und separat mit IPv6 gut funktioniert, auch unter Last, die Performance aber im dual-stack Modus schon bei kleinen Verkehrsaufkommen total zusammenbricht.

Versprechen testen

Werden diese Abklärungen und Tests nicht frühzeitig gemacht, kann es passieren, dass man mitten im Deployment stecken bleibt, weil vielleicht Key Features, die man braucht nicht korrekt funktionieren. Wie Sie sicher von anderen IT-Projekten wissen, kann das viel Zeit und Geld kosten, insbesondere wenn wichtige Businessangebote oder andere IT-Projekte davon abhängen.

Abklärungen frühzeitig treffen

Note
Für das Erarbeiten von RFC-Anforderungen ist RFC 6434, «IPv6 Node Requirements» die Ausgangslage. Weiter gibt es zwei gute Templates. RIPE554 (*https://www.ripe.net/publications/docs/ripe-554*) ist die europäische Version , USGv6 von NIST ist das amerikanische Pendant, Es ist auf der NIST Website unter *http://www-x.antd.nist.gov/usgv6/index.html* zu finden. Sie können als Basis genommen und entsprechend der gewählten Strategie angepasst werden.

Bei der Verwendung von RIPE554 gilt es jeweils kurz nachzuschauen, ob es von gewissen RFCs eine neuere Version gibt. Ein weiteres RFC mit Anforderungen ist RFC 7084, «Basic Requirements for IPv6 Customer Edge Routers». Es kann auch sein, dass es zu RIPE554 einen Update gibt. Also immer sicherstellen, dass man mit der aktuellsten Version solcher Dokumente und der darin referenzierten RFCs arbeitet.

11.7 Design Guidelines

Design Guidelines

Jede Umgebung hat individuelle Anforderungen. Eine IPv6 Strategie kann man darum nicht als Cookbook beschreiben und dann auf unterschiedlichste Organisationen anwenden kann. Trotzdem gibt es einige grundsätzliche Richtlinien, die in den meisten Situationen Sinn machen.

Hier eine Liste:

- Einsatz von native IPv6 wo immer möglich, Dual-Stack solange nötig. Für externe Dienste wird es Dual-Stack für viele Jahre sein, im internen Netzwerk versucht man so schnell wie möglich auf IPv6-only umzustellen.
- Neue interne Dienste wenn möglich von anfang an IPv6-only ausrollen (über einen Dual-Stack oder IPv6-only Backbone).
- Tunneling nur wenn unbedingt nötig und als temporäre Lösung einsetzen. In gewissen Situationen ist es sinnvoller, ein paar Monate länger zu warten und dann gleich von anfang an native IPv6 einzusetzen.
- Wenn Tunneling unumgänglich ist, so ist stateless Tunneling dem stateful Tunneling vorzuziehen.
- Wenn immer möglich auf NAT und Translation verzichten (in Englisch sagen wir «only with a gun to your head»).
- Ist Translation unumgänglich, so ist stateless Translation der stateful Translation vorzuziehen.
- Zukünfige Netzwerke sind end-to-end.
- Die erweiterte Adressarchitektur ermöglich neue Sicherheitskonzepte. So gibt es Situationen wo es Sinn macht, Serviceinformation in die Adresse einzubetten, was Access Rules und Betrieb vereinfachen kann.
- Der Adressplan und das Sicherheitskonzept müssen gemeinsam entwickelt und aufeinander abgestimmt sein.
- Neue Dienste müssen berücksichtigt werden (Monitoring, Sensoren, Car2Car, Smart Buildings... etc, je nach Industriezweig). Viele solcher Dienste haben einen stark erhöhten Adressbedarf und Mobilitätsanforderungen.

Note
Manche Unternehmen, die in ihrer IPv6-Einführung schon fortgeschritten sind, planen möglichst viele Bereiche ihrer Infrastruktur sobald wie möglich auf IPv6-only zu migrieren und betreiben IPv4 als Service. Diese auch IPv6-zentrisch genannte Architektur reduziert die Kosten und die Komplexität beträchtlich. Das parallele Betreiben von zwei Protokollen ist aufwendiger als der Betrieb eines IPv6-only Netzwerkes.

11.7.1 Adressplan

Ein guter IPv6-Adressplan erfordert Umdenken

Ein guter Adressplan ist der Grundstein für ein erfolgreiches IPv6 Deployment. Er kann den Netzwerkbetrieb und das Troubleshooting deutlich vereinfachen. Er ist gleichzeitig eine der grössten Herausforderungen bei der Planung von IPv6. Will man ihn sinnvoll und elegant designen, setzt das am meisten Umdenken voraus. Beim Design von IPv4-Adressplänen sind wir vor allem gewohnt, eine möglichst effiziente Nutzung eines knappen Adressraums zu machen. Diese Bestrebung ist in unseren Zellen eingebrannt. Diese Reflexreaktion müssen wir überwinden, bevor wir in der Lage sind, einen sinnvollen IPv6-Adressplan zu entwickeln.

Befreiung von limitiertem IPv4-Denken

Bevor wir in das Thema Designregeln für IPv6-Adresspläne einsteigen, möchte ich mich nochmals auf das Beispiel im Kapitel 3 beziehen, das uns hilft, unsere Adresssparmechanismen loszuwerden und unseren Geist von limitiertem IPv4-Denken zu befreien. Es ging um die Frage, wieviele IPv6-Adressen es denn eigentlich gibt. 2^{128} ist eine Zahl, die die meisten von uns sich überhaupt nicht vorstellen können. Es gibt viele Bespiele mit Sandkörnern und Zügen die sich mehrfach um die Erde wickeln, das ist für mich nicht wirklich nachvollziehbar.

In Kapitel 3 haben wir ein Beispiel gemacht, wo wir davon ausgegangen sind, dass ein Provider von RIPE im Normalfall ein /32 erhält. Als Randbemerkung, aktuell erhält er meist ein /29, aber für das Beispiel bleiben wir mal bei dem /32.

Ein /32 ist mehr als der gesamte IPv4-Adressraum

Ein einzelnes /32 Präfix beinhaltet mehr Adressraum als der gesamte IPv4-Adressraum. Bei einem /32 Präfix habe ich noch weitere 32 Präfixbits frei zum weiter aufteilen (das Präfix hat 64 Bits, die Interface ID ebenfalls). Eine IPv4-Adresse hat total 32 Bits, das schliesst die Interface ID (bei IPv4 meist Host-ID genannt) mit ein.

183'282 /32 sind 0.034%

Wir haben weltweit per April 2016 183'282 /32 herausgegeben. Das sind also gut 180'000 Mal mehr als der gesamte IPv4-Adressraum. Wenn wir berechnen, wieviel Prozent vom gesamthaft verfügbaren IPv4-Adressraum darstellt, so sind das lediglich 0.034%. Mit diesen 183'282 /32 können rund 12 Milliarden Kunden ein /48 erhalten, mit dem jeder Kunde weitere rund 65'000 Netzwerke einrichten kann (2^{16}).

2000::/3 ist nur ein Achtel

Dabei ist das 2000::/3 die Grundlage für 100%. Dies ist aber nur 1/8 des effektiv vorhandenen Adressraums, nämlich der Achtel, der zur Zeit freigegeben ist. Wenn wir den einmal aufgebraucht haben, haben wir nochmals 7 mal soviel Adressraum zur Verfügung. Das bedeutet, wir können es uns gut leisten, mit diesem ersten Achtel grosszügig zu werden und Adresskonzepte zu entwerfen, die uns vor allem den Betrieb vereinfachen. Wir müssen alle Adresskonservationsmechanismen aus unserem Denken spülen und grosszügige IPv6-Adresspläne entwerfen.

Note
Diese Einführung und die nachfolgenden Abschnitte setzen voraus, dass Sie sich mit der Adressarchitektur in Kapitel 3 vertraut gemacht haben.

In der Praxis wählen viele Kunden, ihre Adressen logisch zu strukturieren, nach folgenden Kriterien:

- Präfix-Aggregation
- Vereinfachen von Konfiguration, Betrieb und Abarbeiten von Accesslisten und Firewallregeln
- Adressen rückverfolgbar machen, sodass sie Informationen über System oder Lokation enthalten
- Skalierbarkeit: Genügend Raum freilassen für Erweiterung (neue Dienste) oder Wachstum (mehr Lokationen, mehr User).
- Unterstützung von Netzwerkmanagement und einfachem Betrieb

Was ist neu?

Es gibt drei Hauptunterschiede in der IPv6-Adressarchitektur (abgesehen von der Länge der Adresse):

- Wir brauchen keine variablen Subnetzmasken mehr. Ein IPv6-Subnetz ist immer 64 Bits lang, also ein /64. Was, auch für Point-to-Point Links? Ja, auch für Point-to-Point Links. Damit wird der Umgang und die Konfiguration von IPv6-Adressen einfacher. RFC 6164 beschreibt die Konfiguration von /127 Subnetzen für Point-to-Point Interrouterlinks. Es wird jedoch aus Konsistenzgründen trotzdem ein /64 reserviert.

Keine variablen Subnetze mehr

- Die vorherige Regel bedeutet auch, dass wir Subnetze nicht mehr auf die Anzahl von Geräten hin optimieren. Ein Subnetz ist /64 und es können damit potentiell 2^{64} Geräte angeschlossen werden. Die effektive Grenze für die Anzahl Geräte pro Subnetz wird von der Kapazität des Switches definiert.

Subnetz ist immer /64

- In IPv6 werden Adressen Interfaces zugewiesen. Eine IPv6-Adresse identifiziert ein Interface, nicht einen Knoten. Und ein Interface hat in IPv6 häufig mehrere IPv6-Adressen und wählt beim Verbindungsaufbau die Adressen basierend auf Policies oder Default Address Selection Regeln.

Interfaces haben mehrere IPv6-Adressen

Bitte widerstehen Sie der Versuchung die Subnetze zu verkleinern, indem Sie z.B. ein /96 zuweisen. Der IPv6-Standard lässt das theoretisch zu. Eine Abweichung kann jedoch in Zukunft zu unnötigen Problemen führen. SLAAC funktioniert z.B. nur mit /64 Subnetzen. Es wird möglicherweise andere neue Technologien geben, die von /64 Subnetzen ausgehen. So z.B. auch die CGA-Adressen, welche die Bits innerhalb der Interface ID für das Verteilen von Sicherheitsschlüsseln verwenden. Wir haben genügend Adressraum, es gibt keinen Grund sich auf diese Art potentielle Probleme einzuhandeln, die sich im Nachhinein nur schwer oder gar nicht korrigieren lassen. Der IPv6-Adressplan soll für effizienten Betrieb optimiert sein.

Subnetze nicht verkleinern

Wenn Sie mit der IPv6-Adressarchitektur ausreichend vertraut sind, beginnen Sie damit, sich auf Basis der folgenden Punkte Gedanken über Ihren IPv6-Adressplan zu machen.

Inputs in neuen Adressplan

- Review des aktuellen IPv4-Adressplans und die Lessons Learned
- Identifizieren der Einschränkungen und Inkonsistenzen im aktuellen IPv4-Adressplan (worüber ärgern wir uns immer wieder)
- Identifizieren der Anforderungen im Hinblick auf die geplante Zielarchitektur.
- Verschiedene Szenarien entwerfen, die diese Anforderungen abdecken würden.
- Diese Entwürfe intern mit allen IT-Gruppen diskutieren.
- Die gemeinsam gewählte beste Variante im Lab und mit den Tools durchtesten, basierend auf den existierenden oder neu definierten Prozessen.

Wahlmöglichkeiten

Für die Definition von Szenarien stehen zwei Wahlmöglichkeiten zur Verfügung.

- **Fokus auf Route Aggregation**
  Dies wird erreicht, indem die high-order Bits der Topologie angepasst werden. Dies vermindert die Anzahl Einträge in den Core Routingtabellen.

- **Fokus auf Policy Aggregation**
  Dies wird erreicht, indem die high-order Bits für serviceorientierte Information verwendet werden (z.B. Sicherheitszonen). Dies reduziert die Anzahl Policies, minimiert die Risiken von Konfigurationsfehlern und vereinfacht das Management.

Note
Es gilt die Grundregel: Das Hauptkriterium eines guten IPv6-Adressplans ist die Optimierung auf vereinfachtes Management und Betrieb.

Grundregeln

Ein paar sinnvolle Grundregeln:

- In einem IPv6-Adressplan werden nur Präfixe definiert.
- Subnetzkonsistenz: Alle Subnetze sind /64, keine Ausnahmen.
- Lokationen erhalten immer die gleiche Zuweisung, unabhängig von Grösse, also z.B. ein /48, auch wenn es kleine Standorte sind. Wenn es grosse Unterschiede gibt, dann können eventuell zwei Kategorien definiert werden, grosse Standorte erhalten dann z.B. ein /48 und kleine Standorte ein /56.

- Einsatz von Adresstypen muss definiert werden (nur globale Adressen oder intern ULA-Adressen).
- Für Lokationen, die ihren eigenen Internetprovider haben, empfiehlt es sich /48 zuzuweisen.
- Für globale Organisationen lohnt es sich zu prüfen, ob sie ein Mitglied ihrer Registry (RIR) werden wollen, im Fall von Europa von RIPE NCC und ihren Adressraum direkt dort beziehen. Gewisse globale Organisationen entscheiden sich, in jeder Region LIR-Mitglied zu werden und regionalen Adressraum zu beantragen.
- Bei der Aufteilung der Adressbits versucht man wo immer möglich auf Nibble-Grenzen zu bleiben. Ein Nibble ist eine Einheit von 4 Bits und kann so in der Adresse im Hexformat einfach identifiziert werden.
- Einsatz von Adressmanagement-Diensten und -Tools evaluieren und testen (DHCPv6, SLAAC, IPAM/DDI).
- Nur dann Strukturen in den Adressplan einbauen, wenn sie relevant sind und den Betrieb vereinfachen.
- Auf keinen Fall einen IPv4-Adressplan einfach in IPv6 abbilden. Das wäre eine Zwangsjacke für IPv6 und würde nicht erlauben, die Vorteile der neuen Architektur zu nützen.
- Für Wachstum ausreichend Raum freilassen. Auch zwischen Zuweisungen, also wenn z.B. mehrere Aussenstellen adressiert werden müssen, nicht direkt anschliessend die nächste Aussenstelle zuweisen, sondern dazwischen freien Adressraum lassen (sparse allocation).
- Neue Dienste mit erhöhtem Adressbedarf berücksichtigen (Sensoren, Monitoring, Management).

Die obere Grenze Ihres Adressraums ist die Zuweisung die Sie erhalten haben, also ein /32 oder ein /48. Die untere Grenze ist das Subnetz mit 64 Bits. Dazwischen liegt der Raum den Sie strukturieren können. Verwenden Sie die Informationen in der Adresse, die den Betrieb möglichst einfach macht und Ihrer Zielarchitektur entspricht.

Note
Vergesssen Sie nicht, dass zu einem vollständigen Adresskonzept auch die Definition von Prozessen, Verantwortlichkeiten und Adresszuweisungen gehört.

Abbildung 11.3 zeigt ein Beispiel für einen Mix aus Policy- und Routing-fokussierten Ansätzen.

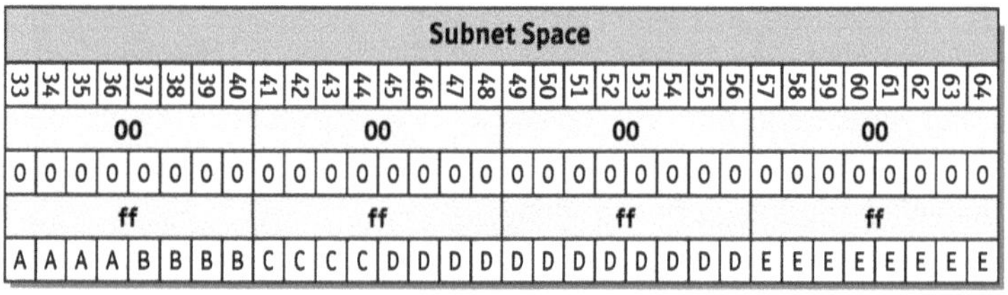

Subnet Space																															
33	34	35	36	37	38	39	40	41	42	43	44	45	46	47	48	49	50	51	52	53	54	55	56	57	58	59	60	61	62	63	64
00								00								00								00							
0	0	0	0	0	0	0	0	0	0	0	0	0	0	0	0	0	0	0	0	0	0	0	0	0	0	0	0	0	0	0	0
ff								ff								ff								ff							
A	A	A	A	B	B	B	B	C	C	C	C	D	D	D	D	D	D	D	D	D	D	D	D	E	E	E	E	E	E	E	E

1 Nibble = 4 bits
2^4 = 16 Options
2^{12} = 4096 Options
2^8 = 256 Options

A = 16 Service Types
B = 16 Applications
C = 16 Regions
D = 4096 Locations
E = 256 Subnets per Location

Abbildung 11.3 - Beispiel eines high-level Adressplans

Mix policy- und topologiebasiertes Design

In diesem Beispiel wurde ein Mix von policy-basiertem und topologie-basiertem Design gewählt. Die ersten vier Bits (Nibble) wurden gewählt, um verschiedene Servicetypen auf höchstem Level unterscheiden und auf dieser Ebene entsprechend high-level Accesregeln implementieren zu können. Mit einem Nibble können maximal 16 Servicetypen unterschieden werden.

Mit dem nächsten Nibble lassen sich pro Servicetyp maximal 16 Applikationen unterscheiden. Erst auf der dritten Stufe, mit dem dritten Nibble, wurde eine Unterscheidung nach Regionen und damit Topologie gewählt.

Als nächstes hat man 3 Nibbles (12 Bits) für Lokationen in jeder Region definiert. Hier ist darauf zu achten, dass genügend Raum für Wachstum vorhanden ist. Mit diesem Plan erhält nun am Ende jede Lokation ein /56, und kann damit 256 Subnetze bilden.

Ob dies ein guter Adressplan ist oder nicht, hängt vom Netzwerk, dem Servicekatalog und dem Sicherheitskonzept ab. Ich beschreibe es hier, um Sie zum Denken anzuregen. Das Hauptziel, Policyinformation im Adressplan aufzunehmen ist, das Sicherheits-Policydesign und die Administration zu vereinfachen.

Note
Für Einfachheit in der Administration empfiehlt es sich, Subnetzgrössen für verschiedene Lokationen gleich gross zu halten, egal wieviele User dort arbeiten. Das kann sich anfänglich komisch anfühlen, weil wir uns das nicht gewohnt sind. Dasselbe gilt für das Freilassen von Adressraum für Wachstum. Er kann nicht gross genug sein. Eine gute Grundregel ist: wenn der neue Adressplan nicht in den Zellen schmerzt, ist er zu konservativ.

Globale Adressen vs. ULA's

Wahl der Adresstypen

Die IPv6-Adressarchitektur sieht vor, dass jedes Interface mehrere IPv6-Adressen hat. Im Rahmen eines Adresskonzeptes muss entschieden werden, welche Adresstypen eingesetzt werden. Jedes Interface hat immer eine link-lokale Adresse. Dazu erhält sie nun eine oder mehrere globale Adressen (GUA) und/oder Unique Local Adressen (ULA).

Note
Zum Verständnis der Adresstypen und ihrer Charakteristiken verweise ich auf Kapitel 3.

ULA-Adresssen sind in RFC 4193 definiert und sind an ihrem Präfix `fd00::/8` erkennbar. Sie entsprechen in etwa den privaten RFC 1918 Adressen in IPv4. Das heisst, sie können geroutet werden, dürfen aber nicht ins öffentliche Internet geroutet werden.

Hauptunterschied: kommt ohne NAT aus

Der Hauptunterschied zwischen RFC 1918 Adressen in IPv4 und ULA's in IPv6 ist der, dass hier kein NAT zum Einsatz kommen sollte, um ins Internet zu kommen. Ein Design mit ULA's könnte so aussehen, dass man alle internen Systeme mit ULA-Adressen konfiguriert. Somit haben interne Systeme wie z.B. Server und Datenbanken einen gewissen Schutz, da sie mit ihrer ULA-Adresse nicht von aussen erreichbar sind. Die Systeme, die nun Zugriff aufs Internet benötigen, wie zum Beispiel Usersysteme, erhalten zusätzlich zur ULA-Adresse eine GUA-Adresse. Greifen sie auf ein internes System zu, werden sie dies aufgrund der Address Selection Regeln mit der ULA-Adresse machen. Bauen sie eine Verbindung zu einem System im Internet auf, werden sie dazu die GUA-Adresse verwenden.

Address Selection

RFC 6724 definiert Address Selection Regeln um mit solchen Szenarien umzugehen. In einem grösseren Firmennetzwerk lohnt es sich, diese Default Policies den aktuellen Umständen anzupassen. Theoretisch könnte man ein intern mit ULA konfiguriertes Netz auch mit NPTv6 (Network Prefix Translation) ins Internet verbinden. Das funktioniert, bricht aber die Regel, dass man wo immer möglich ohne NAT arbeiten sollte.

Vor- und Nachteile

Es wird in der Internetgemeinschaft rege diskutiert ob und wie man diese ULA's benützen soll. Es gibt Gruppen, die den Einsatz von ULA's für völlig ungeeignet halten. Hier einige der Diskussionspunkte:

- Mit Einsatz von ULA's bin ich unabhängig von meinem globalen Präfix. Das ist ein Vorteil wenn ich z.B. den Provider wechsle. Dann muss ich meine internen Systeme nicht neu nummerieren. Falls Sie PI-Adressraum haben (Provider Independent) oder als LIR ihren Adressraum direkt bei der RIR beziehen, spielt das keine Rolle.

- ULA's bieten einen zusätzlichen Schutz, da interne Systeme mit kritischen Daten nicht von aussen erreichbar sind. Dasselbe Ziel kann auch erreicht werden, indem man einen Teil des globalen Präfixes nimmt, als intern definiert und an den Border-Firewalls in beide Richtungen sperrt. Das hat den Vorteil, dass wenn Systeme, die ursprünglich keinen Internetzugang brauchten nun doch ins Internet müssen, sie bereits eine GUA-Adresse haben. In diesem Fall muss man nur die Filterregel auf der Borderfirewall anpassen.

- Angreifer, die meine globalen Adressen kennen, können daraus nicht die Adressen von internen Systemen ableiten.

Wahlmöglichkeiten

Sie können also wählen, ob Sie ULA's einsetzen wollen. Es macht vielleicht am meisten Sinn in klar abgegrenzten Systemen wie zum Beispiel Produktionsstrassen oder Inter-Datacenter-Verkehr für Backup. Viele wählen die Einfachheit, dank des grossen Adressraums alle Systeme mit GUA's adressieren zu können. Hat man zwei Adresspläne, einen für interne Systeme und einen für Systeme, die Internetzugang brauchen (egal ob das GUA's oder ULA's sind), so sollte das in neuzeitlichen IPAM Systemen möglich sein, dies zu vereinfachen, indem es Templates gibt und man zwei Netzwerke mit unterschiedlichen Präfixen aber gleicher Subnetzstruktur einfach konfigurieren kann.

Allgemeine Überlegungen

Allokationsgrössen

Für lange Zeit war die Empfehlung und gängige Praxis, dass ein Provider von seiner RIR ein /32 erhält und Organisationen und Endsites ein /48 erhalten. Mit RFC 6177 hat man diese strikte Regel gelockert und überlässt es der Internetgemeinschaft dies zu definieren. Das hat jedoch einige Auswirkungen. Ist man z.B. bei einem Provider, von dem man ein /48 erhalten hat, und wechselt man zu einem Provider, der vielleicht nur ein /52 oder /56 vergibt, so hat man ein grösseres Problem, da jetzt nicht nur das externe Präfix ändert, sondern die interne Struktur angepasst werden müsste. Es wird möglicherweise in der Praxis dazu führen, dass viele kleinere Firmen ein /48 PI beantragen und grössere Firmen LIR (Mitglied einer RIR) werden und sich ihr Präfix direkt beim RIR holen. Gemäss RFC 6177 sollten auch Heimuser mehr als ein /64 erhalten, da man davon ausgeht, dass Heimnetzwerke in Zukunft verschiedene Subnetze brauchen (Smart Home Management, Multimedia, Bewohner und Gäste).

Note
Die Ausdrücke im Zusammenhang mit globaler Adresszuweisung sind in Kapitel 3 erklärt.

Interface IDs (IID)

Wie wird die IID generiert?

Wie Interface IDs generiert werden, hängt vom gewählten Adressmanagement System ab. Beim Einsatz von SLAAC (Stateless Address Autoconfiguration) wird die Interface ID entweder auf Basis der MAC-Adresse erstellt (RFC 4291) oder mit der sogenannten Privacy Option (RFC 4941), einer zufallsgenerierten ID, die in regelmässigen und konfigurierbaren Intervallen wechselt. In neueren Betriebssystemversionen benützt Microsoft eine stabile Interface ID, die auf einer zufallsgenerierten Zahl basiert. Beim Einsatz von DHCPv6 werden Adressen konfiguriert, wie wir das von DHCPv4 her kennen.

Globale Adressen mit Privacy IID

Wenn Sie intern einen privaten Adressbereich einsetzen (GUA oder ULA) und extern den globalen Adressbereich, so könnte es sinnvoll sein, die globalen Adressen mit Privacy Option zu konfigurieren, das heisst, sicherzustellen, dass die Interface ID regelmässig ändert. Im internen Einsatz ist es häufig gewünscht, dass Adressen stabil und nachvollziehbar sind.

Stabile IIDs die nicht auf Hardware-Adresse basieren

Es gibt eine Empfehlung, möglichst keine hardware-basierten IPv6-Adressen einzusetzen. Microsoft hat dies wie erwähnt bereits eingeführt und RFC 7217 definiert eine stabile IID, die nicht auf der Hardware-Adresse basiert.

Die Struktur der Adressvergabestellen ist in Kapitel 3 beschrieben. Links zu allen RIRs (Regional Internet Registries) können auf IANA's website unter *www.iana.org/numbers* gefunden werden.

Wo erhält man Adressen?

Es gibt verschiedene Wege, IPv6-Adressen zu beantragen. Gegenwärtig gibt es PA Space (provider aggregatable) und PI Space (provider independent). PA Space ist für ISPs gedacht, die diesen Adressraum auf viele Kunden aufteilen. Um PA Space zu erhalten muss man Mitglied einer RIR sein und eine jährliche Mitgliedergebühr bezahlen. Standard Allocation Grössen sind /29 oder /32 (je nach Region leicht unterschiedliche Regeln). Die Provider teilen den Adressraum auf ihre Kunden auf, und weisen in der Regel /48 oder /56 zu. PA Space den man von einem ISP erhalten hat, kann man nicht auf einen anderen ISP transferieren. Bei einem ISP-Wechsel erhält man demzufolge ein neues Präfix.

Als Endkunde können Sie aus folgenden Optionen wählen:

- PA Space von einem lokalen Provider
- PA Space von einer RIR (setzt Mitgliedschaft voraus)
- PI Space von einer RIR (jährliche Gebühr)

Note
Auf *www.ripe.net/ripe/docs/ripe-655* findet man die offizielle Information der RIPE Registry. Die Dokumentnummer kann für neuere Versionen ändern, prüfen Sie immer, dass Sie das aktuellste Dokument konsultieren.

Adressbedarf fundiert evaluieren

Ihr Adressplan ist der Grundstein für Ihr IPv6-Netzwerk und sollte Wachstum für viele Jahre ohne Fragmentierung abdecken. Also gehen Sie nicht davon aus dass irgendein Präfix, z.B. ein /48 dann schon reichen wird, weil es mehr ist als Sie bisher je hatten. Nachträglich zu realisieren, dass man zuwenig Adressraum beantragt hat führt zu erheblichen Schwierigkeiten und Kosten. Machen Sie Ihre Hausaufgaben vorgängig, führen

Sie eine Analyse durch und machen Sie eine fundierte Schätzung, was für eine Präfixgrösse Sie brauchen. Dann beantragen Sie das entsprechend. Ich höre immer wieder von Kunden in In- und Ausland: «Wir haben ein /48, das wird schon irgendwie reichen». Das ist keine gute Strategie!

11.8 Kosten

Die wohl am häufigsten gestellte Frage lautet: «Was kostet uns denn die Einführung von IPv6?» Wir versuchen hier einen Überblick über die wichtigsten Aspekte zu geben, die zu berücksichtigen sind.

11.8.1 Hardware

Hardware Upgrades selten nötig

Bei einer sorgfältigen und voraussichtigen Planung fallen Hardware Upgrade-Kosten in der Regel nicht ins Gewicht. In den wenigsten Fällen ist IPv6 ein Bestandteil der Hardware, sondern kommt als Teil eines Betriebssystems mit. Ist IP fest in Hardware codiert, so bedeutet dies, dass die Hardware ersetzt werden muss, um IPv6 Support zur Verfügung stellen zu können. Plant man dies jedoch frühzeitig, so lässt sich dieser Hardware Upgrade beim nächsten natürlichen Upgrade im Lebenszyklus der Hardware bewerkstelligen und erzeugt keine zusätzlichen Kosten.

Hardware Lebenszyklus ausnützen

Aktuelle Betriebssysteme unterstützen in der Regel IPv6

Falls IP Bestandteil des Betriebssystems ist, muss man entweder einen Patch einspielen oder auf die nächste Version des Betriebssystems wechseln. Auch dies lässt sich bei voraussichtiger Planung meist im normalen Lebenszyklus der eingesetzten Produkte bewerkstelligen. Die meisten Plattformen im Markt unterstützen heute bereits IPv4 und IPv6, ohne dass die Hersteller dafür einen Aufpreis verlangen.

11.8.2 Software

Portierungsaufwand hängt davon ab, wie Applikation auf IP Layer zugreift

Der benötigte Aufwand, um eine Applikation auf IPv6 zu portieren, hängt davon ab, wie die Applikation auf den IP Layer zugreift. Wenn eine Applikation klar zwischen dem Applikations-Layer und dem Kommunikations-Layer trennt, so ist die Portierung einfach und schnell.

Komplexe Middleware

Benutzt die Applikation eine komplexe Middleware und massgeschneiderte APIs um mit dem IP Layer zu kommunizieren, so steht der Aufwand für die Portierung in direktem Zusammenhang mit der Komplexität der Middleware. In diesem Fall müssen alle Abhängigkeiten von Annahmen über IPv4 (Adresslänge, Header Information etc.) auf die veränderten Eigenschaften von IPv6 portiert werden.

Lebenszyklus von Applikationen ausnützen

Es ist anzunehmen, dass marktübliche, weitverbreitete Applikationen IPv6 bereits heute, oder in einer nächsten Version unterstützen. Auch in diesem Fall können die Kosten auf ein Minimum reduziert werden, wenn frühzeitig geplant und der normale Lebenszyklus der Applikation ausgenutzt wird, um mit der nächsten Version automatisch IPv6-Unterstützung zu erhalten.

Portierung individuell entwickelter Applikationen

Für alle individuell entwickelten Applikationen kommt man nicht darum herum, diese zu analysieren und den besten und günstigsten Weg für eine Portierung zu ermitteln. Beachten Sie dazu den Link auf das TAHI-Projekt im Abschnitt über Applikationen. Eine einfache Portierung sorgt dafür, dass die Applikation bei gleichbleibender Funktionalität über IPv6 läuft. Eine kreative Portierung kann jedoch zusätzlich von den erweiterten Möglichkeiten von IPv6 Gebrauch machen und damit die Flexibilität und den Funktionsumfang der Applikation erweitern.

11.8.3 Ausbildung

Fällt im Rahmen laufender Weiterbildung an

Wie bei jedem Technologie-Upgrade sind Ausbildungskosten unumgänglich. Die Ausbildungskosten fallen vor allem bei Entwicklern, Herstellern, Service Providern und den Infrastrukturteams in Organisationen an. Für den Endbenutzer zuhause ist der Ausbildungsaufwand vergleichbar mit dem Lernaufwand, den er hatte, um sein neues Modem zu installieren. Hier werden bestimmt die ISPs ihre Vorgehensweisen zu optimieren wissen, um dem Heimbenutzer das Leben so einfach wie möglich zu gestalten.

Sorgfältige Planung

Ein sorgfältig geplantes Ausbildungsprogramm, das an die Jobanforderungen angepasst ist, unterstützt eine möglichst reibungslose Einführung wesentlich. Für Systembetreuer wird der Aufwand nicht höher sein, als beim Weiterführen einer IPv4-Infrastruktur. Auch hier sind wir uns gewohnt, in regelmässigen Abständen neue Verfahren und Technologien einführen zu müssen und die dafür notwendige Ausbildung zu beanspruchen. So mussten wir unsere Systembetreuer weiterbilden, als DHCP, NATs oder VPNs eingeführt wurden, damit sie diese Erweiterungen in den Netzwerken einsetzen konnten. Hat jemand gelernt, DHCP, NAT oder VPNs zu konfigurieren, so wird er IPv6 ohne Probleme meistern.

Testlabs als Schulung am Projekt nützen

Während der vorbereitenden Phasen der IPv6-Einführung sind Labs und Testumgebungen notwendig um die verschiedenen Betriebssysteme, Applikationen und Szenarien zu testen. Das ist aufwendig und muss sorgfältig durchgeführt werden. Bei vorausschauender Planung können Sie diese Tatsache nutzen, indem sie die Mitarbeiter, die später für den Betrieb der IPv6-Umgebung zuständig sind für die Tests einsetzen. Das ist Schulung am Projekt, spart Kosten für externe Ausbildung und gibt den Mitarbeitern Gelegenheit, sich mit dem Protokoll vertraut zu machen.

11.8.4 Planung

Jede Erweiterung von Infrastruktur setzt Planung voraus

Der wichtigste und wahrscheinlich am meisten ins Gewicht fallende Posten ist die Planung. Aber auch hier gilt: Ein Ausbau der Infrastruktur setzt immer eine sorgfältige Planung voraus. Und der Unterhalt einer State-of-the-Art Infrastruktur ist in der Regel ein normaler Bestandteil unseres Budgets. Statt den nächsten Ausbau mit erweiterten IPv4-Technologien zu planen, gilt unser Interesse nun der Integration von IPv6.

Chancen wahrnehmen, neue Eigenschaften von IPv6 nützen

Für die Planung braucht es Netzwerkarchitekten und Systems Engineers, die in der Lage sind, einen Plan für die Einführung von IPv6 zu erstellen. Dafür müssen sie sich natürlich erst die entsprechenden Kenntnisse in IPv6 erarbeiten. Die Planung sollte nicht nur berücksichtigen, wie man die bisherige Infrastruktur auch über IPv6 betreiben kann, sondern sollte auch Gedanken darüber einschliessen, welche neuen Möglichkeiten sich durch den Einsatz von IPv6 eröffnen. Es wäre schade, bewährte Vorgehensweisen mit IPv4 einfach ungefragt in die IPv6-Welt zu übertragen. Möglicherweise findet man für gewisse Anforderungen mit den neuen Eigenschaften von IPv6 ganz neue Lösungsansätze. Kreativität ist gefragt.

Für die Planung gilt der Grundsatz, dass die Einführung reibungsloser läuft, je früher und umsichtiger geplant wurde. Eine schrittweise Einführung wird durch die vielfältigen Übergangsszenarien unterstützt und ist in jedem Fall einer hektischen Hauruck-Umstellung vorzuziehen.

11.8.5 Andere Kosten

«The cost of not doing IPv6 is great.» Jim Bound

Der grösste Kostenfaktor bei IPv6 entsteht, wenn man zu lange zuwartet. Je länger eine Firma mit der Einführung von IPv6 wartet, desto mehr Geld investiert sie in kurzfristige Pflaster für die Erweiterung von IPv4 oder führen neue Dienste mit IPv4 ein und müssen sie später migrieren. Dies sind einerseits Investitionen in eine veraltete Infrastruktur. Sie haben keinen langen Lebenszyklus. Andererseits erschweren die Pflaster die später unumgängliche Umstellung auf IPv6.

Never touch a running system

Bei jedem Ausbau IPv6 als Alternative evaluieren

Unterstützung von IPv6-Optionen detailliert analysieren

Es gibt keine Gründe, ein gut laufendes Netzwerk, das alle Anforderungen erfüllt, umzustellen. Es gilt hier genauso das bewährte Motto: «never touch a running system». Sobald jedoch ein Upgrade oder ein Ausbau notwendig wird, sollte IPv6 als Alternative evaluiert werden. In jeder IT-Einkaufsliste sollte ab sofort IPv6-Unterstützung als Evaluationskriterium stehen. Achten Sie darauf, dass alle Geräte, die Sie in nächster Zeit kaufen und die einen Lebenszyklus von mehr als einem Jahr haben sollten, IPv6-Unterstützung bieten, auch wenn Sie noch nicht dran denken, IPv6 auch gleich einzuschalten. Es könnte sein, dass Sie morgen froh sind über Ihre Wahl. Es genügt jedoch nicht, wenn der Hersteller einfach sagt, dass er IPv6-Unterstützung anbietet. Gerade bei kritischen Systemen wie Router, Switches, Firewalls, IDS-Systemen, DNS, DHCP und anderen mehr, muss detailliert abgeklärt werden, welche Optionen notwendig sind und ob diese vom Hersteller unterstützt sind. Das setzt voraus, dass man ein detailliertes IPv6 Assessment gemacht hat und weiss, was die Anforderungen sind.

Risiken bei zu langem Warten

Eine weitere Gefahr bei zu langem Zuwarten besteht darin, dass eine geschäftskritische Applikation auf den Markt kommt, die ihre volle und geniale Funktionalität nur dank IPv6-Unterstützung erreicht. Ist man zu diesem Zeitpunkt nicht auf eine Einführung von IPv6 vorbereitet, so wird es kaum möglich sein, die neue Applikation in sinnvoller Zeit bei sinnvollen Kosten zu implementieren. Entweder verpasst man dann Geschäftsmöglichkeiten, weil die Applikation nicht eingeführt werden kann, oder die Kosten für eine Einführung sind astronomisch hoch und es besteht die Gefahr von Netzwerkproblemen, die durch ein überstürzt geplantes Projekt entstehen.

Sie sind hier am Ende des Buches angelangt. Wenn Sie den wichtigen Kapiteln gefolgt sind, so haben Sie einen guten Überblick über die technischen Neuerungen von IPv6, über die zur Verfügung stehenden Transitionmechanismen, sowie Empfehlungen und Best Practices zum Vorgehen bei Planung und Einführung. Der nächste Schritt besteht darin, sich Erfahrung anzueignen. Viel Spass mit IPv6!

11.9 Referenzen

Dies ist eine Zusammenstellung der wichtigen, im Kapitel erwähnten RFCs und Drafts. Zusätzlich erwähnen wir einzelne RFCs und Drafts, die im Zusammenhang mit dem Thema stehen, falls Sie sich vertiefter damit befassen möchten. Informationen über den Standardisierungs-Prozess, RFCs und Drafts finden Sie im Appendix. Auf folgendem Link findet man eine gute, vollständige Übersicht über den aktuellen Status aller RFCs: *http://tools.ietf.org/rfc/index*.

RFCs

- RFC 2185 «Routing Aspects Of IPv6 Transition», 1997
- RFC 2663 «IP Network Address Translator (NAT) Terminology and Considerations», 1999
- RFC 3493 «Basic Socket Interface Extensions for IPv6» 2003
- RFC 3542 «Advanced Sockets Application Program Interface (API) for IPv6», 2003
- RFC 3582 «Goals for IPv6 Site-Multihoming Architectures», 2003
- RFC 3704 «Ingress Filtering for Multihomed Networks», 2004

- RFC 3756 «IPv6 Neighbor Discovery (ND) Trust Models and Threats», 2004
- RFC 3971 «SEcure Neighbor Discovery (SEND)», 2005
- RFC 4029 «Scenarios and Analysis for Introducing IPv6 into ISP Networks», 2005
- RFC 4038 «Application Aspects of IPv6 Transition», 2005
- RFC 4057 «IPv6 Enterprise Network Scenarios», 2005
- RFC 4177 «Architectural Approaches to Multi-homing for IPv6», 2005
- RFC 4192 «Procedures for Renumbering an IPv6 Network without a Flag Day», 2005
- RFC 4213 «Basic Transition Mechanisms for IPv6 Hosts and Routers», 2005
- RFC 4215 «Analysis on IPv6 Transition in Third Generation Partnership Project (3GPP) Networks», 2005
- RFC 4218 «Threats Relating to IPv6 Multihoming Solutions», 2005
- RFC 4219 «Things Multihoming in IPv6 (MULTI6) Developers Should Think About», 2005
- RFC 4779 «ISP IPv6 Deployment Scenarios in Broadband Access Networks», 2007
- RFC 4852 «IPv6 Enterprise Network Analysis – IP Layer 3 Focus», 2007
- RFC 4864 «Local Network Protection for IPv6», 2007
- RFC 4890 «Recommendations for Filtering ICMPv6 Messages in Firewalls», 2007
- RFC 4891 «Using IPsec to Secure IPv6-in-IPv4 Tunnels», 2007
- RFC 5181 «IPv6 Deployment Scenarios in 802.16 Networks», 2008
- RFC 5220 «Problem Statement for Default Address Selection in Multi-Prefix Environments: Operational Issues of RFC 3484 Default Rules», 2008
- RFC 5375 «IPv6 Unicast Address Assignment Considerations», 2008
- RFC 5632 «Comcast's ISP Experiences in a Proactive Network Provider Participation for P2P (P4P) Technical Trial», 2009
- RFC 5963 «IPv6 Deployment in Internet Exchange Points», 2010
- RFC 6036 «Emerging Service Provider Scenarios for IPv6 Deployment», 2010
- RFC 6052 «IPv6 Addressing of IPv4/IPv6 Translators», 2010
- RFC 6177 «IPv6 Address Assignment to End Sites», 2011
- RFC 6180 «Guidelines for Using IPv6 Transition Mechanisms during IPv6 Deployment», 2011

- RFC 6250 «Evolution of the IP Model», 2011
- RFC 6302 «Logging Recommendations for Internet-Facing Servers», 2011
- RFC6434 «IPv6 Node Requirements», 2011
- RFC 6586 «Experiences from an IPv6-Only Network», 2012
- RFC 6724 «Default Address Selection for Internet Protocol version 6 (IPv6)», 2012
- RFC 6866 «Problem Statement for Renumbering IPv6 Hosts with Static Addresses in Enterprise Networks», 2013
- RFC 6879 «IPv6 Enterprise Network Renumbering Scenarios, Considerations, and Methods», 2013
- RFC 6883 «IPv6 Guidance for Internet Content Providers and Application Service Providers», 2013
- RFC 6888 «Common Requirements for Carrier-Grade NATs (CGNs)», 2013
- RFC 6889 «Analysis of Stateful 64 Translation», 2013
- RFC 6921 «Design Considerations for Faster-Than-Light (FTL) Communication», 2013
- RFC 7021 «Assessing the Impact of Carrier-Grade NAT on Network Applications», 2013
- RFC 7084 «Basic Requirements for IPv6 Customer Edge Routers», 2013
- RFC 7157 «IPv6 Multihoming without NAT», 2014
- RFC 7217 «A Method for Generating Semantically Opaque Interface Identifiers with IPv6 Stateless Address Autoconfiguration (SLAAC)», 2014
- RFC 7269 «NAT64 Deployment Options and Experience», 2014
- RFC 7368 «IPv6 Home Networking Architecture Principles», 2014
- RFC 7381 «Enterprise IPv6 Deployment Guidelines», 2014
- RFC 7421 «Analysis of the 64-bit Boundary in IPv6 Addressing», 2015

Drafts

Drafts sind im Verzeichnis *www.ietf.org/id-info* zu finden. Um schnell die aktuellste Version eines Draftes zu finden, geht man am besten auf *https://datatracker.ietf.org/doc*. Dort kann man den Filenamen ohne Versionsnummer eingeben und erhält automatisch die aktuellste Version angezeigt. Wird ein Draft nicht mehr aufgeführt, wurde es entweder gelöscht, ist temporär inaktiv oder ist als RFC erschienen.

- Some Design Choices for IPv6 Networks
  draft-ietf-v6ops-design-choices-09.txt
- Considerations for Using Unique Local Addresses
  draft-ietf-v6ops-ula-usage-considerations-00
- DHCPv6/SLAAC Interaction Problems on Address and
  DNS Configuration, draft-ietf-v6ops-dhcpv6-slaac-problem-06

Appendix

Dieser Appendix gibt einen Überblick über RFCs (Request for Comment) und den Standardisierungsprozess, sowie eine Liste empfohlener Literatur.

12.1 Allgemeine RFC Informationen

Wenn Sie die Rolle der IETF (Internet Engineering Task Force) und den Standardisierungsprozess verstehen möchten, wenn Sie eine Übersicht über die Organisationen, die in diesen Prozess involviert sind erhalten möchten, oder wenn Sie selbst einmal an einem IETF-Meeting teilnehmen möchten, so empfehlen wir Ihnen dazu ein interessantes und humorvolles RFC. Es ist RFC 4677 mit dem Titel «The Tao of IETF – A Novice's Guide to the Internet Engineering Task Force».

Requests for Comments (RFC) sind Dokumente, die fast alles Notwendige und Wissenswerte bezüglich TCP/IP, Architektur, Protokolle und Geschichte des Internets beschreiben. Sie werden, beginnend mit eins, fortlaufend nummeriert. Es gibt viele verschiedene Internetseiten, auf welchen die RFCs elektronisch zugänglich sind. Die Seiten sind sehr unterschiedlich aufgebaut, die meisten haben eine Suchmaschine integriert. Finden Sie die RFC-Seite, die Ihren Vorlieben am besten entgegenkommt.

Ein guter Startpunkt ist *www.rfc-editor.org*. Auf dieser Seite befindet sich auch ein Überblick über den RFC- und Standardisierungsprozess. Auf der

Search-Seite dieser Website gibt es verschiedenste Möglichkeiten, auf die Fülle von Informationen zuzugreifen. RFCs können nach Nummern, nach Index, nach Autor, Titel, Datum oder Keyword durchsucht werden.

RFC 2555 gibt einen interessanten Überblick über 30 Jahre RFC-Geschichte und beinhaltet einen schönen Beitrag über Jon Postel's Dienste für die Internet-Gemeinschaft. Jonathan B. Postel war DER RFC-Editor, einer der Väter des Internets. Er starb im Oktober 1998 unerwartet. Einen Nachruf auf diese schillernde Persönlichkeit finden Sie auf *www.postel.org/ remembrances*. Wer sich weiter über Jon Postel informieren möchte, findet Wissenswertes unter *www.postel.org/postel.html*.

Das erste RFC, RFC 1, wurde von Steve Crocker am 7. April 1969 veröffentlicht. RFCs können verschiedene Stati haben, wie z.B. Standard, Informational, Experimental, Historic usw. Einen Überblick über die verschiedenen Stati finden Sie ebenfalls unter *www.rfc-editor.org*. Einen weiteren praktischen Link für RFCs finden Sie unter *http://tools.ietf.org/rfc/index*.

Nachstehend eine Liste einiger wichtiger RFCs, die Sie kennen sollten:

- **RFC 5000 – Official Protocol Standard**
  Bekannt als Internet Official Protocol Standard. Es listet nur offizielle RFC Standards auf und ist darum kein vollständiger Index. Dieses RFC enthält den Stand der Standardisierung per November 2003. RFC 5000 wurde mit RFC 7100 als historisch deklariert.

- **RFC 3232 – obsoletes RFC 1700 – Assigned Numbers Document**
  RFC 1700 enthält eine Zusammenfassung der Zuweisungen aller Protokoll-Parameter für die Internet-Protokollsuite. Es war einmal DIE Referenz für Protokoll- und Parameternummern. Mit RFC 3232 ist RFC 1700 durch eine Online-Datenbank ersetzt worden. IANA (Internet Assigned Numbers Authority) ist die zentrale Koordinationsstelle für die Zuweisung aller Parameter. Die aktuellste Liste findet sich unter *www.iana.org*.

- **RFC 1122 und RFC 1123 – Host Requirements Documents**
  Diese beiden RFCs stellen eine wichtige Grundlage dar und definieren zahlreiche Ausdrücke, die in vielen RFCs zu finden sind. Sie beschreiben die Anforderungen für Internet Host Software. RFC 1122 bespricht die Anforderungen auf der Ebene der Kommunikationsprotokolle wie Link-

Layer, IP Layer und Transport Layer. RFC 1123 beschreibt die Anforderungen auf der Applikationsebene und für unterstützende Protokolle. Beide sind noch gültig, werden jedoch durch mehrere spätere RFCs aktualisiert.

- **RFC 1812 – Requirements for IPv4 Routers**
  Dieses RFC beschreibt die Anforderungen an IPv4 Router, wobei ein Router jeder Node ist, der ein Paket weiterleitet, das nicht direkt an ihn adressiert ist. Viele wesentliche Grundbegriffe und Prozesse werden in diesem Dokument beschrieben. Es wird durch verschiedene neuere RFCs updated.

In der Regel stellen die RFCs, welche auf die Zahl 99 enden, eine Zusammenfassung und Statusübersicht der letzten 99 RFCs dar.

12.2 Drafts

Während des Standardisierungsprozesses werden die sogenannten Drafts im Internet publiziert. Ein Draft ist der Vorläufer eines RFCs. Nicht aus jedem Draft wird jedoch ein RFC. Ausgehend von der Website der IETF, *www.ietf.org*, können Sie auf «Internet-Drafts» klicken und sich dort einen Überblick über alle zur Zeit aktuellen Drafts verschaffen. Es kann nach Keywords gesucht werden, oder man kann sich einen Überblick über alle Arbeitsgruppen geben lassen und von dort her sehen, welche Drafts in jeder Arbeitsgruppe in Arbeit sind. Ziel dieses Prozesses ist es, eine Spezifikation, die sich in der Entwicklung befindet, einem möglichst breiten Publikum für Reviews und Kommentare zur Verfügung zu stellen.

Die Regeln für Drafts sind zusammengefasst die folgenden: Ein Draft hat eine maximale Lebensdauer von 6 Monaten. Nach sechs Monaten muss es entweder auf eine aktuellere Version aktualisiert oder als RFC publiziert werden. Andernfalls wird es aus dem Draft-Verzeichnis entfernt. Die Drafts haben sprechende Dateinamen, die jeweils den Autor, das Thema des Drafts, sowie eine Versionsnummer enthalten. Spätestens alle sechs Monate erhält ein Draft demzufolge eine neue Versionsnummer, sofern es nicht als RFC publiziert oder entfernt wird.

Links, unter denen Sie Drafts finden:

- *www.ietf.org* – auf Internet Drafts klicken.
- *https://datatracker.ietf.org/doc/* – hier können Sie den Draft-Dateinamen ohne Versionsnummer eingeben und es wird die aktuellste Version angezeigt. Falls ein Draft als RFC erschienen ist, wird die zugewiesene RFC-Nummer angezeigt.
- *http://tools.ietf.org*

Drafts sind keine Standards und sollten nicht in kommerziellen Produkten implementiert werden, da sie sich bestimmt noch verändern werden, bis sie RFC-Status erhalten (falls dies überhaupt eintrifft). Manchmal gibt es Draft-basierende Implementationen für Testzwecke.

12.3 RFC-Index für IPv6

An dieser Stelle befand sich in der zweiten Auflage eine Liste vieler RFCs, die relevante Technologien im Zusammenhang mit IPv6 definieren. Die Liste ist mittlerweile so lang dass wir in dieser Auflage darauf verzichten. Jedes Kapitel dieses Buches hat am Schluss eine RFC-Liste, die sich auf die wichtigsten RFCs im Zusammenhang mit dem Thema beziehen.

Wer sich einen guten Überblick über den aktuellsten Stand aller RFCs verschaffen will, dem empfehle ich die Seite *http://tools.ietf.org/rfc/index*. Dort sieht man auf einen Blick bei jedem RFC, ob es die aktuell gültige Version ist und durch welche späteren RFCs es Updates gegeben hat.

Note
Um die trockene Materie der Protokollspezifikationen etwas aufzulockern empfehle ich ein paar RFCs zu lesen die am 1. April veröffentlicht wurden.

12.4 Empfohlene Literatur

Folgende Bücher benutzen wir häufig als Referenz und empfehlen sie darum gerne weiter.

- «Global IPv6 Strategies» von Patrick Grossetete, Ciprian Popoviciu und Fred Wettling, Cisco Press
- «Planning for IPv6», von Silvia Hagen, O'Reilly
- «IPv6 Security» von Scott Hogg und Eric Vyncke, Cisco Press
- «IPv6 Address Planning», von Tom Coffeen, O'Reilly
- «Practical IPv6 for Windows Administrators», von Ed Horley, Apress
- «IPv6 Network Administration», von David Malone and Niall Richard Murphy, O'Reilly
- «Migrating to IPv6: A Practical Guide to Implementing IPv6 in Mobile and Fixed Networks», von Marc Blanchet, Wiley
- «Migrating Applications to IPv6», von Dan York, O'Reilly
- «DNS and BIND on IPv6», von Cricket Liu, O'Reilly
- «Ethernet: The Definitive Guide», von Charles E. Spurgeon, O'Reilly
- «Internetworking with TCP/IP, Vol.1: Principles, Protocols, and Architectures», von Douglas E. Comer, Prentice Hall
- «The Biology of Transcendence: A Blueprint of the Human Spirit», von Joseph Chilton Pearce, Park Street Press

Index

N

Weitere Bücher von Silvia Hagen

IPv6 Essentials

Autorin: Silvia Hagen
O'Reilly

3. Auflage, 2014, Englisch
Print book ISBN 978- 1-4493-1921-2
eBook ISBN 978-1-44933524-3

Das Standardwerk über IPv6. Als Schulungsunterlage geeignet.
Ein Kapitel auf www.sunny.ch zum Download verfügbar.

Planning for IPv6

Autorin: Silvia Hagen
O'Reilly

1. Auflage September 2011, Englisch
Print ISBN: 978-1-4493-0539-0 82 Seiten
Ebook ISBN: 978-1-4493-0538-3

Die Einführung von IPv6 ist mittlerweile businesskritisch. Dieses kompakte Buch unterstützt bei der Planung der IPv6 Integration, indem es eine high-level Übersicht über die technischen und organisatorischen Vorgehensweisen und Herausforderungen bietet.